博弈论的经济学应用

主　编　王性玉
副主编　赵　辉　李秋香

河南大学出版社
·郑州·

图书在版编目(CIP)数据

博弈论的经济学应用 / 王性玉主编. —郑州:河南大学出版社,2019.10
ISBN 978-7-5649-3946-5

Ⅰ. ①博… Ⅱ. ①王… Ⅲ. ①博弈论－应用－经济学－研究 Ⅳ. ①F224.32

中国版本图书馆 CIP 数据核字(2019)第 213630 号

责任编辑 付会娟
责任校对 张雪彩
封面设计 郭 灿

出版发行　河南大学出版社
　　　　　地址:郑州市郑东新区商务外环中华大厦 2401 号　邮编:450046
　　　　　电话:0371-86059750(高等教育与职业教育出版分社)
　　　　　　　　0371-86059701(营销部)
　　　　　网址:hupress.henu.edu.cn
排　　版　郑州市今日文教印制有限公司
印　　刷　北京虎彩文化传播有限公司
版　　次　2020 年 4 月第 1 版　　　　　　　　印　次　2020 年 4 月第 1 次印刷
开　　本　710 mm×1000 mm　1/16　　　　　印　张　18.25
字　　数　327 千字　　　　　　　　　　　　　定　价　54.00 元

(本书如有印装质量问题,请与河南大学出版社营销部联系调换)

序　言

博弈论（Game theory）又称对策论或游戏论，是一门研究相互影响着的局中人进行策略选择及均衡问题的科学。就是讲，一个主体的策略选择受其他主体的影响，且反过来影响其他主体的策略选择，如下棋、企业竞争、资源分配等。由于现实中个人或组织之间的利益冲突与一致具有普遍性，因此几乎所有的决策问题都可以被认为是博弈问题。博弈论不仅是经济学的主流分析方法，而且在军事学、政治学和社会学等领域，甚至在区块链底层协议中都有着广泛的应用。

博弈的思想由来已久，国内外均是如此，如中国的田忌赛马，犹太古法典中的"婚姻合同问题"。但直到 1944 年，美国普林斯顿大学数学家冯.诺伊曼（John. Von Neumann）和经济学家摩根斯坦（Morgenstern）合著的《博弈论与经济行为》，才标志着博弈理论的产生（但主要为合作博弈）。1950－1953 年，纳什（John. Nash）证明了非合作博弈均衡——纳什均衡的存在性，一般认为，是纳什奠定了博弈论的理论基础。1994 年，纳什和研究不完全信息博弈的海萨尼（Harsanyi）、研究动态博弈的泽尔腾（Selten）一起被授予诺贝尔经济学奖。随后，有多位学者因研究博弈论和信息经济学的相关理论与应用问题，陆续获取诺奖。博弈论在经济学及相关领域也产生越来越大的影响。

在 1980 年以前，虽有几本博弈论著作中译本出版，但影响有限。直至张维迎教授（1996 年）专著《博弈论与信息经济学》的问世和谢识予（1997 年）博弈论简明读本《经济博弈论》的出版，博弈论的思想和方法才得以以较快的速度在我国传播，各种著作相继出版。由于大多博弈论书籍的知识体系架构过大，且语言晦涩难懂，不能很好地适用于我国本科和研究生教学，因此一本结合大部分院校经管专业研究生实际，较为系统、简洁和生动的博弈论教材也成为急切的需求。本书是在我 20 年来为河南大学研究生开设课程讲义基础上，参阅众多经典和新近同类论著及教材内容完成的。从讲义汇编成书，是一个艰难的过程，一直以来在授课之中参考了张维迎和谢识予老师的相关论著,不过总是有种冲动,想重新梳理课程的思路和案例,而这也是我写这本教材的初衷。

本书第一章为导论。第二至第五章分别讨论四种类型的博弈:完全信息静态博弈、完全信息动态博弈、不完全信息静态博弈、不完全信息动态博弈。上述四种类型博弈对应了博弈论的四个均衡概念:纳什均衡、子博弈精炼纳什均衡、贝叶斯纳什均衡、精炼贝叶斯均衡。第六章讨论了完全信息和不完全信息下的重复博弈,以及博弈论分析的局限性。第七章是作者以博弈论作为分析工具,对资本市场、中小企业融资、农村金融和寻租反腐领域的研究论文编撰,以期对读者应用博弈论写作起到抛砖引玉的作用。

在本书编写过程中,我的研究生田夏晓、张晴、王聪珊、黄菊、姚海霞、郭雪丽、楚媛媛分别参与了每一章的修改,也特别感谢中科院王开阳博士的宝贵意见。两位副主编赵辉博士和李秋香博士,为本书选取了大量案例,并对本书的汇编和修订做了大量的工作。同样,我所在的河南大学以及商学院同事也为我完成这本书创造了必不可少的条件,最后,特别感谢出版社的各位同仁对这本书积极负责的态度和诚恳勤勉的工作精神。

博弈论脱胎于生活,又植根于数学,灿烂于尘世。人人都说数学有种逻辑的美,而博弈论恰如数学理性与生活感性融汇而成的彼岸之花。但唯有踏实勤奋,方能修成正果,锤炼出美丽的灵魂。

在本书写作过程中,选用和参考了国内外相关的文献资料,尽可能地在参考文献中予以列出,在此对相关专家学者表示感谢和敬意。但也可能由于疏忽而没有指明有些资料的具体出处,若有此类情况发生,在此表示万分的歉意。

由于水平有限,不当之处在所难免,敬请各位读者见谅,并欢迎批评指正。

王性玉
2020 年 4 月

目　　录

第1章　博弈论导论 ··· 1
　1.1　为什么要学博弈论 ································· 1
　1.2　博弈论的产生和发展 ······························· 7
　1.3　博弈论的基本概念 ································· 13
　1.4　博弈类型及其表述形式 ····························· 17

第2章　完全信息静态博弈 ································· 21
　2.1　博弈的策略式表述 ································· 21
　2.2　纳什均衡及应用举例 ······························· 22
　2.3　连续策略博弈 ····································· 28
　2.4　混合策略纳什均衡 ································· 34
　2.5　纳什均衡的存在性及多重性 ························· 39
　2.6　拓展阅读 ··· 44

第3章　完全信息动态博弈 ································· 50
　3.1　博弈的扩展式表述 ································· 50
　3.2　信息的种类 ······································· 51
　3.3　子博弈精炼纳什均衡 ······························· 53
　3.4　完全信息动态博弈案例 ····························· 57
　3.5　具有同时选择的两阶段动态博弈 ····················· 71

第4章　不完全信息静态博弈 ······························· 73
　4.1　不完全信息静态博弈 ······························· 73
　4.2　贝叶斯纳什均衡举例 ······························· 85
　4.3　显示原理 ··· 90
　4.4　贝叶斯博弈与混合策略均衡 ························· 92

第5章　不完全信息动态博弈 ······························· 97
　5.1　精炼贝叶斯均衡 ··································· 97
　5.2　信号传递博弈的精炼贝叶斯均衡 ····················· 102

5.3　精炼贝叶斯均衡的演变和发展 ………………………………… 144
　　5.4　完全非完美信息两阶段博弈 …………………………………… 156
第6章　重复博弈 ……………………………………………………………… 167
　　6.1　连锁店悖论 ……………………………………………………… 167
　　6.2　重复博弈的定义和一般特征 …………………………………… 171
　　6.3　完全信息下的重复博弈 ………………………………………… 172
　　6.4　不完全信息下的重复博弈 ……………………………………… 180
　　6.5　效率工资模型 …………………………………………………… 198
　　6.6　博弈论分析的局限性 …………………………………………… 205
第7章　经济博弈论相关论文 ………………………………………………… 210
　　7.1　P2P行业创新状况如何改善？——基于改进的
　　　　　KMRW声誉模型 ……………………………………………… 210
　　7.2　农户信贷中社会资本的信号传递效应研究 …………………… 221
　　7.3　博弈视角下的河南农户信贷问题研究 ………………………… 232
　　7.4　中小企业融资困境的博弈论研究 ……………………………… 240
　　7.5　新股抑价发行的博弈论分析 …………………………………… 251
　　7.6　证券监管政策的缺口模型博弈分析 …………………………… 257
　　7.7　寻租理论三方博弈模型分析 …………………………………… 267
　　7.8　反腐养廉博弈模型分析 ………………………………………… 272
参考文献 ………………………………………………………………………… 277

第1章 博弈论导论

新古典经济学认为,经济学是研究稀缺资源如何有效配置的;黄有光从福利经济学的角度出发,认为经济学是为了增进人们的快乐;在加入了现代观点后,张维迎(1996)认为经济学主要研究理性人如何行动的。理性人可能是自私自利的,也可能是大公无私的,当最大化自己的偏好时,都需要相互合作,也夹杂着相互冲突。

因此,综合来说,经济学研究的主要内容包括两个方面,一是人与人之间的社会关系,其中主要的就是生产方式以及与之相适应的生产关系;另一个是人与自然的技术关系,主要研究稀缺性资源的配置问题。人们往往希望最大限度的增进自己的快乐和福利,但往往彼此的快乐存在冲突,因此,就必然存在种种互动行为,而博弈论就是探讨人们之间这些行为的。

究其实质,为了探讨人们为了增进快乐或福利的互动行为,博弈论实际上是提供了一种研究该互动行为的思维工具。由于研究的视角不同,如合作的与非合作的,为他利己的和为己利他的,从而揭示的博弈机制也必然不同。

1.1 为什么要学博弈论

博弈论是研究决策主体的行为发生直接相互作用时的决策以及这种决策的均衡问题,是关于包含相互依存情况中理性行为的研究。这有两个要点:一是相互依存,即博弈中的任何局中人都受到其他局中人行为的影响,他的行为也将影响到其他局中人。二是理性行为,这种理性也是指局中人试图实施有利于自己利益最大化的行为,而并不考虑是否会影响其他局中人。考虑到这样两点,博弈局中人的决策必定建立在预测其他局中人的反应之上,并把自己置身于其他局中人的位置来预测其他局中人的行动,再选择自己的最佳行动。因此,在博弈论里,个人效用函数不仅依赖于他自己的选择,还依赖于他人的选择,因此个人的最优选择是其他人选择的函数。

尽管博弈论是一门新的学科,但事实上,博弈思维早已成为经济乃至政治、军事以及日常生活中的基本思维方式。目前,在美国的绝大多数大学,博弈论都成了热门课程,中国也有越来越多的高校开设这门课程。事实上,在微观经济学中已经广泛涉及这一问题了,如寡头模型等;而且,博弈工具正成为经济学的两个主要分析工具之一。那么什么是博弈思维呢?

凯恩斯曾经有一段话对当时的股市与选美进行比较:"专业投资大约可以比作报纸举办的选美比赛,这些比赛由参加者从 100 张照片当中挑选出 6 张最漂亮的面孔,谁的答案最接近全体参加者作为一个整体得出的平均答案,谁就最有可能获奖。因此,每个参加者必须挑选并非他自己认为最漂亮的面孔,而是他认为最能吸引其他参加者注意力的面孔,这些其他参加者也正以同样的方式考虑这个问题。现在要选的不是根据个人最佳判断确定的真正最漂亮的面孔,甚至也不是一般人的意见认为真正最漂亮的面孔。我们必须做出第三种选择,即运用我们的智慧预计一般人的意见认为一般人的意见应该是什么"。凯恩斯所讲的就是博弈思维。实际上,博弈也往往带来很多非理性的后果,如金融泡沫、各种经济风潮都是这种预期效应强化的结果。

为了让大家对博弈论和博弈思维有更形象的认识,我们首先了解几个例子。

1.1.1 别人的信封诱人吗

我们的生活中有这样一些说法:这山望着那山高、别人碗里的粥料更多、别人的妻子总是更漂亮等。问题是,在大家都这么想的时候,是否应该交换呢?或者说,交换后是否能够真正增大自身的收益呢?

我们现在假设,关于年末奖金分配,老板秘密地给两个职员各一个信封,里面随机地装着一定数目奖金,其中一个信封内的钱是另一个信封钱的 2 倍,具体数目可能是:10 元、20 元、40 元、80 元、160 元和 320 元;两个职员 A 和 B 都知道这一信息,但各自只知道自己信封的具体数目;如果两人都想交换,就让他们交换。现在假设,当 A 打开信封后发现,里面是 40 元,那么他是否应该交换呢?

根据一般的推理,A 想到 B 得到 20 元和 80 元的概率是一样的,如果交换,那么期望收益是 50 元;在如此小数目的赌博下,风险是无关紧要的,因而交换符合他的利益。同样的分析也可说明,无论 B 得到的是 20 元还是 80 元,也希望交换。但问题是:因为用来分配的钱是固定的,因而双方交换信封并不可以都得到改善；那么，推理的问题出在哪里呢？

实际上，上面分析的最大问题是没有从对方角度进行推理，这就是博弈的实质。如果他们都充分认识到对方也是理性的，并估计对方产生与自己一样的推理，那就不会发生交换信封的事了。我们首先从 A 的角度思考 B 的思维，再从 B 的角度想象 A 如何看待他；最后回到 A 的角度，考察他如何看待 B 如何看待 A 对 B 的看法。

假设 A 打开自己的信封，发现里面是最高的 320 元，显然 A 就不愿意交换；既然，A 在得到 320 元时不愿意交换，那么 B 在得到 160 元时也拒绝交换，因为 A 惟一愿意交换的前提是他得到 80 元；进一步的，B 在得到 160 元时不愿意交换，那么，A 在得到 80 元时也不愿意交换，因为交换发生的前提是 B 得到 40 元；既然 A 在得到 80 元时不愿意交换，那么，B 在得到 40 元时也不愿意交换，因为交换发生的前提是 A 得到 20 元；在这种情况下，显然 A 得到 40 元也是不愿意交换的。

这个策略思维在日常生活中的忠告就是"别和笨蛋对等打赌"。我们在生活中常常会发现一些非常诱人的赌博，觉得提出打赌的人是个大笨蛋，而自己一定会赢，但最终的结果却是自己输个精光。譬如，有人跟你打赌，如果他每次都可以将飞镖射入轮盘的正中心，那么，他一定可以赢；如果他做不到，就一定不愿意打这个赌，也就不会输。

1.1.2 一元面钞的价格悖论

耶鲁大学教授马丁·舒比克设计了一个陷阱游戏：在课堂上，老师拍卖一张一元钞票，请大家给这张钞票开价，每次叫价以 10 分为单位；出价最高者将获得这张一元钞票，但出价最高和出价次高者都要向拍卖人支付出价数目的费用。结果，这张一元钞票的价格一路飙升，直到终于有人认识到此博弈的无上限性时发出惊呼，大家才意识到这一点，从而拍卖最终落槌。

实际上，我们假设目前的最高价格是 A 出 60 分，而 B 出 50 分，如果就此停止，那么 A 将获得盈利 40 分，而 B 将损失 50 分；显然，B 继续出价 70 分，如果拍卖落槌，B 将获得 30 分，而 A 将损失 60 分；这样的过程可以一直持续下去，远远超过 1 元的面额。假如 A 出价 10 元，而 B 出价 10.1 元，此时如果 A 不继续出价 10.1 元，那么，A 将损失 10 元；而如果 A 出价 10.2 元获胜，B 将损失 10.1 元。这样的循环会无穷下去，直到掏光除最后胜者外其他人口袋里所有的钱财。

为什么会如此循环下去呢？关键是上面参与人的拍卖行为没有充分认识到双方的理性。如果认识到这一点，采取某种策略就可以使拍卖在掏光口袋里的钱之前停止。我们假设,现有 A、B 两人的口袋的钱都是 2.5 元;现在我们运用后向归纳法,如果 A 喊价 2.5 元,从而赢得 1 元钞票,但他却亏了 1.5 元;而如果他喊价 2.4 元,B 只有喊价 2.5 元才可以取胜。由于多花 1 元来获得 1 元是不合算的,因此当 B 的喊价在 1.5 元及以下时,A 只要喊价 2.4 元就可以取得胜利。同样,A 如果喊价 2.3 元也行得通,因为 B 还是不可能在 2.4 元处取胜,A 一定会继续叫价 2.5 元进行反击;因此,要击败 A 的 2.3 元喊价,B 也一定要出价 2.5 元;也就是说,2.3 元的喊价将足以击败 1.5 元及以下的喊价。同样的推理,2.2 元、2.1 元一直到 1.6 元的叫价都可以取胜。也就是说,如果 A 喊价 1.6 元,理性的 B 将预见到 A 不会放弃,非要等到价位升到 2.5 元不可;因为,既然已经损失了 1.6 元,再花 90 分获得 1 元是合算的。上面的分析表明,第一个叫价 1.6 元的人将胜出,因为这一叫价建立了一个承诺或威胁。

上面的分析也表明,1.5 元可以击败 60 分及以下的叫价;而且,进一步的分析,只要出价 70 分就可以做到这一点,因为一旦叫价 70 分,那么他一路坚持到 1.6 元就是合算的;在这种情况下,60 分及以下的对手就会觉得跟进是不合算的。

可见,在这个博弈中,只要预算是共同知识,即使预算是不同的,只要有人叫价到 70 分,这场拍卖就会结束。一元面钞的悖论也广为普及,如超级大国之间为微小的利益不断进行策略升级,著名的美国星球大战计划就诞生于此。

1.1.3 肯德基和麦当劳的恶性竞争

在社会中经常发现一些不好理解的经济现象,如在一条大街上,相互竞争的两个厂商总是开在一起,如麦当劳和肯德基、百事可乐与可口可乐、华联超市与联华超市等。实际上,消费者普遍认为,如果相对的两个品牌和两个厂家分散开来往往更加方便消费者,但为什么这些单位要集合在一起呢?实际上,这是相互竞争的厂商为争取更多消费者的必然结果。

我们假设在一条大街上消费者是均匀分布的,且只有麦当劳和肯德基两个公司提供快餐;而消费者对这两种快餐的口味是无差异的,它们对就餐公司的选择取决于它们的成本,这里假设成本就是到达公司的路程。

如图 1.1 所示,如果两家公司分别在大街的 1/4 的 A 处和 3/4 的 B 处,快餐店布局是最合理的,因为消费者所花的成本最小,并且两个公司各自分享一半的客户。但是,两个厂商都是根据个体理性行事的,它们只关心自己的生意状况而不会去理会其他人的生意,在这种个体理性下,显然,如果麦当劳稍微向右移动一下,譬如从 A 到 A′,那么它左边的消费者并没有丧失,而增加了右边的生意,因为 AB 的中间点不再为 O 点,而是向右移动,这部分生意是从肯德基中夺取的。同样,肯德基出于个人理性的考虑,也会向左移动;这样相互的博弈,最后都到达了中间点 O。

图 1.1　快餐店分布

实际上,社会中存在大量的类似现象,如同一城市的两家航空公司开辟同一航线的航班时,往往将起飞时刻安排在一起;电视中不同电台的类似节目也往往安排在同一时间等。这种社会现象体现了市场竞争一定的无效性,实际上是个体理性和集体理性困境的反映。正如霍特林(H. Hotelling, 1929)感叹的:"我们的城市大得毫无经济效益,其中的商业区也太集中。卫理公会和基督教长老的教堂剪纸一模一样,苹果酒也是一个味道。"

经济中不同主体间互动就称为博弈,博弈研究的是互动的理性,也即博弈方的行为都是自我支持的,否则他就不会采用此策略。也就是说,在博弈达到均衡状态时,每一博弈方的行为理性就不再仅局限于个体,而是联合理性。当然,每个行为人均能实现个体理性的自我支持并不足以实现所有行为人实现联合理性。因此,互动博弈的解就必须是联合自我支持的。

1.1.4　陆贾分金享天年

西汉前期"无为而治"思想的奠定者陆贾年老时将自己的财产分给五个儿子,令儿子各营生计。而自己留有车一乘、马四匹、侍役十人、宝剑一口,并轮流在 5 个儿子家生活,并规定如果死在哪家,随身的宝剑等就遗留给那个儿子。结果,每个儿子都侍奉甚勤,希望陆贾能够在自己家生活更长时间。陆贾分金的故事从此也流传至今。

实际上,大多数父母都希望在自己年老以后孩子能够经常来看望,但是,现在许多孩子因为自己的事业以及挣钱考虑,往往难以遵守探望父母的承诺。在这种情况下,父母常常将孩子的行为与遗产分配挂钩,从而促使孩子自愿来探望父母。假设某父母定下一个规矩:如果孩子没有达到每周探望一次,电话问候两次的标准,就将失去继承权,而他们的财产将在所有符合标准的孩子们之间平均分配。问题是,如果孩子不是非常孝顺的,并意识到父母不愿意剥夺所有孩子的继承权,他们就可能串通起来,一起减少探望父母的次数,甚至一次也不去。

面对这种情况,父母该怎么办呢?实际上,父母的一个简单办法就是,将所有的财产分给探望次数最多的孩子,这样就可以打破孩子之间结成的减少探望次数的卡特尔联盟。

1.1.5 模仿还是创新

我们在许多比赛中,在中途已经出现了领先者和落后者,那么,领先者应该采取什么策略才能继续保持领先,而落后者采取什么策略才能异军突起呢?例如在一次共有 7 轮的帆船比赛中,A 在前 5 轮的比赛中暂时以 3 胜 2 负处于首位,而在第 6 轮开头 A 也处于领先地位,B 则紧随其后,那么此时 A 和 B 两位选手应该采取什么策略?

假如根据常规的发展,显然 A 仍将保持领先。但是,这时 B 采取了一个大胆的举动,他把帆船转向了赛道的左边,希望风向可能发生变化,从左后吹来,从而帮助他赶上去,而 A 则预计风向不会变,依旧把帆船放在赛道的右边。但结果是,风向果真如 B 的心愿发生了改变,结果 B 取得了胜利。赛后,人们纷纷批评 A 的策略错误,那么,A 是否有策略保持自己的领先地位呢?实际上,策略非常简单,领先者只要照搬尾随者的策略就行。即使尾随者采取的是一个非常糟糕的策略,领先者照搬不误也将取得胜利。实际上,这种与"紧跟领头羊"相反的"模仿尾随者"的策略在我们生活中就非常普遍,这里的关键是胜利的桂冠将戴在第一名的头上,而不是看成绩如何。譬如,在总统选举中,领先的候选人往往采取与另一候选人类似的策略,包括政纲的倾向等。在股市分析中,那些出名的股市评论员总是想方设法随大流,制造出一个跟其他人差不多的预测结果,因为这样一来别人就不会轻易改变对他们的看法。

当然,就落后者而言,他想赢的关键就是采取冒险策略。那些落后的总统候选人、不成气候的股市分析员以及初出茅庐的年轻学者往往采取冒险的策略,大放惊世骇俗之言。很多情况下,他们说错了,也就没有人听了,但偶尔碰上了正确的预测,从此就一鸣惊人,跻身名家之列。同样的原理,那些本来名不见经传的小人物也有可能当上大总统,如美国的卡特总统和特朗普总统。

1.1.6 法不责众的尴尬

沈从文先生在长篇小说《长河》中有一段关于近代南京政府推行"新生活运动"的描述:因为办"新生活",所以常德府的街道放的宽宽的,到处贴红绿纸条子,写了好些条款,人走路挺起胸脯,好像见人就要打架、神气。学生也厉害,放学天都拿起了木棍在街上站岗,十来丈远一个,对人说:"走左边,走左边。"全不怕被人指为左倾,不照办的被罚立正,大家看热闹好笑,看热闹笑别人的也罚立正,一会儿就是一大串,痴痴地并排站在大街上,谁也不明白这是当真还是开玩笑。末了,连执勤的士兵也不好意思,忍不住笑,走开了。划船的进城被女学生罚站,因为他走路不讲"规矩",可他实在不知道"什么是规矩",或者说"这到底是什么规矩"。只好站在商货铺屋檐口,看着挂在半空中的腊肉腊鱼口馋心馋。所以乡下人便说:"我以为这事乡下办不通。"乡绅接过话头:"自然喽,城里人想起的事情,有几件乡下人办得通。"

我们都知道法不责众的道理,法律是限制少数不守法的人,但是如果大多数都不遵守法律的话,那么法律的效果也就有限了。从某种意义上讲,法律就是为了保障社会大多数人的利益,也就是说,法律制度与习惯制度没有本质上的区别,所以有的学者认为,所谓的法治国家,只是一种纳什均衡而已。问题是,在大多数人都不守法的情况下,你如何采取措施来保证大家都遵守?实际上,一个基本的方法是设计一个规则区别出惩罚的顺序。如在一个风行作弊的大学考试中,我们可以简单地规定,将按照学号顺序对那些作弊的前5名学生的成绩作零分处理;那么,显然学号前5位的学生就不敢作弊了;同样,考虑到前5位学生理性行为,学号为6～10的学生也不敢作弊了。依次类推,大家都不敢作弊。再如在国家征兵、混乱中的抢劫等都可以采取类似的办法。

1.2 博弈论的产生和发展

博弈论(game theory)又称对策论或游戏论,是一门研究相互影响着的参与人进行策略选择的行为规律的科学。它所研究的是这样一种情形:(1)存在若干参与人(博弈的参与者);(2)每一参与方各有一系列可选择的策略(行动方案);(3)博弈的结果取决于参与人的策略组合,每个参与方对每一种结果有其偏好;(4)每一参与方了解博弈的信息结构(完全信息或不完全信息)等。例如我们常见到的象棋对弈、扑克牌游戏、企业竞争、委托—代理关系等都是博弈的生动体现。

在国外,博弈论已广泛应用于经济学、军事学、政治学、计算机科学甚至生物演化等领域的研究。它与数学、心理学、统计学以及认识论、伦理学等学科联系密切,与各学科互相影响、互相促进,一方面借鉴其他学科的思想成果,另一方面又极大地促进了其他学科的发展。其中博弈论与经济学关系甚密,博弈论对市场理论、企业理论、契约与合同、政府行为等领域产生重大影响,为研究各种经济现象提供了有力的工具。

博弈论与一般经济学研究方法不同。一般经济学方法是特定问题特定分析,根据研究内容的性质选择所用的研究工具。而博弈论的研究方法是一般分析的特定应用,它提供一套研究利益冲突与合作的分析方法,将特定经济问题纳入博弈论的分析框架,转化为待研究的博弈局势,然后加以分析解决。运用博弈论研究特定经济问题时一般分为三步:(1)将特定经济问题翻译为博弈问题。这一翻译过程是一种简化和抽象的过程,虽然可能失去一部分信息,但可以突出经济问题中的主体结构,便于清晰地把握问题的脉络。(2)运用博弈论方法得出博弈问题的解。目前博弈论虽已有较完整的体系,但仍未对博弈局势作最终统一的解决,所以得出的结论往往是有条件的,具有多种可能的结构,需要下一步的综合运用。(3)将博弈均衡解的结论翻译回经济语言,同时与第一步中所省略的信息一起为原始经济问题提供解释。如果博弈问题的结论与省略信息发生冲突,则需要重新检查第一步的翻译过程,提出更为合适的博弈模型。

博弈论的思想和实践在中外都有很长的历史,但现代博弈论的建立及其理论体系的形成却是在20世纪40~50年代。概括地说,博弈论的产生和发展大体经过了四个阶段。

第一阶段:博弈论思想和基本概念的形成。1944年以前,人们主要集中于严格竞争对策的研究,即通常见到的两人零和博弈,如下棋、划拳等。这一阶段提出一些重要的基本概念和定理,且这些基本概念和定理成为现代博弈论发展的基础。早在1838年,法国经济学家古诺(Cournot)在分析生产者竞争时,就利用均衡概念研究了寡头市场的情况。1881年,美国经济学家Edgeworth提出"契约曲线(contract curve)"作为决定个体之间交易结果问题的一个解。1883年,伯特兰德(Bertrand)提出的寡头竞争模型也已包含了博弈论的纳什均衡思想。1921~1927年间,波莱尔(Borel)发表了3~5个可能策略的二人博弈的最小最大解。1928年,美国普林斯顿大学的著名数学家冯·诺伊曼(John Von Neumann)证明了最小最大定理,博弈论中的许多概念都与该定理相联系。1930年,泽尤森(Zeuthen)的著作《垄断问题与经济竞争》出版,在书中他提出一个关于讨价还价问题的解,该解后来被海萨尼(Harsanyi)证明与纳什(Nash)的讨价还价解是等价的。这一阶段虽然提出了一些基本概念,但还没有形成系统的博弈论理论体系。

第二阶段:1944~1959年,现代合作博弈论形成和非合作博弈论创立。1944年,冯·诺伊曼和经济学家摩根斯坦(Oskar Morgenstern)合著的《博弈论与经济行为》一书出版。该书在评述两人零和博弈理论的同时，在合作博弈、可转移效用、联盟形式以及稳定集合等方面作了开创性的研究。该书的出版，奠定了合作博弈理论的基础。到50年代，合作博弈发展到鼎盛。在纳什(Nash,1950年)和夏普里(Shapley,1953年)的"讨价还价"模型中，夏普里关于合作博弈中"核"的概念，均具有较高的学术价值。在1950～1953年间，纳什发表了四篇具有划时代意义的论文，证明了非合作博弈均衡——纳什均衡的存在性，并提出了"纳什方案"。该方案建议对合作博弈的研究可通过简化为非合作博弈的特殊形式来进行。纳什还创立了公理化讨价还价理论，证明了纳什讨价还价解的存在性，并首先提出了纳什方案的实施。因此，人们认为，纳什为非合作博弈论和合作的讨价还价理论奠定了基础。1950年，塔克(Tucker)定义了"囚徒困境"(Prisoner's dilemma)。1952年，麦克金斯(Mckinsey)出版了第一本博弈教科书——《博弈论入门》。卢斯(Duncan Luce)和雷法(Raiffa,1957年)出版了影响巨大的《博弈与决策》。奥曼(Aumannn,1959年)引进了强均衡的概念。舒比克(Shubik,1959年)出版了《策略与市场结构：竞争、垄断与博弈论》一书，标志着博弈论在经济学中开始应用。总之，至20世纪50年代末合作博弈理论已经成熟，以纳什非合作博弈理论为核心的现代博弈理论体系开始创立。

第三阶段：1960～1989年，现代博弈理论体系完全形成及广泛应用。首先是博弈论研究突破了原来普林斯顿大学和兰德公司在地域上的局限，在以色列、德国、比利时及苏联都建立了研究中心。20世纪60年代，博弈论研究的重大突破和发展是不完全信息博弈论的创立。1966年，奥曼和马希勒(Michael Maschler)的研究中出现了具有不完全信息的无限重复博弈。同年海萨尼对合作与非合作博弈的不同给出了现在普遍使用的一般定义。1967～1968年海萨尼在《管理科学》杂志上分三部分发表了其著名的论文《由贝叶斯对弈者进行的不完全信息博弈》，从而建立了不完全信息博弈论，为信息经济学的发展打下了理论基础。1965年泽尔腾(Selten)引入了"子博弈精炼纳什均衡"(sub-game Perfect nash equilibrium)的概念，把动态博弈中的"合理纳什均衡"与"不合理的纳什均衡"区分开来，从而给出一个动态博弈结构的合理预测。因此，1994年，诺贝尔经济学奖被授予纳什、海萨尼和泽尔腾三位博弈理论家和经济学家。

20世纪60年代，博弈论虽在理论上取得重大突破，但在经济学中的应用仍然很少。到了70～80年代，博弈论取得了空前的发展，一方面，博弈论本身在几乎所有领域都取得了重大突破，如重复博弈、策略均衡、谈判理论、信誉模型等，完善了博弈理论体系。另一方面，博弈论广泛应用到生物学、计算机科学、经济学等领域,尤其被经济学家所接受。这一时期的发展主要表现在如下几个方面:(1)策略均衡概念的进一步深化。海萨尼(1973年)第一个否认了对弈者利用随机化装置来决定行动的观点,认为没有人能真正地随机化,随机化的出现是由于收益没有确切地被所有人知道,每个确切知道自己收益的参与者都有唯一一个最优行动。泽尔腾(1975年)引入了"颤抖手均衡"(trembling hand perfect equilibrium)的概念,此概念是对精炼纳什均衡的真正改进。(2)在不完全信息博弈和重复博弈研究方面也取得了新的进展。奥曼(1981年)发表了论文《重复博弈的一个考察》,首次提出了应用自动学的概念来描述一个重复博弈中的对弈者。克瑞普斯(Kreps)和威尔逊(Wilson,1982年)提出了"序贯均衡"的概念,与泽尔腾的颤抖手均衡概念相似,但它着重强调了非均衡路径上后验概率的形成,从而使均衡概念更具有应用性,他们还研究了不完全信息博弈中的信誉问题;尼曼(Neyman,1985年)和鲁宾斯坦(A. Rubinstern,1986年)则系统阐述了重复博弈中的有限理性思想,研究了重复的囚徒困境问题。(3)博弈论在生物进化论的应用方面取得重要突破。斯密(Smith,1972年)提出了稳定的进化策略(evolutionarily stable strageshy,ESS),1982年出版了《进化与博弈论》。(4)博弈论在经济学研究中得以广泛应用,经济学家已把博弈论作为经济分析最有力的工具。1972年,摩根斯坦创立了《国际博弈论杂志》,为博弈论的推广和应用做出了巨大贡献。在80年代,有一大批有关博弈论在经济学中应用的著作问世:艾奇斯(T. Ichiishi,1983年)出版了《经济分析博弈论》,舒比克(Shubik,1984年)出版了《政治经济的一个博弈论研究》,麦克米兰(Macmillan,1986年)出版了《国际经济学中的博弈论》,弗里德曼(Friedman,1986年)出版了《博弈论及其在经济学中的应用》,1989年《博弈与经济学杂志》创刊。80年代末出版的微观经济学专著或教材几乎都介绍了博弈论及有关应用的内容。梯若尔(Tirole,1988年)出版了《产业组织理论》一书,该书是用博弈论方法和思想写成的,也是目前最受欢迎最为流行的有关产业组织理论方面的教科书。总之,到80年代末,博弈论得到空前发展和完善,已形成完整的学科体系,同时在经济学领域得以广泛应用。

第四阶段:1990年以后博弈论已融入主流经济学,成为微观经济学的基础。博弈论和经济学的发展可以说你中有我、我中有你,短短几年时间,就出版了大量有关博弈论在经济学领域应用的专著:克瑞普斯(1990年)出版的第一本研究生层次使用的教材《微观经济理论教程》(A Course in Microeconomic Theory),成为1991年最畅销的经济学教材;皮里特(Pelit,

1990年)出版了《经济政策分析中的控制论与动态博弈》;伯尔曼(Bierman, 1993年)出版了《博弈论及其经济学应用》;由奥曼和哈特(Hart)编辑的大型工具书《博弈论及其经济应用手册》(Ⅰ、Ⅱ)分别于1992、1994年出版;1992年,由拉夫特(Laffont)编辑的《经济理论进展——第六届世界博弈论大会》,收录了当今最著名的6位博弈理论家和经济学家的论文,系统地介绍了博弈论及其应用的最新进展。

1995、1996年,诺贝尔经济学奖再次授予了理性预期学派的卢卡斯(Lucas)和研究信息经济学的莫里斯(Mirrlees)及维克里(Vickrey)。2001年诺贝尔经济学奖又授予了阿克诺夫(Akerlof)、斯宾塞(Spence)和斯蒂格利茨(Stiglitz),以表彰他们对非对称信息下的市场分析所做的贡献。这些盈亏被人们看成是博弈论在这两个领域的进一步应用。2005年诺贝尔经济学奖授予罗伯特·奥曼和托马斯·谢林,以表彰他们通过博弈理论分析增加了世人对合作与冲突的理解。2007年诺贝尔经济学奖在瑞典斯德哥尔摩公布,三位美国经济学家分享2007年诺贝尔经济学奖,以表彰他们为机制设计理论奠定基础的贡献。他们分别是明尼苏达大学的赫维茨、芝加哥大学的马斯金,以及美国普林斯顿高等研究中心的罗杰·B.迈尔森。法国经济学家让·梯若尔(Jean Tirole)因其对市场力量和监管的分析获得2014年诺贝尔经济学奖。

目前,国内在有关博弈论的教学、研究和应用方面还比较落后。究其原因,一是长期以来我国实行计划经济,所有企业和组织的活动都是按命令程序式地执行,不存在什么冲突和对抗(或无力对抗),博弈论当然就没有发挥作用的历史舞台;二是博弈论在西方经济学教学和研究中受到重视也是最近30年的事,要使国人接受博弈论的思想观念需要一个过程。从20世纪60年代到80年代,虽有几本博弈论著作中译本出版,但影响不大。直至张维迎教授(1996年)有较大影响的博弈论专著《博弈论与信息经济学》的问世,谢识予(1997年)博弈论简明读本《经济博弈论》的出版,博弈论的思想和方法才得以以极快的速度在我国传播,各种专著相继出版。张守一(1998年)出版了《现代经济对策论》,谢识予(1999年)出版了《纳什均衡论》,施锡铨(2000年)出版了《博弈论》,姚海鑫(2001年)出版了《经济政策的博弈论分析》等,在我国经济学界也产生了较大影响。可以预见,随着市场经济的逐步推进,有关博弈论及其应用方面的研究必将迎来一个新的发展阶段。

2018年,由格致出版社出版的博弈论领域大师迈克尔·马希勒的倾力之作《博弈论》,该书也有诺贝尔经济学奖得主罗伯特·奥曼和埃里克·马斯金联合推荐。2010年由中国人民大学出版社出版的朱·弗登博格

(Drew Fudenberg)和 让·梯若尔(Jean Tirole)主编的《博弈论》,本书是博弈领域的两位领军人物的集大成之作,囊括了迄今为止除演化博弈之外的所有博弈论的理论和方法、代表了博弈论发展的最高水平。它不仅涵盖了博弈论的方方面面,而且几乎对每一个论题都给出了严密的数学推导和证明。2017 年由北京大学出版社出版的常金花、陈梅的《博弈论通识十八讲》是一本面向本科生编写的博弈论通识教材,以轻松的故事和丰富的案例讲授博弈论的主要原理,力求理论联系实际,贴近现实生活。2010 年由中国人民大学出版社出版的沈琪编著的《博弈论教程》也作为高校的通用经济系列教材。2013 年由中国人民大学出版社出版的《简明博弈论教程》,主编蒲勇健承认该书并不完全是一本没有学术挑战性的通俗读本。2004 年由首都经贸大学出版社出版的《博弈论教程:理论·应用》是由北京大学光华管理学院黄涛老师精心编写的一本系统介绍博弈论知识的大学本科及研究生教材。2007 年由复旦大学出版社陈学斌编写的《金融博弈论》完整展现了作者在宏观与微观金融博弈研究方面的成果。2009 年由北京大学出版社出版的涂志勇编著的《博弈论》也是一本系统介绍博弈理论的教材,适合高年级本科生、硕士生以及低年级博士生使用。

博弈论在西方经济学及经济实践中得到广泛应用,也必将为我国经济建设和经济改革提供必要的理论指导。我国市场经济运行中,政府制定什么政策会收到什么效果,可以通过构建博弈模型进行研究,考虑博弈中各主体的效用函数等,研究不同博弈规则下的均衡。政府的许多政策并不能采取指令性规定强制实施,在进行宏观经济调控时,也要遵循市场经济的基本规则。因此,政府在制定经济政策时,要研究博弈主体决策行为的相互依赖和相互影响,考虑经济主体的预期以及所获信息对博弈均衡的制约和影响,才能取得相应政策的实施效果。经济体制改革改变了政府控制整个经济活动的方式,企业和个人在经济活动中的独立性与能动性日益增强,研究各经济主体在经济活动中的博弈和均衡是研究经济运行机制和规律的重要内容,而专门研究相互依赖、相互影响的理性决策行为的博弈论方法,为政府利用经济理论分析政策问题提供了一种有效的手段。任何社会组织在进行经济活动时,不仅要考虑自己的决策对其他组织和社会的影响,也要考虑到其他社会组织的经济活动对自己的影响。企业作为生产经营者,目标是自己利润最大化,为实现该目标,它对投入、产出的种类和数量进行选择,对自己收入转化为积累与企业个人的收入分配进行选择,这个过程本身就是一个博弈决策的过程。

信息经济学是不对称信息博弈理论在经济学上的应用,即研究在给定信息结构的条件下,进行最优的契约安排。我国经济转型时期的许多工作需要信息经济学的理论指导。信息经济学中信息不对称包括不对称发生的时间和不对称拥有的信息。从不对称发生的时间看,例如债转股的不对称可能发生在相关利益者签约之前,也可能发生在签约之后,分别称事前不对称和事后不对称。研究事前不对称信息博弈的模型称为逆向选择模型,研究事后不对称的模型称为道德风险模型。在信息经济学中,将博弈中拥有私人信息的参与人称为代理人,不拥有私人信息的参与人称为委托人。信息经济学的所有模型都可以在委托人—代理人的框架下分析。债转股政府、资产管理公司和债转股国有企业之间的关系就存在特殊的值得深入探讨的委托代理关系。博弈论理论的成熟,极大地促进了委托代理理论的发展,委托代理理论可以模型化如下一类的问题:委托人(如政府)想使代理人(如债转股国有企业的经营者)按照前者的利益选择行动(如使股权回购和国有资产保值增值),但委托人不能直接观测到代理人选择了什么行动,能观测到的只是另一些变量(如企业效益、产品的市场占有率等),这些变量由代理人的行动和其他的外生的随机因素共同决定,因而充其量只是代理人行动的不完全信息。委托人的问题是如何根据这些观测到的信息来奖惩代理人,以激励其选择对委托人最有利的行动。委托人在签约时要使自己期望效用极大化,而此时会面临来自代理人的两个约束:一个是参与约束,即代理人从接受合同中得到的期望效用不能小于不接受合同时能得到的最大期望效用;另一个是代理人的激励相容约束,即代理人总是选择使自己的期望效用最大化的行动,如果委托人希望的行动正好能使代理人的期望效用最大,那么代理人就会选择它。

1.3 博弈论的基本概念

博弈论的基本概念包括参与人、行动、信息、策略、支付、结果和均衡等。其中,参与人、策略和支付是描述一个博弈最基本的要素,这些基本要素通过行动和信息构建成一个博弈过程。参与人、行动和结果被统称为博弈规则。博弈分析的目的就是在给定信息的条件下,运用博弈规则预测均衡。

1.3.1 参与人(player)

参与人指在博弈中,以自身效用最大化为目的,来选择策略或行动的决策主体。参与人可以是个人(如两个囚徒),也可以是组织(如房地产厂商、欧盟组织)。任何参与人都必须有可供选择的策略或行动和一个很好定义的偏好函数。

根据参与人数目的多少,博弈可以分为双方博弈和多方博弈。由于博弈是具有策略依存性的决策问题,博弈中参与人的多少就显得十分重要。一般来说,博弈中的参与人越多,问题就越复杂;同时,由于参与人数目的不同,博弈还会表现出不同的性质和特点。

除一般意义上的参与人之外,博弈论有时还将"自然"(nature)作为"虚拟参与人"(Pseudo-player)来对待。在这里,"自然"是指外生的随机变量概率分布的机制。如在房地产开发博弈中,对房产的市场需求就是一个随机变量,在博弈开始时,我们可以假定"自然"以一定的概率来决定房产的需求是大还是小,参与人决策的后果依赖于自然的选择。在不完全信息博弈中,自然选择参与人的类型。与一般参与人不同的是,自然作为虚拟的参与人没有自己的支付和目标函数。一般用 $i=1,2,\cdots,n$ 代表参与人,N 代表作为虚拟参与人的"自然"。

1.3.2 行动(action or move)

行动是参与人在博弈中的某个时点的决策变量。一般用 a_i 表示第 i 个参与人的一个特定行动,$A_i=\{a_i\}$ 表示可供参与人 i 选择的所有行动的集合(action set)。参与人的行动可能是离散的,也可能是连续的。例如,在房地产开发博弈中,有两个参与人 A 和 B,每个参与人都只有两种行动可供选择,即 $A_i=\{开发,不开发\}$。在寡头企业的产量选择博弈中,行动就是选择产量,而产量是一个连续变量,因此其行动也是连续的。

在有 n 个参与人的博弈中,有序集 $a=(a_1,a_2,\cdots,a_n)$ 称为"行动组合"(action profile),其中,a_i 是第 i 个参与人的行动。在房地产博弈中,如果 A 选择开发,B 选择不开发,那么,(开发,不开发)就是一个行动组合。

行动顺序(the order of play)对于博弈结果是非常重要的。有关静态博弈和动态博弈的区分就是基于行动顺序的,同样的参与人,同样的行动集合,但行动的顺序不同,每个参与人的最优选择就不同,博弈的结果也不同。事实上,不同的行动顺序意味着不同的博弈。特别是在不完全信息博弈中,后行动者可以通过观察先行动者的行动获取更多的信息。

1.3.3 信息(information)

信息是指参与人有关博弈的知识,特别是有关"自然"的选择、其他参与人的特征和策略的知识。博弈中的信息结构主要有完全信息、不完全信息、完美信息和不完美信息。它们相互联系但又不完全相同。完全信息（complete information）指的是每个参与人对其他所有参与人的特征（包括策略空间、支付函数等）有完全的了解；不完全信息（incomplete information）正好与之相反。完美信息（perfect information）是与不完美信息（imperfect information）相对的概念，是指一个参与人能够观察到自然和其他参与人的行动选择。显然，不完全信息意味着不完美信息，但完全信息并不意味着完美信息。例如，在房地产开发博弈中，如果至少有一个参与人不知道市场需求的大小，信息是不完全的，也是不完美的；如果两个参与人都知道市场需求是大还是小，信息是完全的，但如果 A 看不到 B 选择了什么行动，则 A 的信息是不完美的。

1.3.4 策略（strategy）

策略是参与人在给定有关信息的情况下的行动规则，它规定参与人在什么情况下选择什么行动，或者它选择参与人如何对其他参与人的行动做出反应。因此，策略就是参与人的"相机行动方案"（contingent action plan）。一般用 s_i 表示第 i 个参与人的一个特定策略，$S_i=\{s_i\}$ 表示第 i 个参与人的所有可选择的策略的集合（strategy set）。如果 n 个参与人每人选择一个策略，n 维向量 $s=(s_1,s_2,\cdots,s_n)$ 称为一个策略组合（strategy profile）。

应该强调，策略和行动是两个不同的概念，策略是行动计划而不是行动本身，是要说明在什么情况下采取什么行动。在房地产开发的博弈中，两个开发商分别有两种行动：开发和不开发，策略是说明什么时候采取什么行动。当然，在静态博弈中，策略和行动是相同的。因为作为参与人行动的规则，策略依赖于参与人获得的信息，在静态博弈中，所有参与人同时行动，没有任何人能获得其他人行动的信息，从而策略选择就变成简单的行动选择。

根据策略数量的不同，博弈又可以被分为有限策略博弈和无限策略博弈。有限策略博弈的结果也是有限的，理论上总可以将所有的策略、结果以及对应的支付罗列出来。但是，无限策略博弈就不能罗列它所有的策略、结果和支付，一般只能用数集或函数的形式来表示。

1.3.5 支付（payoff）

在博弈论中，支付有两方面的涵义：一是指参与人在特定的策略组合下得到的确定效用水平，二是指参与人得到的期望效用水平。假定参与人的偏好都可以用冯·诺伊曼—摩根斯坦效用函数表示，其目标就是选择自己的策略以最大化期望效用函数。博弈的一个基本特征就是,参与人的支付不仅取决于自己的策略选择,而且取决于所有其他参与人的策略选择。也就是说,参与人的支付是所有参与人策略选择的函数。如果用 u_i 表示第 i 个参与人的支付,则有:

$$u_i = u_i(s_1, \cdots, s_i, \cdots, s_n)$$

在有 n 个参与人的博弈中,参与人的支付组合(payoff profile)为 $u = (u_1, \cdots, u_i, \cdots, u_n)$。

根据不同策略组合下各参与人的支付总和的不同,博弈可以被分为零和博弈、常和博弈和变和博弈三种类型。零和博弈是指支付总和为零的博弈,如猜硬币博弈。博弈中某些参与人的赢必定以其他参与人的输为代价,各参与人之间的利益是对立的。常和博弈是指,在不同的策略组合下各参与人的支付总和总是一个不为零的常数,如几个人分配固定数额利润的博弈。各参与人之间的利益也是对立的,但不像零和博弈中的非输即赢,零和博弈可以看作是常和博弈的特例。变和博弈是指不同策略组合下各参与人的支付总和是不同的,如囚徒困境博弈。这是最一般的博弈类型,前面两种博弈都可以看作是变和博弈的特例。

1.3.6 结果(outcome)

结果是指在博弈中参与人的行动所产生的每一种情形,包括均衡策略组合、均衡行动组合和均衡支付组合。如在囚徒困境中,$(u_1, u_2) = (-8, -8)$ 和(坦白,坦白)就是博弈的结果。在这里,(坦白,坦白)是一种均衡策略组合(或者均衡行动组合),而 $(u_1, u_2) = (-8, -8)$ 就是均衡支付组合。

1.3.7 均衡(equilibrium)

均衡是指所有参与人最优策略的组合,一般记为:

$$s^* = (s_1^*, \cdots, s_i^*, \cdots, s_n^*)$$

其中,s_i^* 是第 i 个参与人在均衡情况下的最优策略,是参与人 i 的所有可能的策略中使 u_i 或 $E(u_i)$ 最大化的策略。一般来说,u_i 是所有参与人的策略组合的函数,i 的最优策略通常依赖于其他参与人的策略选择。

博弈论中的均衡概念和一般均衡理论中讨论的均衡概念是不同的。例如,在一般均衡理论中,均衡有可能指的是由个人最优化行为导致的一组价格;而在博弈论里,这样一组价格只是均衡结果而不是均衡本身;均衡是指所有个人的交易规则(策略的组合),均衡价格才是这种策略组合产生的结果。

1.4 博弈类型及其表述形式

1.4.1 博弈的分类

博弈模型一般分为合作博弈（cooperative game）和非合作博弈（non-cooperative game），如图1.2所示。

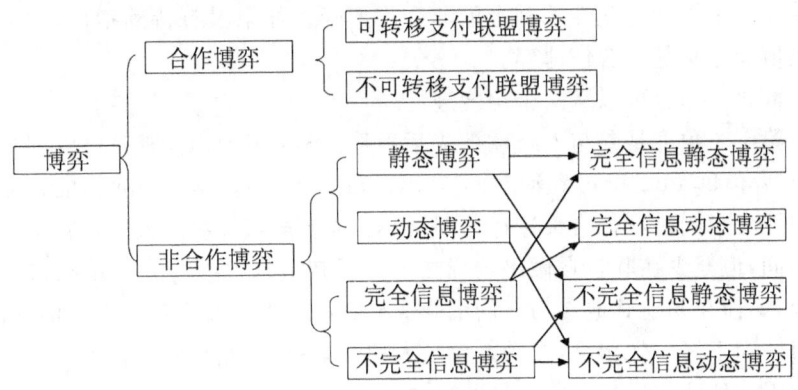

图1.2 博弈的分类

非合作博弈是以单个参与者的可能行动集合为基本元素，而合作博弈是以参与人群的可能联合行动集合为基本元素（Martin J. Osborne and Ariel Rubinstein,2000,P2），也就是说，在非合作博弈中，博弈中所有参与者都独立行动，不存在有约束力的合作、联合或联盟的关系，而在合作博弈中，在一些参与者之间存在着有约束力的合作、联合或联盟的关系，并因为这种关系影响到博弈的结局。合作博弈强调的是团体理性（collective rationality）、效率、公正和公平；非合作博弈强调的是个人理性、个人最优决策，其结果可能是有效率的，也可能是低效率或无效率的（张维迎,1996,P5）。20世纪50年代，合作博弈的研究达到鼎盛期，同时开始出现对非合作博弈的研究，此后，博弈论的研究主流逐步转向非合作博弈领域。有些人认为非合作博弈模型比合作博弈更"基本"，但有些人认为两者不相上下（Martin J. Osborne and Ariel Rubinstein,2000,P2）。

合作博弈，有时也叫作联盟博弈（coalitional game），一般根据有无转移支付而分为两类：可转移支付联盟博弈（coalitional game with transferable payoff）和不可转移支付联盟博弈（coalitional game with non-transferable payoff)。可转移支付也叫有旁支付(side payment),可转移支付联盟博弈假设博弈中各参与者都用相同的尺度来衡量他们的赢得,且各联盟的赢得可以按任意方式在联盟成员中分摊;否则,就是不可转移支付联盟博弈。

1.4.2 非合作博弈的分类

当参与人的行为相互影响或作用时,各参与人之间能否达成一个具有约束力的协议是合作博弈与非合作博弈的一个重要区别。如果不能达成具有约束力的协议,就是非合作博弈。经济学里所讨论的博弈问题基本上都是建立在个体行为理性基础上的非合作博弈。如果没有特别指出,本书提及的博弈也都是非合作博弈。

博弈的划分可以从两个角度进行。

第一个角度是参与人行动的先后顺序。从这个角度,博弈可以划分为静态博弈(static game)和动态博弈(dynamic game)。静态博弈指的是参与人在博弈中同时进行决策选择,同时行动,或者虽然各参与人选择行动的时间不同,但至少在其各自做出选择之前都不知道其他参与人的策略或行动选择,即使在知道其他参与人的策略选择之后也不能改变自己做出的选择。动态博弈正好与之相反,指的是参与人的行动有先后顺序,后行动的参与人能够观测到此前参与人所选择的行动。

第二个角度是信息结构,即参与人对有关其他参与人的特征、策略空间及支付函数的知识。在博弈论中,信息结构一般分为两种:一种是完全信息和不完全信息,另一种是完美信息和不完美信息。简单地讲,完全信息指的是博弈中参与人完全了解其他参与人的策略空间和支付函数;不完全信息指的是在博弈中至少有一个参与人不完全了解其他参与人的策略空间和支付函数;完美信息指的是参与人对其他参与人的策略或行动选择有准确的了解;不完美信息指的是至少有一个参与人对其他参与人的策略或行动选择缺乏了解或了解不准确。完全信息和不完全信息是针对特定策略下的支付函数而言的,而完美信息和不完美信息考察的则是参与人对其他参与人策略或行动选择的了解程度。从信息结构的角度来看,博弈可以划分为完全信息和不完全信息。

将上述两个角度结合起来,就可以得到四种不同类型的博弈,即完全信息静态博弈、完全信息动态博弈、不完全信息静态博弈和不完全信息动态博弈。

博弈论是研究参与人的行为发生相互作用时的策略选择以及这种选择下的均衡问题。在以上四种不同类型的博弈中,对应着四个不同的均衡,即纳什均衡(Nash equilibrium)(纳什,1950,1951年)、子博弈精炼纳什均衡(subgame perfect Nash equilibrium)(泽尔腾,1965年)、贝叶斯纳什均衡(Bayesian Nash equilibrium)(海萨尼,1967,1968年)、精炼贝叶斯纳什均衡(perfect bayesian Nash equilibrium)。

表1.1概括了上面所讲的四种博弈和对应的四个均衡概念,同时也大致反映了三位诺贝尔经济学奖获得者对非合作博弈的贡献及其地位。

表1.1 博弈的分类

信息＼行动顺序	静态	动态
完全信息	完全信息静态博弈; 纳什均衡; 纳什(1950,1951)	完全信息动态博弈; 子博弈精炼纳什均衡; 泽尔腾(1965)
不完全信息	不完全信息静态博弈; 贝叶斯纳什均衡; 海萨尼(1967,1968)	不完全信息动态博弈; 精炼贝叶斯纳什均衡; 泽尔腾(1975),克瑞普斯、威尔逊(1982),弗登伯格、泰勒尔(1991)

1.4.3 博弈的表述形式

现代博弈理论根据不同的博弈类型给出了博弈模型的三种基本表达形式:策略式(strategic form)表述、扩展式表述(extensive form representation)和特征函数型表述。前两者主要用于非合作博弈,后者主要用于合作博弈。

(1) 策略式表述

策略式表述又称为标准式(normal form)表述或矩阵式(matrix form)表述。策略式表述将策略局势抽象为三个基本要素:

(A)博弈的参与者集 $N=\{1,2,\cdots,n\}$;

(B)每个参与者的策略集 S_i,$\forall i \in N$;

(C)每个参与者的支付函数集 R_i,$\forall i \in N$。

因此,一个策略式表述的博弈可以表示为 $G=<N,\{S_i\},\{R_i\}>$。策略式表述主要用来表示静态博弈。策略式博弈也叫作策略博弈。

(2) 扩展式表述

扩展式表述是在标准式表述的基础上,扩展了描述博弈局势的要素,比如参与者的行动顺序以及外生事件的概率分布等,可以描述更复杂的博弈局势，极大地扩充了博弈理论所能描述的范围，一般用来表述动态博弈。扩展式表述一般包含六个要素：

(A)博弈的参与者集 $N=\{1,2,\cdots,n\}$；

(B)参与者的行动顺序(the order of moves)：即什么参与者在什么时候行动；

(C)参与者的行动空间(action set)：在每次行动时，参与者有什么行动可供选择；

(D)参与者的信息集(information set)：每次行动时，参与者知道些什么；

(E)参与者的支付函数：在行动结束时，每个局中人得到什么；

(F)外生事件(即"自然"的选择)的概率分布。

(3) 特征函数型表述

特征函数型表述主要用来表述联盟博弈或合作博弈。令参与者集合为 N，则称 N 的任意子集 S 为联盟(coalition)，所有联盟的全体记为 $\Psi(N)$。

其中可转移支付联盟博弈包括两个要素：

(A)有限的参与者集 $N=\{1,2,\cdots,n\}$；

(B)将 N 的每个非空子集 S(即一联盟)与某个实数 $v(S)$ 相联系的一个特征函数 v。

因此，可转移支付联盟博弈可记为 (N,v)。其中特征函数 v 是指定义在 $\Psi(N)$ 上的一个实函数，其中 $v(S)$ 表示联盟 S 通过协调其成员的策略所能保证得到的最大利得。

不可转移支付联盟博弈包括四个要素：

(A)有限的参与者集 $N=\{1,2,\cdots,n\}$；

(B)结果集 X；

(C)将 N 的每个非空子集 S(即一联盟)赋一个集合 $V(S) \subseteq X$ 上的特征函数 V；

(D)对每个参与者 $i \in N$ 有一个 X 上的支付函数 $R_i(X)$，$\forall i \in N$。

因此，不可转移支付联盟博弈可记为 $(N,V,X,\{R_i(X)\})$。

博弈的三种表述形式之差别，主要在于描述信息的多寡。扩展型表述形式包括的信息最多，如果去掉其中参与者行动顺序和信息结构等信息，可以简化为标准型表述形式。在标准型表述形式的基础上，如果引入有约束力的义务且可强制执行的假设，省略掉策略集，则可进一步简化为特征函数型表述形式。三种表述形式的可转化性，表明非合作博弈与合作博弈之间是可转化的。

第 2 章 完全信息静态博弈

在对博弈进行分类后,我们先来讨论完全信息静态博弈。"完全信息"指的是每个参与人对其他所有参与人的特征(包括策略空间、支付函数等)有完全的了解,"静态"指的是所有参与人同时选择行动且只选择一次。完全信息静态博弈是最简单的一种博弈,在这种博弈中,由于每个人是在不知道其他人行动的情况下选择自己的行动,策略和行动是等价的。

在 1.4.3 节中我们已经了解到博弈的三种基本表述形式,不过大部分的博弈通常用前两种不同的方式来表述,第一种是策略式表述(strategic form representation),第二种是扩展式表述(extensive form representation)。其中,通常用策略式表述来分析静态博弈,用扩展式表述来分析动态博弈。本章我们首先通过一个例子来展示策略式表述。

2.1 博弈的策略式表述

策略式又称标准式(norm form representation),它是指所有参与人同时选择各自的策略,而选择的策略一起决定每个参与人的支付。

设(1)参与人集合:$Z=(1,2,\cdots,i,\cdots,n)$;

(2)每个参与人的策略空间 $S_i, i=1,2,\cdots,n$;

(3)每个参与人的支付:$u_i(s_1,\cdots,s_i,\cdots,s_n), i=1,2,\cdots,n$。

我们用 $G=\{Z;S_1,S_2,\cdots,S_n;u_1,\cdots,u_n\}$ 代表策略式表述的博弈。在两人博弈的情况下,可表现为矩阵形式,设 $Z=(1,2)$,参与人 1 有两个策略 $S_1=(s_1^1,s_1^2)$,参与人 2 有 3 个策略 $S_2=(s_2^1,s_2^2,s_2^3)$,则两人博弈矩阵如表 2.1 所示。

表 2.1 两人博弈矩阵

		参与人 2		
		s_2^1	s_2^2	s_2^3
参与人 1	s_1^1	$u_1(s_1^1,s_2^1), u_2(s_1^1,s_2^1)$	$u_1(s_1^1,s_2^2), u_2(s_1^1,s_2^2)$	$u_1(s_1^1,s_2^3), u_2(s_1^1,s_2^3)$
	s_1^2	$u_1(s_1^2,s_2^1), u_2(s_1^2,s_2^1)$	$u_1(s_1^2,s_2^2), u_2(s_1^2,s_2^2)$	$u_1(s_1^2,s_2^3), u_2(s_1^2,s_2^3)$

2.2 纳什均衡及应用举例

完全信息静态博弈是一种最简单的博弈,博弈分析的目的是预测博弈的均衡结果,纳什均衡是完全信息静态博弈解的一般概念,也是所有其他类型博弈解的基本要求。在本节中,我们先利用几个经典案例来讨论纳什均衡的特殊情况,然后再讨论纳什均衡的一般概念。即在了解了博弈理论的基本概念和符号约定后,本节会分享博弈论中几个经典的案例。

2.2.1 囚徒困境

囚徒困境(Prisoners' dilemma)博弈是博弈论中最经典的例子,由图克(Tucker,1950 年)提出,它虽然非常简单,却很好地反映了博弈问题的根本特征,其本身就部分地奠定了非合作博弈的理论基础,并且可以作为现实生活中许多现象的一个抽象,也是研究经济效率问题的非常有效的基本模型和范式。

囚徒困境讲的是,两个嫌疑犯被警察隔离在不同的屋子里审讯,以防他们串供或结成攻守同盟。警察分别对二人讲明了他们的处境和可能的选择:如果其中一人坦白而另一人拒不坦白,坦白者可以获释,拒不坦白者将被判刑 10 年;如果两人都坦白,各被判刑 8 年;如果两人都拒不坦白,则各被判刑 1 年。这个博弈如表 2.2 所示。

表 2.2 囚徒困境博弈

		囚徒 2	
		坦白	抵赖
囚徒 1	坦白	−8,−8	0,−10
	抵赖	−10,0	−1,−1

这里,每个囚徒都有两种策略:坦白或抵赖。表 2.2 中每一格的两个数字代表对应策略组合下两个囚徒的支付(效用),其中第一个数字是囚徒 1 的支付,第二个数字是囚徒 2 的支付。

在这个例子中,纳什均衡就是(坦白,坦白)。给定囚徒 2 坦白的情况下,囚徒 1 的最优策略是坦白;同样,给定囚徒 1 坦白的情况下,囚徒 2 的最优策略也是坦白。事实上,这里的(坦白,坦白)不仅是纳什均衡,而且是一个占优策略(dominant strategy)均衡,就是说,不论对方如何选择,个人的最优选择都是坦白。比如说,如果囚徒 2 不坦白,囚徒 1 坦白的话被放出来,不坦白的话判刑 1 年,所以坦白比不坦白好;如果囚徒 2 坦白,囚徒 1 坦白的话判 8 年,不坦白的话判刑 10 年,所以坦白还是比不坦白好。这样坦白就是囚徒 1 的占优策略;同样,坦白也是囚徒 2 的占优策略。结果是,两个人都选择了坦白,各被判刑 8 年。

要说明的是,无论对两个囚徒而言,还是对单个人而言,最优结果不是都坦白得到的支付$(-8,-8)$,而是都不坦白应得到的支付$(-1,-1)$。但是,由于两囚徒在决策时不能串通,并且都以自己的利益最大化为目标,而不顾及同伙的利益,双方又都不敢相信或者说指望对方有合作精神,因此结果都无法实现最优结果。由于这种结果具有必然性,很难摆脱,因此,这个博弈被称为"囚徒困境"。当然,就囚徒困境本身来说,对社会利益来讲是非常理想的结果,因为罪犯都得到了应有的惩罚,但对这两个囚徒来说,却没有真正实现自身的个体最大利益,这就是个人理性与集体理性的矛盾。从个体利益出发的行为,即使在遵守社会规则的前提下,往往并不能实现集体的最大利益,同时,从个体利益出发的行为最终也不一定能真正实现个体的最大利益,甚至会得到很差的结果。也就是说,亚当·斯密所认为的将追求个体利益的动机变为实现社会最大利益的"看不见的手"并不总是有效的。这也从理论上说明了政府协调宏观经济活动的必要性。

囚徒困境在现实生活中具有相当的普遍性,在市场竞争、环境问题、军备竞赛和公共资源的开发利用等方面都客观存在。例如,两个寡头企业选择产量的决策,如果两企业联合起来形成卡特尔,选择垄断利润最大化的产量,每个企业都可以获得更多利润。但问题的关键是,每个企业在选择自己的最优产量时,都只考虑对本企业利润的影响,结果是寡头市场的总产量大于形成卡特尔的垄断产量,每个企业获得的利润也小于卡特尔产量下的利润。

2.2.2 智猪博弈

在每个参与人都有占优策略的情况下,占优策略均衡是一个非常合理的预测,但在绝大多数博弈中,占优策略均衡是不存在的。尽管如此,在有些博弈中,我们仍然可以用占优的逻辑找出均衡。

我们看"智猪博弈"的例子。猪圈里有两头猪,一头大猪,一头小猪,猪圈的一端是一个猪食槽,另一端装有一个按钮,由它控制猪食的供应。按一下按钮,需要支付2个单位的成本,但可以得到10个单位的猪食。如果大猪先到,大猪吃到9个单位,小猪只能吃到1个单位;如果小猪先到,大猪吃到6个单位,小猪能吃到4个单位;如果两猪同时到,大猪吃到7个单位,小猪吃到3个单位。这样,每头猪都有两种策略:按或等待。表2.3给出了不同策略组合下的支付矩阵,如第一格表示两头猪同时按按钮,又同时走到食槽,大猪吃到7个单位,小猪吃到3个单位,去掉2个单位的成本,支付水平分别为5个单位和1个单位。

表 2.3 智猪博弈

		小猪	
		按	等待
大猪	按	5,1	4,4
	等待	9,−1	0,0

从表2.3中我们可以看出,这个博弈没有占优策略均衡,因为虽然"等待"是小猪的占优策略,但大猪没有占优策略。因为若小猪选择"等待",大猪的最优策略是"按";若小猪选择"按",大猪的最优策略是"等待"。因此,用占优策略找不到此博弈的均衡。

现在我们假定小猪是理性的,那么小猪肯定不会选择"按"的策略,因为不论大猪选择什么策略,小猪的最优策略都是"等待"。再假定大猪知道小猪是理性的,那么大猪会预测到小猪将选择"等待",给定这个预测,大猪的最优策略只能是"按"。这样,(按,等待)是这个博弈唯一的均衡,即大猪选择"按",小猪选择"等待",支付分别是4个单位。

上述的分析过程,我们实际用的是"重复剔除严格劣策略"(iterated elimination of strictly dominated strategies)的思想。首先,找出某个参与人的劣策略(假定存在),剔除这个劣策略,重新构造一个不含这个已剔除策略的新博弈;然后再剔除这个新博弈中的某个参与人的劣策略;重复这个过程,直到只剩下一个唯一的策略组合为止。这个剩下的唯一的策略组合就是这个博弈的均衡解,称为"重复剔除的占优均衡"(iterated dominated equilibrium)。在"智猪博弈"中,首先剔除了小猪的劣策略"按",在不包含这个策略后的新博弈中,小猪只有一个策略"等待",大猪仍有两个策略,此时,"等待"是大猪的劣策略,剔除这个策略后剩下唯一的策略组合,即(按,等待)。

下面我们给出重复剔除的占优均衡的定义:

定义 2.1 如果策略组合 $s^* = (s_1^*, s_2^*, \cdots, s_n^*)$ 是重复剔除劣策略后剩下的唯一的策略组合,那么我们把它称为重复剔除策略的占优均衡。如果这种唯一的策略组合是存在的,那么该博弈是重复剔除占优可解的(dominance solvable)。

2.2.3 纳什均衡

因为纳什均衡在非合作博弈中具有十分重要的作用和地位,我们先给出它的正式定义。

定义 2.2 在策略式表述的博弈 $G=\{S_1,\cdots,S_n;u_1,\cdots,u_n\}$ 中,如果对于每个 i,给定其他参与人选择 $s_{-i}^*=(s_1^*,\cdots,s_{i-1}^*,s_{i+1}^*,\cdots,s_n^*)$ 的情况下,s_i^* 是第 i 个参与人的最优策略,那么策略组合 $s^*=(s_1^*,s_2^*,\cdots,s_n^*)$,是一个纳什均衡,即

$$u_i(s_i^*,s_{-i}^*)\geq u_i(s_i,s_{-i}^*), \forall s_i\in S_i, \forall i$$

或

$$s^*\in \arg\max_{s_i\in S_i} u_i(s_1^*,\cdots,s_{i-1}^*,s_{i+1}^*,\cdots,s_n^*), i=1,2,\cdots,n$$

该定义表明,纳什均衡是具有一定特征的策略组合,即每个参与人的策略都是对其他参与人策略的最佳反应。也就是说,在已知其他参与人策略的情况下,每个参与者都选择他的最优策略,所有参与者的这种最佳策略组合就是一个纳什均衡。

若 $s^*=(s_1^*,s_2^*,\cdots,s_n^*)$ 是某博弈的纳什均衡策略组合,它的哲学含义是把 s^* 看成由 n 个参与人达成的协议,在这个协议中规定任一参与人选择策略 s_i^*。问题是在给定其他人都遵守这个协议时,参与人 $\tilde{\theta}=\theta$ 能否自动遵守这个协议,显然只有当遵守这个协议带来的效用大于不遵守这个协议带来的效用时,参与人才会自动遵守这个协议。如果所有参与人都没有偏离这个协议的动机,由定义可知这个协议就构成纳什均衡,且该协议可以自动实施。

由纳什均衡定义知"囚徒困境"博弈的纳什均衡是(坦白,坦白),均衡结果是$(-8,-8)$,显然$(-8,-8)$对两个囚徒来说并非是帕累托最优。而(抵赖,抵赖)不是一个纳什均衡,所以最优结果$(-1,-1)$不能实现。这也说明个人理性的追求带来了与集体理性的矛盾,"囚徒"暂时无法走出"困境"。要解决此问题,就应设计一种机制,在满足个人理性的前提下达到集体理性。

下面再举几个例子来说明纳什均衡,这些例子都是博弈论里很著名的例子。

例1:性别战(battle of the sexes)

有一对男女朋友,男的喜欢足球,女的喜欢芭蕾。周末到了,现在他们

有两种选择,要么去看足球比赛,要么去看芭蕾演出,而且他们都想在一起,不愿分开。支付矩阵如表 2.4 所示。

表 2.4 性别战博弈

		女	
		足球	芭蕾
男	足球	2,1	0,0
	芭蕾	0,0	1,2

在这个博弈里,有两个纳什均衡,(足球,足球)和(芭蕾,芭蕾)。因为给定其中一方去看足球比赛,另一方看足球得到支付为 1,看芭蕾得到的支付为 0,因此他(她)的最优策略也是去看足球。类似地,给定一方去看芭蕾,另一方的最优策略也是去看芭蕾。

例 2:斗鸡博弈(chicken game)

这个博弈可以理解为两人拿着火棍从独木桥的两端走向中央进行火拼。两个人都有两种策略:继续前进和退下去。如果两人都继续前进,则两败俱伤;如果一方前进,一方退下,前进的一方取得胜利,退下的一方则丢了面子;如果两人都退下,则两人都丢了面子。支付矩阵如表 2.5 所示。

表 2.5 斗鸡博弈

		B	
		进	退
A	进	-3,-3	2,0
	退	0,2	0,0

在斗鸡博弈里,也有两个纳什均衡:(进,退)和(退,进)。给定其中一方进,另一方的最优策略就是退;反之,给定一方选择退,另一方的最优策略是进。

例 3:市场进入博弈(entry game)

在这个博弈中,有一个垄断者已在市场上(称为"在位者"),另一个企业虎视眈眈想进入(称为"进入者")。进入者有两个策略可以选择:(进入,不进入),在位者也有两个策略可以选择:(默许,斗争)。假定进入之前的垄断利润为 300,进入之后寡头利润为 100,进入成本为 10。支付矩阵如表 2.6 所示。

表 2.6 市场进入博弈

		在位者	
		默许	斗争
进入者	进入	40,50	-10,0
	不进入	0,300	0,300

这个市场进入博弈同样有两个纳什均衡:(进入,默许)和(不进入,斗

争）。给定进入者进入,在位者选择默许得到50单位支付,选择斗争得不到任何支付,因此在位者的最优策略是默许。类似地,给定在位者默许,进入者的最优策略就是进入。尽管当进入者选择不进入时,在位者选择默许和斗争无差异,但只有当在位者选择斗争时,不进入才是进入者的最优策略,所以,(不进入,斗争)也是一个纳什均衡。

2.2.4 纳什均衡的性质及含义

纳什均衡的价值在于它有一些非常重要的性质,其中最主要的性质之一是"一致预测性"。

"一致预测性"是指,如果所有的参与人都预测到某一个博弈结果会出现,那么,所有的参与人都不会利用该预测或者这种预测能力,选择与预测结果不一致的策略,也就是说,没有哪一个参与人会有偏离这个预测结果的动机和愿望,因此,这个预测结果最终会成为博弈的均衡结果。这里"一致预测"中的"一致"指的是,所有参与人的实际行为选择与他们的预测一致,而不是不同参与人的预测不相同、不相一致。

因此,纳什均衡且只有纳什均衡具有这样的性质,即参与人预测到均衡,参与人预测到其他参与人预测到均衡,等等。任何非纳什均衡的预测都不是一致预测,一致预测是纳什均衡的本质属性。这是因为,如果一个博弈的所有参与人都预测到博弈的结果是某个纳什均衡,那么由于纳什均衡策略组合中各参与人的策略都是对其他参与人策略、策略组合的最佳反应,因此任一参与人都不会单独改变策略,因此预测的结果会成为博弈的最终结果。反过来,如果每个参与人都预测到某个策略组合将是博弈结果时,都会主动坚持该策略组合中的策略,而没有动力去采取与预测不一致的策略,则说明该策略组合中每个参与人的策略都是对其他参与人策略的最佳反应。根据纳什均衡的定义,这个策略组合一定是一个纳什均衡。

需要注意的是,虽然纳什均衡是博弈结果的一致预测,但纳什均衡分析却并不一定能对所有博弈的结果都做出准确的预测。因为纳什均衡的一致预测本身并不保证各参与人的预测是相同的,相同的预测是一致预测性质的前提而不是结果。有许多博弈其实根本无法准确预测,因为不存在纳什均衡,而另一些博弈又有多重纳什均衡且相互没有显著的优劣或效率差别。此外,还存在参与人的理性、能力等与假设不符的情况,这些都会影响纳什均衡在博弈分析中的预测作用。

2.3 连续策略博弈

本节我们将介绍几个连续策略博弈,这些例子中的策略都是连续变量。

2.3.1 古诺模型

古诺模型是早期的寡头垄断模型。它是法国经济学家古诺于1838年提出的。古诺模型通常被作为寡头理论分析的出发点。古诺模型是一个只有两个寡头厂商的简单模型,该模型也被称为"双头模型"。古诺模型的结论可以很容易地推广到在三个或三个以上寡头垄断厂商的情况中。

古诺模型的假定是:市场上有 A、B 两个厂商生产和销售相同的产品,它们的生产成本为零;它们共同面临的市场的需求曲线是线性的;A、B 两个厂商都准确地了解市场的需求曲线;在已知对方产量的情况下,各自确定能够给自己带来最大利润的产量,即每一个厂商都是消极地以自己的产量去适应对方已确定的产量。

在古诺模型里,设企业 A 和企业 B 两家完全占有某产品市场,策略选择是产量,支付是利润,利润函数是两个企业共同产量的函数。

$q_i \in [0, \infty)$ 表示第 i 个企业的产量,$i=1,2$;$c_i(q_i)$ 表示第 i 个企业的生产成本;$p(q_1+q_2)$ 表示整个市场的逆需求函数,则第 i 个企业的利润函数为:

$$\pi_i(q_1,q_2)=q_i p(q_1+q_2)-c_i(q_i), i=1,2$$

因此,本博弈中(q_1^*, q_2^*)的纳什均衡的充分必要条件是 q_1^*, q_2^* 为如下方程组的解:

$$\begin{cases} \max_{q_1}[q_1 p(q_1+q_2)-c_1(q_1)], \\ \max_{q_2}[q_2 p(q_1+q_2)-c_2(q_2)] \end{cases}$$

一阶条件要求:

$$\begin{cases} \frac{\partial \pi_1}{\partial q_1}=p(q_1+q_2)+q_1 p'(q_1+q_2)-c_1'(q_1)=0, \\ \frac{\partial \pi_2}{\partial q_2}=p(q_1+q_2)+q_2 p'(q_1+q_2)-c_2'(q_2)=0 \end{cases}$$

一般解为:

$$\begin{cases} q_1^*=R_1(q_2), \\ q_2^*=R_2(q_1) \end{cases}$$

此一般解称为反应函数,反应函数意味着每个企业的最优产量是另一个企业产量的函数。

假定每个企业具有相同的不变单位成本,具体化如下:
$$c_1(q_1)=q_1c, c_2(q_2)=q_2c, p=a-(q_1+q_2)$$

又
$$\begin{cases}\pi_1=q_1p-q_1c,\\ \pi_2=q_2p-q_2c\end{cases}$$

$$\therefore \begin{cases}\dfrac{\partial \pi_1}{\partial q_1}=a-(q_1+q_2)-q_1-c=0,\\ \dfrac{\partial \pi_1}{\partial q_2}=a-(q_1+q_2)-q_2-c=0\end{cases}$$

该方程组的反应函数为:
$$\begin{cases}q_1^*=R_1(q_2)=\dfrac{1}{2}(a-q_2-c),\\ q_2^*=R_2(q_1)=\dfrac{1}{2}(a-q_1-c)\end{cases}$$

求得解: $q_1^*=q_2^*=\dfrac{1}{3}(a-c)$,则整个市场的产量为: $q_1^*+q_2^*=\dfrac{2}{3}(a-c)$,故两个企业利润为: $\pi_1(q_1,q_2)=\pi_2(q_1,q_2)=q_1^*p(q_1^*+q_2^*)-cq_1^*=\dfrac{1}{9}(a-c)^2$,总利润为 $\dfrac{2}{9}(a-c)^2$。

再考察垄断情况下的市场利润和生产情况:
$$\pi^m=Q(a-Q-c)$$
$$\dfrac{\partial \pi^m}{\partial Q}=a-Q-c-Q=0 \Rightarrow Q=\dfrac{1}{2}(a-c)$$
$$\Rightarrow \pi^m=\dfrac{1}{2}(a-c)[a-\dfrac{1}{2}(a-c)-c]=\dfrac{1}{4}(a-c)^2$$

因此,寡头竞争产量为 $q_1^*+q_2^*=\dfrac{2}{3}(a-c)>\dfrac{1}{2}(a-c)$ 的垄断产量,而寡头竞争利润为 $\dfrac{2}{9}(a-c)^2<\dfrac{1}{4}(a-c)^2$ 的垄断利润。寡头竞争的总产量大于垄断产量的原因正是每个企业在选择自己的最优产量时,只考虑对本企业利润的影响,而忽视了对另一个企业的外部负效应,两企业进入"囚徒困境"。

例1:

在古诺模型的假设条件下,设市场的线性反需求函数为:
$$P=1\,800-Q=1\,800-(Q_A+Q_B)$$

式中，P 为商品的价格，Q 为市场总需求量，Q_A 和 Q_B 分别为市场对 A、B 两个寡头垄断厂商的产品的需求量，即 $Q=Q_A+Q_B$，若简化生产为无成本的。

对 A 寡头垄断厂商而言，其利润等式为：

$$\pi_A = TR_A - TC_A = PQ_A - 0$$
$$= [1800-(Q_A+Q_B)]Q_A = 1800Q_A - Q_A^2 - Q_AQ_B$$

A 寡头垄断厂商利润最大化的一阶条件为：

$$\frac{\partial \pi_A}{\partial Q_A} = 1800 - 2Q_A - Q_B = 0$$

$$Q_A = 900 - \frac{Q_B}{2}$$

该式就是 A 寡头垄断厂商的反应函数，它表示 A 厂商的最优产量是 B 厂商的产量的函数。也就是说，对于 B 厂商的每一个产量 Q_B，A 厂商都会作出反应，确定能给自己带来最大利润的产量 Q_A。

类似地，对于 B 寡头垄断厂商来说，有

$$\pi_B = 1800Q_B - Q_B^2 - Q_AQ_B$$

$$\frac{\partial \pi_B}{\partial Q_B} = 1800 - 2Q_B - Q_A = 0$$

$$Q_B = 900 - \frac{Q_A}{2}$$

该式是 B 寡头垄断厂商的反应函数，它表示 B 厂商的最优产量是 A 厂商的产量的函数。

联立 A、B 两寡头垄断厂商的反应函数，便得到如下方程组：

$$\begin{cases} Q_A = 900 - \frac{Q_B}{2}, \\ Q_B = 900 - \frac{Q_A}{2} \end{cases}$$

解方程组得：$Q_A=600$，$Q_B=600$。即 A、B 两厂商的均衡产量。

可见，每个寡头垄断厂商的均衡产量是市场总容量的三分之一，即有：$Q_A=Q_B=\frac{1800}{3}=600$。行业的均衡总产量是市场总容量的三分之二，即有：$Q_A+Q_B=2\times\frac{1800}{3}=1200$。

将 $Q_A=Q_B=600$ 代入市场及需求函数式，可求得市场均衡价格：$P=600$。

例 2：

市场里有两个企业 1 和 2。每个企业的成本都为 0。市场的逆需求函

数为 $P=16-Q$。其中 P 是市场价格，Q 为市场总产量。求古诺（Cournot）均衡产量和利润。

求解：设两个企业的产量分别为 q_1,q_2，有 $Q=q_1+q_2$，因此利润函数分别为：

$$\pi_1=(16-q_1-q_2)q_1=16q_1-q_1^2-q_1q_2$$
$$\pi_2=(16-q_1-q_2)q_2=16q_2-q_2^2-q_1q_2$$

其中利润最大化的一阶条件分别为：

$$\frac{\partial \pi_1}{\partial q_1}=16-2q_1-q_2=0$$

$$\frac{\partial \pi_2}{\partial q_2}=16-2q_2-q_1=0$$

因此企业 1 和企业 2 的反应函数分别为：

$$q_1^*=\frac{16-q_2}{2},q_2^*=\frac{16-q_1}{2}$$

联立，得到 $q_1^*=q_2^*=\frac{16}{3}$，$Q_1^*=q_1^*+q_2^*=\frac{32}{3}$。由此可以计算古诺均衡的价格 $P=\frac{16}{3}$。

2.3.2 公共地的悲剧

公共地的悲剧（tragedy of the commons）说明了，如果一种资源没有排他性的所有权，就会导致对这种资源的过度使用。这是制度经济学中一个常见的例子，在我国一些地区煤矿的过度开采就属于这种问题。

我们假设某个地区有 n 个煤矿，我们用 $g_i\in[0,\infty)$ 代表第 i 个煤矿的开采量，$i=1,2,\cdots,n$；$G=\sum_{i=1}^{n}g_i$ 代表 n 个煤矿开采总量，c 代表开采每单位煤的成本，$v=v(G)$ 代表每单位煤的平均价值。当煤矿的总产量很小时，增加开采量不会对煤的价值有太大影响，但随着开采量的不断增加，每单位煤的价值就会急剧下降，因此，有假定：$\frac{\partial v}{\partial G}<0$，$\frac{\partial^2 v}{\partial G^2}<0$。这个博弈中的每个煤矿都是要选择 g_i 来最大化自己的利润。它的利润函数为：

$$\pi_i=(g_1,g_2,\cdots,g_n)=g_iv(G)-g_ic,i=1,2,\cdots,n$$

要使 π_i 最大，解其一阶条件：

$$\frac{\partial \pi_i}{\partial g_i}=v(G)+g_iv'(G)-c=0,i=1,2,\cdots,n$$

其中，c 代表开采每单位煤的成本。从上式可以看出，每多开采一单位煤，一方面增加了这一单位煤的价值 v，另一方面使之前开采的煤的价值下降（$g_i v' < 0$）。最优解就是满足边际收益等于边际成本的解。

我们再来考察每个煤矿开采量之间的关系。对上述一阶条件再次求偏导得：

$$\frac{\partial^2 \pi_i}{\partial g_i^2} = v'(G) + v'(G) + g_i v''(G) < 0$$

$$\frac{\partial^2 \pi_i}{\partial g_i \partial g_j} = v'(G) + g_i v''(G) < 0$$

所以，$\dfrac{\partial g_i}{\partial g_j} = -\dfrac{\dfrac{\partial^2 \pi_i}{\partial g_j \partial g_i}}{\dfrac{\partial^2 \pi_i}{\partial g_i^2}} < 0$。

即第 i 个煤矿的最优开采量随其他煤矿开采量的增加而递减。整个地区的总的煤矿开采量为 $G^* = \sum_{i=1}^{n} g_i^*$，其中 g_i^* 是 n 个一阶条件定义的 n 个反应函数的交点。我们把这 n 个反应函数相加，得到：

$$v(G^*) + \frac{G^*}{n} v'(G^*) = c$$

再考虑整个地区的最优开采量，它应满足：

$$\max_G Gv(G) - G_c$$

它的利润函数为：

$$\pi_i = (g_1, g_2, \cdots, g_n) = g_i v(G) - g_i c, i = 1, 2, \cdots, n$$

要使 π_i 最大，解其一阶条件：

$$v(G^{**}) + G^{**} v'(G^{**}) = c$$

这里，G^{**} 是整个地区所有煤矿的最优开采量。通过比较可以看出 $G^* > G^{**}$，即总的开采量大于最优开采量，煤矿被过度开采。

这个例子再一次证明了纳什均衡，或者说非合作博弈的结果有可能是低效率的。在本例中，如果煤矿的数目进一步增加，则纳什均衡策略的效率会更低，如果允许外来者任意加入利用该公共资源的行列，则所有利用该资源的人的利益很快都会消失，即开采的煤的数量会随着煤矿数的增加而增加到刚好不至于亏损的水平，各个煤矿完全不能得到任何好处，公共资源等于完全被浪费掉了。

2.3.3 公共物品的私人供给

上一节公共地的悲剧导致资源的过度供给,这一节讲的公共物品的私人供给正好相反,它将导致供给不足。

假设一个有 n 户居民的小区内要修路,修路的全部费用由每户居民自愿供给,那么费用的总供给等于所有居民的供给之和。供给的总费用越大,道路维修的质量也越高,所有的居民都受益。

现在假设第 i 户居民的贡献为 g_i,则总供给为 $G = \sum_{i=1}^{n} g_i, g_i \in [0, \infty)$。假定居民 i 的效用函数为 $u_i(x_i, G)$,其中 x_i 是私人物品的消费量。假设 $\frac{\partial u_i}{\partial x_i} > 0, \frac{\partial u_i}{\partial G} > 0$,重要的是私人物品和公共物品之间的边际替代率是递减的。令 p_x 为居民消费的私人物品的价格,g_i 为贡献的修路的费用,M_i 为居民个人总预算收入。那么每户居民面临的问题是以下最大化目标函数的解:

$$\max u_i(x, G)$$
$$\text{s.t.} \ M_i = p_x x_i + g_i$$

构造拉格朗日函数:$L(x_i, G) = u_i(x_i, G) + \lambda(M_i - p_x x_i - g_i)$
解一阶条件得:

$$\frac{\partial L}{\partial g_i} = \frac{\partial u_i}{\partial g_i} - \lambda = 0$$

$$\frac{\partial L}{\partial x_i} = \frac{\partial u_i}{\partial x_i} - \lambda p_x = 0, \frac{\partial L}{\partial G} = \frac{\partial u_i}{\partial G_i} - \lambda = 0$$

所以,$\dfrac{\frac{\partial u_i}{\partial g}}{\frac{\partial u_i}{\partial x_i}} = \dfrac{1}{p_x}, i = 1, 2, \cdots, n$。

也就是说,假定其他人的选择给定,n 个均衡条件决定了公共物品资源供给的纳什均衡:$g^* = (g_1^*, g_2^*, \cdots, g_n^*), G^* = \sum_{i=1}^{n} g_i^*$。

为了说明公共物品的私人资源供给不足,我们再来考察帕累托最优解。假设社会福利函数为:

$$\max \sum_{i=1}^{n} \gamma_i u_i$$
$$\text{s.t.} \ \sum_{i=1}^{n} M_i = p_x \sum_{i=1}^{n} x_i + G$$

构造拉格朗日函数：$L(x_i, G) = \sum_{i=1}^{n} \gamma_i u_i + \lambda(\sum_{i=1}^{n} M_i - p_x \sum_{i=1}^{n} x_i - G)$

解一阶条件得：

$$\sum_{i=1}^{n} \gamma_i \frac{\partial u_i}{\partial G} - \gamma = 0$$

$$\gamma_i \frac{\partial u_i}{\partial x_i} - \lambda p_x = 0$$

所以，$\sum_{i=1}^{n} \frac{\frac{\partial u_i}{\partial G}}{\frac{\partial u_i}{\partial x_i}} = \frac{1}{p_x}, i = 1, 2, \cdots, n$。

这就是存在公共物品情况下的帕累托最优解。它可以改写成：

$$\frac{\frac{\partial u_j}{\partial G}}{\frac{\partial u_j}{\partial x_j}} = \frac{1}{p_x} - \sum_{i \neq j} \frac{\frac{\partial u_i}{\partial G}}{\frac{\partial u_i}{\partial x_i}}$$

这正意味着公共物品供给的帕累托最优解大于公共物品的纳什均衡解，即公共物品的资源供给在博弈和现实中将导致供给不足。

2.4 混合策略纳什均衡

按照定义，$s^* = (s_1^*, s_2^*, \cdots, s_n^*)$ 是一个纳什均衡，当且仅当对所有 $i \in Z, s_i^* \in \arg\max u_i(s_i^*, s_{-i}^*)$。但有些博弈并不存在这样的纳什均衡，如表2.7的"猜硬币"博弈。本节引进非常重要的混合策略均衡概念，来解决不存在纳什均衡和存在多重纳什均衡的博弈。

从"猜硬币"博弈矩阵可以看出，每个参与人的策略空间都是{正面,反面}。如果参与人1的策略与参与人2的策略相同，则参与人1的支付为1,参与人2的支付为-1;反之,参与人1的支付为-1,参与人2的支付为1。

表 2.7 猜硬币博弈

		参与人 2	
		正面	反面
参与人 1	正面	1,-1	-1,1
	反面	-1,1	1,-1

用纳什均衡定义该博弈无纳什均衡,但参与人可能以一定的概率来选

择自己的行动策略,比如 $\frac{1}{2}$ 的概率出正面,$\frac{1}{2}$ 的概率出反面,这种策略方式就是下面的混合策略。

定义 2.3 在 n 个参与人博弈的策略式表述 $G=\{Z;S_1,S_2,\cdots,S_n;u_1,\cdots,u_n\}$ 中,假定 $S_i=\{s_{i1},s_{i2},\cdots,s_{iK}\}$ 为参与人 i 的纯策略,那么参与人 i 的一个混合策略为概率分布 $P_i=\{P_{i1},P_{i2},\cdots,P_{iK}\}$,这里的 $P_{ik}=P(s_{ik})$ 是参与人 i 选择 s_{ik} 的概率,对所有 $k=1,\cdots,K$,$0 \leq P_{ik} \leq 1$,且 $P_{i1}+P_{i2}+\cdots+P_{iK}=1$。

由上述定义可知,纯策略是混合策略的一个特例,比如纯策略 s_{i1} 等价于 $P_i=(1,0,\cdots,0)$。

我们用 Γ_i 代表 i 的混合策略空间($P_i \in \Gamma_i$),$P=(P_1,P_2,\cdots,P_n)$ 代表混合策略组合(mixed strategy profile),其中 P_i 为参与人 i 的一个混合策略,$\Gamma = \prod_{i=1}^{n} \Gamma_i$ 代表混合策略空间,与混合策略相伴的是支付的不确定性,因为一个人并不知道其他参与人的实际策略选择。这时参与人关心的是期望支付。同样我们用 $P_{-i}=(P_1,\cdots,P_{i-1},P_{i+1},\cdots,P_n)$,$V_i(P)=V_i(P_i,P_{-i})$ 表示参与人的期望支付,显然

$$V_i(P_i,P_{-i}) = \sum_{s \in S} (\prod_{j=1}^{n} P_j(s_j)) u_i(s)$$

有了上述期望支付的概念之后,我们可以重新定义纳什均衡。

定义 2.4 在一个 n 人参与的博弈 $G=\{Z;S_1,\cdots,S_n;u_1,\cdots,u_n\}$ 中,混合策略组合 $P^*=(P_1^*,\cdots,P_i^*,\cdots,P_n^*)$ 称作一个纳什均衡,如果对于所有 $i=1,2,\cdots,n$,成立

$$V_i(P_i^*,P_{-i}^*) \geq V_i(P_i,P_{-i}^*), \forall P_i \in \Gamma_i$$

如果 $P_i=(P_{i1},P_{i2},\cdots,P_{ik})$ 是相对于给定 P_{-i} 的参与人的一个最优混合策略,由于期望支付是概率分布的线性函数,那么对于所有 $P_{ik}>0$,有

$$V_i(s'_{ik},P_{-i}) \geq V_i(s_{ik},P_{-i}), \forall s_{ik} \in S_i$$

就是说如果 $P_i=(P_{i1},P_{i2},\cdots,P_{ik})$ 是相对于给定 P_{-i} 的一个最优混合策略,且这个混合策略规定 i 以严格正的概率选择纯策略 s_{ik},那么 s_{ik} 本身一定是相对于 P_{-i} 的一个最优策略。这样,所有以正的概率进入最优混合策略的纯策略都是最优策略,参与人在所有这些纯策略之间一定是无差异的。也就是说,如果 $P_{i1}>0$,$P_{i2}>0$,$\cdots$,$P_{ik}>0$,那么

$$V_i(s_{i1},P_{-i}) = V_i(s_{i2},P_{-i}) = \cdots = V_i(s_{ik},P_{-i})$$

根据上述论证,混合策略纳什均衡可表述如下:

定义 2.5 如果对于所有参与人 $i(i=1,2,\cdots,n)$,$V_i(P_i^*,P_{-i}^*) \geq$

$V_i(s_i, P_{-i}^*)$, $\forall s_i \in S_i$ 成立,则 $P^* = (P_1^*, P_i^*, \cdots, P_n^*)$ 是一个纳什均衡。

我们以表 2.3 中的猜硬币博弈来求解其混合策略纳什均衡。令 $(r, r-1)$ 表示参与人 1 的混合策略,其出正面的概率为 r;令 $(q, q-1)$ 表示参与人 2 的混合策略,其出正面的概率为 q。这样参与人 1 的期望收益:

$$u_1 = rq \times 1 + r(1-q)(-1) + (1-r)q \times (-1) + (1-r)(1-q) \times 1$$
$$= (1-2q) + 2r(2q-1)$$

由最大化一阶条件:

$$\frac{\partial u_1}{\partial r} = 2(2q-1) = 0$$

知 $q = 0.5$。这就是说,如果概率 $q < 0.5$,参与人 1 选择出反面;如果 $q > 0.5$,参与人 1 选择出正面;只有 $q = 0.5$,参与人 1 才会选择混合策略。

同理可得 $r = 0.5$,对其解释类似参与人 1。故该博弈的混合策略纳什均衡解为 $(0.5, 0.5)$。

2.4.1 福利博弈

福利博弈描述的是这样一种情况,政府乐于救助那些努力寻找工作的贫民,但不愿帮助那些坐等救济的贫民。可是贫民只有在得不到政府的救济之时才会去寻找工作。这是一个在公共政策方面众所周知的难题,在私人层面上也会出现相同的问题,典型的情况就是父母决定如何帮助自己的懒孩子。表 2.8 给出了福利博弈的支付矩阵。

从表 2.8 中可以看出,两个参与人都没有占优策略,而且不存在纯策略纳什均衡。这是因为,若政府选择救济,则贫民将选择不工作,而贫民选择不工作,政府将选择不救济;若政府选择不救济,贫民选择工作,而贫民选择工作时,政府将选择救济。

表 2.8 福利博弈

		贫民	
		工作(γ_m)	不工作($1-\gamma_m$)
政府	救济(θ_a)	3,2	-1,3
	不救济($1-\theta_a$)	-1,1	0,0

但这个博弈有一个混合策略均衡。如果政府选择救济的概率是 θ_a,而贫民选择工作的概率是 γ_m,则政府的期望支付是:

$$\pi_{政府} = \theta_a[3\gamma_m + (-1)(1-\gamma_m)] + (1-\theta_a)[(-1)\gamma_m + 0(1-\gamma_m)]$$
$$= \theta_a[3\gamma_m - 1 + \gamma_m] - \gamma_m + \theta_a \gamma_m$$

$$= \theta_a[5\gamma_m - 1] - \gamma_m$$

要使政府的期望支付最大化,对选择变量 θ_a 求一阶导数得:

$$\frac{d\pi_{政府}}{d\theta_a} = 5\gamma_m - 1 = 0$$

$$\therefore \gamma_m = 0.2$$

即在混合策略均衡中,贫民以 20% 的概率选择工作,以 80% 的概率选择不工作。下面来求解政府选择救济的概率,我们必须先分析贫民的期望支付:

$$\pi_{贫民} = \theta_a[2\gamma_m + 3(1-\gamma_m)] + (1-\theta_a)[1\gamma_m + 0(1-\gamma_m)]$$
$$= -\gamma_m[2\theta_a - 1] + 3\theta_a$$

求一阶导数得:

$$\frac{d\pi_{贫民}}{d\gamma_m} = -(2\theta_a - 1) = 0$$

$$\therefore \theta_a = 0.5$$

即政府分别以 50% 的概率选择救济和不救济。

2.4.2 审计博弈

在审计博弈中,税务局必须决定是否对某一笔特定的税收收入进行审计以验证其是否准确。税务局的目标是以最小成本来防止或查处偷税行为。而嫌疑人只有当他们不会被查出时才会想偷税。我们不妨假定防止或查处偷税行为的支付为 4,审计的成本为 C,且 $C<4$;嫌疑人依法纳税的成本为 1,且被查处偷税的成本是罚款 $F>1$。表 2.9 给出了一个 2×2 的同时行动博弈。

表 2.9 审计博弈 Ⅰ

		嫌疑人	
		偷税(θ)	不偷税($1-\theta$)
税务局	审计(γ)	$4-C, -F$	$4-C, -1$
	不审计($1-\gamma$)	$0, 0$	$4, -1$

运用上一节福利博弈中类似的方法,我们可以得到:$\theta = \frac{C}{4}$ 和 $\gamma = \frac{1}{F}$。

即

$$\pi_{税务局} = \pi_{税务局}(不审计) = \theta * 0 + (1-\theta) * 4 = 4 - C$$

和

$$\pi_{嫌疑人} = \pi_{嫌疑人}(偷税) = \gamma * (-F) + (1-\gamma) * 0 = -1$$

另外,我们还可以把这种情况模型化为一个序贯博弈,不妨称之为审计博弈Ⅱ。同时行动博弈隐含地假定了参与人在选择行动时都不知道其他参与人已经选择了什么。在序贯博弈中,税务局首先选择政府政策,而嫌疑人则对此做出反应。审计博弈Ⅱ的均衡是纯策略纳什均衡。在均衡时,税务局选择审计,且预计到嫌疑人随后会选择纳税,税务局的支付是 $4-C$,而嫌疑人的支付是 -1,两个参与人的支付都同审计博弈Ⅰ中一样,虽然现在审计的次数更多而偷税和罚款的次数更少。

2.4.3 混合策略的形式及类别

在已经考察过几个具有混合策略的博弈之后,现在我们可以将这一套方法应用于如表 2.10 所示的一般博弈。

表 2.10 一般 2×2 博弈

		列	
		左(θ)	右($1-\theta$)
行	上(γ)	a, w	b, x
	下($1-\gamma$)	c, y	d, z

为找到该博弈的均衡,我们把由各个纯策略所带来的支付设为相等。对行来说,可以得到:$\pi_{行}(上)=a\theta+(1-\theta)b$ 和 $\pi_{行}(下)=c\theta+(1-\theta)d$。

令上述两式相等,有 $\theta(a+d-b-c)+b-d=0$,从而得到

$$\theta^* = \frac{d-b}{(d-b)+(a-c)}$$

与此类似,将列的支付设为相等,有:$\pi_{列}(左)=\gamma w+(1-\gamma)y=\pi_{列}(右)=\gamma x+(1-\gamma)z$,从而得到:

$$\gamma^* = \frac{z-y}{(z-y)+(w-x)}$$

故而该博弈的混合纳什均衡是 $\gamma^* = \frac{z-y}{(z-y)+(w-x)}$,$\theta^* = \frac{d-b}{(d-b)+(a-c)}$,或者记为 $[(\gamma^*, 1-\gamma^*),(\theta^*, 1-\theta^*)]$。

混合策略的博弈的类别主要分为以下三种:非协调博弈、协调博弈和贡献博弈。它们的共同特点是混合策略均衡在其中具有重要地位。有些博弈不属于上述类别中的任何一种,比如像瑞士象棋博弈那样的具有相等支付的博弈,在该博弈中,全部 8 个支付都等于 0。但是这三种博弈基本可以涵盖广泛的经济现象。表 2.11 借用表 2.10 的参与人和行动来描述这三类博弈。

表 2.11 具有混合策略均衡的 2×2 博弈

$A,w \rightarrow B,x$	$A,w \leftarrow B,x$	$A,w \leftarrow B,x$	$A,w \rightarrow B,x$
$\downarrow$ $\uparrow$	$\downarrow$ $\uparrow$	$\downarrow$ $\uparrow$	$\downarrow$ $\uparrow$
$c,y \leftarrow d,z$	$c,y \leftarrow d,z$	$c,y \rightarrow d,z$	$c,y \leftarrow d,z$
非协调博弈		协调博弈	贡献博弈

非协调博弈(discoordination games)的支付满足下述条件之一：(1) $a>c, d>b, x>w$ 且 $y>z$；(2) $c>a, b>d, w>x$ 且 $z>y$。它只有一个均衡，且该均衡是以混合策略的形式存在，其中，福利博弈和审计博弈都是非协调博弈。

协调博弈(coordination games)的支付满足 $a>c, d>b, w>x$ 且 $z>y$。它有三个均衡，两个对称的纯策略均衡和一个对称的混合策略均衡。性别战就是协调博弈，而且参与人在纯策略均衡时对各个均衡的排序是相反的。

贡献博弈(contribution games)的支付满足 $c>a, b>d, x>w$ 且 $y>z$，同时它还必须满足 $c<b$ 且 $y>x$。它之所以叫"贡献博弈"，是因为在这种博弈中，通常是两个参与人都可以选择会贡献公共商品的那种行动，虽然每个人都希望由别人来承担成本。与囚徒困境有所不同的是，在贡献博弈中每个参与人在不得已的情况下都会独自承担成本。它也有三个均衡，两个非对称的纯策略均衡和一个对称的混合策略均衡。

2.5 纳什均衡的存在性及多重性

2.5.1 纳什均衡的存在性

到目前为止，我们所讨论的博弈至少存在一个纳什均衡(纯的或混合的)，并相继引入了占优策略均衡、重复剔除的占优均衡、纯策略纳什均衡和混合策略纳什均衡。其中这四个均衡概念，每一个均衡概念依次是前一个均衡概念的扩展，也就是说，前一个均衡概念依次是后一个均衡概念的特例。但是，纳什又证明，纳什均衡的存在是有条件的，并不是任意一个博弈都存在纳什均衡。下面不加证明地给出有关结论(证明涉及拓扑学的较多知识)。

定理 2.1 (纳什均衡存在定理Ⅰ，纳什，1950年)：每一个有限博弈至少存在一个纳什均衡(纯策略或混合策略)。

这里的有限博弈是指,博弈有有限个参与人且每个参与人有有限个纯策略。其中,每个参与人有有限个纯策略只是纳什均衡存在的充分条件,而不是必要条件。因此,我们实际中经常遇到的无限博弈,此定理也一样适用。如在古诺博弈中,每个参与人有无穷多个纯策略,但我们知道这个博弈的纳什均衡是存在的。但是,当参与人有无穷多个纯策略时,纳什均衡的存在性要求支付函数在纯策略上是连续的。如果支付函数不连续,均衡就可能不存在。

定理 2.2 (纳什均衡存在定理Ⅱ,Debreu,1952年):在 n 人策略式博弈中,如果每个参与人 i 满足:①纯策略集 S_i 是欧式空间上一个非空、紧致凸子集;②支付函数 $P(s)$ 是连续的且对 S_i 是拟凹函数,则该博弈至少存在一个纯策略纳什均衡。

这个定理的证明类似纳什定理的证明,但纳什定理可以看作是上述定理的特例。

定理 2.3 (纳什均衡存在定理Ⅲ,Gilicksberg,1952年):在 n 人策略式博弈中,如果:①每个参与人的纯策略空间 S_i 是欧式空间上一个非空、紧致凸集;②支付函数 u_i 是连续的,那么该博弈至少存在一个混合策略纳什均衡。

定理 2.2 和定理 2.3 相比表明,如果考虑混合策略,支付函数的拟凹条件可以放松,存在性定理并没有解决唯一性问题,实际上有的博弈甚至有无穷多个纳什均衡,这就是纳什均衡的多重性问题。

2.5.2 纳什均衡的多重性

事实上,在实际应用中,我们更常遇到的问题不是博弈均衡的存在性,而是博弈均衡的多重性,即一个博弈往往可能有多个均衡。如在前面提到的性别战博弈中就有三个纳什均衡,而有些博弈甚至还有无穷多个纳什均衡。假定有两个人分一块蛋糕,每个人分别提出自己要求得到的份额。假设 x_1 为第一个人要求的份额,x_2 为第二个人要求的份额,如果 $x_1+x_2 \leqslant 1$,每个参与人得到自己要求的份额;否则谁也得不到。对于这个博弈来说,任何满足 $x_1+x_2=1$ 的 (x_1,x_2) 都是纳什均衡,因而这个博弈有无穷多个纳什均衡。

博弈分析的目的是预测参与人的合理行为方式。纳什均衡是参与人如何博弈的一致性预测:如果有参与人预测一个特定的纳什均衡将出现,那么,没有人有积极性选择非纳什均衡的策略,这个纳什均衡就会出现。但是当一个博弈有多个纳什均衡时,要所有参与人预测同一个纳什均衡会出现是非常困难的。这种情况下,即使所有参与人都预测纳什均衡会出现,但如果不同参与人预测的不是同一个纳什均衡,实际出现的就不是纳什均衡,而是非纳什均衡。如在性别战博弈中,如果男的预期的是(足球,足球),而女的预期的是(芭蕾,芭蕾),实际出现的将是(足球,芭蕾)。这个非纳什均衡的出现,是因为参与人在预测上犯了错误,而不是因为参与人预测这个非纳什均衡会出现。如果男的预期自己选择足球时非纳什均衡(足球,芭蕾)会出现,那他就会选择去看芭蕾,结果将变成纳什均衡(芭蕾,芭蕾)(假定女的预期不变)。

博弈论还没有一个一般的理论证明,当博弈存在多个纳什均衡时,纳什均衡结果一定会出现。然而,萨林(Schelling,1960)指出,在现实生活中,参与人可能使用某些被模型抽象掉的信息来达到一个聚点均衡(focal point)。这些信息可能与社会文化习惯、参与人过去博弈的历史有关。如在性别战博弈中,如果今天是女生的生日,(芭蕾,芭蕾)就可能是一个聚点均衡;而如果是男生的生日,(足球,足球)可能是一个聚点均衡。在分割蛋糕的博弈中,如果每个参与人都有某种公平意识的话,(0.5,0.5)可能就是一个聚点均衡,但如果是姐弟俩分割蛋糕,姐姐让着弟弟,(0.4,0.6)也有可能是一个聚点均衡。

2.5.3 相关均衡

当人们在现实选择中遇到困难,特别是在长期中反复遇到相似的难题时,通常会收集信息,形成特定的机制和规则,也就是某种形式的制度安排来寻找出路。当博弈存在多重纳什均衡时,博弈方主动寻求方法,设计某种形式的均衡选择机制,以解决多重纳什均衡选择问题的的可能性,这种机制就是"相关均衡"(correlated equilibrium)。奥蒙(Aumann,1974年)提出了"相关均衡"的概念,并证明,如果参与人可以根据某个共同观测到的信号选择行动,就可能出现相关均衡;相关均衡可以使所有参与人受益。我们用表2.12 来说明这一基本思想。

表 2.12 相关均衡

		博弈方 2	
		L	R
博弈方 1	U	5,1	0,0
	D	4,4	1,5

在上述支付矩阵中,有三个纳什均衡,其中有两个纯策略纳什均衡(U,L)和(D,R),一个混合策略纳什均衡$[(\frac{1}{2},\frac{1}{2}),(\frac{1}{2},\frac{1}{2})]$,即两博弈方都以

$\frac{1}{2}$ 的概率在自己的两个纯策略中随机选择。这两个纯策略纳什均衡都使两博弈方总共得到 6 单位支付,但在这两个纳什均衡下双方的利益相差很大,很难在两博弈方之间形成自然的妥协。如果采用混合策略纳什均衡,二者的期望支付都只有 2.5 单位,显然也不理想。

因为有 $\frac{1}{4}$ 的概率发生(U,R)这种最不理想的情况,因此双方为避免出现这个结果,有可能通过协商约定如采用抛硬币的方式来选择策略,如出现正面,博弈方 1 采用 U,博弈方 2 采用 L;如出现反面,博弈方 1 采用 D,博弈方 2 采用 R。按照这种规则,分别有 $\frac{1}{2}$ 的可能出现两个纯策略纳什均衡(U,L)和(D,R),而且可以保证不会出现(U,R),两博弈方的期望支付都是 3,这个结果明显比双方各自采用混合策略要好,同时解决了双方在两个纯策略纳什均衡中选择的僵局。

奥蒙还证明,如果两个参与人收到不同的但相关的信号,每个人都可以得到更高的期望效用。这就是解决这个难题的另一种方法,发出下列"相关信号"(correlated signals)的"相关装置":(1)分别以 $\frac{1}{3}$ 的可能性发出 A,B,C 三种信号;(2)博弈方 1 只能看到该信号是否为 A,博弈方 2 只能看到该信号是否为 C;(3)博弈方 1 看到 A 采用 U,否则采用 D;博弈方 2 看到 C 采用 R,否则采用 L。不难发现,该机制有下列重要性质:(1)保证 U 和 R 不会同时出现,即排除了(U,R);(2)保证(U,D)、(U,L)和(D,R)各以 $\frac{1}{3}$ 的概率出现,从而两博弈方的期望支付达到 $3+\frac{1}{3}$,不仅大于混合策略纳什均衡的期望效用,而且大于前述完全相关信息时的期望效用;(3)上述策略是纳什均衡;(4)上述相关装置并不影响双方各种策略组合下的支付,因此不会影响原来的均衡。即如果一个博弈方忽视信号,另一个博弈方也可以忽视信号,并不影响两博弈方原来可能实现的利益。这种相关均衡虽然不能完全实现(D,L),但至少在具有稳定性的前提下部分实现了它,对提高博弈效率是有意义的。

2.5.4 纳什均衡的未解之谜

对于数学家来说,一个数学概念的存在性与唯一性是特别需要加以关注的。这是因为,从形式逻辑角度看,如果某个事物并不存在,那么关于这个事物所给出的任何陈述或判断都可认为是正确的或错误的。因为对于不存在的事物来说,任何关于它的陈述或判断都不可能加以证伪,所以,倘若某个概念所对应的事物并不存在,那么关于这个概念所给出的研究结论都必然不存在被证伪的可能。根据波普尔的证伪主义观点,这样的研究不具备科学上的意义。我们在对任何新提出来的数学概念加以系统研究之前,首先需要弄清楚所研究的对象事物是否存在。

有许多被称为伪科学的东西,它们之所以被人们认为是"伪科学"的原因就是它们大肆谈论的东西并不存在或并未被证实其存在性。譬如,所谓的特异功能或"超灵学"并未得到证实,而 UFO 研究迷们至今也未能拿出一件存在球外生命的证据,所以,特异功能学或"超灵学"或"不明飞行物学"实际上都可被归入伪科学。除了存在性,概念事物的唯一性也是数学家们所关心的问题。从纯理论的兴趣看,数学家们更多地是从审美的角度上看待概念的唯一性,但从波普尔的证伪主义哲学看,模型均衡解的唯一性关系到模型的预测功能,从而是科学理论应基本具有的特征。我们在前面曾指出,理论的预测功能是判别理论的科学性的准绳,而在接下来,我们提出用纳什均衡作为模型的预测结果。按照这样的逻辑,一个自然的推论就是:模型能否具有科学意义取决于纳什均衡的唯一性。因为倘若纳什均衡不是唯一的,那么就难以根据模型对即将出现的结果加以预测,这种不确定性对于科学理论来说是不存在的。再加上前面谈到的存在性问题,我们可以这样说,模型能否具有科学意义取决于纳什均衡的存在性和唯一性,因为这正是科学理论所具有的基本性质。

博弈论目前发展的情况是这样的:已经证明在非常一般的情况下,纳什均衡是存在的,这是一个好的结果;但是,在许多情形,模型的纳什均衡解不是唯一的,这被称为纳什均衡的多重性问题。

纳什在 1950 年代证明了纳什均衡的存在性定理,为非合作博弈打下了重要基础。纳什的工作不仅解决了存在性问题,而且还为其后的博弈论研究提供了一整套方法论工具,即运用不动点定理(fixed point theorem)这一强有力的数学工具进行博弈论数学分析,这对后来的博弈论甚至数理经济学的发展产生了很大的影响。纳什均衡的多重性问题至今仍是困扰博弈论学者的一个主要问题。为了攻克这一问题,博弈论专家已经做出了许多贡献,如聚点均衡、相关均衡、子博弈精炼纳什均衡、颤抖手均衡、序贯均衡等概念的提出。但不幸的是,这类努力还未使得多重均衡问题完全得到解决,许多博弈论专家正在这一领域进行着不懈的工作。

2.6 拓展阅读

2.6.1 完全信息静态博弈在银行监管中的应用

Ⅰ．完全信息静态博弈模型的建立

（1）博弈的参与人

商业银行（监管对象）作为理性经济人，其行为动机是部门、个人利益最大化。但由于在管理体制、经营方式、技术手段、人员素质、资产质量与外资银行之间存在差距，其经营难度和盈利能力都会受到不利的冲击。在遵循一定条件下的预期效用最大化的原则下，商业银行有足够的动力进行违规操作，例如私自变动利率或进行不符合政策的违规金融创新，借以获得竞争优势，实现最大化效用。

银监会作为监管者，通过行使行政管理、现场检查、非现场检查以及违规处罚等监管权力，对商业银行的市场准入和退出，日常业务营运等进行指导、监督、管理。而在目前市场经济没有完善的条件下，无论是现场检查还是非现场检查，都存在监管工作量大、连续性强的特点。因此，实行严格监管策略有着较高的成本：监管费用增加，监管机构"暗箱"操作增长，创造经济租金使商业银行寻租行为增多，商业银行内部创新能力削弱，等等。监管成本的增加可能会超过市场交易成本。

（2）博弈的假设前提

①银监会的策略空间为严格监管和宽松监管。②银监会在进行严格监管工作时，有成本支出。当商业银行违规经营时，可采用罚款、取消高级人员资格等措施。但在商业银行合规经营时，银监会宽松监管会带来收益。③商业银行的策略空间是违规经营和合规经营。④商业银行合规经营时，无论监管者监管与否，商业银行都将得到自己的正常收益。⑤商业银行违规经营的期望收益是违规所得，其在违规经营中将获得超额利润，但在银监会严格监管的条件下也将付出成本。

表 2.13 银行监管博弈矩阵

		商业银行	
		合规经营(q)	违规经营($1-q$)
银监会	严格监管(p)	R_1-A, R_2	R_1-A, R_2+M-C
	宽松监管($1-p$)	R_1, R_2	R_1-B, R_2+M

注：R_1、R_2 分别是银监会宽松监管、商业银行合规经营的正常收益。A 为银监会采取监管措施所花费的成本；B 为银监会在商业银行违规经营情况下，采取宽松监管所遭受的损失；C 为商业银行在违规经营条件下受到严格监管所造成的损失；M 为银监会采取宽松监管，商业银行违规经营所获得的超额收益。其中 A,B,C 都与 M 成正相关。x 为银监会严格监管的概率，$1-q$ 是银监会宽松监管的概率；j 是商业银行合规经营的概率，$x(j)\in X$ 是商业银行违规经营的概率。

Ⅱ．博弈模型的分析

当商业银行合规经营时，银监会宽松监管的收益大于严格监管的收益，所以其最优选择是采取宽松监管；当商业银行违规经营时，银监会是采取严格监管还是宽松监管主要取决于 A 与 B 的比较。当 $A>B$ 时，银监会采取宽松监管，商业银行的最优选择则是违规经营；当 $A<B$ 时，银监会采取严格监管，而商业银行最优选择取决于 M 与 C 的比较。该博弈模型在不同条件下存在着不同的均衡。

(1) 当 $A>B$ 时，不管 M 与 C 的大小如何，银监会与商业银行之间存在纯策略纳什均衡（宽松监管，违规经营）。

其含义为：银监会采取严格监管措施付出的成本大于商业银行违规经营对其造成的损失时，无论商业银行如何经营，银监会都采取宽松监管，最终商业银行选择违规经营。因此，该均衡的占优策略是（宽松监管，违规经营）。

(2) 当 $A<B,M>C$ 时，银监会与商业银行的纯策略纳什均衡是（严格监管，违规经营）。

其含义为：银监会采取严格监管的成本小于商业银行违规经营对其造成的损失，所以银监会选择严格监管；而商业银行违规经营所获得的超额收益大于违规经营所造成的损失，商业银行还是会选择违规经营。因此，该博弈的占优策略是（严格监管，违规经营）。

(3) 当 $A<B,M<C$ 时，存在混合策略纳什均衡。

当严格监管时银监会的期望效用是：
$$E_1=q(R_1-A)+(1-q)(R_1-A)=R_1-A$$

当宽松监管时银监会的期望效用为：
$$E_2=qR_1+(1-q)(R_1-B)=R_1-B+qB$$

由 $E_1=E_2$ 解得 $q^*=(B-A)/B$。

当合规经营时商业银行的期望效用为：$pR_2+(1-p)R_2=R_2$；

而当违规经营时商业银行的期望效用为：

$$p(R_2+M-C)+(1-p)(R_2+M)=R_2+M-CP$$

解得 $p^*=M/C$。

因此,在这种条件下的混合策略纳什均衡为 $p^*=M/C; q^*=(B-A)/B$。即当银监会采取严格监管的概率 $p<p^*$ 时,商业银行的最优选择是违规经营;当银监会采取严格监管的概率 $p>p^*$ 时,商业银行的最优选择是合规经营;当商业银行采取合规经营的概率 $q<q^*$ 时,银监会采取的最优策略是严格监管;当商业银行采取合规经营的概率 $q>q^*$ 时,银监会采取的最优策略是宽松监管;当商业银行采取合规经营的概率 $q=q^*$ 时,银监会可以随机选择严格监管或宽松监管。

2.6.2 完全信息静态博弈在城市公交中的应用

为了建立博弈模型,引入如下假设:

①完全理性人假设;②人均收入达到一定水平并不再成为相当部分家庭汽车消费的主要障碍;③政府不进行管制。

设有一公共道路资源,为 N 个人共同享有出行方式上,这 N 个个体都可以选择公交或私车。现将这 N 个人分为两个行为群体 P 和 Q,从而两个群体间存在 4 个策略组合,其收益分析为:①双方成员均选择私车出行,则双方各自得益 A;②一方选择私车出行,另一方选择公交出行,则选择小汽车出行的一方将获得超额收益 B,而乘坐公交出行的一方则遭受损失(拥堵时间成本公交换乘时间成本和公交内拥挤的不舒适成本)获极低的收益 C;③双方成员均选择公交车出行,两者均获得收益 D。可令 $C>A>D>B$。这时 P、Q 两方博弈构成完全信息静态博弈,其博弈收益矩阵如表 2.14 所示。

表 2.14 自由参与下的博弈矩阵

		群体 P	
		私车出行	公交出行
群体 Q	私车出行	(A,A)	(B,C)
	公交出行	(C,B)	(D,D)

利用画线法,可以得到最佳策略组合(私车出行,私车出行),即博弈唯一的纳什均衡解,其得益组合为 (A,A)。

然而,小汽车的过度使用导致了道路的交通拥挤,从个体利益出发的行为最终不一定能够实现个体的最大利益,即个体最终利益不是理想中的 D。

如果允许博弈中存在一种"有约束力的协议",使得博弈方为了群体利益而让度自己的利益,那么个体利益和集体利益之间的矛盾就可以被克服,从而使博弈方按照集体理性决策和行为成为可能。

在交通体系里,能够提供这种有广泛"约束力协议"的是政府。在政府参与下的交通博弈转化为如下的博弈,其收益矩阵如表 2.15 所示。

表 2.15 政府参与下的博弈矩阵

		群体 P	
		私车出行	公交出行
群体 Q	私车出行	$(A-a, A-a)$	$(B-d, C+a)$
	公交出行	$(C+a, B-d)$	$(D+d, D+d)$

注:A 和 d 分别为政府对私车和公交的管制和激励效应。

从表 2.15 可以看到,群体 P、Q 中的理性人在选择策略行为时,均会选择公交出行的策略行为,即公交出行成为理性个体在政府管制下新的占优策略。因此,它的唯一的纳什均衡解为:(公交出行,公交出行)。而此时双方均衡得益为:$(D+d, D+d)$。

2.6.3 完全信息静态博弈在 C-C 电子商务中的应用

Ⅰ. 博弈的参与人和基本假设

(1) 博弈的参与人

C-C 电子商务中的买方和卖方。

(2) 博弈的基本假设

①每个买方只买一次,且每个阶段只有一个买方。

②博弈的每个阶段,买方决定是否购买,卖方选择欺骗还是不欺骗。

③买方在购买产品时不知道自己将购产品的好坏,但知道所有之前的买方购买的产品的好坏。同时假设参与人在选择策略时,了解其他参与人的策略空间。同时双方对相互特征,支付函数有比较清楚的了解。该市场是完全市场经济没有政府的第三只手的干预。

④认为双方做出决策行动是同时进行的。

Ⅱ. 博弈模型的建立

每一阶段的博弈支付矩阵如表 2.16 所示:其中,α 为产品或服务的使用价值和其他效用的函数;β 为卖方因诚实守信而获得的收入;卖方欺骗提供劣质商品获得的收入为 γ,一般情况是 $\gamma > \beta$。否则卖家就没有必要冒欺骗被发现的风险而受惩罚,即卖家欺骗的风险溢价为 θ。卖家提供劣质商品,其占到的便宜为在一时期内省下的边际成本 C,劣质商品成本假设可以忽略不计。

表 2.16 C-C 电子商务的博弈矩阵

		卖方策略	
		不欺骗(h)	欺骗($1-h$)
买方策略	购买(q)	($\alpha,\beta-C$)	($-\alpha,\gamma-\theta-C$)
	不购买($1-q$)	(0,0)	(0,$-\theta$)

我们首先针对卖方策略进行博弈分析：

(1) 如果 $\beta-C \geq (\gamma-\theta-C)$，即卖方选择不欺骗的收益大于欺骗的收益，则该博弈存在一个子博弈精炼纳什均衡：卖方从一开始就诚实经营，继续诚实经营，除非曾经有过欺骗行为。如果上一次是欺诈交易，则这种欺诈的信用模式就可能继续下去。第一位顾客选择了购买；只要卖方不曾有过欺骗行为，随后的顾客继续购买；如果卖方曾经做过欺诈交易，之后的顾客将不再购买。均衡结果是(购买，不欺骗)，每个顾客得到 α 单位的效用，卖方得到 $\beta-C$ 单位的平均利润。

(2) 如果 $\beta-C < (\gamma-\theta-C)$，即卖方选择不欺骗的收益小于欺骗的收益，则该交易双方的博弈属于混合策略问题。在博弈中一旦每个参与者都竭力猜测其他参与者的策略选择就不存在纳什均衡。那么如下分析就是讨论纳什均衡存在性问题。对卖者讲买者的混合策略代表了他对买者将选择策略的不确定性。并据此计算对买方混合策略的最优反应，卖方推断买方购买概率为 q，以概率 $1-q$ 不买。亦即卖方推断买方将使用混合策略(q,$1-q$)，卖方诚实行为的期望收益是：

$$E_1 = q(\beta-C) + (1-q) \times 0 = q(\beta-C)$$

卖方欺骗行为的期望收益为：

$$E_2 = q(\gamma-\theta-C) + (1-q)(-\theta) = q(\gamma-C) - \theta$$

所以当 $q < \dfrac{\theta}{\gamma-\beta}$ 时，卖方将采取不欺骗行为；当 $q < \dfrac{\theta}{\gamma-\beta}$ 时，卖方将采取欺骗行为。

令(h,$1-h$)表示为卖方的混合策略，对任意 0 到 1 之间的 q，现在我们计算 h 的值，用 $h(q)$ 表示。从而使(h,$1-h$)为买方选择(q,$1-q$)时卖方选择的最优反应。当买方选择(q,$1-q$)时，卖方选择(h,$1-h$)的期望收益为：

$$U = qh(\beta-C) + h(1-q)*0 + (1-h)q(\gamma-\theta-C) + (1-h)(1-q)(-\theta)$$
$$= q(\gamma-C) + h(q\beta-q\gamma+\theta) - \theta$$

由 $\dfrac{\partial U}{\partial h} = q\beta - q\gamma + \theta = 0$ 得出：$q = \dfrac{\theta}{(\gamma-\beta)}$。

即当 $q < \dfrac{\theta}{\gamma-\beta}$ 时，期望收益单调递减，因此卖方将会尽早实行欺骗

行为。

当 $q < \dfrac{\theta}{\gamma-\beta}$ 时,期望收益递增,因此卖方有动力在将来一直实行诚实行为,以达到期望效益最大。

当 $q < \dfrac{\theta}{\gamma-\beta}$ 时,卖方实行欺骗还是诚实行为都是无关紧要的。

第 3 章　完全信息动态博弈

上一章我们讨论了完全信息静态博弈，本章讨论完全信息动态博弈。在静态博弈中，所有参与人同时行动（即使行动有先有后，后行动者也观测不到先行动者的行动）。但在动态博弈中，参与人的行动有先后顺序，且后行动者在自己行动之前能观测到先行动者的行动。我们通常用策略式表述来描述和分析静态博弈，而用扩展式表述来描述和分析动态博弈。

3.1　博弈的扩展式表述

策略式表述简单给出参与人有些什么策略可以选择，而扩展式表述要给出每个策略的动态描述：谁在什么时候选择行动，每次行动时有哪些行动可供选择以及知道些什么，而不是简单的、与环境无关的行动选择。具体来说，博弈的扩展式表述包括以下要素：

(1) 参与人集合：$i=1,2,\cdots,n$，此外，用 N 表示虚拟的参与人"自然"；

(2) 参与人的行动顺序(the order of moves)：谁在什么时候行动；

(3) 参与人的行动空间(action set)：每次行动时能选择什么；

(4) 参与人的信息集(information set)：每次行动时，参与人知道些什么；

(5) 参与人的支付：在全部行动结束后，每个参与人得到多少（支付是所有行动的函数）；

(6) 外生事件（即"自然"的选择）的概率分布。

一般 n 人博弈可以用博弈树来表示，为说明这一点，我们以"囚徒困境"为例，用动态博弈来描述，参见图 3.1。

在图 3.1 中，决策的点 1,2,3 称为"决策结点"，结点附近囚徒 1、2 表示囚徒在该处行动，用虚线联结的结点{2,3}为囚徒 2 的信息集，意味着囚徒 2 在行动时并不知道自己处在 2 和 3 的哪一个点，一个信息集可能包括一个结点（完美信息），也可能包括多个结点（不完美信息）。博弈树表达了行动的次序，它可以用来描述动态博弈，也可以用来描述静态博弈。实质上图 3.1 和表 1.1 描述的是同一博弈。下一节我们就来讨论策略式和扩展式表述怎样进行相互转换。

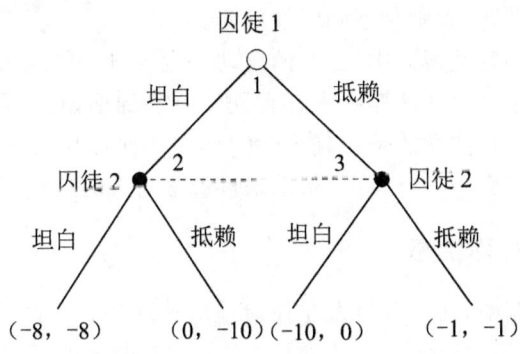

图 3.1　囚徒困境的博弈树

3.2　信息的种类

博弈的信息结构可用四种不同方式加以分类，一个博弈可能同时具有完美、确定、对称和完全信息。这些种类总结如表 3.1 所示。

表 3.1　信息种类

信息种类	含义
完美（perfect）	每个信息集都是单结的
确定（certain）	自然不在任一参与人行动之后行动
对称（symetric）	没有参与人在行动时或在终点结处有与其他参与人不同的信息
完全（complete）	自然不首先行动或它的最初行动被每个参与人所观察到

3.2.1　完美信息

如果博弈中的每个信息集都是单结的，则该博弈就是完美信息博弈，否则是不完美信息博弈。

完美信息博弈满足了对于信息的最强的要求，因为在这样一类博弈中，每个参与人对于自己置身于博弈树中的位置总是一清二楚的，没有行动是同时进行的，且所有参与人都观察到了自然的行动。任何具有不完全或不对称信息的博弈都不是完美信息博弈。

3.2.2 确定信息

如果在博弈中,任一参与人行动之后,就再也没有自然的行动了,该博弈就是确定性博弈,否则是不确定性博弈。

在一个不确定性博弈中,自然的行动可能会、也可能不会立即昭示于参与人。如果一个确定性博弈中不存在同时行动的话,它就会变成完美信息博弈。定义中值得注意的是在确定性博弈中是允许自然首先行动的,因为在不完全信息博弈中,自然首先行动来挑选参与人的"类型"。

3.2.3 对称信息

如果在博弈中,任一参与人在任何他应选择的行动的结点或者终点结处的信息集,都至少包含与其他参与人的信息集相同的元素,则该博弈就是对称信息博弈,否则是不对称信息博弈。

在不对称信息博弈中,参与人的信息集要么在与参与人行为相关的方式上有所不同,要么在博弈的终点结处有所不同。这样的博弈也是不完美信息博弈,因为在参与人之间有所不同的信息集不可能是单结的。其实,不对称信息的要害在于某一参与人拥有有用的私人信息,即一种不同于且不劣于其他任何参与人的信息分割。

对称信息博弈中既可以有自然的行动,也可以有同时行动。但是没有一个参与人有哪怕一点点信息优势。信息可能会不同的一种情况是不行动的参与人有较多的信息,因为他知道他自己过去的行动是什么;比如两个参与人同时行动的时候,这种信息对于拥有它的参与人而言是无济于事的,因为根据定义它已不能影响他的行动了。

3.2.4 完全信息

如果博弈中,自然首先行动且它的行动至少对某一参与人来说是不可观测的,该博弈就是不完全信息博弈,否则是完全信息博弈。

一个具有不完全信息的博弈也具有不完美信息,因为某个参与人的信息集必然包含多于一个的结点。有两种博弈是具有完全但不完美信息的——同时行动的博弈,自然在博弈的后期才行动且这一行动并非立即被所有参与人知道的博弈。

3.3 子博弈精炼纳什均衡

3.3.1 子博弈

子博弈精炼纳什均衡是针对扩展式博弈纳什均衡的缺陷而提出的。正如前面所述,策略式博弈可以用来表述任意复杂的扩展式博弈,从而拓展了纳什均衡概念的应用范围。但泽尔腾指出,在扩展式博弈的纳什均衡中有些地方是不合理的,它的实现依赖于参与人不可置信的威胁,这种均衡就应该加以剔除,从而由此思路形成了子博弈精炼纳什均衡。

为了剔除那些依赖于不可置信威胁的不合理的纳什均衡,泽尔腾(1965年)提出了子博弈精炼纳什均衡(subgame perfect Nash equilibrium)的概念。这种均衡要求均衡策略在每一个信息集上都是对于对手策略的最佳反应,这样就避免了参与人利用非最佳反应策略实施不可置信威胁的情况。为了定义子博弈精炼纳什均衡,首先要对子博弈进行适当的定义。

一个扩展式博弈 T 的子博弈 G,由 T 中的决策节点与它的所有后续节点组成。子博弈具有这样的性质:如果 $x' \in G$ 且 $x'' \in h(x')$,则有 $x'' \in G$。子博弈的信息集与支付函数均来自于原博弈,即在 G 中的 x' 与 x'' 属于同一信息集,当且仅当它们在原博弈中属于同一信息集,而子博弈的支付函数就是原博弈支付函数适用于子博弈的部分。

这种定义的关键是子博弈不能分割原博弈的信息集,否则就改变了博弈的信息结构,也就会使参与人知道在原博弈中他不知道的信息。这使得子博弈的初始节点在原博弈中属于一个单点信息集,即原博弈中没有其他与它属于同一个信息集的节点。在习惯上,原博弈也可作为自己的一个子博弈。

例如房地产开发博弈中有三个子博弈,如图 3.2、3.3 和 3.4 所示。其中如图 3.2 所示的房地产博弈本身就是它自己的一个子博弈,另外两个子博弈如图 3.3 和 3.4 所示。

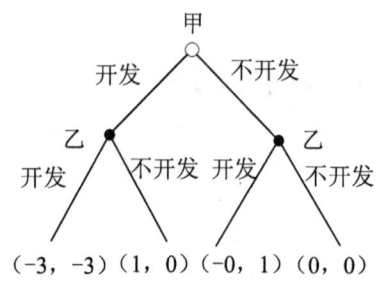

图 3.2 房地产开发博弈

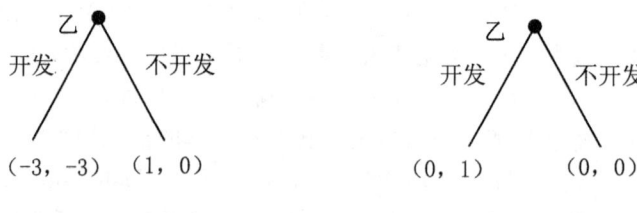

图 3.3 子博弈 1　　　　　　　图 3.4 子博弈 2

3.3.2 子博弈精炼纳什均衡

如在上述房地产开发博弈中,三个纯策略纳什均衡:(开发,(不开发,开发)),(开发,(不开发,不开发))和(不开发,(开发,开发)),其中,只有(开发,(不开发,开发))是子博弈精炼纳什均衡。

在子博弈定义的基础上,就可以定义子博弈精炼纳什均衡的概念了。这里我们用一种比较直观简单的方法,先给出"子博弈精炼纳什均衡"的定义。

定义 3.1 如果在一个完美信息的动态博弈中,各博弈方的策略构成的一个策略组合,满足在整个动态博弈及它的所有子博弈中都构成纳什均衡,那么这个策略组合称为该动态博弈的一个子博弈精炼纳什均衡。

子博弈精炼纳什均衡与纳什均衡的根本不同之处,也就是这个概念的价值所在,就在于子博弈精炼纳什均衡能够剔除均衡策略中不可置信的威胁或承诺,因此是真正稳定的,而非子博弈精炼纳什均衡则不能做到这一点。

纳什均衡不能剔除不可置信行为选择的问题早就论证过了,事实上这正是我们引进子博弈精炼纳什均衡概念的原因所在。子博弈精炼纳什均衡能够剔除策略组合中不可置信威胁或承诺的原因是虽然包含不可置信选择的策略组合可以构成整个博弈的纳什均衡,但其中的不可置信选择至少在博弈的某些子博弈中不符合参与人的自身利益,因而不构成纳什均衡,因此要求在所有子博弈中都是纳什均衡的子博弈精炼纳什均衡,就剔除掉了其中操作不可置信威胁的可能性,从而在动态博弈分析中具有真正的稳定性。

以图 3.5 的开金矿博弈为例。双方的策略组合:乙第一阶段选择借,第三阶段选择打;甲第二阶段选择分,虽然是整个博弈的一个纳什均衡,但这个策略组合中乙的策略要求乙在第三阶段单人博弈所构成的子博弈中选择打,不是该子博弈的一个纳什均衡,因此根据子博弈精炼纳什均衡的定义判断,这个策略组合确实不是一个子博弈精炼纳什均衡。这也正是上述纳什均衡策略组合不稳定的根源。

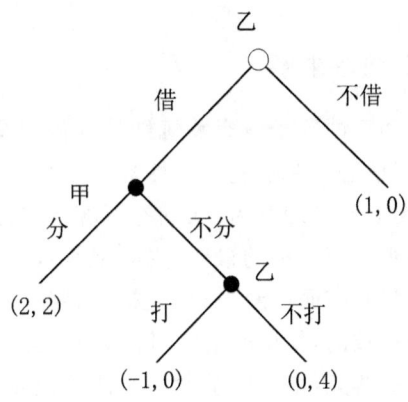

图 3.5 开金矿博弈

相反,策略组合:乙在第一阶段选择不借,如果有第三阶段则选择不打;甲如果有第二阶段选择不分,则是图 3.5 开金矿博弈中的子博弈精炼纳什均衡。因为该策略组合的双方策略不仅在整个博弈中构成纳什均衡,而且在两级子博弈中也都构成纳什均衡,从而不存在任何不可置信的威胁或承诺,根据子博弈精炼纳什均衡的定义,该策略组合构成这个动态博弈的一个子博弈精炼纳什均衡,事实上这也是该动态博弈唯一的子博弈精炼纳什均衡,因此也是这个博弈的真正稳定的结果。双方按照这样的策略行为的结果,实现的博弈路径是乙第一阶段选择不借,从而结束博弈,双方分别得到支付 1 和 0,也就是合作不能实现。

值得注意的是,在图 3.5 开金矿博弈中,当两个参与人按照上述子博弈精炼纳什均衡策略组合博弈时,实际上不会进行到博弈的第二、三阶段,两个参与人在第二、三阶段的行为并不会发生。我们称此时第二阶段甲的选择节点和第三阶段乙的选择节点为"不在均衡路径上"的,两个参与人的策略中在这两个节点的选择称为"不在均衡路径上的选择"。我们必须强调,规定参与人策略中"不在均衡路径上的选择"是很重要的。一个子博弈精炼

55

纳什均衡必须对参与人在所有选择节点上的选择都做出规定,包括最终不在均衡路径上的节点,而且不管是在均衡路径上的选择还是不在均衡路径上的选择,都必须在相应子博弈中构成纳什均衡,不能包含任何不可置信的威胁或承诺,否则就不能保证一个策略组合是子博弈精炼纳什均衡。

子博弈精炼纳什均衡本身也是纳什均衡,是比纳什均衡更强的均衡概念。子博弈精炼纳什均衡在动态博弈分析中的地位与纳什均衡在静态博弈分析中一样,是最核心的分析概念。要对动态博弈做出有效的分析,首先必须找出它们的子博弈精炼纳什均衡,所以必须判断一个策略组合是不是子博弈精炼纳什均衡。

3.3.3 逆推归纳法求解

介绍完完美信息动态博弈子博弈精炼纳什均衡的概念后,本节介绍求解它的方法,即逆推归纳法。在引进了子博弈和子博弈精炼纳什均衡概念以后,逆推归纳法事实上可以理解为,从动态博弈的最后一级子博弈开始,逐步找出参与人在各级子博弈中的最优选择,最终找出动态博弈的子博弈精炼纳什均衡。因为我们前面已经说过,逆推归纳法与子博弈精炼纳什均衡之间本质上是完全一致的,找出的策略组合一定是子博弈精炼纳什均衡。对于有限完美信息动态博弈,由于它的每一个决策结都是一个单独的信息集,所以每一个决策结都开始一个子博弈。为了求解子博弈精炼纳什均衡,可以从最后一个子博弈倒推求解,这就是逆推归纳法。

为简化起见,假定博弈有两个阶段,第一阶段参与人1行动,第二阶段参与人2行动。由于是完美信息博弈,参与人2在行动之前就可以观测到参与人1做了怎样的选择。令A_1是参与人1的行动空间,A_2是参与人2的行动空间。

(1) 参与人1从可行集A_1中选择一个行动a_1;

(2) 参与人2观测到a_1后从可行集A_2中选择一个行动a_2;

(3) 两人的支付分别为$\mu_1(a_1,a_2)$和$\mu_2(a_1,a_2)$。

当博弈进入第二阶段,观察到参与人1在第一阶段选择$a_1 \in A_1$,参与人2的问题是选择使下式最大化的a_2:

$$\max_{a_2 \in A_2} \mu_2(a_1, R_2(a_1))$$

由于参与人2的最优选择a_2^*依赖于参与人1的选择a_1,用$R_2(a_1)=a_2^*$表示,这就是参与人2对参与人1的行动的最优反应。因为参与人1能够和参与人2一样解出参与人2的问题,参与人1可以预测到参与人2对1

每个可能的行动a_1所做出的反应,这样参与人1在第一阶段要解决的问题可归结为选择下式最大化的a_1:

$$\max_{a_1 \in A_1} \mu_1(a_1, R_2(a_1))$$

令上述问题的解为a_1^*,则这个博弈的子博弈精炼纳什均衡为(a_1^*,$R_2(a_1^*)$)。之所以(a_1^*,$R_2(a_1^*)$)是子博弈精炼纳什均衡,是因为逆推归纳解剔除了不可置信的威胁:参与人1预测参与人2对1可能选择的任何行动a_1做出最优反应,选择行动$R_2(a_1)$,因为参与人2在第二阶段到来时,不会做出对自己不利的反应。

子博弈精炼纳什均衡在经济中有广泛的应用。如斯坦克尔伯格(Stacklberg,1934年)的寡头竞争模型、宏观经济政策非动态一致性(Kydland and prescott,1977年)、讨价还价问题等。

运用逆推归纳法求解子博弈精炼纳什均衡要满足两点:一是博弈具有完美信息,二是"所有参与人是理性的"应为共同知识。否则,先行动者如果不认为下一个行动者是理性的,寄希望于下一个行动者做出错误的选择,那么自己就可能做出偏离均衡的选择。这样,当博弈是由多阶段组成时,从逆推归纳法得出的均衡,可能并不令人十分信服。故该方法的应用还存在一定的问题,以后再作讨论。

3.4 完全信息动态博弈案例

3.4.1 进入威慑

工业组织中的一个老问题是,一个在位的垄断者是否能通过威胁引发价格战来阻止新公司进入市场以维持自己的垄断地位。我们考虑一个进入威慑博弈(entry deterrence)。这个博弈中有两个参与人:进入者和在位者。博弈顺序是,首先进入者决定进入或不进入,然后在位者选择与进入者合谋或用大幅降价来斗争。在垄断价格上,市场利润为300;在斗争价格上,市场利润为0,进入成本为10。双寡头竞争使市场收益为100,由两家平分。他们的支付矩阵如表3.2所示。

表 3.2　进入威慑博弈的策略式表述

		在位者	
		合谋	斗争
进入者	进入	40,50	−10,0
	不进入	0,300	0,300

这个博弈有两个纳什均衡:(进入,合谋)和(不进入,斗争)。其中,(不进入,斗争)是一个弱纳什均衡,因为进入者选择不进入时,在位者选择合谋和斗争是无差异的。扩展式(图 3.6)与策略式(表 3.2)的不同在于,在扩展式中,进入者是先行动的。一旦他选择进入,则在位者的最优选择是合谋。在位者要斗争的威胁是不可置信的,因为他一旦斗争,进入者将选择不进入。(不进入,斗争)这个纳什均衡不是完美子博弈纳什均衡,因为如果博弈进行到进入者已经选择了进入时,在位者的最优选择是合谋。事实上,只有当在位者肯定进入者不会进入时,斗争和合谋对他来说才是无差异的,只要存在一个很小的概率进入者选择进入,那么在位者就会选择合谋,从而破坏纳什均衡。

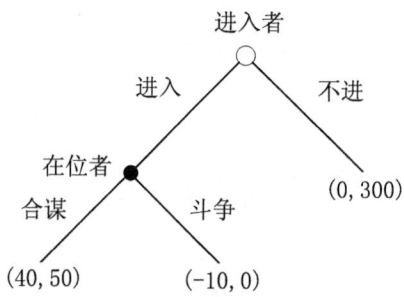

图 3.6　进入威慑博弈的扩展式表述

这个博弈很好地说明了完美信息可以剔除掉不可置信的威胁。因为在博弈树中加上一个沟通行动,在位者会告诉进入者,进入的结果将导致斗争,但进入者将不会理会这个不可置信的威胁。但如果在位者采用某种方式强迫自己必须对进入者的进入行为采取斗争,那么这个威胁就变成可置信的了。

3.4.2　承诺行动与要挟诉讼

我们已经看到,有些纳什均衡之所以不是精炼均衡,是因为它们包含了不可置信的威胁策略。这一点意味着,如果参与人能在博弈之前采取某种措施改变自己的行动空间或支付函数,原来不可置信的威胁就可能变得可置信,博弈的精炼均衡就会相应改变。我们将这些为改变博弈结果而采取的措施称为"承诺行动"(commitment)。

我们用要挟诉讼(nuisance suits)的例子来说明承诺行动与精炼均衡的关系。要挟诉讼是指原告几乎不可能胜诉,而其唯一目的是希望通过私了得到一笔赔偿。在进入威慑博弈中,规模大往往是一种优势,大的在位者可以威胁小的进入者。但是在要挟诉讼中,规模大是一种劣势,规模大的组织或个人更容易受到外部诉讼人的损害。

在要挟诉讼中,有两个参与人,一个原告(plaintiff)和一个被告(defendant)。原告提出诉讼要付出昂贵的成本,而且胜诉的希望很小,但因为辩护的成本同样非常昂贵,尤其对于规模大的组织或个人来说,往往还伴随着名誉的损失,因此,被告可能会支付一笔可观的补偿以求私了。这个博弈的博弈顺序是,首先原告决定是否对被告提出诉讼,诉讼的成本是 c,若原告提出诉讼,并要求一个没有协商余地的赔偿金额 $s>0$ 以私了,则由被告决定接受或拒绝原告的要求。如果被告拒绝原告的要求,原告将决定是放弃诉讼还是上法庭,自己的成本是 p,给被告带来的成本是 d。如果告上法庭,原告以 ρ 的概率胜诉而获得赔偿 x,否则什么也得不到。这里,我们令 $\rho x<p$,这样原告的期望赔偿小于他提出诉讼的边际成本。这个博弈模型的扩展式表述如图 3.7 所示。

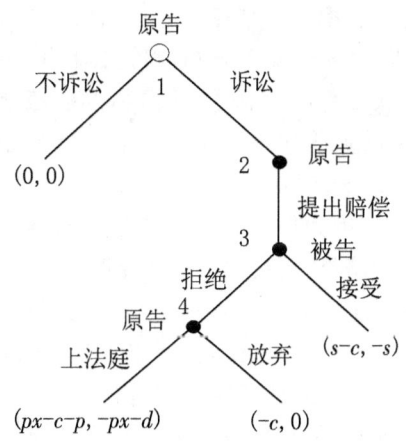

图 3.7 要挟诉讼博弈的扩展式

我们用逆推归纳法来分析,在结点 4 处,原告将会选择放弃,因为 $\rho x-c-p<-c$。这是因为诉讼的目的是庭外私了而不是胜诉。在结点 3 处,被告由于预见到原告将会放弃,因此,他将拒绝任何的私了赔偿。这样,原告在结点 2 处如果选择提出赔偿将变的没有任何意义,在结点 1 处选择诉讼将只会得到支付为 $-c$ 的结果,只要诉讼成本 c 存在,原告都将选择不诉

讼。博弈的均衡是,原告不诉讼、要求赔偿 s、放弃,被告拒绝。均衡结果是原告不诉讼,双方支付都为 0。

既然原告的最优选择是不诉讼,但这种要挟诉讼仍有发生,除了原告希望通过庭外私了而获得一笔赔偿这个原因,一定还有别的什么原因。有人提出这个原因来自于风险规避,认为被告比原告更厌恶风险。事实上,上述博弈同样适用于存在风险规避的情况,而且结果并没有什么变化。在结点 4 处上法庭阶段,我们让风险进入博弈,作为最后一个行动由自然来选择谁将获胜。若被告和原告的风险厌恶程度一样,上述博弈中代表(胜诉方)获得赔偿的期望值的 ρx,这里可以表示从赔偿汇总中获得的支付;若被告和原告的风险厌恶程度不一样,那么被告的期望损失就不等于原告的期望收益。我们假设被告更加厌恶风险,因为光脚的不怕穿鞋的,上法庭的支付应为 $(\rho x-c-p, -\rho x-d-y)$,其中 y 表示对被告附加的风险成本。但是,这样原告的成本并没有改变,他仍将选择放弃,因此,增加风险成本对原有博弈均衡结果并无任何影响。

现在我们从另外一个方面对这个问题进行解释。假设原告事先预支他的律师费用为 p,即使案子最后私了也不收回,即原告增加了沉没成本 p。这样,原告在最后阶段选择放弃的成本变为 $-c-p$,只要 $\rho x>0$,原告预支律师费用后都会选择上法庭。在结点 3 处,只有当 $s>\rho x$ 时,原告才会愿意私了而不是上法庭,当 $s<\rho x+d$ 时,被告将选择私了而不是上法庭。因此,当 $\rho x<s<\rho x+d$ 时,双方都愿意私了,而具体的赔偿金额取决于双方的讨价还价能力。这里,允许原告作出一个无协商余地的赔偿要求意味着在均衡时 $s=\rho x+d$,且如果 $\rho x+d>p+c$,即使 $\rho x<c+p$,要挟诉讼也会发生,因此,原告提出诉讼仅仅因为他可以勒索 d,这是被告的辩护成本。即使原告能够勒索到一笔私了赔偿,他提出诉讼还是要付出成本的,因此要挟诉讼的均衡要求: $-c-p+\rho x+d \geq 0$。若这个不等式不成立,即使原告可以得到最大可能的赔偿 $s=\rho x+d$,他也不会提出诉讼,因为在私了前他必须付出 $c+p$,这就意味着一个完全没有胜算的诉讼($\rho=0$),只有在被告的辩护成本高于原告的起诉成本时($d>p$)才可能发生。但是如果这个不等式成立,将有完美均衡:原告提出诉讼、要求赔偿 $s=\rho x+d$、上法庭,被告接受 $s\leq \rho x+d$。这里的沉没成本 p,即是参与人为承诺行动而支付的成本。

3.4.3 Stackelberg 模型

正如古诺模型的均衡可以看作是纳什均衡的最早版本一样,斯塔克尔伯格(Stackelberg,1934 年)模型的均衡可以看作是子博弈精炼纳什均衡的最早版本。和古诺模型不同的是,它是一种动态的寡头市场博弈模型。

在斯塔克尔伯格模型中,有两个参与者:企业 1 和企业 2。企业 1 首先选择产量 q_1,企业 2 观测到 q_1 后才选择自己的产量 q_2。因此,这是一个完全完美信息的动态博弈。和古诺博弈相比,斯塔克尔伯格模型唯一的不同之处在于它有一个选择的先后次序问题,至于其他的条件都是完全相同的。每个企业的收益函数分别是:

$$\pi_1 = \pi_1(q_1, q_2) = q_1[a - (q_1 + q_2) - c]$$
$$\pi_2 = \pi_2(q_1, q_2) = q_2[a - (q_1 + q_2) - c]$$

由于此博弈是动态博弈,我们可以通过逆向归纳法求解其子博弈精炼纳什均衡。首先分析给定企业 1 的产量 q_1 的情况下企业 2 的最优选择。其利润最大化的产量选择必须满足:

$$\frac{\partial \pi_2}{\partial q_2} = a - (q_1 + q_2) - c - q_2 = 0$$

由此得到其反应函数为:

$$q_2^* = \frac{a - q_1^* - c}{2}$$

和古诺模型不同的是,这里的 q_2^* 是当企业 1 选择 q_1^* 时企业 2 的实际选择,而在古诺模型中的 q_2^* 则是企业 2 对于假定的 q_1^* 的最优反应。

由于企业 1 预测到企业 2 将根据自己的产量选择最优产量 q_2^*,其收益函数为:

$$\pi_1 = \pi_1(q_1, q_2^*) = q_1[a - (q_1 + q_2^*) - c]$$
$$= q_1\left[a - q_1 - \frac{a - q_1^* - c}{2} - c\right]$$
$$= q_1\left(\frac{a}{2} - q_1 + \frac{q_1^*}{2} - \frac{c}{2}\right)$$

其利润最大化的产量选择($q_1 = q_1^*$)必须满足:$\frac{\partial \pi_1}{\partial q_1} = \frac{a - 2q_1^* - c}{2} = 0$。

得到其最优产量为:$q_1^* = \frac{a-c}{2}$。相应地,企业 2 的最优产量为:$q_2^* = \frac{a - q_1^* - c}{2} = \frac{a-c}{4}$。这就是斯塔克尔伯格模型的子博弈精炼纳什均衡,相应的每个企业的利润分别为:

$$\pi_1(q_1^*, q_2^*) = \frac{(a-c)^2}{8}$$
$$\pi_2(q_1^*, q_2^*) = \frac{(a-c)^2}{16}$$

同古诺模型的结果相比,斯塔克尔伯格模型的结果有很大差异。斯塔克尔伯格模型中两个企业的总产量 $\frac{3(a-c)}{4}$ 大于古诺模型的总产量 $\frac{2(a-c)}{3}$,总利润 $\frac{3(a-c)^2}{16}$ 却小于古诺模型的总利润 $\frac{2(a-c)^2}{9}$,但是企业 1 的利润 $\frac{(a-c)^2}{8}$ 大于古诺模型中企业 1 的利润 $\frac{(a-c)^2}{9}$,更大于该模型中企业 2 的利润 $\frac{(a-c)^2}{16}$。这说明企业 1 把握了理性的企业 2 会根据自己的选择(q_1)合理做出决策(q_2)的心理,从而选择较大的产量获得更多的利润。这就是所谓的先动优势,也称为领导者优势。

斯塔克尔伯格模型揭示了这样一个现实:在信息不对称的博弈中,拥有信息优势的参与者不一定能够获得较多的收益。其原因就在于先行者或信息劣势者会揣摩到理性的后行者可能因为种种顾虑止步不前的心理而先发制人,采取有利于自己的行动获取更多的利益。信息经济学的基本视角就是,在信息不对称的情况下,信息优势者如何利用其信息优势谋求利益,信息劣势者如何采取有效的办法来维护自身利益。斯塔克尔伯格模型无疑就是一个很好的例子。

例 1:

市场里有两个企业 1 和 2,每个企业的成本都为 0。市场的逆需求函数为 $P=16-Q$,其中 P 是市场价格,Q 为市场总产量。(1)求古诺(cournot)均衡产量和利润。(2)求斯塔克尔伯格(Stackelberg)均衡产量和利润。

解 (1)设两个企业的产量分别为 q_1, q_2,有 $Q=q_1+q_2$,因此利润函数分别为:

$$\pi_1=(16-q_1-q_2)q_1=16q_1-q_1^2-q_1q_2$$
$$\pi_2=(16-q_1-q_2)q_2=16q_2-q_2^2-q_1q_2$$

利润最大化的一阶条件分别为:

$$\frac{\partial \pi_1}{\partial q_1}=16-2q_1-q_2=0$$
$$\frac{\partial \pi_2}{\partial q_2}=16-2q_2-q_1=0$$

因此企业 1 和企业 2 的反应函数分别为:

$$q_1=\frac{16-q_2}{2}$$
$$q_2=\frac{16-q_1}{2}$$

联立,得到 $q_1=q_2=\frac{16}{3}$, $\pi_1=\pi_2=\frac{256}{9}$。

(2)设企业 1 先行,企业 2 跟进。两个企业的产量分别为 q_1, q_2,因此利润函数分别为:
$$\pi_1=(16-q_1-q_2)q_1=16q_1-q_1^2-q_1q_2$$
$$\pi_2=(16-q_1-q_2)q_2=16q_2-q_2^2-q_1q_2$$

由逆向归纳法,在第二阶段,企业 2 在已知企业 1 产量的情况下,最优化自己的产量,从而得到企业 2 的反应函数:
$$\frac{\partial \pi_2}{\partial q_2}=16-2q_2-q_1=0$$

因此企业 2 的反应函数为:
$$q_2=\frac{16-q_1}{2}$$

在第一阶段,企业 1 考虑到企业 2 的反应,从而自己的利润函数为:
$$\pi_1=(16-q_1-q_2)q_1=16q_1-q_1^2-q_1\left(\frac{16-q_1}{2}\right)=8q_1-\frac{1}{2}q_1^2$$

要使企业 1 的利润最大,应满足一阶条件:
$$\frac{\partial \pi_1}{\partial q_1}=8-q_1=0$$

得到 $q_1=8$;相应的,企业 2 的最优产量: $q_2=\frac{16-q_1}{2}=4$。则每个企业的利润分别为: $\pi_1=32$, $\pi_2=16$。

(注:古诺模型是完全信息静态博弈,求的是纳什均衡;斯塔克尔伯格模型是完全信息动态博弈,求的是子博弈精炼纳什均衡)

例 2:

假设双头垄断企业的成本函数分别为: $C_1=20Q_1$, $C_2=2Q_2^2$,市场需求曲线为 $P=400-2Q$,其中, $Q=Q_1+Q_2$。

(1)求出古诺(Cournot)均衡情况下的产量、价格和利润,求出各自的反应和等利润曲线,并图示均衡点;

(2)求出斯塔克尔伯格(Stackelberg)均衡情况下的产量、价格和利润,并以图形表示;

(3)说明导致上述两种均衡结果差异的原因。

解 (1)对于垄断企业 1 来说:
$$\max_{Q_1}\{[400-2(Q_1+Q_2)]Q_1-20Q_1\}$$
$$\Rightarrow Q_1=\frac{190-Q_2}{2}$$

这是垄断企业 1 的反应函数。其等利润曲线为：
$$\pi_1 = 380 Q_1 - 2 Q_1 Q_2 - 2 Q_1^2$$

对垄断企业 2 来说：
$$\max_{Q_2} \{[400 - 2(Q_1 + Q_2)]Q_2 - 2 Q_2^2\}$$
$$\Rightarrow Q_2 = 50 - \frac{Q_1}{4}$$

这是垄断企业 2 的反应函数。其等利润曲线为：
$$\pi_2 = 400 Q_2 - 2 Q_1 Q_2 - 4 Q_2^2$$

在达到均衡时，有：
$$Q_1 = \frac{190 - \left(50 - \frac{Q_1}{4}\right)}{2}$$
$$\Rightarrow \begin{cases} Q_1 = 80, \\ Q_2 = 30 \end{cases}$$

均衡时的价格为：$P = 400 - 2 \times (80 + 30) = 180$。

两垄断企业的利润分别为：
$$\pi_1 = 380 \times 80 - 2 \times 80 \times 30 - 2 \times 80^2 = 12\,800$$
$$\pi_2 = 400 \times 30 - 2 \times 80 \times 30 - 4 \times 30^2 = 3\,600$$

均衡点可图示为：

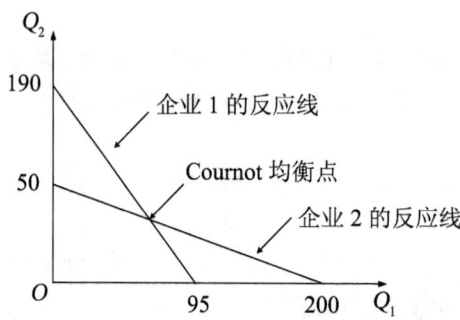

（2）当垄断企业 1 为领导者时，企业 2 视企业 1 的产量为既定，其反应函数为：
$$Q_2 = 50 - \frac{Q_1}{4}$$

则企业 1 的问题可简化为：
$$\max_{Q_1} \left\{\left[400 - 2\left(Q_1 + 50 - \frac{Q_1}{4}\right)\right]Q_1 - 20 Q_1\right\}$$

$$\Rightarrow \begin{cases} Q_1 = \dfrac{280}{3}, \\ Q_2 = \dfrac{80}{3} \end{cases}$$

均衡时价格为：$P = 400 - 2 \times \left(\dfrac{280}{3} + \dfrac{80}{3}\right) = 160$；利润为：$\pi_1 = \dfrac{39\,200}{3}$，$\pi_2 = \dfrac{25\,600}{9}$。

该均衡可用下图表示：

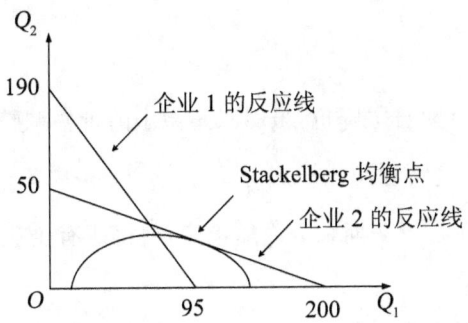

当企业 2 领先时可依此类推。

(3) 当企业 1 为领先者时，其获得的利润要比古诺竞争下多。而企业 2 获得的利润较少。这是因为，企业 1 先行动时，其能考虑企业 2 的反应，并以此来制定自己的生产计划，而企业 2 只能被动地接受企业 1 的既定产量，计划自己的产出，这是一种"先动优势"。

例 3：

在 Bertrand 价格博弈中，假定有 n 个生产企业，需求函数为 $P = a - Q$，其中 P 是市场价格，Q 是 n 个生产企业的总供给量。假定博弈重复无穷多次，每次的价格都立即被观测到，企业使用"触发策略"（一旦某个企业选择垄断价格，则执行"冷酷策略"）。求使垄断价格可以作为完美均衡结果出现的最低贴现因子 δ 是多少。并请解释 δ 与 n 的关系。

分析：此题可分解为 3 个步骤：

(1) n 个企业合作，产量总和为垄断产量，价格为垄断价格，然后平分利润；

(2) 其中一个企业采取欺骗手段降价，那个这家企业就占有的全部市场，获得垄断利润；

(3) 其他企业触发策略，将价格降到等于边际成本，所有的企业利润为零。

解 (1) 设每个企业的边际成本为 c,固定成本为 0。

$$P = a - Q$$
$$TR = PQ = (a-Q)Q$$
$$MR = \frac{dTR}{dQ} = a - 2Q$$
$$MR = MC$$
$$a - 2Q = c$$

则:$Q = \frac{(a-c)}{2}$, $P = \frac{(a+c)}{2}$, $\pi = (P-c)Q = \frac{(a-c)^2}{4}$,每家企业的利润为 $\frac{(a-c)^2}{4n}$。

(2) 假设 A 企业自主降价,虽然只是微小的价格调整,但足以占领整个市场,获得所有的垄断利润——$\frac{(a-c)^2}{4}$。

(3) 其他企业在下一期采取冷酷策略,使得所有企业的利润为 0。
考虑:

A 企业不降价:$\frac{(a-c)^2}{4n}$, $\frac{(a-c)^2}{4n}$, $\cdots$;A 企业降价:$\frac{(a-c)^2}{4}$, 0, $\cdots$。

使垄断价格可以作为完美均衡结果,就要使得不降价的贴现值大于等于降价的贴现值。设贴现因子为 δ,则 A 不降价的贴现值:$\left[\frac{(a-c)^2}{4n}\right] \times \left[\frac{1}{(1-\delta)}\right]$;A 降价的现值:$\frac{(a-c)^2}{4}$。于是:$\left[\frac{(a-c)^2}{4n}\right] \times \left[\frac{1}{1-\delta}\right] \geq \frac{(a-c)^2}{4}$,解得:$\delta \geq 1 - \frac{1}{n}$。

3.4.4 轮流出价的讨价还价博弈

纳什讨价还价解是一个合作博弈模型,它是由几个看起来合理的公理推导出的结果,这些公理包括效用测度的无关性(invariance)、帕累托有效性(efficiency)、无关选择的独立性(independence of irrelevant alternatives)和对称性(symmetry)。在实际的讨价还价中,这些公理可能都在背后起作用,但讨价还价通常是一个不断的"出价—还价"(offer-counter offer)过程。鲁宾斯坦(Rubinstein,1982 年)的轮流出价模型(alternating offers)试图模型化这样一个过程。在此模型里,两个参与人分割一块蛋糕,参与人 1 先出价,参与人 2 可以接受,也可以拒绝。如果参与人 2 接受,博弈结束,蛋糕按参与人 1 的方案分配;如果参与人 2 拒绝,参与人 2 出价(还价),参与人 1

可以接受或者拒绝；如果参与人1接受，博弈结束，蛋糕按参与人2的方案分配；如果参与人1拒绝，参与人1再出价；如此持续下去，直到一个参与人的出价被另一个参与人接受为止。因此，这是一个无限期完美信息博弈，参与人1在时期$1, 3, 5, \cdots$出价，参与人2在时期$2, 4, 6, \cdots$出价，这个博弈也有无穷多个纳什均衡，但鲁宾斯坦证明，它的子博弈精炼纳什均衡是唯一的。

我们用x表示参与人1的份额，$(1-x)$表示参与人2的份额，x_1和$(1-x_1)$分别是参与人1出价时参与人1和参与人2的份额，x_2和$(1-x_2)$分别是参与人2出价时参与人1和参与人2的份额。假定参与人1和参与人2的贴现因子分别为δ_1和δ_2。这样，如果博弈在时期t结束，t是参与人i的出价阶段，参与人1的支付的贴现值是$\pi_1 = \delta_1^{t-1} x_i$，参与人2的支付的贴现值是$\pi_2 = \delta_2^{t-1}(1-x_i)$。

在讨论无限期博弈之前，让我们先来讨论有限期博弈的情况。如果博弈的期限是有限的，我们可以使用逆向归纳法求解子博弈精炼纳什均衡。

首先假定博弈只进行两个时期，在$t=2$，参与人2出价，如果他提出$x_2=0$，参与人1会接受，因为参与人1不再有出价的机会（一般地，如果参与人在接受和拒绝之间无差异时，我们假定他选择接受）。因为参与人2在$t=2$时得到1单位等价于在$t=1$时的δ_2单位，如果参与人1在$t=1$时出价$1-x_1 \geq \delta_2$，参与人2会接受；因为参与人1没有必要给参与人2多于他会接受的最低份额，子博弈精炼纳什均衡结果是参与人1得到$x=x_1=1-\delta_2$，参与人2得到$1-x=\delta_2$。

现在假定$t=3$，在最后阶段，参与人1出价，他可以得到的最大份额是$x_1=1$。因为参与人1在$t=3$时得到1单位等价于$t=2$时的δ_1单位，如果参与人2在$t=2$出价$x_2=\delta_1$，参与人1将会接受；因为参与人2在$t=2$时得到的$(1-\delta_1)$单位等价于$t=1$时的$\delta_2(1-\delta_1)$单位，如果参与人1在$t=1$时出价$1-x_1=\delta_2(1-\delta_1)$，参与人2将会接受。因此，子博弈精炼纳什均衡结果是$x=1-\delta_2(1-\delta_1)$。

如果假定$t=4$，参与人2最后出价。使用上述结果，因为参与人2在$t=2$时最大可得$(1-\delta_1(1-\delta_2))$，参与人1在$t-1$时将出价$1-x_1=\delta_2[1-\delta_1(1-\delta_2)]$，子博弈精炼纳什均衡结果是$x=1-\delta_2[1-\delta_1(1-\delta_2)]$。再假定$t=5$，参与人1最后出价。因为参与人2在$t=2$时最大可得$1-\delta_1[1-\delta_2(1-\delta_1)]$，子博弈精炼纳什均衡结果为$x=1-\delta_2\{1-\delta_1[1-\delta_2(1-\delta_1)]\}$。用此法我们还可以推导出任何给定的$t<\infty$的子博弈精炼纳什均衡。

现在让我们来看看子博弈精炼纳什均衡结果与贴现因子δ和博弈期限

T 之间的关系。从上面的例子可以看出,如果 $\delta_1 = \delta_2 = 0$,不论 t 为多少,子博弈精炼纳什均衡结果是 $x = 1$;就是说,如果两个参与人都是绝对无耐心的(下阶段的任何支付等于本阶段的0),第一个出价的参与人将得到整个蛋糕。如果 $\delta_2 = 0$,不论 δ_1 为多少,子博弈精炼纳什均衡结果仍然是 $x = 1$;但是,如果 $\delta_1 = 0, \delta_2 > 0$,子博弈精炼纳什均衡结果是 $x = 1 - \delta_2$,因为如果参与人2 在 $t = 1$ 拒绝了参与人1 的出价,参与人2 在 $t = 2$ 得到整个蛋糕,但贴现到 $t = 1$ 只值 δ_2,参与人2 在 $t = 1$ 将接受任何 $1 - x_1 \geq \delta_2$ 的出价。在上述几种情况,均衡结果与 t 无关(假定 $t \geq 2$)。

现在让我们考虑另外的情况。假定 $\delta_1 = \delta_2 = 1$(即双方都有无限的耐心),那么,如果 $t = 1, 3, 5, \cdots$,均衡结果是 $x = 1$;如果 $t = 2, 4, 6, \cdots$,均衡结果是 $x = 0$。这里,我们得到"后动优势"(last-mover advantage),其原因是,给定 $\delta_i = 1$,如果参与人 i 最后出价,他将拒绝任何自己不能得到整个蛋糕的出价,一直等到博弈的最后阶段得到整个蛋糕。

一般来说,如果 $0 < \delta_i < 1, i = 1, 2$,均衡结果不仅依赖于贴现因子的相对比率,而且依赖于博弈时期长度 t 和谁在最后阶段出价。然而,这种依存关系随 t 的变大而变小;当 t 趋于无穷时,我们得到"先动优势":如果 $\delta_1 = \delta_2 = \delta$,唯一的均衡结果是 $x = \dfrac{1}{1+\delta}$。这就是下面要讨论的问题。

定理 3.1 在无限期轮流出价博弈中,唯一的子博弈精炼纳什均衡结果是:

$$x^* = \frac{1-\delta_2}{1-\delta_1\delta_2} \quad (如果 \delta_1 = \delta_2 = \delta, x^* = \frac{1}{1+\delta})$$

现在让我们来证明上述定理。因为 $t = \infty$,博弈没有最后阶段,我们不可能使用逆向归纳法来求解。但根据萨克德和沙腾(Shaked and Sutton, 1984),因为从参与人1 出价的任何一个阶段开始的子博弈等价于从 $t = 1$ 开始的整个博弈,我们可以应用有限阶段逆向归纳法的逻辑寻找子博弈精炼纳什均衡。

假定在时期 $t \geq 3$ 参与人1 出价,参与人1 能得到的最大份额是 M。因为对参与人1 而言,t 期的 M 等价于 $t-1$ 期的 $\delta_1 M$,参与人2 知道在 $t-1$ 期的任何 $x_2 \geq \delta_1 M$ 的出价将被参与人1 接受,因此参与人2 出价 $x_2 = \delta_1 M$,自得 $1 - \delta_1 M$;因为对参与人2 而言,$t-1$ 期的 $1 - \delta_1 M$ 等价于 $t-2$ 期的 $\delta_2(1 - \delta_1 M)$,参与人1 知道在 $t-2$ 期的任何 $x_1 \leq 1 - \delta_2(1 - \delta_1 M)$ 出价将被参与人2 接受,因此参与人1 出价 $x_1 = 1 - \delta_2(1 - \delta_1 M)$,留给参与人2 的是 $\delta_2(1 - \delta_1 M)$。

因为从 $t-2$ 期开始的博弈与从开始的博弈完全相同,参与人 1 在 $t-2$ 期能得到的最大份额一定与其在 $i=1,\cdots,n$ 期得到的最大份额相同,因此我们有: $x_1=M=1-\delta_2(1-\delta_1 M)$。

解上式得:

$$M=\frac{1-\delta_2}{1-\delta_1\delta_2}$$

现在假定参与人 1 在 t 期能得到的最小份额为 m。因为 t 期的 m 等价于 $t-1$ 期的 $\delta_1 m$,参与人 2 在 $t-1$ 期最多得到 $1-\delta_1 m$。因为 $t-1$ 期的 $1-\delta_1 m$ 等价于 $t-2$ 期的 $\delta_2(1-\delta_1 m)$,参与人 1 在 $t-2$ 期至少得到 $x_1=1-\delta_2(1-\delta_1 m)$,因此我们有:

$$x_1=m=1-\delta_2(1-\delta_1 m)$$

解上式得:

$$m=\frac{1-\delta_2}{1-\delta_1\delta_2}$$

因为参与人 1 能得到的最大份额与最小份额相同,均衡结果是唯一的:

$$x=\frac{1-\delta_2}{1-\delta_1\delta_2}$$

因为 t 是任意的,上述证明过程表明,参与人 1 的子博弈精炼纳什均衡策略是:"在 $t=1,3,5,\cdots$ 时总是要求 $\frac{1-\delta_2}{1-\delta_1\delta_2}$ 的份额,在 $t=2,4,6,\cdots$ 时接受任何大于或等于 $\frac{\delta_1(1-\delta_2)}{1-\delta_1\delta_2}$ 的份额,拒绝任何较小的份额。" 为了说明这一点,注意到:

$$\frac{1-\delta_2}{1-\delta_1\delta_2}=1-\frac{\delta_2(1-\delta_1)}{1-\delta_1\delta_2}$$

等式右边的第二项是参与人 1 出价时参与人 2 的份额。如果参与人 1 提出更高的要求从而被参与人 2 拒绝,参与人 2 在 $t+1$ 期要求 $\frac{1-\delta_1}{1-\delta_1\delta_2}$(注意对称性,此时参与人 2 处于参与人 1 的位置),参与人 1 的支付(贴现值)是:

$$\delta_1\left(1-\frac{1-\delta_1}{1-\delta_1\delta_2}\right)=\delta_1^2\frac{1-\delta_2}{1-\delta_1\delta_2}<\frac{1-\delta_2}{1-\delta_1\delta_2}$$

因此提出更高的要求不是最优的。同样,接受任何低于 $\frac{\delta_1(1-\delta_2)}{1-\delta_1\delta_2}$ 的份额也不是最优的,因为再等待一个阶段他就可以得到 $\frac{1-\delta_2}{1-\delta_1\delta_2}$ 的份额。

类似地,参与人2的子博弈精炼纳什均衡策略是:"在$t=1,3,5,\cdots$时,接受任何大于或等于$\frac{\delta_2(1-\delta_1)}{1-\delta_1\delta_2}$的份额,拒绝任何较小的份额;在$t=2,4,6,\cdots$时,总是要求$\frac{1-\delta_1}{1-\delta_1\delta_2}$的份额。"

这个博弈当然还有许多其他纳什均衡。特别地,下列策略组合是一个纳什均衡:"参与人1总是要求$x_1=1$的份额,拒绝参与人2任何$x_2<1$的出价;参与人2总是要求$1-x_2=0$,接受参与人1的任何出价。"但这个纳什均衡不是子博弈精炼纳什均衡:如果参与人2拒绝了参与人1的第一次出价,提出$x_2\geq\delta_1$,参与人1应该接受,因为如果拒绝的话,即使他在下一阶段得到整个蛋糕,也只值δ_1。

子博弈精炼纳什均衡结果是参与人贴现因子(耐心程度)的函数,这是罗宾斯坦模型得到的重要结论。特别地,给定δ_2,当$\delta_1\to1$时,$x^*=1$,即参与人1得到整个蛋糕;给定δ_1,当$\delta_2\to1$时,$x^*=0$,即参与人2得到蛋糕。这可以说是"耐心优势"。直观地讲,有绝对耐心的人总可以通过拖延时间使自己独吞蛋糕。这个"耐心优势"在一般情况下也是成立的:给定其他情况(如出价次序),越有耐心的人得到的份额越大。比如说,如果$\delta_1=0.5$,$\delta_2=0.9$,即参与人2比参与人1更有耐心,那么,均衡结果是参与人1得到$x^*=0.182$,参与人2得到$1-x^*=0.812$。注意,当$\delta_2=0$,参与人1也得到整个蛋糕,因为参与人2没有任何耐心等待下一阶段;但当$\delta_1=0$时,参与人2不能得到整个蛋糕,除非$\delta_2=1$,就是说,没有耐心的参与人1也可以得到一点份额。导致这一差异的原因是,除耐心优势外,这个博弈还有个"先动优势":当$\delta_1=\delta_2=\delta<1$时,$x^*=\frac{1}{1+\delta}>\frac{1}{2}$,即参与人1的份额总是多于参与人2的份额。如果每一阶段的长度任意小,这个先动优势将消失。另外,当$\delta_1=\delta_2=1$时,这个博弈也有无穷多个子博弈精炼纳什均衡,$x^*=\frac{1}{2}$可能是一个聚点均衡(也是纳什讨价还价解)。

贴现率可以理解为讨价还价的一种成本,类似蛋糕随时间的推延而不断缩小,每一轮讨价还价的总成本与剩余的蛋糕成比例。讨价还价的另一类成本是固定成本。

举例来说,如果工会和企业的磋商拖延了工期,企业要承受两种损失,一类是推迟出售的利息损失(与价值成比例),另一类是不能按期交工的违约罚款(一般是固定的)。这两种成本对均衡结果的影响是不同的。

为了说明这一点,假定$\delta_1=\delta_2=1$,但参与人i每出价一次要承担$c_i>0$

的损失。有三种可能的情况：第一种情况是 $c_1=c_2=c$，此时，均衡结果是不确定的；第二种情况是 $c_1<c_2$，此时，拖延使参与人 2 的损失大于参与人 1 的损失，参与人 1 得到整个蛋糕。第三种情况是 $c_1>c_2$，此时，参与人 1 得到 $x^*=c_2$，参与人 2 得到 $1-x^*=1-c_2$。

固定成本的一种特殊形式是外部机会（类似机会成本）。容易想象，外部机会越好（从而机会成本越高），参与人越处于不利地位。

3.5 具有同时选择的两阶段动态博弈

具有同时选择的两阶段动态博弈的博弈顺序为：

(1) 参与人 1 和参与人 2 同时从自己的行动集合 A_1，A_2 中选择行动 a_1，a_2；

(2) 参与人 3 和参与人 4 观测到 a_1，a_2，然后同时从自己的行动集 A_3，A_4 中选择行动 a_3，a_4；

(3) 对于选出的行动 a_1，a_2，a_3，a_4，参与人 $i(i=1,2,\cdots,n)$ 获得支付 $\mu_i(a_1,a_2,a_3,a_4)$。

下面我们举一个经济学中的例子。

在这个博弈模型中，有两个参与人：投资者 1 和投资者 2。两个投资者分别存入银行一笔存款 D，银行将这笔存款投资于一个长期项目。如果在该项目到期之前，这两个投资人提前支取、银行被迫变现，共可收回 $2r$，这里 $D>r$。如果银行等待长期项目到期支取，可收回 $2R$，这里 $R>D$。

我们假设有两个提款日期，$t=1$，项目到期前，两个投资者都提款，则每人可得到 r；如果投资者 1 在 $t=1$ 提款，他可得到 D，投资者 2 不提，等到期满得到 $2r-D$。如果两人都没有在 $t=1$ 提款，博弈进入第二个提款日期，在 $t=2$，两个投资者都提款，则每人得到 R；如果投资者 1 在 $t=2$ 提款，他可得到 $2R-D$，投资者 2 得到 D；如果两个投资者在 $t=2$ 时都不提款，银行向每个参与人返还 R。

这个两阶段动态博弈用扩展式描述如图 3.8 所示。

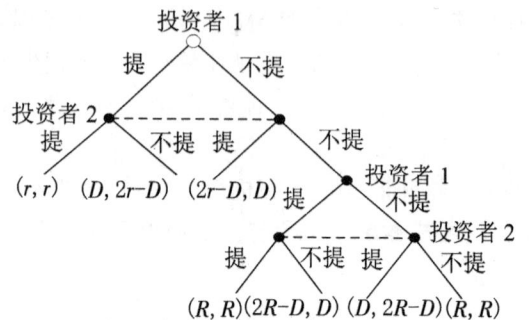

图 3.8　银行挤提的同时选择的两阶段动态博弈

我们用逆推归纳法来解这个模型。

在 $t=2$ 时，考虑 $t=1$ 子博弈：

表 3.3　子博弈 Ⅰ

		投资者 2	
		提款	不提款
投资者 1	提款	R,R	$2R-D,D$
	不提款	$D,2R-D$	R,R

这个子博弈的纳什均衡是（提款,（提款,提款））。

在 $t=1$ 时,考虑子博弈：

表 3.4　子博弈 Ⅱ

		投资者 2	
		提款	不提款
投资者 1	提款	r,r	$D,2r-D$
	不提款	$2r-D,D$	R,R

这个子博弈有两个纳什均衡：（提款,（提款,不提款））和（不提款,（提款,不提款））。

因此，可以得到两个子博弈精炼纳什均衡：

(1) 在 $t=1$ 时，（提款,提款）；在 $t=2$ 时，（提款,提款）；

(2) 在 $t=1$ 时，（不提款,提款）；在 $t=2$ 时，（不提款,提款）。

均衡路径为：(1)（提款,提款）；(2)（不提款,不提款,提款,提款），均衡结果分别为：(r,r) 和 (R,R)。

第4章 不完全信息静态博弈

下面是一个不完全信息的市场博弈例子。假设某商品的市场需求有高、中和低三种，公司 A 和公司 B 都具备扩展生产规模和维持原有规模两种策略。两家公司的具体支付收益如表 4.1 所示。

表 4.1 不完全信息下的市场博弈

		市场需求高(0.1)		市场需求中(0.7)		市场需求低(0.2)	
		A 扩展	A 维持	A 扩展	A 维持	A 扩展	A 维持
公司 B	扩展	2,3	3,0	−1,−1	2,1	−2,−2	−1,0
	维持	1,5	−1,−1	1,3	1,1	0,−1	2,2

公司 A 和公司 B 对市场需求的概率分布是清楚的，但 B 不了解 A 的成本函数，其对博弈的支付收益也不了解，A 对博弈的支付收益是清楚的。

从表 4.1 可以看出，如果市场需求是高，假定公司 A 扩展，那么公司 B 的最优选择也是扩展；如果市场是中等需求，假定公司 A 扩展，公司 B 的最优选择为维持，若公司 A 采取维持，那么公司 B 最优选择变为扩展；当市场需求低时，无论公司 A 采取什么策略，B 都优先采取维持的策略。因此，公司 B 最优的选择依赖于市场的需求规模。

4.1 不完全信息静态博弈

现代经济学中最重要的新观念之一就是，私人信息是一种有价值的资源。通过私人信息，我们可以了解到当事人具有而其他人不具有的世界状态。以边际分析为基础的新古典经济学不能很好地处理信息问题，对经济学家来讲，不完全信息更是一个棘手的问题。博弈论则为建立信息模型提供了一个强有力的工具，以博弈论为基础的信息经济学成为现代经济学的前沿学科，不完全信息博弈则是现代博弈论的重要内容。

4.1.1 不完全信息静态博弈及海萨尼转换

在上述例子中,公司 B 就像在与三个不同状况的公司 A 博弈。在 1967 年以前,这样的不完全信息博弈是无法分析的,因为当一个参与者并不知道他在与谁博弈时,博弈的规则是没有定义的。海萨尼在 1967—1968 年提出的转换方法——海萨尼转换成为解决这一类博弈问题的标准方法。

海萨尼为博弈中引入一个虚拟参与人——"自然","自然"首先选择行动决定参与人的特征,参与人知道自己的特征,其他参与人不知道(上例中是决定市场需求,公司 A 知道自己的特征,公司 B 不知道公司 A 的特征)。这样,不完全信息博弈就转换为完全但不完美信息博弈,这就是"海萨尼转换"。图 4.1 就是上例的海萨尼转换后的市场博弈。

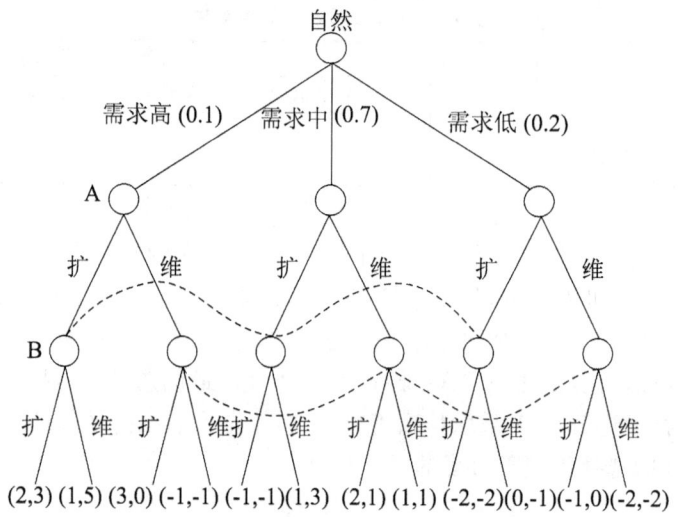

图 4.1 海萨尼转换后的市场博弈

一般地,"自然"在博弈的开始选择包括参与者的策略空间、信息集和支付函数等。此例中,"自然"选择的是市场需求的高低情况。我们将一个参与者所拥有的所有个人信息,即所有不是共同知识的信息,称为他的类型。参与人的类型是其个人特征的一个完备描述。不完全信息意味着至少有一个参与人有多个类型。在表 4.1 中,公司 B 有一个类型,公司 A 有三个类型。

我们用 θ_i 表示参与人 i 的一个特定类型,Θ_i 表示参与人 i 所有可能类型的集合,$\theta_i \in \Theta_i$。假定 $\{\theta_i\}_{i=1}^n$ 取自某个客观的分布函数 $P(\theta_1, \cdots, \theta_n)$。根据海萨尼公理,我们假定分布函数 $P(\theta_1, \cdots, \theta_n)$ 是所有参与人的共同知识,也

就是说，所有参与人知道 $P(\theta_1,\cdots,\theta_n)$，所有参与人知道所有参与人知道 $P(\theta_1,\cdots,\theta_n)$，如此类推。换言之，在博弈开始时，所有参与人有关自然行动的信念是相同的。

用 θ_{-i} 表示除 i 之外的所有参与人的类型组合 $\theta_{-i}=(\theta_1,\cdots,\theta_{i-1},\theta_{i+1},\cdots,\theta_n)$。那么，$\theta=(\theta_1,\cdots,\theta_n)=(\theta_i,\theta_{-i})$。我们称 $p_i(\theta_{-i}|\theta_i)$ 为参与人 i 的条件概率，给定参与人 i 属于类型 θ_i 的条件下，他有关其他参与人属于 θ_{-i} 的概率，根据条件概率规则有：

$$p_i(\theta_{-i}|\theta_i)=\frac{p(\theta_{-i}|\theta_i)}{p(\theta_i)}=\frac{p(\theta_{-i}|\theta_i)}{\sum_{-i\in\theta_{-i}}p(\theta_{-i}|\theta_i)}$$

其中，$p_i(\theta_i)$ 是边缘概率。如果类型的分布是独立的，$p(\theta_{-i}|\theta_i)=p_i(\theta_{-i})$。

不管是在完全信息静态博弈还是完全信息动态博弈中，我们一直假定博弈中的每个参与人对所有其他参与人的支付（偏好）函数有完全了解，并且所有参与人知道所有参与人知道所有参与人的支付函数，即支付函数是所有人的"共同知识"（common knowledge），这样的博弈称为"完全信息博弈"。但现实中许多博弈不满足完全信息的要求。比如上市公司与投资人博弈时，投资人很难知道上市公司的发展前景、真实盈利水平和经理人是否偷懒等消息，因而也就很难确切知道对方的支付函数。在这种情况下展开的博弈也就称为"不完全信息博弈"。

我们把参与人所拥有的私人信息（如策略集、支付、信息集等）称为他的类型，不完全信息博弈就归结为至少有一个参与者有多个类型。

考虑如下的古诺双头模型。其中市场逆需求函数为 $p(Q)=a(Q)$，这里 $Q=q_1+q_2$ 为市场中的总产量。企业 1 的成本函数为 $c_1(q_1)=q_1c$，不过企业 2 的成本函数以 θ 的概率为 $c_2(q_2)=q_2c_H$，以 $1-\theta$ 的概率为 $c_2(q_2)=q_2c_L$，这里 $c_L<c_H$。在这里信息不对称，企业 2 知道自己的成本函数和企业 1 的成本函数，企业 1 知道自己的成本函数却不知道企业 2 的成本函数，但知道企业 2 的边际成本为 c_H 的概率是 θ，边际成本为 c_L 的概率是 $(1-\theta)$。上述一切均是共同知识。

因为企业 2 在边际成本不同时，它的产出水平自然不同。企业 1 从自己的角度也预测到企业 2 的产量随成本高低而变化。用 $q_2^*(c_H)$ 和 $q_2^*(c_L)$ 分别把企业 2 的产量表示为成本的函数，并令 q_1^* 是企业 1 的单一产量选择。如果企业 2 的成本较高，它会选择 $q_2^*(c_H)$ 满足：

$$\max_{q_2}[(a-q_1^*-q_2)-c_H]q_2$$

类似地，如果企业 2 的成本较低，$q_2^*(c_L)$ 应满足：

$$\max_{q_2}[(a-q_1^*-q_2)-c_L]q_2$$

最后,企业1知道企业2成本较高的概率为θ并预测到企业2的产量选择将分别为$q_2^*(c_H)$或$q_2^*(c_L)$,从而企业1选择满足下式的q_1^*,以使期望利润最大化。

$$\max_{q_1} \theta\{[a-q_1-q_2^*(c_H)]-c\}q_1+(1-\theta)\{[a-q_1-q_2^*(c_L)]-c\}q_1$$

上述三个最优化问题的一阶条件分别为:

$$q_2^*(c_H)=\frac{a-q_1^*-c_H}{2}, q_2^*(c_H)=\frac{a-q_1^*-c_L}{2}$$

$$q_1^*=\frac{\theta[a-q_2^*(c_H)-c]+(1-\theta)[a-q_2^*(c_L)-c]}{2}$$

三个一阶条件构成的方程组的解为:

$$q_2^*(c_H)=\frac{a-2c_H+c}{3}+\frac{(1-\theta)(c_H-c_L)}{6}$$

$$q_2^*(c_L)=\frac{a-2c_L+c}{3}-\frac{\theta(c_H-c_L)}{6}$$

$$q_1^*=\frac{a-2c+\theta c_H+(1-\theta)c_L}{3}$$

把此处求出的q_1^*,$q_2^*(c_H)$和$q_2^*(c_L)$同完全信息古诺模型中的均衡产量$q_1^*=(a-2c+c_2)/3$和$q_2^*=(a-2c_2+c)/3$比较,$q_2^*(c_H)$大于q_2^*(此时$c_H=c_2$),$q_2^*(c_L)$小于q_2^*(此时$c_L=c_2$),而企业1的q_1^*比完全信息时的均衡产量大还是小则要看预期的概率值θ了。为什么企业2的均衡产量与完全信息时的均衡产量有差异,原因在于企业2决定其产量时,不仅要考虑自己的真实成本,而且要考虑企业1没有企业2成本信息这一因素。例如当企业2是高成本时,由于成本高理应生产较少,但这时它也要考虑企业1所选择的产量是个期望值,小于明确知道企业是高成本时的最佳产量,因此企业2可以多生产一些,产量高于完全信息古诺模型下同样高成本时的均衡产量是完全合理的。

在这个例子中,企业1似乎在与两个成本不同的企业2博弈。企业2有两种可能的成本函数,从而有两种可能的利润或支付函数:

$$\pi_2(q_1,q_2;c_L)=[(a-q_1-q_2)-c_L]q_2$$

和

$$\pi_2(q_1,q_2;c_H)=[(a-q_1-q_2)-c_H]q_2$$

企业1只有一种可能的收益函数:

$$\pi_1(q_1,q_2;c)=[(a-q_1-q_2)-c]q_1$$

我们说企业 2 的类型空间为 $T_2=\{c_L,c_H\}$，企业 1 的类型空间为 $T_1=\{c\}$。海萨尼(1967)提出了一种处理不完全信息博弈的方法：

(1) 先假设一个名为"自然"的博弈方 N，该博弈方的作用是先为其他参与人抽取他们的类型，抽取的这些类型构成类型向量 $t=(t_1,t_2,\cdots,t_n)$，其中 $t_i\in T_i, i=1,2,\cdots,n$；

(2) "自然"让每个参与人知道自己的类型，但不让其他参与人知道；

(3) 除"自然"以外的其他参与人同时从各自的行为空间 A_i（这里等同于策略空间 S_i）中选择行动方案 $a_i(i=1,2,\cdots,n)$；

(4) 除"自然"以外，其他参与人收益分别为 $\mu_i=\mu_i(a_1,\cdots,a_n,t_i)$，其中 $i=1,2,\cdots,n$。

借助于第(1)步和第(2)步中虚构的参与人"自然"的行动，我们就把一个不完全信息的博弈转换为一个不完美信息的博弈，这就是海萨尼转换。

4.1.2 不完全信息静态博弈的策略式表述

通过海萨尼转换，不完全信息静态博弈转换为完全但不完美的动态博弈。说它完全，是因为通过海萨尼转换把所有不是共同知识的东西都包含在参与人的类型中了；说它是动态博弈，是因为它包含了"自然"选择和所有其他参与方同时选择行动的两个阶段；说它不完美，是因为$\{\sigma^k\}_{k=1}^\infty$ 个参与方对"自然"为自己选择的类型都清楚，但对"自然"为其他参与方选择的类型不清楚，因此"自然"的选择不具有完美信息。

在海萨尼转换之后，$P(t_1,t_2,\cdots,t_n)$ 是所有参与人的共同知识，即我们所有对"类型"的判断问题转变为我们对"自然"选择的判断。如果用 $t_{-i}=(t_1,\cdots,t_{i-1},t_{i+1},\cdots,t_n)$ 表示除 i 之外的所有参与人的类型组合，这样 $t=(t_i,t_{-i})$，我们称 $P_i(t_{-i}|t_i)$ 为参与人 i 的条件概率，即给定参与人 i 属于类型 t_i 的条件下，有关其他参与人属于 t_{-i} 的概率，得出

$$P_i(t_{-i}\mid t_i)=\frac{P(t_i,t_{-i})}{P(t_i)}=\frac{P(t_i,t_{-i})}{\sum_{t_{-i}\in T_{-i}}P(t_i,t_{-i})P(t_{-i})}$$

定义 4.1 一个 n 人不完全信息静态博弈（静态贝叶斯博弈）策略式表述包括：参与人的行动空间 $A_1,A_2,\cdots,A_n$，他们的类型空间 $T_1,T_2,\cdots,T_n$，条件概率 $P_1,P_2,\cdots,P_n$ 以及他们的类型依存收益 $\mu_1(a_1,\cdots,a_n;t_1),\cdots,\mu_n(a_1,\cdots,a_n;t_n)$。参与人 i 的类型作为 i 的私人信息，决定了参与人 i 的收益函数 $\mu_i(a_1,\cdots,a_n;t_i)$，并且是可能的类型集 T_i 中的一个元素。参与人 i 的推断 $P_i(t_{-i}|t_i)$ 描述了在给定自己的类型是 t_i 时，对其他 $n-1$ 个参与人类

型为t_{-i}的不确定性判断。

我们用
$$G=\begin{Bmatrix} A_1,A_2,\cdots,A_n;T_1,\cdots,T_n;P_1,\cdots,P_n; \\ \mu_1(a_1,\cdots,a_n;t_1),\cdots,\mu_n(a_1,\cdots,a_n;t_n) \end{Bmatrix}$$
表示这一博弈。

静态贝叶斯博弈的时间顺序如下：

(1) 自然选择类型向量$t=(t_1,t_2,\cdots,t_n)$，其中每个$t_i\in T_i$，参与人i观测到t_i和$P_i(t_{-i}|t_i)$，观测不到t_{-i}；

(2) n个参与人同时选择行动$a=(a_1,\cdots,a_n)$，其中$a_i\in A_i(t_i)$；

(3) 参与人i得到支付$\mu_i(a_1,\cdots,a_n;t_i)$。上述定义包括一种可能，参与人$j$可能知道$i$的某些信息，进一步如果所有参与人的类型空间只含有一个元素，即$T_i=\{t_i\}$，$i=1,2,\cdots,n$；静态贝叶斯博弈就退化为完全信息静态博弈。

给定参与人i只知道自己的类型t_i，而不知道其他参与人的类型t_{-i}，参与人i将选择$a_i(t_i)$最大化自己的期望效用。参与人i的期望效用函数定义如下：
$$V_i=\sum_{t_{-i}}P_i(t_{-i}|t_i)\mu_i(a_i(t_i),a_{-i}(t_{-i});t_i,t_{-i}\}$$

这里为不失一般性把t_{-i}写进i的效用函数。

4.1.3 贝叶斯纳什均衡及求解

我们首先定义静态贝叶斯博弈中参与者的策略空间。参与人的一个策略就是关于行动的一个完整计划，它包括了参与人在可能会遇到的每一种情况下将选择的可行行动。在给定静态贝叶斯博弈的时间顺序中，"自然"首先行动，赋予每一参与人各自的类型，参与人i的一个纯策略必须包含参与者i在每一可行的类型下选择的一个可行的行动。其具体定义如下：

定义4.2 在静态贝叶斯博弈
$G=\{A_1,A_2,\cdots,A_n;T_1,T_2,\cdots,T_n;P_1,P_2,\cdots,P_n;\mu_1,\mu_2,\cdots,\mu_n\}$中，参与人$i$的一个策略是一个函数$s_i(t_i)$，其中对$T_i$中的每一类型$t_i$，$s_i(t_i)$包含于"自然"属于$i$的类型为$t_i$时，$i$将从可行集$A_i$中选择的行动。

不同于(静态或动态)完全信息博弈，在静态贝叶斯博弈的策略式表述中，没有给出参与人的策略空间。作为替代，在静态贝叶斯博弈中，策略空间可从类型空间与行动空间中构建；参与人i的可行的(纯)策略集S_i是定义域为T_i，值域为A_i的所有可能的函数集。例如一个分离策略(separating strategy)，T_i 中的每一类型 t_i 都选择 A_i 中的不同行动 a_i；而在混同策略（Pooling strategy）中，所有的类型都选择同一行动。

需要说明的是，参与人 i 的策略中包含参与人 i 每一种可能的类型下的可行行动是非常必要的。因为参与人 i 在知道自己的类型和决定行动后，还需要考虑其他参与人将如何行动，而且其他参与人的行动又决定于他们对参与人 i 为 T_i 中每一类型 t_i 时的行动的推断。因此，参与人 i 在被赋予某种类型之后要决定如何行动，还必须考虑如果他被赋予 T_i 中另外每一类型 t_i 时应该采取如何行动。

考虑前面讨论过的不完全信息古诺模型，我们已经说明博弈的解由三个产量选择组成：$q_2^*(c_H)$，$q_2^*(c_L)$ 及 q_1^*。用策略式表达的定义，$(q_2^*(c_H)$，$q_2^*(c_L))$ 是企业 2 根据自己的成本情况（类型）选择不同的产量，但同时要注意，企业 1 在选择单一产量时也应同样考虑企业 2 将根据不同的成本选择不同的产量。如果我们的均衡概念要求企业 1 的策略是企业 2 策略的最优反应，则企业 2 的策略必须是一对产量，分别对应两种可能的成本类型，否则企业 1 就无法计算它的策略是否是企业 2 策略的最优反应。

定义 4.3 在静态贝叶斯博弈
$G=\{A_1,A_2,\cdots,A_n;T_1,T_2,\cdots,T_n;P_1,P_2,\cdots,P_n;\mu_1,\mu_2,\cdots,\mu_n\}$ 中，策略组合 $s^*=(s_1^*,s_2^*,\cdots,s_n^*)$ 称作一个纯策略贝叶斯纳什均衡。如果对每个参与人 i 及对应的 i 类型空间 T_i 中的每一 t_i；$s_i^*(t_i)$ 所选择的行动都能满足

$$\max_{a_i\in A_i}\sum_{t_{-i}}\mu_i\begin{Bmatrix}s_1^*(t_1),\cdots,s_{i-1}^*(t_{i-1}),a_i,\\ s_{i+1}^*(t_{i+1}),\cdots,s_n^*(t_n),t_i,t_{-i}\end{Bmatrix}P_i(t_{-i}|t_i)$$

亦即，没有参与人愿意改变自己的策略，即使这种改变只涉及一种类型下的一个行动。

一个有限的静态贝叶斯博弈（即博弈中的人数有限，并且 $(A_1,A_2,\cdots,A_n)$ 和 $(T_1,T_2,\cdots,T_n)$ 都是有限集）存在贝叶斯纳什均衡（包括混合策略），它是纳什均衡存在性定理的一个直接推广，这里不再给出。

4.1.4 双方叫价拍卖问题

现在考虑有一个买者和一个卖者交换一个单位商品的问题。在这个博弈中，由卖者提供商品，这个商品对于卖者的价值是 c，而对买者的价值是 v。首先由卖者提出商品的要价为 $p_s\in[0,1]$，买者对于商品的还价为 $p_b\in[0,1]$，当 $p_s\leqslant p_b$ 时，双方以 $\dfrac{p_s+p_b}{2}$ 的价格成交。因此，卖者的效用函数为：

$$\mu_s(p_s, p_b) = \begin{cases} \dfrac{p_s + p_b}{2} - c, & p_s \leq p_b, \\ 0, & p_s > p_b \end{cases}$$

买者的效用函数为:

$$\mu_b(p_s, p_b) = \begin{cases} v - \dfrac{p_s + p_b}{2}, & p_s \leq p_b, \\ 0, & p_s > p_b \end{cases}$$

c,v 分别是卖者和买者的私人信息,它们相互独立且具有相同的分布,同为 $[0,1]$ 上的均匀分布。因此,这个双方叫价拍卖的贝叶斯模型可以描述为:参与人 1 为卖者,参与人 2 为买者;参与人 1 的行动集合为 $A_1 = \{p_s | 0 \leq p_s \leq 1\}$,参与人 2 的行动集合为 $A_2 = \{p_b | 0 \leq p_b \leq 1\}$;参与人 1 的类型集合为 $T_1 = \{c | 0 \leq c \leq 1\}$,参与人 2 的类型集合为 $T_2 = \{v | 0 \leq v \leq 1\}$;卖者的策略是 $s_s: T_1 \to A_1, s_s(c) = p_s$,买者的策略是 $s_b: T_2 \to A_2, s_b(v) = p_b$。

如果 $(s_s^*(c), s_b^*(v))$ 为贝叶斯纳什均衡,应满足以下两条:

(1) $s_s^*(c)$ 是卖者的最优策略。对于 $c \in T_1$,固定 $s_b^*(v)$,$p_s = s_s^*(c)$ 是以下最大化问题的解:

$$\max_{p_s} \sum_v \mu_s(p_s, s_b^*(v); c, v) = \max_{p_s} \int_{s_b^* > p_s} \left[\frac{1}{2}(p_s + s_b^*(v)) - c\right] dF_1$$

假设买者采取一个线性叫价策略,$s_b^*(v) = \alpha_b + \beta_b v$,则 $s_b^*(v)$ 服从 $[\alpha_b, \alpha_b + \beta_b]$ 上的均匀分布,于是

$$\int_{s_b^* > p_s} \left[\frac{1}{2}(p_s + s_b^*(v)) - c\right] dF_1$$

$$= \left(\frac{1}{2} p_s - c\right) p\{s_b^*(v) \geq p_s\} + \frac{1}{2} \int_{s_b^* > p_s} s_b^*(v) dF_1$$

$$= \left(\frac{1}{2} p_s - c\right)(1 - F_{s_b^*}) + \frac{1}{2} \int_{p_s}^{\infty} x f_{s_b^*}(x) dx$$

为得到一阶条件,将上式对 p_s 求导,令其为 0,得到:

$$\frac{1}{2}[1 - F_{s_b^*}(p_s)] - \left(\frac{1}{2} p_s - c\right) f_{s_b^*}(p_s) - \frac{1}{2} p_s f_{s_b^*}(p_s) = 0$$

$$\frac{1}{2}[1 - F_{s_b^*}(p_s)] - (p_s - c) f_{s_b^*}(p_s) = 0$$

$$1 - F_{s_b^*}(p_s) = 2(p_s - c) f_{s_b^*}(p_s)$$

$$\frac{\alpha_b + \beta_b - p_s}{\beta_b} = \frac{2}{\beta_b}(p_s - c)$$

$$p_s = \frac{1}{3}(\alpha_b + \beta_b) + \frac{2}{3}c \tag{4.1.1}$$

(2) $s_b^*(v)$ 是买者的最优策略。对于 $v \in T_2$，固定 $s_s^*(c)$，$p_b = s_b^*(v)$ 是以下最大化问题的解：

$$\max_{p_b} \int_{s_s^*(c) \leqslant p_b} \left[v - \frac{1}{2}(s_s^*(c) + p_b)\right] dF_2$$

其中

$$\int_{s_s^*(c) \leqslant p_b} \left[v - \frac{1}{2}(s_s^*(c) + p_b)\right] dF_2$$

$$= \left(v - \frac{p_b}{2}\right) p\{s_s^*(c) \leqslant p_b\} - \frac{1}{2} \int_{s_s^*(c) \leqslant p_b} s_s^*(c) dF_2$$

$$= \left(v - \frac{p_b}{2}\right) F_{s_s^*}(p_b) - \frac{1}{2} \int_{-\infty}^{p_b} x f_{s_s^*}(x) dx$$

将上式对 p_b 求导，令其为 0，得到一阶条件为：

$$-\frac{1}{2} F_{s_s^*}(p_b) + \left(v - \frac{p_b}{2}\right) f_{s_s^*}(p_b) - \frac{1}{2} p_b f_{s_s^*}(p_b) = 0$$

所以有

$$F_{s_s^*}(p_b) = 2 f_{s_s^*}(p_b)(v - p_b)$$

设 $s_s^*(v) = \alpha_s + \beta_s c$，从而它服从 $[\alpha_s, \alpha_s + \beta_s]$ 上的均匀分布。故有

$$\frac{p_b - \alpha_s}{\beta_s} = \frac{2}{\beta_s}(v - p_b)$$

$$p_b = \frac{1}{3}\alpha_s + \frac{2}{3}v \tag{4.1.2}$$

联立 (4.1.1) 和 (4.1.2) 得到：

$$\begin{cases} p_s = \frac{1}{3}(\alpha_b + \beta_b) + \frac{2}{3}c = \alpha_s + \beta_s c, \\ p_b = \frac{1}{3}\alpha_s + \frac{2}{3}v = \alpha_b + \beta_b v \end{cases}$$

解这个方程组得：$\alpha_s = \frac{1}{4}$，$\alpha_b = \frac{1}{12}$，$\beta_s = \frac{2}{3}$，$\beta_b = \frac{2}{3}$。

最后解得：

$$\begin{cases} s_s^*(c) = \frac{1}{4} + \frac{2}{3}c, \\ s_b^*(v) = \frac{1}{12} + \frac{2}{3}v \end{cases}$$

在双向拍卖中，潜在的卖方和买方同时开价，卖方提出要价，买方出价，

拍卖商选择成交价格 p 清算市场：所有要价低于 p 的卖方卖出，所有出价高于 p 的买方买入；在价格 p 下的总供给等于总需求。

我们试着分析一个简单的双向拍卖博弈模型，卖方确定卖价 p_s，同时买方给出买价 p_b。如果 $p_s \leq p_b$，双方以 $p=\dfrac{p_s+p_b}{2}$ 的价格进行交易；如果 $p_s>p_b$，则不发生交易。

买方对标的商品的估价为 v_b，卖方的估价为 v_s，双方估价都是私人信息，并且服从 $[0,1]$ 区间上的均匀分布。如果买方以价格 p 购入商品，则可获得 v_b-p 的效用；如果交易不能完成，买方的效用为 0。如果卖方以价格 p 的价格出售商品，可得到 $p-v_s$ 的效用；如果交易不能进行，卖方的效用也为 0。

在这个静态贝叶斯博弈中，买方的一个策略是函数 $p_b(v_b)$，明确了买方在每一可能的类型下将会给出的买价。类似地，卖方的一个策略函数是 $p_s(v_s)$，明确了卖方在不同的估价情况下将出的价格。如果以下的两个条件成立，策略组合 $\{p_b(v_b),p_s(v_s)\}$ 即为该博弈的贝叶斯纳什均衡：

(1) 对于 $[0,1]$ 区间上的每一 v_b，$p_b(v_b)$ 满足

$$\max_{p_b}\left\{v_b-\frac{p_b+E[p_s(v_s)\mid p_b\geq p_s(v_s)]}{2}\right\}\text{prob}\{p_b\geq p_s(v_s)\} \quad (4.1.3)$$

这里，$E[p_s(v_s)\mid p_b\geq p_s(v_s)]$ 是给定卖方的要价低于买方的出价的条件下，卖方预期的买方出价。

(2) 对于 $[0,1]$ 区间上的每一 v_s，$p_s(v_s)$ 满足

$$\max_{p_s}\left\{\frac{p_s+E[p_b(v_b)\mid p_b(v_b)\geq p_s]}{2}-v_s\right\}\text{prob}\{p_b(v_b)\geq p_s\} \quad (4.1.4)$$

其中 $E[p_b(v_b)\mid p_b(v_b)\geq p_s]$ 是给定卖方的要价低于买方出价的条件下，买方预期的卖方的要价。

这个博弈有许多贝叶斯纳什均衡。让我们先考虑下面的单一价格均衡。即如果交易发生，交易价格就只是单一的价格。对区间 $[0,1]$ 上的许多 x，令买方的策略为：如果 $v_b \geq x$，则出买价 x，其他情况下的出价为 0；同时令卖方的策略为：如果 $v_s \leq x$，那么出卖价为 x，其他情况下出卖价为 1。给定买方的策略，卖方只能选择在价格 x 上是否交易，这样卖方策略就是优于买方策略的最优反应，因为如果卖方的估价小于 x，他更愿意以价格 x 成交，而不希望没有交易，即成交是他的最优反应；反之亦然。均衡结果如图 4.2 所示。区域内的 (v_s,v_b) 组合都发生交易；而对所有 $v_b \geq v_s$ 的 (v_s,v_b) 组合，交易都是有效率的，但图中阴影部分虽满足效率条件，却没有发生交易。

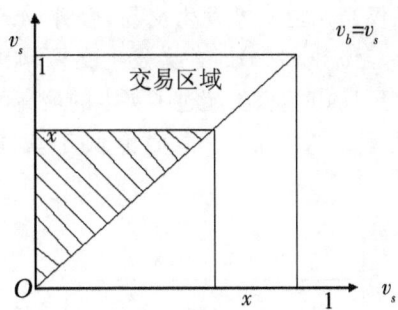

图 4.2 单一价格均衡下的交易区域

现在我们来看看双向拍卖的一个线性贝叶斯纳什均衡。我们不限制参与者的策略空间,使之只包含线性策略;而仍允许参与者任意选择策略,看是否存在一个均衡,双策略都是线性的。在这里需要强调下,除单一价格均衡和线性均衡之外,博弈还存在许多均衡,但线性均衡有着更有趣的效率特性,我们将在后面进行分析。

设卖方的策略为 $p_s(v_s)=a_s+c_sv_s$,则 p_s 服从区间 $[a_s,a_s+c_s]$ 上的均匀分布。于是(4.1.3)可化为

$$\max_{p_b}\left[v_b-\frac{1}{2}\left(p_b+\frac{a_s+p_b}{2}\right)\right]\frac{p_b-a_s}{c_s} \quad (4.1.5)$$

由上式的一阶条件可以推出

$$p_b=\frac{2}{3}v_b+\frac{1}{3}a_s \quad (4.1.6)$$

从而,如果卖方选择一个线性策略,则买方的最优反应也是线性的;类似地,假设买方的策略为 $p_b(v_b)=a_b+c_bv_b$,则服从区间上的均匀分布,则(4.1.4)可化为

$$\max_{p_s}\left[\frac{1}{2}\left(p_s+\frac{p_s+a_b+c_b}{2}\right)-v_s\right]\frac{a_b+c_b-p_s}{c_b} \quad (4.1.7)$$

由上式的一阶条件可得

$$p_s=\frac{2}{3}v_s+\frac{1}{3}(a_b+c_b) \quad (4.1.8)$$

也就是说,如果买方选择一个线性策略,则买方的最优反应也是线性的。要使双方的线性策略成为彼此策略的最优反应,由(4.1.6)可得 $c_b=2/3, a_b=a_s/3$,由(4.1.8)可知 $c_s=2/3, a_s=(a_b+c_b)/3$。那么,线性均衡策略为

$$\begin{cases} p_b(v_b)=\dfrac{2}{3}v_b+\dfrac{1}{12}, \\ p_s(v_s)=\dfrac{2}{3}v_s+\dfrac{1}{4} \end{cases} \quad (4.1.9)$$

双向拍卖中当且仅当$p_b \geq p_s$才发生交易,合并(4.1.9)两式可知,在线性均衡中,当且仅当$v_b \geq v_s + (1/4)$时才会发生交易,如图4.4所示。图4.3说明了卖方的类型高于3/4时,卖价超过了买方的最高可能出价$p_b(1)=3/4$,并且卖方的类型低于1/4时他出的卖价低于卖方的最低可能要价$p_s(0)=1/4$。

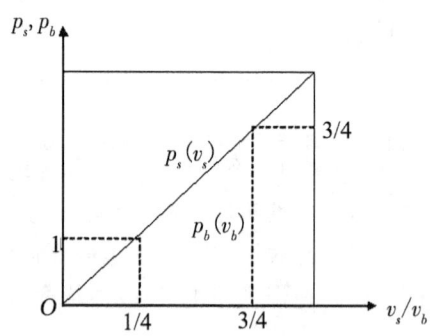

图4.3 均衡线性策略

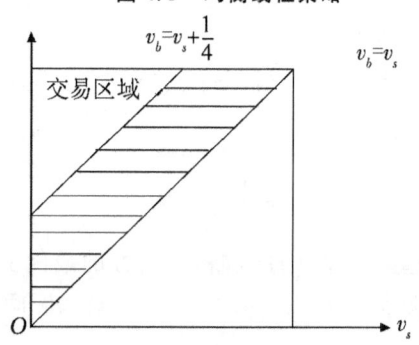

图4.4 线性均衡下的交易区域

将图4.4与图4.2比较,它们分别表示出在单一价格均衡及线性均衡中,交易发生所要求的估价组合。在这两种情况下,交易的潜在价值最大时,都会发生交易。但是,单一价格均衡漏过了一些有价值的交易,而且还包含了一些几乎没有价值的交易。相反,在线性均衡中漏过了所有价值不大的交易,只包含了价值至少在1/4以上的交易。这表明从参与者可得到的期望获益的角度,线性均衡要优于单价格均衡,同时还需要研究是否存在另外的均衡。

4.2 贝叶斯纳什均衡举例

4.2.1 不完全信息下的古诺模型

设两个企业生产同质的产品,进行产量竞争,分别以q_1,q_2表示他们的产量,并记$Q=q_1+q_2$。产品价格由市场逆需求函数$p(Q)=a-Q$决定,企业i的成本为$c_i(q_i)=c_iq_i$,$i=1,2$,其中c_2是企业2的私人类型。企业2的类型空间为$T_2=\{c_H,c_L\}$,其中$c_H>c_L$,c_L的概率分布:$p(c_2=c_H)=\theta$, $p(c_2=c_L)=1-\theta$是共同知识,可用以下两个步骤求解不完全信息下的古诺模型。

(1) 求企业2关于企业1的策略反应函数

固定q_1及c_2,求$s_2(c_2)=q_2$,最大化企业2的利润π_2,即求解优化问题:
$$\max_{q_2} \pi_2 = (a-q_1-q_2-c_2)q_2$$

由一阶条件$\frac{\partial \pi_2}{\partial q_2}=0$,知$a-q_1-2q_2-c_2=0$,解得$q_2(c_2)=\frac{a-q_1-c_2}{2}$,故有

$$q_2(c_H)=\frac{a-q_1-c_H}{2} \tag{4.2.1}$$

$$q_2(c_L)=\frac{a-q_1-c_L}{2} \tag{4.2.2}$$

(2) 求企业1关于企业2的策略反应函数

固定企业2的策略$s_2(c_2)$,选择q_1,最大化期望支付$\sum_{c_2 \in T_2} \pi_1 p(c_2)$,即求解最大化问题:
$$\max_{q_1} \theta\{[a-q_1-q_2(c_H)]-c_1\}q_1+(1-\theta)\{[a-q_1-q_2(c_L)]-c_1\}q_1$$

利用一阶条件,可求得反应函数:

$$q_1=\frac{\theta[a-q_2(c_H)-c_1]+(1-\theta)[a-q_2(c_L)-c_1]}{2} \tag{4.2.3}$$

由(4.2.1)、(4.2.2)和(4.2.3)联立,可求得贝叶斯纳什均衡结果:

$$q_1^* = \frac{a-2c_1+\theta c_H+(1-\theta)c_L}{3}$$

$$q_2^*(c_H) = \frac{a-2c_H-c_1}{3}+\frac{(1-\theta)}{6}(c_H-c_L)$$

$$q_2^*(c_L) = \frac{a-2c_L-c_1}{3} - \frac{\theta}{6}(c_H-c_L)$$

我们假定逆需求函数是 $P = a - q_1 - q_2$,每个企业都有不变的单位成本。设 c_i 为企业 i 的单位成本,则企业 i 的利润函数如下:

$$\pi_i = q_i(a-q_1-q_2-c_i), i=1,2$$

假设企业1的单位成本 c_1 是共同知识,企业2的单位成本可能是 c_2^L 也可能是 c_2^H,$c_2^L < c_2^H$;企业2知道自己的成本是 c_2^L 还是 c_2^H,但是企业1只知道 $c_2 = c_2^H$ 的可能性为 $(1-\mu)$,μ 是共同知识。也就是说,假定企业1只有一个类型,企业2有两个类型。为了更具体一些,让我们进一步假定 $a=2, c_1=1, c_2^L=\frac{3}{4}$,$c_2^H=\frac{5}{4}, \mu=\frac{1}{2}$(企业2的成本期望值与企业1的成本相同)。企业2知道企业1的成本,企业2将选择 q_2 最大利润函数:

$$\pi_2 = q_2(t-q_1^*-q_2)$$

其中,$t = a - \frac{3}{4} = \frac{5}{4}$ 或 $t = a - \frac{5}{4} = \frac{3}{4}$。从最优化的一阶条件可得企业2的反应函数为:

$$q_2^*(q_1;t) = \frac{1}{2}(t-q_1)$$

企业2的最优产量不仅依赖于企业1的产量,还依赖于其本身的成本。企业1不知道企业2的真实成本从而不知道企业2的最优化反应是什么,设 $c_1=1, a=2$,则企业1将选择 q_1 最大化下列期望利润($\mu=\frac{1}{2}$):

$$E\pi_1 = \frac{1}{2}q_1(1-q_1-q_2^L) + \frac{1}{2}q_1(1-q_1-q_2^H)$$

解最优化的一阶条件可得企业1的反应函数为:

$$q_1^* = \frac{1}{2}\left(1-\frac{1}{2}q_2^L-\frac{1}{2}q_2^H\right) = \frac{1}{2}(1-Eq_2)$$

$Eq_2 = \frac{q_2^L}{2} + \frac{q_2^H}{2}$ 是企业1关于企业2的产量期望值。

均衡意味着两个反应函数同时成立,解两个反应函数的贝叶斯均衡为:

$$q_1^* = \frac{2}{3}[1-\frac{a}{2}+\frac{1}{4}(c_2^L+c_2^H)]$$

$$q_2^{L*} = \frac{1}{6}[4a-2-\frac{7}{2}c_2^L-\frac{1}{2}c_2^H]$$

$$q_2^{H*} = \frac{1}{6}[4a-2-\frac{1}{2}c_2^L-\frac{7}{2}c_2^H]$$

设 $c_2^L = \frac{3}{4}$，$c_2^H = \frac{5}{4}$，由 $a=2$，可得：

$$q_1^* = \frac{1}{3}, q_2^{L^*} = \frac{11}{24}, q_2^{H^*} = \frac{5}{24}$$

在完全信息博弈下的纳什均衡可算出：

$$q_{1L}^{NE} = \frac{1}{4}, q_{2L}^{NE} = \frac{1}{2} \text{ 或 } q_{1H}^{NE} = \frac{5}{12}, q_{2H}^{NE} = \frac{1}{6}$$

下标 L 表示当企业 2 为低成本的情况。

因此，我们有：

$$q_{1L}^{NE} = \frac{1}{4} < q_1^* = \frac{1}{3}, q_{2L}^{NE} = \frac{1}{2} > q_2^{L^*} = \frac{11}{24}$$

$$q_{1H}^{NE} = \frac{5}{12} < q_1^* = \frac{1}{3}, q_{2H}^{NE} = \frac{1}{6} < q_2^{H^*} = \frac{5}{24}$$

结论是，与完全信息博弈情况相比，在不完全信息情况下，低成本企业的产量相对较低，高成本企业产量相对较高。原因是，企业 1 不知道企业 2 的 c_2 时，只能生产预期的最优产量，该产量高于完全信息下对低成本竞争对手时的产量，低于完全信息下面对高成本竞争对手时的产量；企业 2 将对此做出反应。图 4.5 是两种情况比较下的古诺模型。

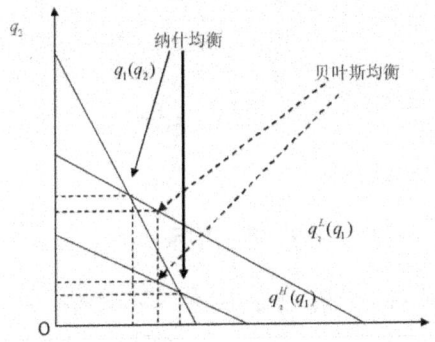

图 4.5 古诺模型：完全信息和不完全信息

4.2.2 不完全信息下的公共物品提供

考虑下面这个博弈，有两个参与人来决定是否提供某种公共物品，参与人 $i(i=1,2)$ 的行动为：$a_i=1$ 表示 i 提供物品，$a_i=0$ 表示 i 不提供公共物品。如果至少有一个参与人提供公共物品，每个参与人的收益是 $a_i=1$，否则每个参与人的收益为 0。其中，参与人 i 提供公共物品的成本是 c_i，这里 c_i 是私人信息。$c_i \in [\underline{c}, \overline{c}]$，$\underline{c} < 1 < \overline{c}$，$\underline{c}$ 与 $\overline{c}$ 独立、同分布，分布函数为 F。贝叶斯纳什均衡

为策略组合$\{a_i^*(c_i), a_j^*(c_j)\}$,满足对每个参与人$i$和类型$c_i$,$a_i^*(c_i)=a_i^*$最大化参与人$i$的期望收益$V_i(\bar{l}_i, \bar{\sigma}_{-i}) \geqslant V_i(\sigma_i \underset{c_j}{E\mu_i}(a_i, a_j^*(c_j); c_i), \bar{\sigma}_{-i}), \forall \sigma_i \in \sum_i$。

令$z_j = p\{a_j^*(c_j)=1\}$,即z_j表示参与人j提供公共物品的概率。参与人i的理性行为是:当他预期到$j(\neq i)$不提供公共物品时,他考虑是否提供。当j不提供时,若i提供,他的预期收益是$(1-z_j)\times 1=1-z_j$。故仅当$1-z_j-c_i>0$时,或$c_i<1-z_j$时,参与人i才会提供公共品。从而有:

$$a_i^*(c_i) = \begin{cases} 1, \underline{c} < c_i < 1-z_j, \\ 0, c_i > 1-z_j \end{cases}$$

同理

$$a_j^*(c_j) = \begin{cases} 1, \underline{c} < c_j < 1-z_i, \\ 0, c_j > 1-z_i \end{cases}$$

利用问题的对称性,下面把下标i,j取消,得

$$z = p\{a^*(c)=1\} = p(\underline{c} < c < 1-z) = F(1-z)$$

特别地,当c为区间$[0, \alpha]$上的均匀分布时,$\alpha \geqslant 1$,$F(z) = \dfrac{z}{\alpha}$,$z \in [0, \alpha]$。故由上式可得$z = \dfrac{1-z}{\alpha}$,从而$z = \dfrac{1}{1+\alpha}$。有

$$a^*(c) = \begin{cases} 1, 0 < c < \dfrac{\alpha}{1+\alpha}, \\ 0, c > \dfrac{\alpha}{1+\alpha} \end{cases}$$

故贝叶斯纳什均衡得以确定。

4.2.3 一级密封价格拍卖(招标)

在拍卖或工程项目的招标投标中,信息不对称是一个关键性的特征因素。当一件古董或名画在索斯比拍卖行进行拍卖时,参加竞价拍卖的潜在买主们每一个在其心目中对古董或名画都有一个价值评价或估价,这个估价别人是不知道的,是每一个潜在买主的"私人信息"。类似地,当某个地方政府打算在某城区修建一座商业中心时,参加承建的建筑公司会来竞标承包这一工程。对每个公司来说,它都有一个最低标价,当政府支付的承包价低于这一最低标价时,公司不会接受承包合同。这一最低标价是每个公司的"私人信息",别人是不清楚的。这样,参加拍卖的潜在买主们每人心中有一最高价格,它是潜在买主的私人信息,而参加竞标的每个公司都有一个别的公司和政府都不清楚的最低标价,它是竞标公司的私人信息。

第4章 不完全信息静态博弈

拍卖或招标有两个基本功能：一是揭示信息，二是减少代理成本。当买方比卖方更清楚一件物品对买方的价值时，卖方一般不愿意首先提出价格，而是采用拍卖的方式来获得可能的最高价格。当直接的卖方或买方以代理人的身份出现时，拍卖也有助于减少买方与卖方之间的损害委托人的合谋行为。

一级密封价格拍卖是许多拍卖中的一种。这种拍卖的投标人同时将自己的出价写下来装入一个密封信封，然后交给拍卖人，拍卖人将物品按给出价最高的价格卖给投标人。在这个过程中，每个投标人的策略是根据自己对物品的评价和对其他投标人评价的判断来选择自己的出价，赢者的支付是对物品评价减去自己的出价，而其他投标人的支付为0。

首先考虑两个投标人的情况，$i=1,2$。令$b_i \geq 0$是投标人i的出价，v_i为拍卖物品对投标人i的价值。假定v_i只有i自己知道，但两个投标人都知道v_i独立取自定义区间在$[0,1]$上的均匀分布函数。投标人i的支付如下：

$$\mu_i(b_i,b_j;v_i)=\begin{cases} v_i-b_i, & b_i>b_j, \\ \frac{1}{2}(v_i-b_i), & b_i=b_j, \\ 0, b_i<b_j \end{cases}$$

由于多位买方同时报出相同价格的概率在连续分布情形时实际上为零，所以对此情形不予考虑，在计算上会方便一些。假定投标人i的出价$b_i(v_i)$是其价值v_i的严格递增且可微函数。显然，$b_i>1\geq v_i$不可能是最优的，因为没有人愿意付出比物品价值本身更高的价格。由于博弈的对称性，我们可只考虑均衡出价策略：$b=b^*(v_i)$。给定v和b，投标人i的期望支付为：

$$\mu_i=(v-b)\mathrm{prob}(b_j<b)$$

根据对称性，$b_j=b^*(v_j)$，所以：

$$\mathrm{prob}(b_j<b)=\mathrm{prob}(b^*(v_j)<b)$$
$$=\mathrm{prob}\{v_j<b^{*-1}(b)\equiv\varphi(b)\}=\varphi(b)$$

这里$\varphi(b)=b^{*-1}(b)$是逆函数，也就是说当投标人选择b时他的价值是$\varphi(b)$。根据均匀分布的特征，对所有的$k\in[0,1]$，$\mathrm{prob}(\theta\leq k)=k$。因此，投标人$i$面临的问题是：

$$\max_b \mu_i=(v-b)\mathrm{prob}(b_j<b)=(v-b)\varphi(b)$$

最优化的一阶条件是：

$$-\varphi(b)+(v-b)\varphi'(b)=0$$

如果$b^*(v)$是投标人的最优策略，$\varphi(b)=v$。因此

$$\varphi(b) = [\varphi(b) - b]\varphi'(b)$$

上述微分方程可以写成：

$$\frac{\partial(vb)}{\partial v} = v$$

解得：$b^* = v/2$。

这个贝叶斯均衡是，每个投标人的出价是其实际价值的一半：$b_i^* = v/2$。在均衡情况下，被拍卖品归评价最高的投标人所有，这从资源配置的角度讲是有效的，但卖方只得到买方价值的一半。

但是，投标人出价与实际价值之间的差距随投标人数的增加而递减。假定有 n 个投标人，每个投标人的价值 v_i 具有独立的、相同的定义在 $[0,1]$ 区间上的均匀分布，如果评价为 v 的投标人 i 出价 b，他的期望支付函数为：

$$\mu_i = (v-b) \prod_{j \neq i} \text{prob}\{b_j < b\} = (v-b)\varphi^{n-1}(b)$$

其最优化的一阶条件为：

$$-\varphi^{n-1}(b) + (v-b)(n-1)\varphi^{n-2}(b)\varphi'(b) = 0$$

或

$$-\varphi(b) + (v-b)(n-1)\varphi'(b) = 0$$

因为在均衡情况下 $\varphi(b) = v$，一阶条件可以写成：

$$-\varphi(b) + (\varphi(b) - b)(n-1)\varphi'(b) = 0$$

解上述微分方程得：

$$b^*(v) = \frac{n-1}{n}v$$

易见当 $b^*(v)$ 随着 n 的增加而增加。特别地，当 $n \to \infty$ 时，$b^* \to v$。也就是说，当投标人越多时，卖方能得到的价格就越高；当投标人趋于无穷时，卖方几乎可以得到买方价值的全部。所以，让更多的投标人加入竞标是卖方的利益所在。在公共管理中，政府的采购和公共工程招投标中通常规定要进行公开招标，并在参加竞标的公司数目上有下限规定，其缘故正是如此，因为更多的竞争者参加投标会压低工程报价，从而使政府开支得到一定程度的节省。

4.3 显示原理

在信息经济学中，我们通常把具有私人信息的参与人称为代理人，把不具有私人信息的参与人称为委托人。委托人与代理人之间的信息不对称，往往会造成经济效率的损失。这样，我们将会研究委托人如何进行机制设计,也就是设计一个博弈规则,这个规则可以使代理人诚实地暴露出自己的类型。显示原理便是这种机制设计的重要的基础理论。

设 $G=\{A_1,A_2,\cdots,A_n;T_1,T_2,\cdots,T_n;P_1,P_2,\cdots,P_n;\mu_1,\mu_2,\cdots,\mu_n\}$ 是一个不完全信息静态博弈。若 $A_i=T_i, i=1,2,\cdots,n$,则称 G 为直接机制。在直接机制中,代理人所选择的行动就是宣布自己的类型。因此,他的行动可以是诚实地宣布自己的类型,也可以是不诚实地宣布自己的类型。

设 G 是一个直接机制,若 G 的贝叶斯纳什均衡 $s^*=(s_1^*,s_2^*,\cdots,s_n^*)$ 满足 $s_i^*(t_i)=t_i, i=1,2,\cdots,n$,则称 G 为激励相容的直接机制。这里,激励相容条件是 $s_i^*(t_i)=t_i, i=1,2,\cdots,n$,它表明对任何参与人 i,他们都诚实地宣布了自己的类型。

定理 4.1 显示原理(Myerson,1979):对于任何不完全信息静态博弈的任何贝叶斯纳什均衡 s^*,都可以构成一个激励相容的直接机制。

也就是说,总是可以经过适当的机制设计,来构造一个新的不完全信息静态博弈,对于参与人的任一个类型组合 $t=(t_1,t_2,\cdots,t_n)$,每个参与人在新的博弈下贝叶斯均衡的支付和原博弈中的贝叶斯均衡下的支付完全相同。

证明: 设
$G=\{A_1,A_2,\cdots,A_n;T_1,T_2,\cdots,T_n;P_1,P_2,\cdots,P_n;\mu_1,\mu_2,\cdots,\mu_n\}$ 是一个不完全信息静态博弈,$s^*(t)$ 是任一贝叶斯纳什均衡,下面就重新构造一个不完全信息静态博弈 $\bar{G}$,使 $\bar{G}$ 是一个激励相容的直接机制,且参与人在 $\bar{G}$ 的贝叶斯纳什均衡下的支付与在原博弈 G 的贝叶斯纳什均衡 $s^*(t)$ 下的支付相同。

在新的博弈 $\bar{G}$ 中,T_i,p_i 与原博弈相同,令新的行动集合 $\bar{A}_i=T_i, i=1,2,\cdots,n$。且构造支付函数 $\bar{\mu}_i$:对于 $\bar{G}$ 中的任一行动组合 $\tau=(\tau_1,\tau_2,\cdots,\tau_n)\in\prod_{i=1}^{n}T_i$,定义 $\bar{\mu}_i(\tau_1,\cdots,\tau_n;t_1,\cdots,t_n)\triangleq\mu_i(s_1^*(\tau_1),\cdots,s_n^*(\tau_n);t_1,\cdots,t_n)$,则

$$\bar{G}=\{\bar{A}_1,\cdots,\bar{A}_n;T_1,\cdots,T_n;p_1,p_2,\cdots,p_n;\bar{\mu}_1,\cdots,\bar{\mu}_n\}$$
$$=\{T_1,\cdots,T_n;T_1,\cdots,T_n;p_1,p_2,\cdots,p_n;\bar{\mu}_1,\cdots,\bar{\mu}_n\}$$

是个激励相容的直接机制,即 $\bar{s}(t_i)=t_i, i=1,2,\cdots,n$ 是 $\bar{G}$ 的贝叶斯纳什均衡。

对任何 $t_i\in T_i$,固定 $\bar{s}_{-i}(t_{-i})=t_{-i}$,则 $\bar{s}(t_i)=t_i$ 最大化参与人的期望支付。实际上

$$\max_{\tau_i} \sum_{t_{-i}} \bar{\mu}_i(s^*_{-i}(t_{-i}),\tau_i;t_1,\cdots,t_n)p_i = \max_{\tau_i}\sum_{t_{-i}}\bar{\mu}_i(t_{-i},\tau_i;t_1,\cdots,t_n)p_i$$

$$=\max_{\tau_i}\sum_{t_{-i}}\mu_i(s^*_{-i}(t_{-i}),s^*_i(t_i);t_1,\cdots,t_n)p_i$$

$$\leqslant \max_{a_i}\sum_{t_{-i}}\mu_i(s^*_{-i}(t_{-i}),a_i;t_1,\cdots,t_n)p_i$$

$$=\sum_{t_{-i}}\mu_i(s^*_{-i}(t_{-i}),s^*_i(t_i);t_1,\cdots,t_n)p_i$$

$$=\sum_{t_{-i}}\bar{\mu}_i(t_{-i},t_i;t_1,\cdots,t_n)p_i$$

比较第一个等式右端与最后一个等式右端易知,以上推导过程中的不等式是等式。

从而,对于任何$t_i \in T_i$,$\bar{s}_i(t_i)=t_i$最大化参与人i的在$\bar{G}$下的期望支付。

且参与人$i=1,2,\cdots,n$在G与$\bar{G}$中有相同的均衡期望支付。

显示原理表明了,对于一般的机制设计问题的研究,可归结为对与激励相容的直接机制的设计的研究。

4.4 贝叶斯博弈与混合策略均衡

完全信息静态博弈常常涉及混合策略均衡。参与人的混合策略代表了参与人对所选择的纯策略的不确定性,而选择又依赖于他所掌握的一小点私人信息。海萨尼(1973年)证明了完全信息情况下的混合策略均衡可以解释为不完全信息情况下纯策略贝叶斯均衡的极限。混合策略纳什均衡的本质特征不在于参与人j随机地选择行动,而在于参与人i不能确定参与人j将选择什么纯策略,这种不确定性可能来自参与人i不知道参与人j的类型。正如我们已经看到的,在贝叶斯博弈中,因为参与人的策略是类型依存的,每个参与人在选择自己的行动时他面对的似乎是选择混合策略的对手。"自然"是通过选择参与人的类型而不是选择硬币的正面或反面制造了不确定性。

下面考察性别战博弈,如表 4.2 所示。

表 4.2　性别战博弈

		女	
		足球	芭蕾
男	足球	2,1	0,0
	芭蕾	0,0	1,2

在该博弈中,有两个纯策略纳什均衡:(足球,足球)和(芭蕾,芭蕾);一个混合策略均衡(2/3,2/3),即男、女分别以 2/3 的概率选择足球和芭蕾。

现在假定两人已有相当了解,但男生和女生仍不能确定对方的收益函数。具体地说,假定双方都去看足球,男生收益为 $2+t_c$,其中 t_c 是男生私人信息;双方都去看芭蕾,女生收益为 $2+t_q$,其中 t_q 是女生私人信息。t_c 和 t_q 相互独立并都服从区间 $[0,x]$ 上的均匀分布。其他情况下收益不变。这时表述静态贝叶斯博弈为 $G=\{A_c,A_q;T_c,T_q;P_c,P_q;\mu_c,\mu_q\}$,其中行动空间为 $A_c=A_q=\{足球,芭蕾\}$;类型空间为 $T_c=T_q=[0,x]$;关于类型的推断为 t_c 和 t_q,收益情况如表 4.3 所示。

表 4.3　非完全信息性别战博弈

		女	
		足球	芭蕾
男	足球	$2+t_c$,1	0,0
	芭蕾	0,0	1,$2+t_q$

这里我们构造一非完全信息性别战博弈的纯策略贝叶斯纳什均衡:存在一个 $c\in[0,x]$ 和一个 $q\in[0,x]$(事实上 c 和 q 相同),如果 $t_c\geq c$,男生将选择足球;如果 $t_q\geq q$,女生将选择芭蕾。因此,男生选择足球的概率为 $(1-\frac{c}{x})$,女生选择芭蕾的概率是 $(1-\frac{q}{x})$。现在求解 c 和 q。

给定男生策略,女生选择足球和芭蕾的期望收益分别为:

$$\left(1-\frac{c}{x}\right)\times 1+\frac{c}{x}\times 0=1-\frac{c}{x} \text{ 和 } \left(1-\frac{c}{x}\right)\times 0+\frac{c}{x}\times(2+t_q)=\frac{c}{x}(2+t_q)$$

因此 q 满足下列条件 $1-\frac{c}{x}=\frac{c}{x}(2+q)$。因为博弈是对称的,在均衡情况下 $c=q$,这时有 $c^2+3c-x=0$。解此方程得

$$c=\frac{-3+\sqrt{9+4x}}{2}$$

给定不完全信息,男生认为女生选择芭蕾的概率和女生认为男生选择足球的概率均为 $1-\frac{-3+\sqrt{9+4x}}{2x}$。

当 $x\to 0$ 时,上述概率收敛于 2/3,为完全信息下混合策略的概率。就是说,随着信息不稳定性的逐步消失,参与人在此非完全信息博弈纯策略贝叶斯均衡下的行动趋于其在原完全信息博弈混合策略均衡下的行动。一般地有:

定理 4.2 混合策略均衡的纯化定理(Purification theorm)(海萨尼,1973 年):给定策略式博弈 $G=\{A_1,\cdots,A_n;\mu_1,\cdots,\mu_n\}$,对于定义在 $[-1,1]$ 上独立的二阶可微分布函数 $P_i(\cdot)$,以 μ_i 为支付函数的博弈的任何均衡都是当 $\varepsilon\to 0$ 时,以 $\widetilde{\mu_i}$ 为不确定支付函数的博弈的纯策略均衡序列的一个极限。更准确地说,不确定性博弈纯策略均衡的均衡策略的概率分布收敛于确定性博弈均衡策略的概率分布。

关于混合策略博弈,前面章节的讨论给出了多种可能的解释,其中主流的诠释来自 Harsanyi 的工作(Harsanyi,1973)。这里,我们再重新回到这个问题上,并通过一个具体的例子说明 Harsanyi 解释的要点。在引出混合策略博弈时,我们假定信息是完全的,为了获得纳什均衡,我们扩充了局中人的策略空间,在纯策略空间基础上加入了随机选择纯策略的混合策略。这样,局中人在玩混合策略时,表现出来的特征是局中人选择纯策略上的不确定性。Harsanyi 的理解是:表面上看来似乎存在选择不确定性的混合策略,实际上是局中人在关于其他局中人类型把握上的信息不完全性的反映。当局中人的类型是私人信息时,其他局中人在纯策略选择上就存在不确定性。这是因为,如果对手的类型存在多种可能,特定局中人的最优纯策略也相应地有多种可能的选择。对于特定的局中人来说,倘若他不知道对手的类型,因而也就不知道对手的最优纯策略。因此,当他预测对手的纯策略选择时,他只能根据自己对对手类型的先验信息(对手类型的先验概率分布)做出对手即将选择的各种纯策略的预测,而这种预测是基于概率分布意义上的各种可能性。这样,对特定局中人来说,他好像感觉到对手是在随机地进行纯策略选择。给定这种预期,特定局中人就选择其期望支付最大化的纯策略,于是,当所有局中人都如此行为时,这构成了静态贝叶斯均衡。

Harsanyi(1973)证明,当局中人类型的私人信息很小或博弈的信息不完全程度很弱时,这种本质上是静态贝叶斯博弈的博弈在数学形式上就等价于前面给出的完全信息混合博弈。当然,这种等价性是建立在数学家们所说的"几乎处处"的假设之上的,直观上说就是例外很少。

下面,我们以"性别战"模型为例对此加以说明。在表 4.4 中,我们分别在男生和女生的支付函数上添加一个不确定变量 t_b 和 t_g,它们分别是男生和女生的私人信息。

第 4 章 | 不完全信息静态博弈

表 4.4 存在私人信息时的性别战博弈

		女	
		足球	芭蕾
男	足球	$2+t_b, 1$	$0, 0$
	芭蕾	$0, 0$	$1, 2+t_g$

假设 t_b 和 t_g 是相互独立且服从 $[0, x]$ 区间上均匀分布的贝叶斯随机变量。这里,两人的类型空间都为 $[0, x]$,条件概率为 $P(t_g | t_b) = P(t_b | t_g) = \frac{1}{x}$。

现在来看这一贝叶斯静态博弈。我们将证明,当男生和女生分别采用以下类型依存的策略时,将构成一个贝叶斯纳什均衡。

$$男生: s_b = \begin{cases} 足球, t_b \geq c, \\ 芭蕾, t_b < c; \end{cases} 女生: s_g = \begin{cases} 芭蕾, t_g \geq p, \\ 足球, t_g < p \end{cases}$$

其中, c, p 分别是 $[0, x]$ 上的某个待定参数。

给定女生的策略,男生选择看足球的期望支付为:

$$\frac{p}{x}(2 + t_b) + \frac{x-p}{x} \times 0 = \frac{p}{x}(2 + t_b)$$

男生选择看芭蕾的期望支付为:

$$\frac{p}{x} \times 0 + \frac{x-p}{x} \times 1 = 1 - \frac{p}{x}$$

当且仅当 $\frac{p}{x}(2 + t_b) \geq 1 - \frac{p}{x}$,男生选择看足球是最优的,这等价于:

$$t_b \geq \frac{x}{p} - 3$$

若令 $c = \frac{x}{p} - 3$,则男生选择是最优的。

类似地,给定男生的策略,女生选择看芭蕾的期望支付为:

$$\left[\frac{x-c}{x}\right] \times 0 + \frac{c}{x} \times (2 + t_g) = \frac{c}{x} \times (2 + t_g)$$

女生选择看足球的期望支付为:

$$\left[\frac{x-c}{x}\right] \times 1 + \frac{c}{x} \times 0 = 1 - \frac{c}{x}$$

当且仅当 $\frac{c}{x} \times (2 + t_g) \geq 1 - \frac{c}{x}$ 时,女生选择看芭蕾是最优的,这等价于:

$$t_g \geq \frac{x}{c} - 3$$

若令 $p = \dfrac{x}{c} - 3$,则女生选择是最优的,从而构成一个贝叶斯纳什均衡。联立这两个条件式:

$$\begin{cases} c = \dfrac{x}{p} - 3, \\ p = \dfrac{x}{c} - 3 \end{cases}$$

得一方程式:$p^2 + 3p - x = 0$,解得:

$$p = \dfrac{-3 + \sqrt{9+4x}}{2}$$

由对称性有:

$$p = c = \dfrac{-3 + \sqrt{9+4x}}{2}$$

其中的负根不符合模型含义舍去。

于是,男生选择看足球的概率为:

$$\dfrac{x - \dfrac{-3+\sqrt{9+4x}}{2}}{x} = 1 - \dfrac{-3+\sqrt{9+4x}}{2x}$$

当私人信息 x 很小时,即 $x \to 0$ 时,这一概率的极限为:

$$\lim_{x \to 0}\left(1 - \dfrac{-3+\sqrt{9+4x}}{2x}\right) = 1 - \lim_{x \to 0} \dfrac{\dfrac{1}{2}\dfrac{4}{\sqrt{9+4x}}}{2} = \dfrac{2}{3}$$

这里使用了罗必塔法则。

由对称性,当 x 很小时,女生选择看芭蕾的概率极限也为 $\dfrac{2}{3}$,而这正是完全信息下性别战博弈的混合策略纳什均衡。

尽管这里的方法可以说是对混和策略博弈的贝叶斯博弈解释,但与前面对混和策略博弈的说明所不同的是,男生选择看足球的概率是指女生对于男孩类型不确定性的认识。男生是知道自己的类型的,因而不存在男生自己随机地选择纯策略的问题。男生选择纯策略的随机性是女生看来是如此的。但是我们在前面关于混和策略博弈的解释中,男生是自己随机地选择纯策略的。当然,对于女生来说,也存在类似的不同。

第 5 章　不完全信息动态博弈

本章将在动态博弈中引入信息不对称因素,其博弈的内容被称为不完全信息动态博弈(uncomplete information dynamic game)。不完全信息动态博弈就其基本要素来看是前面引入的不完全信息概念与博弈的动态性质的一种综合。譬如,我们在处理不完全信息要素时是通过将某些局中人"类型"的不确定性作为信息不完全性的一种表征,这种方法将继续在本章中得以采用,即博弈中局中人面临的信息不完全性(无论它是指何种信息)将完全由某些局中人的"类型"的不确定性加以刻画。同时,作为动态博弈,正如我们在第 4 章中所指出的那样,"序贯理性"的思想将一直得到贯彻。我们将第 4 章中引入的"子博弈精炼纳什均衡"的思想做类似地推广于不完全信息动态博弈。这种延续在逻辑上是必需的,因为一旦我们在不完全信息动态博弈中将信息不完全程度削减到零,则不完全信息动态博弈就自然应退化成一种完全信息动态博弈,其相应的精炼均衡概念就应回到子博弈精炼纳什均衡。从这种意义上来看,不完全信息动态博弈的精炼均衡概念是子博弈精炼纳什均衡概念的一种推广,正如不完全信息动态博弈应被视作完全信息动态博弈的一种推广一样。

5.1　精炼贝叶斯均衡

5.1.1　不完全信息动态博弈的特征

上一章我们分析了不完全信息静态博弈,实际上不完全信息动态博弈的情况更为普遍。如证券市场上庄家与散户之间的博弈,庄家的持仓成本、持仓量以及其所掌握的公司的一些内幕消息是一般散户所不知道的,但散户可在技术上分析庄家可能的成本和类型,通过股价的升降、成本量大小等指标来判断庄家动向,进而决定自己的行动策略。

在一般的不完全信息动态博弈中，"自然"首先行动，它选择参与者的类型，参与人自己知道，其他参与人不知道，在"自然"选择之后，参与人先后开始行动，虽然后行动者只能观测到先行动者的行动，不能观测到先行动者的类型，但由于参与人的行动是类型依存的，每个参与人的行动都传递着有关自己类型的某种信息，因此，后行动者可以通过观察先行动者所选择的行动来推断其类型或修正其类型的先验信息（概率分布），然后选择自己的最优行动。而先行动者预测到自己的行动将被后行动者所利用，就会设法传递对自己有利的信息，避免传递对自己不利的信息。这就反映出不完全信息动态博弈的特征：当一个参与人对另一个或几个参与人的行动做出反应时，他可以从其他参与人的行动中推断出有关信息，这种推断过程采取了贝叶斯法则修正的形式。因此，博弈的过程不仅是参与人选择行动的过程，而且是参与人不断修正信念的过程。精炼贝叶斯均衡是不完全信息动态博弈的基本概念，它是泽尔腾完全信息动态博弈子博弈精炼纳什均衡和海萨尼不完全信息静态博弈贝叶斯均衡的结合。精炼贝叶斯均衡要求给定有关其他参与人的类型的信念，参与人的策略在每一个信息集开始的"后续博弈"上构成贝叶斯均衡，并且在均衡路径上，参与人使用贝叶斯法则修正有关其他参与人类型的信念。

5.1.2　精炼贝叶斯均衡的定义

在本节中，我们来构造不完全信息动态博弈的均衡概念，特别是贯彻了"序贯理性"原则的精炼均衡概念。

首先，博弈的纳什均衡是一种"僵持"状态的策略组合，当所有的局中人都选择该策略组合中给出的相应策略时，任何一个局中人都不会有单方面偏离这一选择的动机。作为动态博弈，一个策略是局中人在其可能进行行动选择的所有信息集上将作何选择的一整套规定或计划，而作为不完全信息博弈，这种规定或计划还是"类型依存"的，即不同类型的局中人将选择不同的策略规定。因此，一个不完全信息动态博弈的纳什均衡将是指这样的一种类型依存性的策略组合（或策略组合的族），当给定其他局中人的策略时（其他局中人的策略是类型依存的，所以说，给定其他局中人的策略即指给定其他局中人的策略与类型的依存关系），任一局中人在其任何类型下由该组合给出的类型依存策略是其最优的。显然，这里还需要附加一个条件，即给定一局中人对其他局中人的类型分布的先验概率分布，否则他将无法对选择的"最优性"加以判断。这种概率分布或密度来自于博弈开始之前局中人所拥有的信息，故称为"先验"信息或"先验"概率。

于是,我们有如下定义:

定义 5.1 一个不完全信息动态博弈的 n 个局中人类型空间 $H_1,\cdots,H_n$,条件概率 $P_i(\theta_{-i}|\theta_i), i=1,\cdots,n$,其中 θ_i 是局中人 i 的类型,$\theta_i \in H_i$,θ_i 的确定是通过 Harsanyi 转换实现的,因而局中人 i 知道 i 而其他局中人不一定知道 θ_i。一个类型依存的策略组合 $S^* = (S_1^*(\theta_1),\cdots,S_i^*(\theta_i),\cdots,S_n^*(\theta_n))$ 是一个纳什均衡,当且仅当有

$$S_i^*(\theta_i) \in \arg\max_{S_i(\theta_i)} \sum_{\theta_{-i}} P_i(\theta_{-i}|\theta_i) u_i(S_i(\theta_i), S_{-i}^*(\theta_{-i}), \theta_i, \theta_{-i}), i=1,\cdots,n \tag{5.1}$$

条件概率 $P_i(\theta_{-i}|\theta_i)$ 是先验的,因为它是博弈所给定的条件,来自博弈开始之前局中人 i 关于其他局中人类型的相关信息。当然,"自然"这个"局中人"并不包括在由下标 i 标记的 n 个局中人之中,但由 Harsanyi 转换所假定的局中人"自然"首先行动,它决定每一个局中人的类型,但除每个局中人自己能"观察"到自己的类型外,对于其他局中人的类型,他是只具有不完全信息的。按照式(5.1)定义的纳什均衡被称为贝叶斯纳什均衡,它在本质上与第 4 章定义的贝叶斯纳什均衡是一样的,因而并未体现出不完全信息静态博弈与不完全信息动态博弈的区别。正如我们在第 3 章和第 2 章所看到的,动态博弈与静态博弈的本质区别在于动态博弈均衡中存在对"序贯理性"的要求。这样,正如第 3 章中所做的那样,我们需要对定义 5.1 给出的纳什均衡加以精炼,以剔除含有不可置信承诺和威胁的均衡,这就是下面将要引入的"精炼贝叶斯纳什均衡"。

序贯理性在完全信息动态博弈中指的是局中人在任一子博弈上都选择最优的行动计划,而精炼均衡要求所有局中人的策略在任一子博弈上的限制都是其在给定其他局中人策略选择下的该子博弈上的最优策略,即纳什均衡策略。在不完全信息动态博弈中,信息集不一定是单结的,因而真子博弈可能不存在。此时,序贯理性指的是任一局中人在从其任一信息集开始的随后的博弈中所选择的行动计划都是最优的。对于任一局中人来说,当他处于某一信息集 h 上时,他对其他的每一个局中人的类型有一个概率判断,即他对其他的每一个局中人的类型是某一特定类型的概率有一个判断;而给定其他每个局中人的一个特定类型情况下,他就知道其他每个局中人的策略是什么,即其他每个局中人在每个信息集上的行动选择是什么。此时,他也知道每个信息集的结构,且每个信息集都是单结的。这就是说,假定他认为其他每个局中人的类型是某个特定类型,博弈就变成完全信息的了。在完全信息动态博弈下,他当然知道此时他的最优行动计划是什么,即

他知道他在此一单结信息集开始的子博弈上的最优行动计划是什么,它不过是使其支付最大化的行动计划而已。但事实上在不完全信息动态博弈中,他在此时并不准确知道其他局中人的类型是什么,但知道其他局中人的类型为每一种特定的类型组合的概率是多少。于是,假定所有局中人都是风险中性的,则他将根据这种概率分布来选择使他的期望支付最大化的行动计划。因为给定每一种其他局中人类型组合的概率分布及在其他局中人的每一种类型组合他知道自己的最优行动计划,因而这种由概率密度加权的期望支付最大化行动计划是可以决定的。

设在局中人 i 的第 h 个信息集上[1],局中人 i 自此信息集开始按行动顺序在随后的各个信息集规定其行动选择构成一个自第 h 个信息集的一个行动计划,它是局中人 i 的策略在这个信息集及随后各个信息集上的限制,记为 $S_i(\theta_i)|_h$[2],$S_i(\theta_i)$ 是局中人 i 的一个策略。给定其他局中人的策略组合 $S^*_{-i}(\theta_{-i})$,给定局中人 i 在第 h 个信息集上对其他局中人类型的概率密度 $\widetilde{P}_{ih}(\theta_{-i})$,则类型为 θ_i 的第 i 个局中人的类型依存策略 $S^*_i(\theta_i)$ 在其第 h 个信息集上的行动计划选择 $S^*_i(\theta_i)|_h$ 应满足如下条件:

$$S^*_i(\theta_i)|_h \in \arg\max_{S_i(\theta_i)|_h} \sum_{\theta_{-i}} \widetilde{P}_{ih}(\theta_{-i}) u_i(S_i(\theta_i)|_h, S^*_{-i}(\theta_{-i}), \theta_i, \theta_{-i}) \quad (5.2)$$

其中 $S_i(\theta_i)|_h$ 是局中人 i 在其第 h 个信息集上可能选择的行动计划(不是在第 h 个信息集上的行动选择),而 $S^*_i(\theta_i)|_h$ 指 $S^*_i(\theta_i)=S_i(\theta_i)|_h$ 的情形。我们称 $\widetilde{P}_{ih}(\theta_{-i})$ 为局中人 i 在其第 h 个信息集上的信念(Belief)。此时,我们称策略组合 $S^*=(s^*_1(\theta_n),\cdots,s^*_n(\theta_n))$ 是一个"精炼贝叶斯纳什均衡"。

显然,在精炼贝叶斯纳什均衡中,局中人在不同信息集上的信息完全决定了其在不同信息集上的行动选择。从这种意义上看,精炼贝叶斯纳什均衡实质上是局中人的信息之间的均衡。尽管如此,我们在表述一个精炼贝叶斯纳什均衡时,通常是同时将信息与行动选择表达出来,即一个精炼贝叶斯均衡的表达中既要写出局中人在信息集上的行动选择,也同时标明他在信息集上的信念。

现在面临的问题是,如何给出局中人在信息集上的信息呢?

从原则上看,对信息的形成几乎是没有任何限制的,但是,按照贝叶斯统计学的假定,对于均衡路径上的信息集的信念形成可以通过贝叶斯法则加以约束,这就排除了均衡路径上信息的过多的任意性。所谓"均衡路径",是指由那些发生的先验概率大于零的路径组成的信息集集合。当任一可能发生的局中人类型组合的先验概率大于零时,一旦这种类型组合成为真实的且成为局中人的共同知识,则它可能规定一个子博弈精炼纳什均衡路径。

当类型组合有多种可能性时,这些子博弈精炼纳什均衡路径的集合将构成一个信息集集合,它就是"均衡路径"。

如果局中人 i 在其信息集 h 上观察到其他局中人的行动组合 a_{-i}^h,则根据概率论中的贝叶斯公式:

$$\begin{aligned} \text{prob}(a_{-i}^h, \theta_{-i}) &= \text{prob}(a_{-i}^h \mid \theta_{-i}) \text{prob}(\theta_{-i}) \\ &= \text{prob}(\theta_{-i} \mid a_{-i}^h) \text{prob}(a_{-i}^h) \end{aligned} \quad (5.3)$$

得到

$$\text{prob}(\theta_{-i} \mid a_{-i}^h) = \frac{\text{prob}(a_{-i}^h, \theta_{-i})}{\text{prob}(a_{-i}^h)} = \frac{\text{prob}(a_{-i}^h, \theta_{-i})}{\sum_{\theta_{-i}} \text{prob}(a_{-i}^h \mid \theta_{-i}) \text{prob}(\theta_{-i})} \quad (5.4)$$

式(5.4)中的 prob 表示概率。式(5.4)就是"贝叶斯公式"或"贝叶斯法则"(Bayes Law),它将条件概率 $\text{prob}(\theta_{-i} \mid a_{-i}^h)$ 与先验概率 $\text{prob}(\theta_{-i})$ 联系起来。这里,在均衡路径上,条件概率 $\text{prob}(\theta_{-i} \mid a_{-i}^h)$ 就是前述信念 $\tilde{P}_{ih}(\theta_{-i})$。这是因为,在均衡路径上,$\text{prob}(a_{-i}^h) > 0$;但在非均衡路径上,$\text{prob}(a_{-i}^h) = 0$,贝叶斯公式的分母为零。由式(5.3)知贝叶斯公式的分子也为零,因而贝叶斯公式在非均衡路径上给出的条件概率是 0/0 型的数,是不确定的。所以,在非均衡路径上,信念形成不受贝叶斯法则的制约,但也不是任意的,因为对于精炼贝叶斯均衡来说,非均衡路径上的信念与均衡路径上按贝叶斯法则决定的信念一起共同决定局中人在每一个信息集上的行动选择所构成的策略组合是精炼贝叶斯均衡。正是在均衡路径上我们按贝叶斯法则决定信念,所以称这种精炼均衡概念为贝叶斯纳什均衡。

不完全信息静态博弈,实际上是经 Harsanyi 转换后将不完全信息静态博弈变成完全但不完美信息的动态博弈。这里,我们对不完全信息动态博弈的处理实际上也是通过 Harsanyi 转换将不完全信息动态博弈变成完全但不完美信息的动态博弈。第 4 章实际上介绍的是一种被称为"二阶段"的完全但不完美信息的动态博弈,第一阶段是"自然"选择局中人的类型,第二阶段是一个不对称信息的静态博弈,即局中人同时选择行动的博弈。

我们也称信念 $\tilde{P}_{ih}$ 为后验概率(Posterior probability)。由此我们得出精炼贝叶斯均衡的正式定义如下:

定义 5.2 在不完全信息动态博弈 $G = \{u_1, \cdots, u_n, \tilde{P}_1, \cdots, \tilde{P}_n, H_1, \cdots, H_n\}$ 中,精炼贝叶斯纳什均衡是一个类型依存策略组合 $S^*(\theta_1, \cdots, \theta_n) = (s_1^*(\theta_1), \cdots, s_n^*(\theta_n))$ 及一个信念组合 $\tilde{P} = (\tilde{P}_1, \cdots, \tilde{P}_n)$,满足如下条件:

(1) $\tilde{P}$ 是先验概率 $P_i(\theta_{-i} \mid \theta_i)$ 的集合,即 $\tilde{P} = (\tilde{P}_1, \cdots, \tilde{P}_n)$,$P_i = P_i(\theta_{-i} \mid \theta_i)$,$\tilde{P}_i$ 是第 i 个局中人在其进行行动选择的信息集上所有信念组成的组

合,记 $\widetilde{P}_{ih}$ 为他在其第 h 个信息集上的信念;若局中人在信息集 h 上观察到的行动为 a^h_{-i},则记 $\widetilde{P}_{ih} = \widetilde{P}_i(\theta_{-i} | a^h_{-i})$, $i=1,\cdots,n$;

(2) H_i 是局中人 i 的类型空间, $\theta_i \in H_i$ 是他的一个类型, $i=1,\cdots,n$;

(3) $u_i = u_i(s_1^*(\theta_1),\cdots,s_n^*(\theta_n),\theta_i,\theta_{-i})$ 是局中人 i 的类型依存支付(效用)函数, $i=1,\cdots,n$;

(4) 在第 i 个局中人的每一个信息集 h 上,有

$$S_i^*(\theta_i)|_h \in \arg\max_{S_i(\theta_i)|_h} \sum_{\theta_{-i}} \widetilde{P}_i(\theta_{-i} | a^h_{-i}) u_i(s_i(\theta)|_h, s_{-i}^*(\theta_{-i}), \theta_i, \theta_{-i}), i=1,\cdots,n;$$

(5) 在均衡路径上, $\widetilde{P}_{ih}$ 是按照贝叶斯法则从先验概率 $P_i = P_i(\theta_{-i} | \theta_i)$,局中人 i 在信息集 h 上观察到的行动 a^h_{-i} 和 $S_{-i}^*(\theta_{-i})$ 导出的。

5.2 信号传递博弈的精炼贝叶斯均衡

5.2.1 信号传递博弈

在经济学的研究文献中,信号博弈作为一种特殊的不完全信息动态博弈得到了最为广泛的应用。正是信号博弈以一种十分特别的视角去理解很多令人感到迷惑的经济现象,信号博弈以及博弈论作为一种方法论才在主流经济学中产生了巨大影响。

信号博弈通常描绘的是两个局中人之间的二阶段不完全信息动态博弈,其中,第一顺序行动局中人的类型不为第二顺序行动的局中人所知,他只知道第一顺序行动局中人的不同类型的先验分布概率。第二顺序行动局中人试图从他所观察到的第一顺序行动局中人所选择的行动中对其类型做出概率判断,从而选择自己的最优行动。在这种博弈中,后行动者主要关心的是先行动者的类型可能是什么,而先行动者也知道这一点。因而他有动机或者试图告诉后行动者他的真实类型,或者相反,他可能会试图欺骗后行动者,而努力将其有关他的类型的虚假信息告诉后行动者。当然,先行动者可以直接告诉后行动者他的类型是什么,但仅凭这种口头的承诺并不能使后行动者真正相信他所说的。如果他要后行动者相信他的话,他就必须做出一种努力,这种努力会使他蒙受一定的损失或存在一种成本。这种成本是当他仅是这种类型时才能支付的,而如果他的类型不是这种类型,他不能承担这种成本。我们称这种成本支付是一种信号。通过它,先行动者能告诉后行动者他的真实类型。当然,先行动者也可以发出假信号,并让后行动

者难以准确判断其真实类型,如果这样做对先行动者是有利的话。

譬如,文凭就是需要支付成本的一种信号,因为读书取得文凭是需要支付机会成本的一种活动,不同能力的人对这种成本的承受力是不同的。所以,雇主就可通过文凭去判断雇员的能力情况并据此支付不同的薪水。在金融市场上,如果一个企业需要在金融市场上融资,但投资者的对其真实的盈利能力具有不完全信息。于是,真正有高盈利能力的企业就可以通过向投资者支付较高的权益份额来将自己区别于低盈利能力的企业,从而让投资者识别出自己的真实类型而投资,而低盈利能力的企业由于对自己的真实盈利能力心知肚明,所以不敢模仿高盈利能力企业,它承诺的权益份额就较低,投资者不会将资金投入该企业。我们将在随后的内容中介绍这方面以及比这更多的内容,不过,在进行这种介绍之前,我们应先将信号博弈的概念形式化。

定义 5.3 在两个局中人 S(Sender,信号发送者)和 R(Receiver,信号接收者)的一个两阶段不完全信息博弈中。

(1) 自然按照特定的先验概率密度 $P(\theta_i)$ 从 $H_1=\{\theta_1,\cdots,\theta_n\}$ 中赋予发送者 S 特定的类型 θ_i,且有 $P(\theta_i)>0$ 和 $\sum_{i=1}^{n}P(\theta_i)=1, i=1,\cdots,n$;

(2) 发送者 S 观察到 θ_i,随后从其类型依存的信号集 $M(\theta_i)$ 中选择一个信号 m_j 发送给接收者 R;

(3) 接收者 R 观察到 m_j,然后从信号依存的行动集 $A(m_j)$ 中选择一个行动 a_R;

(4) 发送者 S 和接收者 R 的支付分别为 $u_S(\theta_i,m_j,a_R)$ 和 $u_R(\theta_i,m_j,a_R)$。

一般,在很多具体的信号博弈中,通常 M 与 θ_i 无关,A 与 m_j 无关。按照精炼贝叶斯均衡的要求,在均衡情况下,上述过程中的(2)和(3)是按照发送者和接收者的最优行动进行的。

譬如,在接收者观察到信号 m_j 的信息集上,他的信念 $\widetilde{P}(\theta_i|m_j)$ 满足:

$$\sum_{i=1}^{n}\widetilde{P}(\theta_i\mid m_j)=1$$

他选择的最优行动 $a^*(m_j)\in A(m_j)$ 满足:

$$a^*(m_j)\in\arg\max\sum\widetilde{P}(\theta_i\mid m_j)u_R(\theta_i,m_j,a_R)$$

在发送者的单结信息集上,他的均衡信号选择满足:

$$m_j^*\in\arg\max_{m_j\in M(\theta_i)}u_S(\theta_i,m_j,a^*(m_j))$$

我们可以将发送者的类型集 H_1 分解为若干个不相交子集 h_j 的并集：$H_1 = \bigcup_j h_j, h_{j1} \cap h_{j2} = \phi, j_1 \neq j_2, \phi$ 为空集。

如果当 $\theta_{j1}, \theta_{j2} \in h_j$ 时，有 $m_{j1}^* = m_{j2}^*$，则称该均衡为"准分离均衡"（semi-separating equilibrium）。如果对所有的类型 θ_i，发送者发送相同的均衡信号，即 $h_j = H_1$，则称为"混同均衡"（pooling equilibrium）。当每一个 h_j, h_j 只含有唯一一个元素时，也就是说，不同类型的发送者发送不同的信号时，称为"分离均衡"（separating equilibrium）。当然，信号博弈不排除局中人随机地选择信号或行动，此时称这种混合策略为"杂合策略"（hybrid strategies）。

例 5.1 下面给出一个信号博弈："自然" N 首先选择局中人 1 的两种类型 $\{\theta_1^1, \theta_1^2\} \triangleq \{\theta_{11}, \theta_{12}\}$ 中的某一种，但局中人 2 对 N 的选择具有不完全信息，他只知道先验概率为 $P_2(\theta_{11}) = P_2(\theta_{12}) = 0.5$，局中人 2 的类型是对称的。

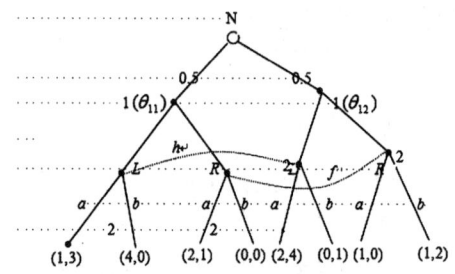

图 5.1 一个不完全信息动态博弈

如果局中人 1 的类型依存策略 $S_i^*(\theta_i)$ 为：$S_1^*(\theta_{11}) = R, S_1^*(\theta_{12}) = L$，试找出与此策略相对应的局中人 2 的一个类型依存策略 $S_2^*(\theta_2)$，使 $S^* = (S_1^*(\theta_1), S_2^*(\theta_2))$ 成为一个精炼贝叶斯均衡。

解 局中人 2 的类型是对称的。给定 $S_1^*(\theta_1)$，局中人 2 的 2 个信息集 h 和 f 都在均衡路径上的。根据贝叶斯法则，在信息集 h 上，局中人的后验概率为 $\widetilde{P}_2(\theta_{11}|L^h) = 0, \widetilde{P}_2(\theta_{12}|L^h) = 0$；同样，在信息集 f 上，有 $\widetilde{P}_2(\theta_{11}|R^f) = 1, \widetilde{P}_2(\theta_{12}|R^f) = 0$。给定这种信念，局中人 2 在 h 上的最优行动是 a，在 f 上的最优行动是 a。

给定局中人 2 在其信息集 h、f 上的上述信念及最优行动选择，类型为 θ_{11} 的局中人 1 将选择 R，类型为 θ_{12} 的局中人 1 将选 L，所以，$S_1^*(\theta_1)$ 和 $S_2^*(\theta_2)$ 构成一个精炼贝叶斯纳什均衡。我们用 $[(R,L), (a,a), (0,1), (1,0)]$ 表示这一均衡。其中，$S_1^*(\theta_1) = (R,L), S_2^*(\theta_2) = (a,a), \widetilde{P}_{2h} = (0,1), \widetilde{P}_{2f} = (1,0)$。

在这个博弈中,还存在其他的精炼贝叶斯均衡。譬如,若 $S_1^*(\theta_{11})=S_1^*(\theta_{12})=L$。那么,给定局中人 1 的这一类型依存策略,局中人 2 在信息集 h 上的信息由贝叶斯法则有:$\widetilde{P}_2(\theta_{11}|L^h)=\widetilde{P}_2(\theta_{12}|L^h)=0.5$。

如果上述 $S_1^*(\theta_1)$ 是局中人 1 的精炼贝叶斯均衡策略,则局中人 2 的信息集 f 位于非均衡路径上,因而 $\widetilde{P}_{2f}$ 不受贝叶斯法则限制。但是,致使上述 $S_1^*(\theta_1)$ 成为局中人 1 的精炼贝叶斯均衡策略,就对 $\widetilde{P}_{2f}$ 的取值范围有另外的限制。

给定 $S_1^*(\theta_1)$,局中人 2 在 h 上选择 a 的期望支付为:
$$0.5\times3+0.5\times4=3.5$$
而他选择 b 的期望支付为:
$$0.5\times2+0.5\times1=1.5<3.5$$
因而他选择行动 a。

此时,当局中人 1 在类型 θ_{11} 时选择 L 的支付为 1,在类型 θ_{12} 时选择 L 的支付为 2,欲使 $S_1^*(\theta)$ 成为精炼贝叶斯均衡策略,就要求 $\widetilde{P}_2(\theta_{11}|R^f)$ 和 $\widetilde{P}_2(\theta_{12}|R^f)$ 取某些值使类型为 θ_{11}、θ_{12} 的局中人 1 都不会偏离上述选择。

局中人 2 在信息集 i 上选择行动 h 的期望支付为:
$$\widetilde{P}_2(\theta_{11}|R^f)\times1+\widetilde{P}_2(\theta_{12}|R^f)\times0=\widetilde{P}_2(\theta_{11}|R^f)$$
他选择行动 b 的期望支付为:
$$\widetilde{P}_2(\theta_{11}|R^f)\times0+\widetilde{P}_2(\theta_{12}|R^f)\times2=2\widetilde{P}_2(\theta_{12}|R^f)$$
当 $\widetilde{P}_2(\theta_{11}|R^f)\geq2\widetilde{P}_2(\theta_{12}|R^f)=2(1-\widetilde{P}_2(\theta_{11}|R^f))$,局中人 2 在 f 上选 a,此时有 $\widetilde{P}_2(\theta_{11}|R^f)\geq\frac{2}{3}$;否则,当 $\widetilde{P}_2(\theta_{11}|R^f)<\frac{2}{3}$ 时,局中人 2 在 f 上会选 b,如果 $\widetilde{P}_2(\theta_{11}|R^f)\geq\frac{2}{3}$,则类型为 θ_{12} 的局中人 1 选 R 时的支付为 $2>1$。这样,原有的 $S_1^*(\theta)$ 就不是均衡策略了,因为类型为 θ_{11} 的局中人 1 的最优行动是 R 而不是原有的 L。

当 $\widetilde{P}_2(\theta_{11}|R^f)<\frac{2}{3}$,类型为 θ_{11} 的局中人 1 选 R 时的支付为 0,故最优行动仍是 L。类型为 θ_{12} 的局中人 1 选 R 的支付为 $1<2$,最优行动仍为 L。所以,我们得到局中人 2 的最优策略为 $S_2^*(\theta)=(a,b)$,故精炼贝叶斯均衡为:
$$S^*=[(L,L),(a,b),(0.5,0.5),\widetilde{P}_2(\theta_{11}|R^f)<\frac{2}{3},\widetilde{P}_2(\theta_{12}|R^f)>\frac{1}{3}]$$

根据上面的例子,我们来看看其纯策略精炼贝叶斯均衡有哪些。对于信号博弈,我们采纳 Gibbons(R. Gibbons,1998)的方法,将博弈树画成更

加方便分析的一种形式,如图 5.2 所示。显然,事实上我们在例 5.1 中已经找到了一个分离均衡$[(R,L),(a,a),(0,1),(1,0)]$和一个混同均衡$[(L,L),(a,b),(0.5,0.5),\widetilde{P}_2(\theta_{11}|R^f)<\frac{2}{3},\widetilde{P}_2(\theta_{12}|R^f)>\frac{1}{3}]$。

我们再来看看该博弈是否还存在其他的纯策略均衡。显然,就纯策略均衡来看,只需探索其所有的分离和混同均衡即可。

除了上面已经给出的两个纯策略均衡,有待确认的是可能的混同均衡(R,R)和分离均衡(L,R),即类型分别为θ_{11},θ_{12}的局中人 1 都同时选择行动 R 或类型为θ_{11}的局中人 1 选择行动 L,类型为θ_{12}的局中人 1 选择行动 L。

对于混同均衡(R,R),如果它真是一个均衡,则在信息集 h 上,由于是非均衡路径,信念不受贝叶斯法则限制,但要使(R,R)是一个精炼均衡,对信念仍然存在限制。这是因为,在信息集 f 上,局中人 2 不能从观察到的行动 R 上获取任何关于局中人 1 类型的除先验概率之外的额外信息,故后验概率就等于先验概率,即

$$\widetilde{P}_2(\theta_{11}|R^f)=\widetilde{P}_2(\theta_{12}|R^f)=0.5$$

当局中人 2 选择行动 a 时,其期望支付为:
$$0.5\times1+0.5\times0=0.5$$
而当他选择行动 b 时,期望支付为:
$$0.5\times0+0.5\times2=1>0.5$$
所以,局中人 2 在信息集 f 上选择行动 b。

现在,我们回到信息集 h。因为当局中人 1 选择 R 时,他知道局中人 2 会选择行动 b,故对于类型分别为θ_{11},θ_{12}的局中人 1 来说,他们选择 R 时的支付分别为 0 和 1。如果(R,R)是精炼均衡,他们就不会选择 L,即一旦选择了 L,支付应分别不大于 0 和 1。显然,对于类型为θ_{11}的局中人 1 来说,一旦他选择了 L,无论局中人 2 作为选择,支付一定是大于 0 的(支付分别在局中人 L 选 a 或 b 时为 1 和 4)。所以,(R,R)不会是精炼均衡。

再看分离均衡(L,R)是否是一个精炼均衡。此时,信息集 h 和 f 都在均衡路径上。在 h 上,局中人 2 会选择 a;在 f 上,局中人 2 会选择 b。给定这种可能,类型为θ_{12}的局中人 1 之最优选择为 L 而不是 R。所以,(L,R)不会是一个精炼均衡。因而上面例子中的博弈只有两个纯策略均衡。它们分别是上面例子中的已找出的一个混同均衡和一个分离均衡。

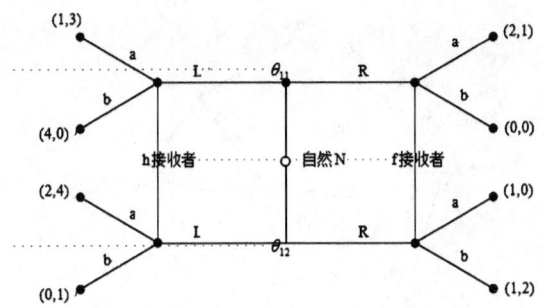

图 5.2　一个信号博弈

信号传递模型最早是由斯宾塞(Spence,1974 年)首先发展的,是一种比较简单但又有广泛应用意义的不完全信息动态博弈,在这种博弈中,有两个参与人 $i,i=1,2$;参与人 1 为信号发送者(sender,S),参与人 2 为信号接收者(receiver,R)。信号发送者具有私人信息,信号接收者的类型是公共信息(只有一个类型)。博弈的实践顺序如下:

(1) "自然"根据特定的概率分布 $P(t_i)$ 从可行的类型集 $T=\{t_1,t_2,\cdots,t_n\}$ 中赋予发送者某个类型 t_i,这里对所有的 $i,P(t_i)>0$,并且 $P(t_1)+\cdots+P(t_n)=1$;

(2) 发送者观测到类型 t_i,然后从可行的信号集 $M=\{m_1,\cdots,m_J\}$ 中选择一个信号 m_j(选择一个行动);

(3) 接收者观测到 m_j(但不能观测到 t_i),使用贝叶斯法则修正先验概率 $P(t_i)$ 得到后验概率 $\tilde{P}(t_i|m_j)$,然后选择行动 $a_e \in A=\{a_1,\cdots,a_E\}$;

(4) 双方支付函数分别为 $\mu_s=\mu_s(t_i,m_j,a_e)$ 和 $\mu_r=\mu_r(t_i,m_j,a_e)$。

在许多应用中,可行集合 T,M 及 A 为实数轴上的区间,而不一定是有限集。

在斯宾塞的劳动力市场模型中,发送者为求职人员,接收者是潜在的雇主市场,类型为职员的生产能力,信号是工人对教育的选择,行动是雇主决定不同的工资水平。

我们首先研究(1)~(4)给出的抽象的信号博弈,图 5.3 给出了一种简单地扩展式表述。这里 $T=\{t_1,t_2\},M=\{m_1,m_2\},A=(a_1,a_2)$,先验概率 $P(t_1)=P,\tilde{P}=\tilde{P}(t_1|m_1),\tilde{q}=\tilde{q}(t_1|m_2)$,省略了支付向量。

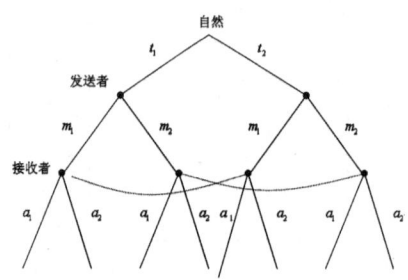

图5.3　信号传递博弈树

我们知道,参与者的策略是一个完整的行动计划,在这里发送者的一个纯策略是函数 $m(t_i)$,明确发送者为"自然"赋予的每一类型时将选择的信号;同理,接收者的纯策略为 $a(m_j)$,指明对发送者可能会发出的每一种信号将选择的行动。

由博弈树可以看出发送者和接收者都有四个纯策略。发送者策略为:

(1)如果"自然"赋予类型 t_1,选择信号 m_1;如果"自然"赋予类型 t_2,选择信号 m_1;

(2)"自然"赋予 t_1,选择 m_1;"自然"赋予 t_2,选择 m_2;

(3)"自然"赋予 t_1,选择 m_2;"自然"赋予 t_2,选择 m_1;

(4)"自然"赋予 t_1,选择 m_2;"自然"赋予 t_2,选择 m_2。

接收者策略为:

(1)若发送者选择 m_1,则选择 a_1;若发送者选择 m_2,则选择 a_1;

(2)发送者选择 m_1,选择 a_1;发送者选择 m_2,选择 a_2;

(3)发送者选择 m_1,选择 a_2;发送者选择 m_2,选择 a_1;

(4)发送者选择 m_1,选择 a_2;发送者选择 m_2,选择 a_2。

我们称发送者第1和第4种策略为混同(pooling)策略,因为在不同类型时都发出相同信号;第2和第3种策略为分离(separating)策略,因为在不同类型时发出不同信号。

令 $m(t)$ 为发送者的类型依存策略,$a(m)$ 是接收者的行动策略,信号传递博弈的精炼纳什均衡可定义如下:

定义5.4　信号传递博弈的精炼贝叶斯均衡是策略组合 $(m^*(t), a^*(m))$ 和后验概率 $\widetilde{P}(t|m)$ 的结合,它满足:

(1) $a^*(m) \in \arg\max_a \sum_t \widetilde{P}(t|m) \mu_r(t,m,a)$;

(2) $m^*(t) \in \arg\max_m \sum_t \mu_s(t,m,a^*(m))$;

(3) $\widetilde{P}(t|m)$ 是接收者使用贝叶斯法则从先验概率 $P(t)$、观测到的信号

m 和发送者的最优策略 $m^*(t)$ 得到的。

定义中(1)和(2)是精炼条件。(1)的意思是,给定后验概率 $\widetilde{P}(t|m)$,接收者对发送者发出的信号做出最优反应;(2)的意思是,预测到接收者的最优反应 $a^*(m)$,发送者选择自己的最优策略;(3)是贝叶斯法则的运用。

由于发送者的策略分为混同策略、分离策略和准分离策略,因此信号传递博弈的所有可能的精炼贝叶斯均衡可以划分为三类,即混同均衡、分离均衡和准分离均衡,具体定义如下:

定义 5.5 混同均衡(pooling equilibrium):如果不同类型的发送者(参与人1)选择相同的信号,即没有任何类型选择与其他类型不同的信号,则由定义 5.4 定义的精炼贝叶斯均衡被称作混同均衡。

这时接收者(参与人2)不修正先验概率。假定 $n=J=2$(即只有两个类型、两个信号),若记 m_j 是均衡策略,那么有 $\mu_s(t_1,m_j,a^*(m))\geq\mu_s(t_1,m,a^*(m))$;$\mu_s(t_2,m_j,a^*(m))\geq\mu_s(t_2,m,a^*(m))$,这里 $\forall m\in M, \widetilde{P}(t_i|m_j)\equiv P(t_i)$。

定义 5.6 分离均衡(seperating equilibrium):不同类型的发送者(参与人1)以1的概率选择不同的信号,即没有任何类型的发送者选择与其他类型的发送者相同的信号,则由定义 5.4 定义的精炼贝叶斯均衡被称作分离均衡。

在分离均衡下,信号准确地揭示出类型,如果 m_1 是类型 t_1 的最优选择,m_1 就不可能是 t_2 的最优选择,并且 m_2 一定是类型 t_2 的最优选择,那么

$$\mu_s(t_1,m_1,a^*(m))>\mu_s(t_1,m_2,a^*(m))$$
$$\mu_s(t_2,m_2,a^*(m))>\mu_s(t_2,m_1,a^*(m))$$

这时后验概率为

$$\widetilde{P}(t_1|m_1)=1, \widetilde{P}(t_1|m_2)=0, \widetilde{P}(t_2|m_1)=0, \widetilde{P}(t_2|m_2)=1$$

定义 5.7 准分离均衡(scmi-seperating equilibrium):一些类型的发送者(参与人1)随机地选择信号,另一些类型的发送者选择特定的信号,则由定义 5.4 定义的精炼贝叶斯均衡被称作准分离均衡。

假定类型 t_1 的发送者随机地选择 m_1 或 m_2,类型 t_2 的发送者以1的概率选择 m_2,这里若记 $P(m_1|t_1)\triangleq a, P(m_1|t_2)=0, P(m_2|t_2)=1$,如果这个策略组合是均衡策略组合,那么有

$$\mu_s(t_1,m_1,a^*(m))=\mu_s(t_1,m_2,a^*(m))$$
$$\mu_s(t_2,m_2,a^*(m))>\mu_s(t_2,m_1,a^*(m))$$
$$\widetilde{P}(t_1|m_1)=\frac{a\times P(t_1)}{a\times P(t_1)+0\times P(t_2)}=1$$

$$\widetilde{P}(t_1|m_2) = \frac{(1-a) \times P(t_1)}{(1-a) \times P(t_1) + 1 \times P(t_2)} < P(t_1)$$

$$\widetilde{P}(t_2|m_2) = \frac{1 \times P(t_1)}{(1-a) \times P(t_1) + 1 \times P(t_2)} < P(t_2)$$

在只有两个类型和两个信号的情况下,只有混同均衡有非均衡路径,分离均衡和准分离均衡的所有信息集都在均衡路径上。一般来说,如果信号的种类多于类型的种类(即 $n<J$),在每种均衡下都有非均衡路径。

5.2.2 信号传递博弈案例

下面我们讨论如图 5.4 所示的两类型信号传递博弈,注意这里"自然"赋予每一类型的可能性是相同的,我们用 $(p,1-p)$ 和 $(q,1-q)$ 分别表示接收者在其两个信息集内的贝叶斯推断。从图 5.4 可以看出,这个两类型、两信号博弈有 4 个可能的精炼贝叶斯均衡。

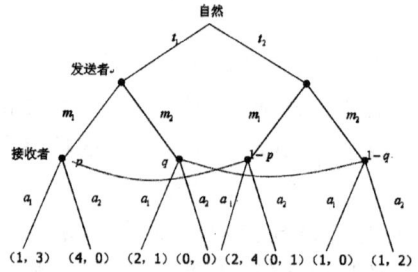

图 5.4 信号传递博弈树

(1) 混同均衡于 m_1。发送者的策略为 $m(t_1)=m(t_2)=m_1$,即 (m_1,m_1),则接收者对应于 m_1 的信息集处于均衡路径上,接收者在这一信息集内的推断 $(p,1-p)$ 决定于贝叶斯法则和发送者的策略,由于这时接收者无法通过信号改善先验概率,故接收者的推断 $p=0.5$。给定这样的推断,接收者在观测到 m_1 之后的最优反应是 a_1,类型 t_1 和类型 t_2 的发送者分别得到支付 1 和 2;为确定是否两种类型的发送者都愿意选择 m_1,需要考察 m_2 时接收者将如何反应。如果接收者对 m_2 的反应为 a_1,则类型 t_1 的发送者选择 m_2 的支付 2 大于选择 m_1 的支付 1。但如果接收者对 m_2 的反应为 a_2,则发送者选择 m_2,t_1 和 t_2 类型的支付将分别为 0 和 1,低于选择 m_1 时的为 1 和 2。那么如果存在一个均衡,其中发送者的策略必须为 (m_1,m_1),则接收者对 m_2 的反应必须为 a_2,于是接收者的策略必须为 (a_1,a_2);另外,还需要考虑接收者在对应于 m_2 的信息集中的推断以及给定这一推断时选择 a_2 是否是最优。对应于 m_2 时要使接收者选择 a_2 最优,应有

$$q \times 0 + (1-q) \times 2 \geq 1 \times q + (1-q) \times 0 \Rightarrow q \leq \frac{2}{3}$$

这样，我们得到$[(m_1,m_1),(a_1,a_1),p=0.5,q \leq \frac{2}{3}]$为该信号传递博弈的精炼贝叶斯纳什均衡。

（2）混合均衡于m_2。下面假设发送者的策略为(m_2,m_2)，则$p=0.5 \leq \frac{2}{3}$，于是接收者对m_2的最优反应为a_2，类型t_1和t_2的发送者分别得到的支付为0和1。但t_1选择m_1可得到支付为1（因为对任意p值，接收者对m_1的最优反应都是a_1），于是不存在发送者策略为(m_2,m_2)的均衡。

（3）分离均衡，t_1选择m_1，t_2选择m_2。即假设(m_1,m_2)为分离均衡策略，则接收者的两个信息集都处于均衡路径上，于是两个推断都决定于贝叶斯法则和发送者的策略：$p=1,q=0$。接收者在此推断下的最优反应是a_1和a_2，于是两种类型的发送者的支付都是1。另外，还要考虑对给定接收者策略(a_1,a_2)，发送者的策略是否是最优的。结果是否定的，如果类型t_2不选择m_2，而选择m_1，则接收者的反应为a_1时，t_2可获得的支付为2，超过其选择m_2时的支付为1。

（4）分离均衡，t_1选择m_2，t_2选择m_1。如果发送者选择策略(m_2,m_1)，则接收者的推断必须为$p=0,q=1$。这样接收者的最优反应为(a_1,a_1)，两种类型的发送者都可得到支付2。如果t_1想偏离这一策略而选择m_1，接收者的反应将为a_1，则t_1的支付将减为1，那么没有动机偏离m_2。类似地，如果t_2想偏离这一策略而选择m_2，则接收者的反应为a_2，t_2的支付减为1，那么t_2也没有动机偏离m_1。从而$[(m_2,m_1),(a_1,a_1),p=0,q=1]$为该博弈的分离精炼贝叶斯均衡。

Ⅰ. 二手车交易模型

在二手车交易模型中，有两个参与人，记为$N=(1,2)$，其中，参与人1是二手车市场上的卖者，参与人2是买者。卖者的类型有两种，类型空间记为$\theta=(\theta_1,\theta_2)$，$\theta=\theta_1$表示卖者所出售的二手车是低质量的，$\theta=\theta_2$表示卖者所出售的二手车是高质量的。卖者的类型是他的私人信息，买者不知道卖者的类型，但知道类型空间的概率分布为$p(\theta=\theta_1)=\alpha,p(\theta=\theta_2)=1-\alpha$。卖者的行动集合即信号空间为$M=(p_1,p_2)$，$p_1,p_2$分别表示卖者对于二手车的两种不同的要价，$p_1>p_2$。买者的行动空间为$A=(a_1,a_2)$，$a_1$表示不购买的行动，$a_2$表示购买的行动。

博弈的顺序是：在第一阶段，卖者了解到θ的取值后，选择发出信号$m(\theta)=p \in M$；第二阶段，买者观测到信号$p_k(k=0,1)$后形成关于类型θ的

推断：$\pi_k = p(\theta = \theta_2 | m = p_k), k = 0, 1$，用 V 表示高质量二手车对于买者的价值，w 表示低质量二手车对于买者的价值，且 $V > w$，c 表示低质量二手车伪装成高质量二手车卖者所需付出的成本。对于给定的 $\theta_k, p_k, a_k, k = 0, 1$，两个参与人的支付函数（用 u 表示卖者的支付函数，v 表示买者的支付函数）分别为：

$$u(\theta_2, p_k, a_1) = v(\theta_2, p_k, a_1) = u(\theta_1, p_k, a_1) = v(\theta_1, p_k, a_1) = 0$$
$$u(\theta_2, p_1, a_2) = p_2, v(\theta_2, p_1, a_2) = V - p_1, u(\theta_1, p_1, a_2) = p_1 - c$$
$$v(\theta_1, p_1, a_2) = w - p_1, u(\theta_1, p_1, a_1) = -c, u(\theta_2, p_2, a_2) = p_2$$
$$v(\theta_2, p_2, a_2) = V - p_2, u(\theta_1, p_2, a_2) = p_2, v(\theta_1, p_2, a_2) = w - p_2$$

上述双价二手车交易博弈树如图5.5所示。

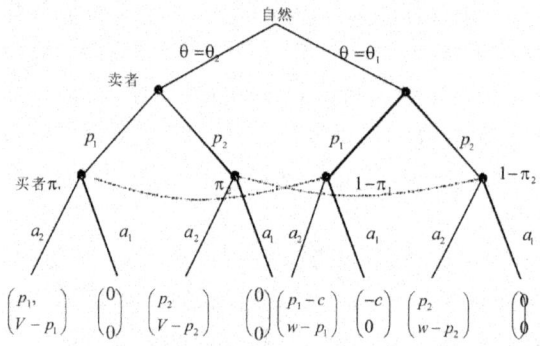

图 5.5 二手车交易博弈

求解双价二手车交易模型的步骤如下：

（1）求解买者推断依存的子博弈精炼贝叶斯策略

在博弈的第二阶段，买者看到信号 $p = p_1$ 或 $p = p_2$，形成推断 π_1 或 π_2，选择行动 $a(p_k) = a \in A$，最大化自己的期望支付，即求解最大化问题：

$$\max_{a \in A} \sum_{\theta \in \Theta} v(\theta, p, a) p(\theta | p)$$

若 $p = p_1$，则有

$$\max_{a \in A} \sum_{\theta \in \Theta} v(\theta, p_1, a) p(\theta | p_1)$$
$$= \max_{a \in A} [v(\theta_1, p_1, a) p(\frac{\theta_1}{p_1}) + v(\theta_2, p_1, a) p(\frac{\theta_2}{p_1})]$$
$$= \max_{a \in A} [v(\theta_1, p_1, a)(1 - \pi_1) + v(\theta_2, p_1, a) \pi_1]$$
$$= \max\{[v(\theta_1, p_1, a_1)(1 - \pi_1) + v(\theta_2, p_1, a_1) \pi_1], [v(\theta_1, p_1, a_2)(1 - \pi_1) + (v(\theta_2, p_1, a_2) \pi_1]\}$$
$$= \max\{0, (1 - \pi_1)(w - p_1) + \pi_1(V - p_1)\}$$

可得：$a_\pi(p_1) = \begin{cases} a_2, \pi_1 > \dfrac{p_1-w}{V-w}, \\ a_1, \pi_1 \leq \dfrac{p_1-w}{V-w}; \end{cases}$

若 $p = p_2$，则有

$$\max_{a \in A} \sum_{\theta \in \Theta} v(\theta, p_2, a) p(\theta | p_2)$$
$$= \max_{a \in A} [v(\theta_1, p_2, a) p(\dfrac{\theta_1}{p_2}) + v(\theta_2, p_2, a) p(\dfrac{\theta_2}{p_2})]$$
$$= \max_{a \in A} [v(\theta_1, p_2, a)(1-\pi_2) + v(\theta_2, p_2, a)\pi_2]$$
$$= \max\{[v(\theta_1, p_2, a_1)(1-\pi_2) + v(\theta_2, p_2, a_1)\pi_2],$$
$$\quad [v(\theta_1, p_2, a_2)(1-\pi_2) + v(\theta_2, p_2, a_2]\pi_2\}$$
$$= \max\{0, (w-p_2)(1-\pi_2) + (V-p_2)\pi_2\}$$

可得：$a_\pi(p_2) = \begin{cases} a_2, \pi_2 > \dfrac{p_2-w}{V-w}, \\ a_1, \pi_2 \leq \dfrac{p_2-w}{V-w}. \end{cases}$

于是，求得买者推断依存的子博弈精炼贝叶斯策略：

(1.1) $\pi = (\pi_1, \pi_2) \in D_1 = \{1 \geq \pi_1 > \dfrac{p_1-w}{V-w}, 1 \geq \pi_2 > \dfrac{p_2-w}{V-w}\}$，$a_\pi(p) \equiv a_2$；

(1.2) $\pi = (\pi_1, \pi_2) \in D_2 = \{0 \leq \pi_1 \leq \dfrac{p_1-w}{V-w}, 0 \leq \pi_2 < \dfrac{p_2-w}{V-w}\}$，$a_\pi(p) \equiv a_1$；

(1.3) $\pi \in D_3 = \{1 \geq \pi_1 > \dfrac{p_1-w}{V-w}, 0 \leq \pi_2 \leq \dfrac{p_2-w}{V-w}\}$，

$a_\pi(p) = \begin{cases} a_2, p = p_1, \\ a_1, p = p_2; \end{cases}$

(1.4) $\pi \in D_4 = \{0 \leq \pi_1 \leq \dfrac{p_1-w}{V-w}, 1 \geq \pi_2 > \dfrac{p_2-w}{V-w}\}$，

$a_\pi(p) = \begin{cases} a_1, p = p_1, \\ a_2, p = p_2. \end{cases}$

(2) 分别在区域 $D_i, i = 1, 2, 3, 4$ 上求卖者推断依存的子博弈精炼贝叶斯策略，即在第一阶段，对于 $\pi = (\pi_1, \pi_2) \in D_i$，固定卖者策略 $a_\pi(p)$，对于 $\theta \in \Theta$，求 $m(\theta) = p \in M$，满足以下最大化问题：

$$\max_{p \in M} u(\theta, p, a_\pi(p))$$

对于 $\pi \in D_1$，这时 $a_\pi(p) \equiv a_2$。

若 $\theta = \theta_2$，

$$\max_{p\in M} u(\theta_2,p,a_2) = \max\{u(\theta_2,p_1,a_2),u(\theta_2,p_2,a_2)\}$$
$$=\max\{p_1,p_2\}=p_1$$

从而 $m(\theta_2)=p_1$；

若 $\theta=\theta_1$，
$$\max_{p\in M} u(\theta_1,p,a_2) = \max\{u(\theta_1,p_1,a_2),u(\theta_1,p_2,a_2)\}$$
$$=\max\{p_1-c,p_2\}$$

从而 $m(\theta_1)=\begin{cases}p_1, c\leq p_1-p_2,\\ p_2, c>p_1-p_2。\end{cases}$

故可得：

(2.1) 当 $\begin{cases}\pi\in D_1,\\ c\leq p_1-p_2\end{cases}$ 时，$m_\pi(\theta)\equiv p_1$；若 $\begin{cases}\pi\in D_1,\\ c>p_1-p_2,\end{cases}$ $m_\pi(\theta)$
$=\begin{cases}p_1, \theta=\theta_2,\\ p_2, \theta=\theta_1。\end{cases}$

对于 $\pi\in D_2$，这时 $a_\pi(p)\equiv a_1$。

若 $\theta=\theta_2$，
$$\max_{p\in M} u(\theta_2,p,a_1)=\max\{u(\theta_2,p_1,a_1),u(\theta_2,p_2,a_1)\}$$
$$=\max\{0,0\}$$

从而 $m_\pi(\theta_2)=p_1$ 或 p_2；

若 $\theta=\theta_1$，
$$\max_{p\in M} u(\theta_1,p,a_1)=\max\{u(\theta_1,p_1,a_1),u(\theta_1,p_2,a_1)\}$$
$$=\max\{-c,0\}=0$$

从而 $m_\pi(\theta_1)=p_2$。

故可得：

(2.2) 当 $\pi\in D_2$ 时，$m_\pi(\theta)=p_2$ 或 $m_\pi(\theta)=\begin{cases}p_1,\theta=\theta_2,\\ p_2,\theta=\theta_1。\end{cases}$

对于 $\pi\in D_3$，这时 $a_\pi(p)=\begin{cases}a_2,p=p_1,\\ a_1,p=p_2。\end{cases}$

若 $\theta=\theta_2$，
$$\max_{p\in M} u(\theta_2,p,a)=\max\{u(\theta_2,p_1,a_2),u(\theta_2,p_2,a_1)\}$$
$$=\max\{p_1,0\}=p_1$$

从而 $m_\pi(\theta_2)=p_1$；

若 $\theta=\theta_1$，
$$\max_{p\in M} u(\theta_1,p,a)=\max\{u(\theta_1,p_1,a_2),u(\theta_1,p_2,a_1)\}$$

$$= \max\{p_1-c, 0\}$$

从而 $m_\pi(\theta_1) = \begin{cases} p_1, & c \leq p_1, \\ p_2, & c > p_1. \end{cases}$

故可得:

(2.3) 当 $\begin{cases} \pi \in D_3, \\ c \leq p_1 \end{cases}$ 时, $m_\pi(\theta) \equiv p_1$; 当 $\begin{cases} \pi \in D_3, \\ c > p_1 \end{cases}$ 时, $m_\pi(\theta) = \begin{cases} p_1, & \theta = \theta_2, \\ p_2, & \theta = \theta_1. \end{cases}$ 对于 $\pi \in D_4$, 这时 $a_\pi(p) = \begin{cases} a_1, & p = p_1, \\ a_2, & p = p_2. \end{cases}$

若 $\theta = \theta_2$,
$$\max_{p \in M} u(\theta_2, p, a) = \max\{u(\theta_2, p_1, a_1), u(\theta_2, p_2, a_2)\}$$
$$= \max\{0, p_2\} = p_2$$

从而 $m_\pi(\theta_2) = p_2$;

若 $\theta = \theta_1$,
$$\max_{p \in M} u(\theta_1, p, a) = \max\{u(\theta_1, p_1, a_1), u(\theta_1, p_2, a_2)\}$$
$$= \max\{0, p_2\} = p_2$$

从而 $m_\pi(\theta_1) = p_2$。

故可得:

(2.4) 当 $\pi \in D_4$ 时, $m_\pi(\theta) = p_2$。

(3) 求精炼贝叶斯均衡。

利用(1)、(2)两步所求得的参与人信念依存的策略 $a_\pi(p)$ 及 $m_\pi(\theta)$, 分别在 $D_i, i=1,2,3,4$ 上求出分离均衡与混同均衡。

由(1.1)与(2.1), 当 $\pi \in D_1$ 时, $a_\pi(p) \equiv a_1$ 若 $c \leq p_1 - p_2, m_\pi(\theta) \equiv p_1$。此时应有推断 $1 \geq \pi_1 = 1 - \alpha > \frac{p_1 - w}{V - w}$, 即 $\alpha < \frac{V - p_1}{V - w}$, 又 $1 \geq \pi_2 > \frac{p_2 - w}{V - w}$, 或 $p_2 < V$。

故可得:

(3.1) 在 $c \leq p_1 - p_2, \alpha < \frac{V - p_1}{V - w}, p_2 < V, p_1 > w$ 条件下,有混同均衡:

$$m_\pi(\theta) \equiv p_1, \pi_1 = 1 - \alpha, 1 \geq \pi_2 > \frac{p_2 - w}{V - w}, a_\pi(p) \equiv a_2$$

若 $c > p_1 - p_2, m_\pi(\theta) = \begin{cases} p_1, & \theta = \theta_2, \\ p_2, & \theta = \theta_1. \end{cases}$ 推断应满足 $\pi_2 = 1 > \frac{p_1 - w}{V - w}$, 即 $p_1 < V$。$\pi_1 = 0 > \frac{p_2 - w}{V - w}$, 即 $p_2 < w$, 故可得:

(3.2) 在 $c>p_1-p_2,p_1<V,p_2<w$ 条件下,有分离均衡:

$$m_\pi(\theta)=\begin{cases}p_1,\theta=\theta_2,\\p_2,\theta=\theta_1;\end{cases}\pi_2=1,\pi_1=0,a(p)\equiv a_2$$

由(1.2)与(2.2),当 $\pi\in D_2,a_\pi(p)\equiv a_1,m_\pi(\theta)\equiv p_2$,推断应满足 $0\leq\pi_1\leq\dfrac{p_1-w}{V-w},0\leq\pi_2=\alpha<\dfrac{p_2-w}{V-w}$,即 $p_1\geq w,p_2\geq w$,故可得:

(3.3) 在 $\alpha\leq\dfrac{p_2-w}{V-w}$ 和 $p_1\geq w,p_2\geq w$ 条件下有混同均衡:

$$m_\pi(\theta)\equiv p_2,\pi_1=\alpha,0\leq\pi_2\leq\dfrac{p_1-w}{V-w},a(p)\equiv a_1$$

若 $m_\pi(\theta)=\begin{cases}p_1,\theta=\theta_2\\p_2,\theta=\theta_1,\end{cases}$ 推断为 $\pi_1=1\leq\dfrac{p_1-w}{v-w}$,即 $p_1\geq V$,

$\pi_2=0\leq\dfrac{p_2-w}{V-w}$,即 $p_2\geq w$。故可得:

(3.4) 在 $p_1\geq V,p_2\geq w$ 的条件下,有分离均衡:

$$m_\pi(\theta)=\begin{cases}p_1,\theta=\theta_2,\\p_2,\theta=\theta_1,\end{cases}\pi_1=1,\pi_2=0,a(p)\equiv a_1$$

由(1.3)和(2.3),当 $\pi\in D_3,a_\pi(p)=\begin{cases}a_2,p=p_1,\\a_1,p=p_2,\end{cases}$

当 $p_1\geq c$ 时,$m_\pi(\theta)\equiv p_1$;推断应满足 $1\geq\pi_1=1-\alpha>\dfrac{p_1-w}{V-w}$,即 $\alpha<\dfrac{V-p_1}{V-w},0\leq\pi_2\leq\dfrac{p_1-w}{V-w}$,即 $p_2\geq w$。故可得:

(3.5) 在 $\alpha<\dfrac{V-p_1}{V-w},p_1\geq c$ 和 $p_2\geq w$ 条件下,有混同均衡:

$$m_\pi(\theta)\equiv p_1,a(p)\equiv a_2$$

当 $p_1<c$ 时,$m_\pi(\theta)=\begin{cases}p_1,\theta=\theta_2,\\p_2,\theta=\theta_2,\end{cases}$ 推断为 $\pi_1=1>\dfrac{p_1-w}{V-w},0=\pi_2\leq\dfrac{p_2-w}{V-w}$,即 $p_1<V,p_2\geq w$。故可得:

(3.6) 在 $p_1<V,p_2\geq w,p_1<c$ 的条件下,有分离均衡:

$$m_\pi(\theta)=\begin{cases}p_1,\theta=\theta_2,\\p_2,\theta=\theta_1,\end{cases}\pi_1=1,\pi_2=0,a_\pi(p)=\begin{cases}a_2,p=p_1,\\a_1,p=p_2\end{cases}$$

由(1.4)和(2.4),$0\leq\pi_1\leq\dfrac{p_1-w}{V-w},1\geq\pi_2>\dfrac{p_2-w}{V-w}$,

$$a_\pi(p)=\begin{cases}a_2,p=p_1,\\a_1,p=p_2,\end{cases}m_\pi(\theta)\equiv p_2;故有 \pi_2=1-\alpha>\frac{p_2-w}{V-w},即 \alpha<\frac{V-p_2}{V-w}.$$

(3.7) 在 $p_1>w,p_2<V,\alpha<\dfrac{V-p_2}{V-w}$ 的条件下,有混同均衡:

$$a(p)\equiv a_2,m_\pi(\theta)\equiv p_2$$

Ⅱ. 斯宾塞就业市场中的文凭信号模型

斯宾塞(Spence,1973)运用信号博弈模型对文凭的功用做了一种博弈论的解释,即文凭具有一种揭示雇员真实能力的信号传递功能。

斯宾塞作为三位信息经济学的创始人之一而荣获 2001 年的诺贝尔经济学奖,[3]他所做出的这一模型事实上开创了广泛运用不完全信息动态博弈描述经济现象的先河。斯宾塞教授也是信号博弈研究的先驱者之一,他还是最早给出如精炼贝叶斯均衡等均衡概念定义的学者之一。斯宾塞模型是劳动经济学中的一个重要成果,它使我们对教育的功用有更多的认识。

该模型描述的是一个信号博弈,其中有两个局中人,一个是雇员,其发出的信号是教育水平或文凭,记为 $e\in E$,我们用非负实数测度 e,即 $e\geq 0$。假设雇员的类型是其工作能力,分为高(H)和低(L)两种,并且他的类型是私人信息。设雇员类型为 H 的先验概率为 P。另一个局中人是劳动力市场,它是由竞争性市场上的许多企业组成的。

设企业给予雇员的工资率为 w,θ 为雇员的类型(能力),$c(\theta,e)$ 是类型为 θ 的雇员在教育水平(学习努力程度)为 e 时的成本,$y(\theta,e)$ 是类型为 θ 且教育水平为 e 的雇员的(边际)产出。当雇员被企业雇佣时,雇员的支付为 $w-c(\theta,e)$,而企业的(边际)支付为 $y(\theta,e)-w$。

一个基本的假设是:低能力的雇员与高能力雇员相比,要取得同样的教育水平(文凭)需花费较大的成本。我们用如下假设来刻画这种条件,即低能力雇员受教育的边际成本高于高能力雇员,即对所有的 e 有:

$$\frac{\partial c(L,e)}{\partial e}>\frac{\partial c(H,e)}{\partial e} \tag{5.5}$$

雇员的无差异曲线由如下方程刻画:

$$w-c(\theta,e)=R \tag{5.6}$$

其中 R 为雇员的常数净支付。当 $R=0$ 时,我们得到一条特定的无差异曲线:

$$w=c(\theta,e) \tag{5.7}$$

假定类型为 θ,教育水平为 e 的劳动市场是竞争性的,因而在信息完全下有式(5.7),它也是信息完全时类型为 θ 的文凭需求曲线。式(5.5)表明,低能力雇员的文凭需求曲线比高能力的文凭需求曲线陡一些,如图 5.6 所示。

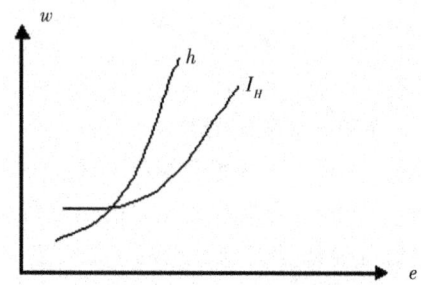

图 5.6 不同类型雇员的无差异曲线

图 5.6 中的无差异曲线既是雇员文凭的需求曲线,也是雇员对企业的文凭供给曲线。还假设企业之间在劳动市场上是竞争性的,因而在信息完全下边际利润为零,即

$$y(\theta,e)=w \tag{5.8}$$

在这个博弈中,文凭或教育水平是雇员向企业发出有关其类型的信号,w 是企业接收到这一信号后决定给予雇员的工资率。

当信息不完全时,如果企业观察到的信号为 e,则 $\widetilde{P}(H|e)$ 是企业认为雇员能力为 H 的后验概率,假定企业是风险中性的,则一个雇员的期望产出为:

$$\widetilde{P}(H|e)y(H|e)+[1-\widetilde{P}(H|e)]y(L,e) \tag{5.9}$$

由企业之间的竞争性,企业的行动选择是[4]

$$W(e)=\widetilde{P}(H|e)y(H|e)+[1-\widetilde{P}(H|e)]y(L,e) \tag{5.10}$$

当信息完全时,$W(e)=y(\theta,e)$,于是能力为 θ 的雇员将选择满足如下条件的 e:

$$\max_{e}[y(\theta,e)-c(\theta,e)] \tag{5.11}$$

设式(5.11)的最优解为 $e^*(\theta)$,在劳动市场和企业之间是竞争性的条件下,$y(\theta,e^*(\theta))=c(\theta,e^*(\theta))$,且 $\dfrac{\partial y(\theta,e^*)}{\partial e}=\dfrac{\partial c(\theta,e^*)}{\partial e}$(雇员效用最大化条件,即式(5.11)),如图 5.7 所示。

注意:图 5.7 中的生产函数 $y(\theta,e)$ 是向上倾斜的,这说明在同样的能力水平下,获得较多教育将提高雇员的生产率。

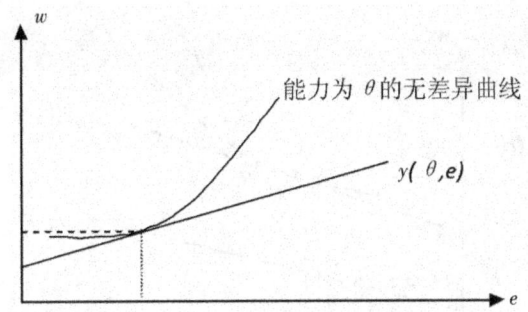

图 5.7　完全信息下的最优教育水平

现在,我们在不完全信息假定下展开博弈分析。

作为信号博弈,该模型在一定的条件下分别存在分离均衡、混同均衡等。我们先看看这两类均衡的情况。对于分离均衡来说,要求低能力雇员不能模仿高能力雇员,即低能力雇员如果模仿高能力雇员取得高学历文凭,即使因此而获取高工资率 $W^*(H)$ 也不能补偿其过高的成本,于是有

$$W^*(L)-c(L,e^*(L))>W^*(H)-c(L,e^*(H)) \qquad (5.12)$$

如图 5.8 所示。

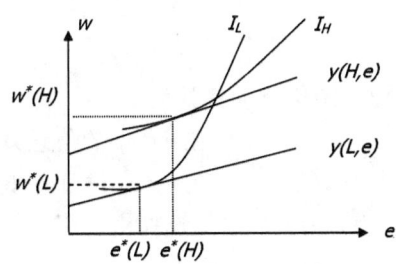

图 5.8　分离均衡条件

在混同均衡情形,低能力雇员模仿高能力雇员所耗费成本小于取得高学历所带来的收益,于是有

$$W^*(L)-c(L,e^*(L))>W^*(H)-c(L,e^*(H)) \qquad (5.13)$$

如图 5.9 所示。

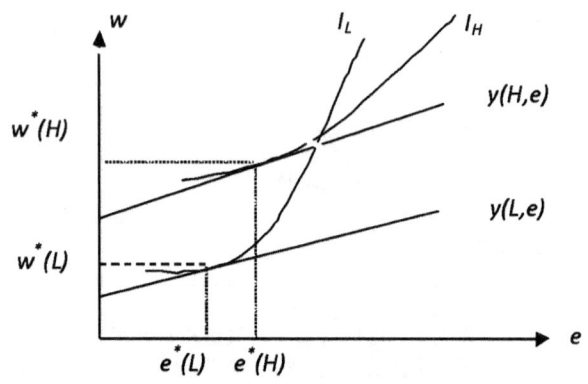

图 5.9 混同均衡条件

对于混同均衡,设两种类型的雇员都选择同样的教育水平 e_p,此时,企业在观察到 e_p 后有 $\widetilde{P}(H|e_p)=p$,p 是雇员类型为 H 的先验概率。按照前述假设,此时企业的最优工资率选择为

$$W_p = py(H,e_p) + (1-p)y(L,e_p) \tag{5.14}$$

在非均衡路径上,令 $\widetilde{P}(H|e)=0, e \neq e_p$,于是有

$$\widetilde{P}(H|e) = \begin{cases} p, e = e_p, \\ 0, e \neq e_p \end{cases} \tag{5.15}$$

由式(5.10)有企业的最优行动选择为

$$W(e) = \begin{cases} w_p, & \text{在 } e = e_p \text{ 的信息集上}, \\ y(L,e), & \text{在 } e \neq e_p \text{ 的信息集上} \end{cases} \tag{5.16}$$

给定企业的反应,能力为 θ 的雇员选择由以下条件决定的 e

$$\max_e [W(e) - c(\theta,e)] \tag{5.17}$$

当 $e_p = e^*(H)$ 时,在图 5.10 中,对于类型为 H 的雇员,当他选择 e_p 时,他所处的无差异曲线为 I_H;而当他选择 $e \neq e_p$ 时,他所处的无差异曲线为 $y(L,e)$ 上的点所处于的无差异曲线,显然效用小于前者,故选 e_p 为最优的。

对于类型为 L 的雇员,当他选择 e_p 时,处于无差异曲线 I_L;若他选择 $e \neq e_p$,则处于过 $y(L,e)$ 上的无差异曲线,显然选 e_p 是最优的,因为选 $e \neq e_p$ 中的最大化支付选择是 $e^*(L)$,过 $[e^*(L), W^*(L)]$ 的无差异曲线在过 $[e_p, w_p]$ 的无差异曲线的下方。显然,对于图 5.10 中的那种 $e_p = e^*(H)$,以及图中的那种无差异曲线和生产函数来说,雇员选择信号 $e_p = e^*(H)$ 构成一个混同均衡。从数学关系上看,混同均衡并不一定要求 $e_p = e^*(H)$,还存在其他许多 e_p 是混同均衡信号。

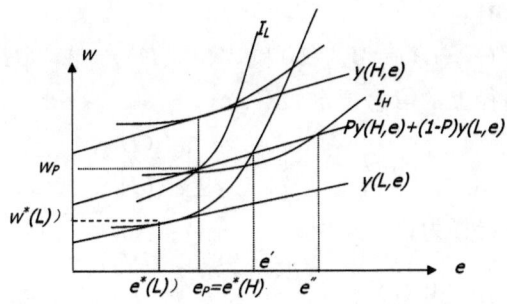

图 5.10 混同均衡

即使对于图 5.10 中那样的无差异曲线和生产函数,也还存在许多其他的混同精炼均衡,其中某些混同均衡之间可能选择的教育水平不同,但另一些混同均衡之间的差别仅在于非均衡路径上的信念不同。

显然,在图 5.10 中,只要选择 e^* 与 e' 之间的教育水平,也不难看出会构成另外的无限多个混同均衡。

我们还可看出,仅仅改变非均衡路径上的信息,也可以获得另外的混同均衡。

我们将式(5.15)修改为:

$$\tilde{P}(H|e)=\begin{cases}0, & e\leq e^n \text{ 但 } e\neq e_p,\\ p, & e=e_p,\\ p, & e>e^n\end{cases} \quad (5.18)$$

其中 e_p 是上述位于 $e^*(H)$ 与 e' 之间的任一信号。企业策略为:

$$W(e)=\begin{cases}y(L,e), & e\leq e^n \text{ 但 } e\neq e_p,\\ w_p, & e=e_p,\\ w_p, & e>e^n\end{cases} \quad (5.19)$$

对于类型为 H 的雇员选 e_p 时,位于过 (w_p,e_p) 的无差异曲线 I_H;当他选择 $e\leq e^n$ 且 $e\neq e_p$ 时,位于过 $y(L,e)$ 的无差异曲线;当他选择 $e>e^n$ 时,位于 I_H 下方的无差异曲线。故选 e_p 是最优的。

对于类型为 L 的雇员选 e_p 时,位于无差异曲线 I_L 上,当他选 $e\leq e^n$ 且 $e\neq e_p$ 时,位于过 $y(L,e)$ 的无差异曲线;当选 $e>e^n$ 时,位于 I_L 下方的无差异曲线上。故选 e_p 是最优的。

下面,我们来看看分离均衡情形,如图 5.8 所示。显然,最自然的分离均衡中的雇员策略为 $[e(L)=e^*(L), e(H)=e^*(H)]$,此时,企业在观察到信号后的后验概率为

$$\tilde{P}(H|e^*(L))=0 \text{ 和 } \tilde{P}(H|e^*(H)) \quad (5.20)$$

据式(5.10)有：
$$W(e^*(L))=W^*(L) \text{ 和 } W(e^*(H))=W^*(H) \quad (5.21)$$
在非均衡路径上的信念规定如下：
$$\widetilde{P}(H|e)=\begin{cases} 0, & e<e^*(H), \\ 1, & e\geq e^*(H) \end{cases} \quad (5.22)$$
企业的最优选择为：
$$W(e)=\begin{cases} y(L,e), & e<e^*(H), \\ y(H,e), & e\geq e^*(H) \end{cases} \quad (5.23)$$

对于类型为 H 的雇员，当他选 $e^*(H)$ 时，位于无差异曲线 I_H 上；当选 $e<e^*(H)$，位于无差异曲线 I_H 下方的无差异曲线上，故选 e 劣于 $e^*(H)$。当选 $e<e^*(H)$ 时，收入为 $y(L,e)$，此时他位于无差异曲线 I_H 的下方，由图 5.4 知道他处于过 $y(L,e)$ 曲线的较低位置的无差异曲线上。已知他在 $e<e^*(H)$ 时的收入为 $y(H,e)$，其效用也不如选 $e^*(H)$，故此时效用仍不如选 $e^*(H)$。所以，他选 $e^*(H)$ 是最优的。

对于类型为 L 的雇员，当他选 $e<e^*(H)$，收入为 $y(L,e)$，必小于选 $e^*(L)$ 时的效用，因 $e^*(L)$ 是工资函数为 $w=y(L,e)$ 时的最优努力水平。当他选 $e\geq e^*(H)$ 时，收入为 $y(H,e)$，净收益即支付为 $y(H,e)-c(L,e)$。据图 5.8，该净收益（为负）显然小于选 $e^*(L)$ 的净收益（为零），故选 $e^*(L)$ 是最优的。

如果不假设图 5.8 那样的几何关系，而是在图 5.9 的情形下，我们来寻找分离均衡。此时，由于存在低能力雇员模仿高能力雇员的倾向，高能力雇员要阻止低能力雇员的模仿，从而形成分离均衡，就必须要求高能力雇员付出更高的代价，取得更高的教育水平，使低能力雇员难以模仿。企业观察到这种较高水平的教育成本，也因此而知道他是高能力雇员，并给予较高的工资率予以奖励。这就像雄性动物在求偶时为了向雌性动物表明自己是最合适的传宗接代对象（有最好的体质）而相互打斗一样，胜者需要付出额外的成本。中国武侠小说中常见到两个狭路相逢的好汉在一场恶战之前，通常要各自表演一番武功，如用手劈砸砖石等绝技。这是高手为避免由于双方信息不完全而导致一场双方都头破血流的打斗所发出的信号。譬如，当一个好汉见对方的绝技自己不能模仿时，可能就明白了对手是比自己技高一筹的好汉，他会选择弃战或甘拜下风，从而避免更惨的结局。

由此，我们料想高能力雇员选 $e_s>e^*(H)$ 才能构成分离均衡，见图 5.11。

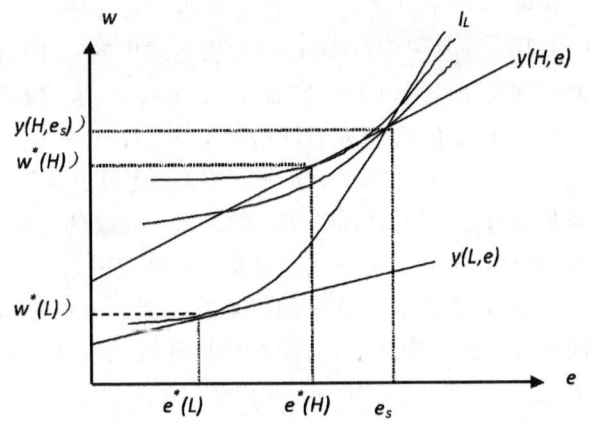

图 5.11　存在信号发送成本的分离均衡

在 $e^*(H)$ 到 e_s 之间的教育水平 e,如果低能力雇员效仿高能力雇员可令企业误认为他是高能力雇员,则低能力雇员有动机如此做。但是,当高能力雇员的信号等于 e_s 时,低能力雇员在模仿高能力雇员选择 e_s 与暴露自己类型的选择 $e^*(L)$ 之间是无差异的,可假设此时他选择 $e^*(L)$。下面给出信息集上的信念,并证明它与雇员的策略一起构成分离均衡。

雇员策略为

$$e(\theta) = \begin{cases} e^*(L), & \theta = L, \\ e_s, & \theta = H \end{cases} \quad (5.24)$$

当企业观察到信号后,后验概率为

$$\widetilde{P}(H|e) = \begin{cases} 0, & e < e_s, \\ 1, & e \geq e_s \end{cases} \quad (5.25)$$

企业的最优选择为

$$W(e) = \begin{cases} y(L,e), & e < e_s, \\ y(H,e), & e \geq e_s \end{cases} \quad (5.26)$$

对于低能力雇员,选择 $e^*(L)$ 与选择 e_s 的净收益都为零,而选其他的信号净收益为负,在前述假定下选择 $e^*(L)$ 为最优。对于高能力雇员,当 $e \geq e_s$ 时,无差异曲线在 I_H 的下方;而当 $e < e_s$ 时,无差异曲线显然也在 I_H 下方,故选 e_s 为最优。

该博弈还存在其他的分离均衡。在某些分离均衡中,高能力雇员选择不同的教育水平,而低能力雇员总选择 $e^*(L)$。另外一些分离均衡是高能力雇员总选择 e_s,低能力雇员总选择 $e^*(L)$,但非均衡路径上的信念不同。作为前者的一个例子,令 $\hat{e}$ 为高于 e_s 的教育水平,但又不足以高到使高能

力雇员不愿意选择 $\hat{e}$,而宁愿被认为自己是低能力的,即图 5.11 中的 $\hat{e}$。如果在图 5.11 中,用 $\hat{e}$ 替换 $\widetilde{P}(H|e)$ 和 $W(e)$ 表达式中的 e_s,则由此形成的企业信念和策略与雇员策略 $[e(L)=e^*(L),e(H)=\hat{e}]$ 一起,构成一个分离均衡。作为后者的一个例子,令企业对严格处于 $e^*(H)$ 和 e_s 之间的教育水平的信念严格大于 0,为一个足够小的正数,使得据此得出的策略 $W(e)$ 严格处于低能力雇员通过点 $[e^*(L),w^*(L)]$ 的无差异曲线的下方。

最后,我们来讨论杂合均衡。我们考察一种特定的杂合均衡,其中高能力雇员选择一种信号,而低能力雇员随机地在高能力雇员选择的信号与另一种信号之间进行选择。特别地,低能力雇员随机地选择与高能力雇员混同或与其分离。

假设高能力雇员选择的信号为 e_h,低能力雇员以概率 π 选择 e_h 或以概率 $(1-\pi)$ 选择 e_L。根据贝叶斯法则,企业观察到信号 e_h 时的信念为:

$$\widetilde{P}(H|e_h) = \frac{\text{prob}(e_h|H)\text{prob}(e_h)}{\text{prob}(e_h|H)\text{prob}(H)+\text{prob}(e_h|L)\text{prob}(L)}$$
$$= \frac{1 \cdot P}{1 \cdot P + \pi(1-P)} = \frac{P}{P+\pi(1-P)} \quad (5.27)$$

其中,P 为雇员为高能力类型的先验概率。显然,企业观察到信号 e_L 时的信念为 $\widetilde{P}(H|e_L)=0$。由式 (5.27),因 $P+\pi(1-P) \leq P+(1-P)=1$,故 $\widetilde{P}(H|e_h) \geq q$,其含义为:由于高能力雇员总选择 e_h,但低能力雇员只是以概率 π 选择 e_h,故一旦观察到 e_h 被选择,就说明雇员为高能力的概率比先验概率有所提高。当 π 趋于零时,低能力雇员几乎不会与高能力雇员混同,于是 $\widetilde{P}(H|e_h)$ 趋于 1,即观察到 e_h 后几乎可以肯定雇员是高能力的。当 π 趋于 1 时,低能力雇员几乎总是与高能力雇员混同,故 $\widetilde{P}(H|e_h)$ 趋于 P。

当低能力雇员选择 e_L 与高能力雇员分离时,有 $\widetilde{P}(H|e_L)=0$,则有 $W(e_L)=y(L,e_L)$,对低能力雇员来说,给定这种工资率,其最优信号为 $e^*(L)$。所以,必有 $e_L=e^*(L)$。低能力雇员在 $e^*(L)$ 与 e_h 之间随机选择,据混合博弈最优策略性质即推论 3.2.1 有

$$W^*(L)-c[L,e^*(L)]=W_h-c(L,e_h) \quad (5.28)$$

即他在选择 $e^*(L)$ 与 e_h 之间无差异,其中 $W_h=W(e_h)$。

据式 (5.10) 有

$$W_h = \frac{P}{P+(1-P)\pi}y(H,e_h)+\frac{(1-P)\pi}{P+(1-P)\pi}y(L,e_h) \quad (5.29)$$

给定 e_h,式 (5.28) 决定一个 W_h,若 W_h 满足 $y(L,e_h) \leq W_h \leq y(H,e_h)$,则式 (5.29) 决定一个唯一的 π,否则不存在杂合均衡。

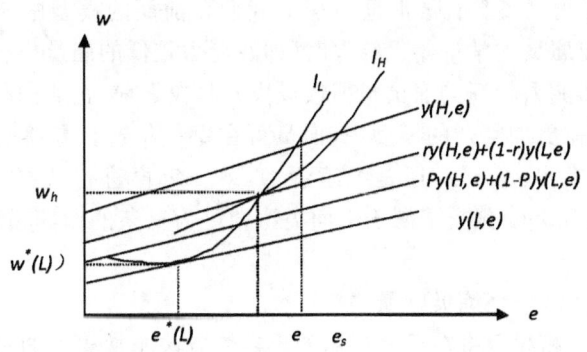

图 5.12 杂合均衡

在图 5.12 中,给定 e_h,W_h 为式(5.28)的解,(e_h,W_h) 处于低能力雇员通过的 $[e^*(L),w^*(L)]$ 的无差异曲线上。

r 是 $W_h = ry(H,e_h) + (1-r)y(L,e_h)$ 的解,且 $r = \tilde{P}(H|e_h)$。据式(5.27),$\pi = \dfrac{P(1-r)}{r(1-P)}$。条件 $W_h < y(H,e_h)$ 等价于 $e_h < e_s$,而 e_s 是分离均衡中高能力雇员选择的信号。当 e_h 趋于 e_s 时,r 趋于 1,故 π 趋于零。于是,图 5.11 描述的分离均衡为这里考虑的杂合均衡的极限。

这里考虑的杂合均衡可如下描述:

令 $\tilde{P}(H|e) = \begin{cases} 0, & e < e_h \\ r, & e \geq e_h \end{cases}$,则企业策略为:

$$W(e) = \begin{cases} y(L,e), & e < e_h \\ ry(H,e) + (1-r)y(L,e), & e \geq e_h \end{cases}$$

对于低能力雇员,在 $e < e_h$ 下的最优信号为 $e^*(L)$,且在 $e \geq e_h$ 下的最优信号为 e_h。对于高能力雇员,e_h 优于任何其他信号。

斯宾塞于 1973 年的论文存在的一个不足是即使教育对于生产率完全没有影响(即使能力为 θ 的雇员产出等于 $y(\theta)$,与 e 无关),工资率也可随教育程度的提高而提高。他在 1974 年的论文中,使其论证更加一般化一些,允许产出不仅随能力而提高,还随教育而提高,类似的结论变为工资率随教育而提高的幅度大于教育对生产率的促进可以解释的水平。我们在这里介绍的是这种更加一般的方法。

那么,从经验考察看,在高校读书时间更长的雇员,其工资率也会更高(平均而言)吗?Mincer(1974)的研究证实了这一预测。这一事实使得我们可以用在高校读书的时间来表示变量 e。在分离均衡中,可以想象能力较低的雇员只读到高中毕业,能力较高的雇员则完成了大学教育。但不幸的是,把 e 解释为高校教育的时间将引起我们在前面的模型中未涉及的动态问题,比如在雇员大学一年级结束时(即在能力较低的雇员根据假设离开高校之后,而在能力较高的雇员根据假设离开学校之前)企业向其开出工资率的可能性。在更加复杂的模型中,雇员可在每一年选择是接受当年所开出的最高工资率出去工作,还是继续念书,第二年再进行选择。Noldeke 和 Van Damme(1990)分析了属于上面类型的更为复杂的博弈模型,并证明如下结论:

(1) 存在多个精炼贝叶斯均衡;

(2) 通过和我们将在后面运用的再精炼方法非常相近的精炼之后只有一个均衡存留下来;

(3) 在(2)中存留的唯一均衡与我们前面分析的博弈通过后面给出的再精炼之后的唯一均衡完全相同。因而在上述分析的博弈中,我们不太严格地把 e 看成高校教育的时间,因为在更为丰富的博弈中的结果是一致的。

不过,在这里我们又将 e 的差异解释为学生在学校里的表现上的差异,而不是学生接受高校教育时间的差异,从而绕过上面的动态问题。据此,上述博弈就可以运用于一组高中毕业生(即接受整整 12 年教育的雇员),或一组大学毕业生或 MBA 获得者。在这种解释下,e 衡量所学课程的门数及种类,在固定的教育期内取得的学术质量和赢得的荣誉等。学费支出(若存在)从而和 e 不再相关,于是成本函数 $c(\theta,e)$ 度量非货币的(或精神上的)成本;在给定的学校中,能力较低的学生发现要取得好成绩更加困难,同时在一所更具竞争力的学校中要得到相同的分数也更困难。用教育以此种方法作为一个信号也可说明下面的事实:一般企业通常雇佣给定学校中最好的毕业生和最好学校的毕业生,并支付他们更高的工资。

5.2.3 公司融资的方式选择

对于一家公司来说,如果它面临一个项目的开展,就需要融资。融资有多种可选择的方式或渠道,如发行股票或发行债券。当然,公司也可以选择寻找内部资金的方式来解决项目的资金投入问题。这被称为公司的资本结构问题。决定公司资本结构选择或融资方式选择的因素有很多,但来自博弈论的逻辑是一个颇有影响的方面。

假定有一家公司面临一个待开展的项目,需要投入资金。公司的盈利能力(即好的企业或差的企业)是企业家的私人信息,并且新项目的收益与企业在开展新项目之前的收益是无法区分的,只有企业的总利润水平是可观察的(当然,可以假设企业家知道新项目单独的盈利能力,但这种假设除了增加数学上的复杂性,不会带来本质上的不同内容)。这是一个信号博弈,其中公司和投资者是两个局中人,公司是信号发送者,投资者是信号接收者。公司发送的信号是有多种选择的,我们先来看信号是公司向投资者承诺的股权份额的情形。

为了简化分析,假定公司只有两种类型,即高盈利能力 H 和低盈利能力 L,且 $H>L>0$(用数量刻画盈利能力)。这里,H 和 L 分别是公司在高盈利或低盈利能力时的利润水平(可以是不确定情形下的期望利润水平)。以下用 π 表示公司利润水平。设项目需要投入的资金数量为 I,预期收益为 R,而潜在投资者若将数额为 I 的资金投入其他项目中的最大收益为 $I(1+r)$,其中 r 为其他投资渠道的最大回报率(机会成本)。

该博弈步骤为:

(1)"自然"选择公司的盈利能力,设 $\pi=L$ 的先验概率为 P;

(2)公司知道自然的选择 π,它向潜在投资者发送信号 S,即承诺给投资者的股权份额为 S,$0 \leq S \leq 1$;

(3)投资者观察到 S,然后选择是接受还是拒绝这一合约;

(4)如果投资者拒绝合约,则投资者的支付为 $I(1+r)$,公司的支付为 π;如果投资者接受,则投资者支付为 $S(\pi+R)$,公司支付为 $(1-S)(\pi+R)$。

这一模型由 Myers 和 Majluf 给出(Myers,S 和 N. Majluf,1984),但他们当时考虑的是一种大公司(有股东和经理层)而不是私人企业(只有唯一一个所有者充当公司总经理)。他们在这篇论文中讨论了股东利益如何影响经理效用的不同假定情形。Dybvig 与 Zender 后来推导出了股东和经理之间的最优合约安排(Dybvig,P 与 J. Zender,1991)。

当投资者接收到合约 S 后,如果他在此信息集上关于公司类型为 L 的后验概率为 q,则当且仅当如下条件成立时他会接受 S(假设投资者是风险中性的):

$$S[qL+(1-q)H+R] \geq I(1+r) \tag{5.30}$$

而对公司来说,如果他只有以股权融资与放弃项目两种选择,则它要选择让渡公司的 S 份额股权作为代价为项目融资,当且仅当如下条件成立:

$$S \leq \frac{R}{\pi+R} \tag{5.31}$$

下面看看混同均衡条件。在混同均衡中,投资者观察到 S 后的后验概率等于先验概率,即 $q=P$。此时,立项约束式(5.31)在 $\pi=H$ 时比 $\pi=L$ 时更加难以满足,式(5.30)和式(5.31)给出的联合约束意味着混同均衡必须满足如下必要条件:

$$\frac{I(1+r)}{PL+(1-P)H+R} \leq \frac{R}{H+R} \tag{5.32}$$

当 P 趋近于零时,上式自然成立,因为已假设有 $R>I(1+r)$。但当 P 趋于 1 时,则上式成立的条件是:

$$\frac{I(1+r)}{L+R} \leq \frac{R}{H+R}$$

即

$$R-I(1+r) \geq \frac{I(1+r)H}{R}-L \tag{5.33}$$

即要有足够高的项目收益才会有混同均衡。

在式(5.30)中令 $q=P$,得 $S \geq \frac{I(1+r)}{[PL+(1-P)H+R]}$,而若投资者确信有 $\pi=H$(即 $q=0$),则他将接受更小的权益份额 $S \geq \frac{I(1+r)}{(H+R)}$。这就是说,当 P 足够大时,混同均衡要求更大的 S 才能使投资者接受,因为他担心有较大可能将资金投入一个差的企业,故要求较高的 S 补偿其风险损失。所以,当 P 较大时,高盈利能力企业实际上补贴了低盈利能力企业。我们将在后面的分析中看到,混同均衡所要求高盈利能力企业以更大的权益分额对高盈利能力企业来说可能是非常昂贵的,甚至高到使高盈利能力企业选择放弃这一有盈利前景的新项目。这一结果表明,或者只有当 P 足够小时,才存在混同均衡,这时减少了高盈利能力企业的补贴成本,或者,当式(5.33)成立,此时新项目有足够的利润足以补偿补贴成本,以下将证明这一结论。

当式(5.32)不成立时,则不存在混同均衡,但可证明博弈总存在分离均衡。在分离均衡中,低盈利能力企业发出信号为 $S_L=\frac{I(1+r)}{(L+R)}$,这是投资者愿意接受的最低合约水平。高盈利能力企业发出信号 $S_H<\frac{I(1+r)}{(H+R)}$。此时投资者会拒绝。这是一个分离均衡。当 $S_L=\frac{I(1+r)}{(L+R)}$,投资者接收到 S 后认为发送者是低盈利能力企业,$q=1$。当他拒绝时,支付为 $I(1+r)$,而接受时支付为 $S_L(L+R)=I(1+r)$,他在接受与拒绝之间是无差异的。假设此时他选择接受。

当投资者接收到 $S_H<\frac{I(1+r)}{(H+R)}$ 时,他知道发送者是高盈利能力企业,$q=0$。若接受,支付为 $S_H(H+R)$,若拒绝,支付为 $I(1+r)>S_H(H+R)$,故最优选择是拒绝。

在非均衡路径上，若 $\frac{I(1+r)}{(H+R)} \leq S < \frac{I(1+r)}{(L+R)} = S_L$，信念规定为 $q=1$，投资者拒绝。若 $S > \frac{I(1+r)}{(L+R)}$，信念规定为 $q=1$，投资者接受。给定投资者的信念与选择，低盈利能力企业若选择 $S < \frac{I(1+r)}{(L+R)}$，则投资者拒绝，其支付为 L，小于发送 $S_L = \frac{I(1+r)}{(L+R)}$ 时的支付 $(1-S_L)(L+R)$，因为

$$(1-S_L)(L+R) > \left[1 - \frac{I(1+r)}{(L+R)}\right](L+R) = L+R-I(1+r) > L$$

若选择 $S > \frac{I(1+r)}{(L+R)} = S_L$，则投资者接受，其支付为 $(1-S)(L+R)$，小于发送 S_L 时的支付 $(1-S_L)(L+R)$。故低盈利能力企业的最优信号为 S_L。

对于高盈利能力企业，当发送 $S \geq \frac{I(1+r)}{(L+R)}$ 时，若 $S<S_L$，则投资者拒绝，支付为 H；若发送 $S < \frac{I(1+r)}{(H+R)}$，则投资者拒绝，支付为 H；若 $S \geq S_L$，则投资者接受，支付为 $(1-S)(H+R)$；但当发送 $S < \frac{I(1+r)}{(H+R)}$ 时，投资者拒绝，支付为 H，此时式(5.32)不成立，有

$$\frac{I(1+r)}{L+R} \geq \frac{I(1+r)}{PL+(1-P)H+R} > \frac{R}{(H+R)}$$

故 $(1-S)(H+R) \leq (1-S_L)(H+R) = \left(1 - \frac{I(1+r)}{L+R}\right)(H+R) \leq \left(1 - \frac{R}{H+R}\right)(H+R) = H$，故发送 $S \geq \frac{I(1+r)}{(H+R)}$ 时的支付或者等于 H 或者小于 H，因而最优信号是 $S < \frac{I(1+r)}{(H+R)}$。这就证明了这一分离均衡的存在。

在这类分离均衡中，投资水平降低了，因为高盈利企业无法通过股权融资，而低盈利企业却可以通过股权融资。新项目肯定是可以带来利润的，但获得高利润类型的企业却放弃了通过股权融资的投资。这种情形是发送者的信号集无效率的情形，因为高盈利企业无法将自己与低盈利企业区分开来——对高盈利能力类型有吸引力的融资条件对低盈利能力类型甚至更有吸引力。

这样，当分离均衡出现时，高盈利能力企业就不能选择股权融资方式投资了，这时需要选择其他方式融资。这正是为什么企业在股权融资外还要选择债务融资或内部资金渠道进行投资的原因，即企业的资本结构呈现多

元化的特征。

下面,我们考察公司在选择股权融资的同时还可以选择债务融资的情形。

假设企业发出的信号是一份债务合同 D,如果企业没有破产,则投资者支付为 D,企业支付为 $(\pi+R-D)$;如果企业破产,投资者支付为 $(\pi+R)$(债权人清理企业资产),企业支付为零。当 $L>0$ 时,总存在混同均衡——两种类型企业均发出相同的信号 $D=I(1+r)$,且投资者都接受。这是因为,给定信号 $D=I(1+r)$,投资者后验概率等于先验概率,$q=p$。

因为此时企业总不会破产($\pi+R-D=\pi+R-I(1+r)\geq\pi\geq L>0$),则接受时投资者支付为 $D=I(1+r)$,不接受时支付也为 $I(1+r)$,投资者在接受与拒绝之间是无差异的。在已有假定即投资者在此无差异状态下总选择接受,则接受是投资者的最优选择。在非均衡路径上,信号 $D\neq I(1+r)$,规定后验概率如下:

$$\widetilde{P}(L|D)=\begin{cases}1, & D>I(1+r),\\ 0, & D<I(1+r)\end{cases}$$

故当 $D>I(1+r)$ 时接受,因为接受的支付为 $D>I(1+r)$,不接受的支付为 $I(1+r)<D$;当 $D=I(1+r)$,当然不接受。

给定投资者的上述反应,高盈利能力企业若发出 $D\geq I(1+r)$,投资者接受,支付为 $(H+R-D)$,若它发出 $D<I(1+r)$,投资者不接受,支付为 H,最优选择当然为发出 $D=I(1+r)$;低盈利能力企业若发出 $D\geq I(1+r)$,投资者接受,支付为 $(L+R-D)$,若发出 $D<I(1+r)$,投资者不接受,支付为 L,最优选择为发出 $D=I(1+r)$。

但是,如果 $L<0$,且使得 $L+R-I(1+r)<0$,则低盈利能力企业会破产,投资者不会接受这一合约。此时,这一有盈利前景的新项目仍然不能通过债务合同融资[5]。但若 $L>0$,上述分析表明债务合同可以为新项目融得资金。这就是为何企业有时选择股权融资而有时又选择债权融资,从而形成企业多元化资本结构的原因之一。

当 $L+R-I(1+r)<0$ 时,不可能通过债权融资,如果股权融资也不行,则企业只有选择用内部资金投资了。于是,企业在 $\dfrac{I(1+r)}{PL+(1-P)H+R}$ $>\dfrac{R}{H+R}$ 和 $L+R-I(1+r)<0$ 时会选择用内部资金投资新项目(因 $R>I(1+r)$,故投资新项目总是盈利的)。如果 R 很大,L 很小(且 $L<0$),这两个条件显然是可能成立的。

5.2.4 货币政策的动态一致性

在第 4 章中,我们运用子博弈精炼纳什均衡的概念指出货币政策中的动态不一致性,即给定公众预期政府会实行零通胀政策,政府就有动机实行通胀政策。但是,尽管零通胀政策是一个帕累托最优的货币政策,它却不是一个子博弈精炼均衡。在第 4 章中,我们假定动态博弈是完全信息的。这里,一旦我们引入不完全信息假定,零通胀货币政策就有可能成为精炼贝叶斯均衡,而政府的零通胀政策就可能变成可以置信的承诺了。这是因为,在信息不完全情形,公众可能并不清楚政府在通胀与就业目标之间的替代程度,因而政府可能伪装成不喜欢通胀的类型。当这种伪装行为达成一种混同均衡时,公众就可能相信政府,从而产生较低的通胀率预期。

在第 4 章中,我们假定政府的单阶段支付函数为:

$$M(\pi, y) = -c\pi^2 - (y - k\bar{y})^2$$

其中,$c > 0, k > 1$ 为常数,π 为政府制造的通胀率,y 为国民收入(总产出),$\bar{y}$ 为充分就业的国民收入。

总产出与通胀率之间的关系由含有公众预期通胀率的 Phillips 曲线刻画:

$$y = \bar{y} + \beta(\pi - \pi^e), \beta > 0$$

其中 β 为常数,π^e 为公众预期的通胀率。

于是有

$$M(\pi, y) = M(\pi, \pi^e) = -c\pi^2 - [(1-k)\bar{y} + \beta(\pi - \pi^e)]^2 \quad (5.34)$$

与第 4 章不同的是,这里假定这一动态博弈是二阶段的,第一阶段由公众选择预期通胀率 π_1^e,由政府选择通胀率(货币政策)π_1;第二阶段公众观察到 π_1,选择 π_2^e,政府再选择 π_2。在这种动态博弈中,每一阶段也是一个动态博弈。与第 5 章不同,我们在这里还要给出公众的支付函数,其单阶段支付函数假定为 $-(\pi - \pi^e)^2$,即公众不喜欢预期通胀率与实际通胀率偏差太大[6]。

记 $\pi_t, \pi_t^e, t = 1, 2$ 分别为第一、二阶段的通胀率和预期通胀率,并假设政府和公众的贴现因子皆为 1,则政府和公众的支付函数分别为

$$u_g = M(\pi, \pi_1^e) + M(\pi_2, \pi_2^e)$$
$$u_p = -M(\pi, \pi_1^e) - M(\pi_2, \pi_2^e) \quad (5.35)$$

其中 u_g, u_p 分别为政府和公众的支付函数。

在政府的支付函数中参数 C 反映了政府在零通胀率和充分就业两个宏观经济政策目标之间的替代情况。当 C 较大时,给定同样的通胀率,政

府支付较小,即 C 刻画了政府厌恶通胀的程度。这样,当政府为追求充分就业目标而通过制造通胀而使总产出提升时,较大的 C 就意味着政府因此而付出较大的代价。在第 4 章中,C 是局中人的共同知识。而这里,我们假定 C 不再是共同知识,而是政府的私人信息或政府的类型。

设 C 只有两种取值:

$$C = \begin{cases} S, & \text{强政府}, \\ W, & \text{弱政府} \end{cases}$$

这里强政府是指政府对治理通胀的态度比较强硬,其中 $S > W$,因为 C 刻画了政府讨厌通胀的程度。该博弈的顺序为:

(1) "自然"选择政府的类型 C, $C = W$ 的先验概率为 P;
(2) 公众形成通胀率预期 π_1^e;
(3) 政府观察到 π_1^e,选择通胀率 π_1;
(4) 公众观察到 π_1(不能观察到 C),然后形成通胀率预期 π_2^e;
(5) 政府考察到 π_2^e,然后选择通胀率 π_2。

我们从这个二阶段的货币政策博弈中抽象出单阶段信号博弈。发送者的信号为政府对第一阶段通胀率的选择 π_1,接收者的行动为公众对第二阶段通胀率的预期 π_2^e。公众第一阶段的通胀率预期以及政府第二阶段对真实通胀率的选择分别为信号博弈之前及之后的行动。

在信号博弈的单阶段问题中,给定公众的通胀率预期 π^e,政府对 π 的最优选择由如下最大化问题决定:

$$\max_{\pi} M(\pi_1, \pi^e)$$

由式(5.34),该问题的解为:

$$\pi_1 = \frac{\beta[(k-1)\bar{y} + \beta\pi^e]}{C + \beta^2} \tag{5.36}$$

在第二阶段,当政府类型为 C,公众预期为 π_2^e,则政府对 π_2 的最优选择为:

$$\pi_2^*(\pi_2^e, C) = \frac{\beta[(k-1)\bar{y} + \beta\pi^e]}{C + \beta^2} \tag{5.37}$$

如果公众的后验概率为 $\widetilde{P}(W|\pi_1) = q$,并据此开始第二阶段的博弈,则他们将选择 $\pi_2(q)$,以使下式最大化:

$$-q[\pi_2^*(\pi_2^e, W) - \pi_2^e]^2 - (1-q)[\pi_2^*(\pi_2^e, S) - \pi_2^e]^2 \tag{5.38}$$

下面考虑混同均衡,此时两种类型选择的第一阶段通胀率相同,不妨用 π^* 表示。假设公众具有理性预期,于是,公众第一阶段的预期为 $\pi_2^e = \pi^*$。

在均衡路径上,公众观察到 π^*,后验概率为 $\widetilde{P}(W|\pi^e) = p$,然后开始第

二阶段博弈,并形成预期 $\pi_2^e(p)$,类型为 C 的政府对给定预期选择最优的第二阶段通胀率。在理性预期假定下有 $\pi_2^*[\pi_2^e(p),C]$,然后博弈结束。在非均衡路径上,据式(5.38)计算相应的非均衡路径上的行为。

当政府在第一阶段选择 $\pi_1=\pi^*$,第二阶段选择 $\pi_2^*(\pi_2^e,C)$,且 π_2^e 是最大化如下函数:

$$-p[\pi_2^*(\pi_2^e,W)-\pi_2^e]^2-(1-p)[\pi_2^*(\pi_2^e,S)-\pi_2^e]^2 \quad (5.39)$$

其中 $\pi_2^*(\pi_2^e,W)$ 和 $\pi_2^*(\pi_2^e,S)$ 由式(5.37)决定,此时政府的支付为:

$$M(\pi^*,\pi^*)+M(\pi_2^*(\pi_2,C),\pi_2^e)$$

当政府在第一阶段发出信号 $\pi_1\neq\pi^*$ 时,规定第二阶段公众的后验概率为 $\widetilde{P}(W|\pi_1)=1$,则公众在第二阶段的最优预期通胀率为最大化 $-[\pi_2^*(\pi_2^e,W)-\pi_2^e]^2$ 的 π_2^e,它满足 $\pi_2^*(\pi_2^e,W)=\pi_2^e$,由式(5.37)得:

$$\pi_2^e=\frac{\beta(k-1)\bar{y}}{C} \quad (5.40)$$

此时政府的支付为 $M(\pi_1,\pi^*)+M\left(\dfrac{\beta(k-1)\bar{y}}{C},\dfrac{\beta(k-1)\bar{y}}{C}\right)$。

当下述条件成立时,π^* 是混同均衡信号。

$$M(\pi^*,\pi^*)+M[\pi_2^*(\pi_2^e,C),\pi_2^e]\geq M(\pi_1,\pi^*)+M\left(\dfrac{\beta(k-1)\bar{y}}{C},\dfrac{\beta(k-1)\bar{y}}{C}\right) \quad (5.41)$$

其中 π_2^e 是最大化式(5.39)的解,$\pi_2^*(\pi_2^e,C)$ 由式(5.37)决定,且有 $C=S,W$,$\pi_1\in(-\infty,+\infty)$。

当我们将第一阶段视为一个足够长的时期,而第二阶段是政府任期的末期,则通过混同均衡,即使是弱政府,也可能通过与强政府的混同而带来强政府的声誉从而获得一个较低的通胀率。只要式(5.41)能给出较小的 π^*。此时,在第一阶段,就达成一种低通胀率的均衡[7]。

下面看看分离均衡,此时在第一阶段,强政府和弱政府分别发出信号 π_s 和 π_w,于是 $\pi_1^e=p\pi_w+(1+p)\pi$。第二阶段在均衡路径上,若公众观察到信号 $\pi_1=\pi_w$,则 π_2^e 由最大化如下函数决定:

$$-[\pi_2^*(\pi_2^e,W)-\pi_2^e]^2$$

记其解为 $\pi_2^e(1)$。当公众观察到 π_s 时,则 π_2^e 由最大化如下函数决定:

$$-[\pi_2^*(\pi_2^e,S)-\pi_2^e]^2$$

记其解为 $\pi_2^e(0)$。第二阶段,强政府和弱政府分别选择 $\pi_2^*(\pi_2^e(0),S)$ 和 $\pi_2^*(\pi_2^e(1),W)$。

我们可以规定非均衡路径上的公众后验概率为 $\widetilde{P}(W|\pi_1)=1,\pi_1\neq\pi_s$,

π_w。此时公众在第二阶段的预期通胀率为 $\pi_2^e(1)$。

当下述条件成立时，π_s，π_w 为分离均衡信号[8]：

$$M(\pi_s,\pi_1^e)+M[\pi_2^*(\pi_2^e(0),S),\pi_2^e(0)]$$
$$\geq M(\pi_1,\pi_1^e)+M[\pi_2^*(\pi_2^e(1),S),\pi_2^e(1)],\pi_1\neq\pi_s$$
$$M(\pi_w,\pi_1^e)+M[\pi_2^*(\pi_2^e(1),w),\pi_2^e(1)]$$
$$\geq M(\pi_1,\pi_1^e)+M[\pi_2^*(\pi_2^e(1),w),\pi_2^e(1)],\pi_1\neq\pi_w$$

这里，排除了弱政府在第一阶段伪装强政府从而选择 π_s，进而为诱使公众第二阶段的预期为 $\pi_2^e(0)$，并在其后选择 $[\pi_2^*(\pi_2^e(0),W)]$ 使博弈结束的可能。这种可能是由于即使 π_s 较低，以至于弱政府有些不情愿，但它会使 $\pi_2^e(0)$ 非常低，使之可从第二阶段的预料外通货膨胀 $[\pi_2^*(\pi_2^e(0),w)]-\pi_2^e(0)$ 之中获得巨大收益。在分离均衡中，强政府选择的第一阶段通胀率必须足够低，使弱政府没有动机去伪装成强政府，即使在第二阶段可获得预料外通胀的好处。一般情况下，这一约束使得 π_s 低于强政府在完全信息下将会选择的通胀率水平，这就好像前述 5.2.2 中 Spence 模型的分离均衡中，高能力雇员将过度投资于教育一样，是为了显示自己的类型而产生的信号成本。

与 5.2.2 中的 Spence 模型类似，这一博弈也存在许多混同、杂合及分离均衡[9]。

5.2.5　Milgrom-Roberts 垄断限价模型

Milgrom 和 Roberts(1982)的垄断限制性定价模型(limit pricing model)是信号博弈在产业组织理论中的第一个应用，它也是信号博弈中的一个经典例子。该模型试图解释这样一个现象。

在现实中，有些垄断企业实际上并未按微观经济学给出的最优垄断价(即由边际成本等于边际收益决定的价格)定价，而是低于这种垄断价格。人们对该现象的一种十分自然的可能解释是：垄断企业为了阻止其他企业进入，故意将价格定得偏低，利润薄一些，使其他潜在企业看到无利可图，不进入该行业，从而避免竞争。

但这种解释存在的缺陷是：如果垄断企业的成本函数是进入者已知的，那么，这种低价是不可置信的承诺，因为若垄断性的在位者是高成本，对进入者来说无论在位者如何制造假象，它也会进入(因它知道在位者是高成本)。Milgrom 和 Roberts 给出的解释自然就是：可能是因为进入者不知道在位者的成本情况，而在位者就通过用低价来告诉进入者自己是低成本(即使在位者可能实际上是高成本)，进入是无利可图的。

假定该博弈有两个阶段,模型可以表示为:

局中人:企业 1——在位者;企业 2——进入者。

企业 1 的策略空间:第一阶段选价格 P_1;第二阶段若进入者不进入,则选短期垄断价,若进入,则选古诺博弈均衡价。

企业 2 的策略空间:第二阶段决定是否进入,若进入,与在位者进行古诺博弈。

不完全信息假定:企业 1 有两个可能类型:

$$\begin{cases} 高成本\ H,先验概率为\ u(H), \\ 低成本\ L,先验概率为\ 1-u(H) \end{cases}$$

记企业 1 选价格 P_1 时的短期垄断利润为 $M_1^\theta(P_1)$,$\theta=H,L$。这里用 P_m^θ 表示类型 θ 的最优垄断价格,用 $M_1^\theta = M_1^\theta(P_m^\theta)$ 表示最大短期垄断利润,其中 $P_m^H > P_m^L$,$M_1^H < M_1^L$。假定 $M_1^\theta(P_1)$ 是严格凹函数[10]。

用 D_1^θ 和 D_2^θ 分别表示当企业 1 为类型 θ 时,企业 1 和 2 在第二阶段的利润(D_2^θ 是扣除进入成本后的净利润)。

设 $D_2^H > 0 > D_2^L$(这样分析才有意义),δ 是共同的贴现因子。显然,在完全信息下,当且仅当企业 1 是高成本时,企业 2 才会进入。因企业 1 希望保持垄断地位(因 $M_1^\theta > D_1^\theta$),他想让企业 2 知道自己是低成本,但即使他真的是低成本,他也无法直接达到此目的。一个间接办法是定一个低价 P_1^L,但有时即使企业 1 是高成本也会如此定一个低价将企业 2 阻止在市场外,只要一定条件满足即可。

(1) 分离均衡

在分离均衡中,高、低成本在位者的身份被进入者准确知道,故高成本在位者必选 $P_1^H = P_m^H$(短期最优价),且进入者必进入,故高成本在位者的总利润为 $(M_1^H + \delta D_1^H)$。

设此时低成本在位者选 P_1^L。对此 P_1^L,高成本在位者之所以不去模仿(此时是分离均衡),必有条件

$$M_1^H(P_1^L) + \delta M_1^H \leq M_1^H + \delta D_1^H$$

模仿低成本在位者在分离均衡中可阻止进入者进入(分离均衡中,当在位者是低成本时,进入者不敢进入),但其总利润还不如直接暴露自己高成本身份引致进入的利润来得大。记该条件为:

$$M_1^H + \delta D_1^H \geq M_1^H(P_1^L) + \delta M_1^H \tag{5.42}$$

或

$$M_1^H - M_1^H(P_1^L) \geq \delta(M_1^H - D_1^H) \tag{5.43}$$

低成本在位者选 P_1^L 并能阻止进入(分离均衡中),其总利润为 $M_1^L(P_1^L)$

$+\delta M_1^L$,若他选短期垄断价,其总利润为 $M_1^L+\delta x$,在最坏情况下,进入者进入,$x=D_1^L$,一般有 $x \geq D_1^L$,故必有 $M_1^L+\delta x \geq M_1^L+\delta D_1^L$。

他之所以选 P_1^L 而不是短期垄断价,必然是有

$$M_1^L(P_1^L)+\delta M_1^L \geq M_1^L+\delta D_1^L \qquad (5.44)$$

或

$$M_1^L - M_1^L(P_1^L) \leq \delta(M_1^L - D_1^L) \qquad (5.45)$$

条件(5.42)和(5.43)的含义:

P_1^L 是低成本在位者的一种价格,它低到使高成本在位者模仿无意义,因模仿尽管可阻止进入,却在总利润上比不模仿直接暴露自己高成本身份(从而引致进入)还低;它又足够高,使得低成本在位者自己的总利润比直接选短期垄断价而且造成进入者进入时带来的总利润高。

注意:这里原则上并未排除 $P_1^L = P_m^L$ 的情形,即低成本在位者直接选短期垄断价时,高成本在位者不敢模仿。但这里假定不存在 $P_1^L = P_m^L$ 的分离均衡,即 $P_1^L \neq P_m^L$。这一假定即是说,P_m^L 不是条件(5.42)和(5.44)中 P_1^L 的共同解,但 P_m^L 显然是条件(5.44)的解(满足条件(5.44)),故 P_m^L 必然不会是条件(5.42)((5.43))的解,于是有

$$M_1^H - M_1^H(P_m^L) < \delta(M_1^H - D_1^H) \qquad (5.46)$$

我们给出一种 Spence - Mirrlees 条件(SM 条件)

$$\frac{\partial}{\partial P_1}[M_1^H(P_1) - M_1^L(P_1)] > 0$$

或

$$\frac{\partial M_1^H(P_1)}{\partial P_1} > \frac{\partial M_1^L(P_1)}{\partial P_1}$$

当 SM 条件成立时,可证明存在区间 $[\tilde{\tilde{P}}, \tilde{P}]$,使任何 $P_1^L \in [\tilde{\tilde{P}}, \tilde{P}]$ 都满足条件(5.42)和(5.44),即构成一个分离均衡价格。另可证条件(5.46)意味着 $\tilde{P} < P_m^L$,故为了得到分离均衡,低成本在位者需要选一个足够低的价格(低于短期垄断价 P_m^L)使得高成本在位者模仿的成本太高。

SM 条件是说:改变价格对不同类型企业的利润的影响是不同的。高成本企业比低成本企业更愿意选高价。该条件一般是满足的。假如边际成本为常数,分别为:C^H 和 C^L,$C^H > C^L$,需求函数为 $Q(P_1)$,则

$$\frac{\partial M_1^H(P_1)}{\partial P_1} = \frac{\partial}{\partial P_1}[(P_1 - C^H)Q(P_1)] = Q(P_1) + (P_1 - C^H)\frac{\partial Q(P_1)}{\partial P_1}$$

$$\frac{\partial M_1^L(P_1)}{\partial P_1} = \frac{\partial}{\partial P_1}[(P_1 - C^L)Q(P_1)] = Q(P_1) + (P_1 - C^L)\frac{\partial Q(P_1)}{\partial P_1}$$

因 $C^H > C^L$, $Q'(P_1) < 0$, 故 SM 条件满足。

若成本类型是连续分布的,则 SM 条件变为

$$\frac{\partial^2 M(P,C)}{\partial P \partial C} = \frac{\partial}{\partial P \partial C}[(P-C)Q(P)] = -\frac{\partial Q(P)}{\partial P} > 0$$

SM 条件使曲线 $Y = M_1^L - M_1^L(P_1^L)$ 与 $Y = M_1^H - M_1^H(P_1^L)$ 在 (P_1^L, Y) 空间只交叉一次,见图 5.13。

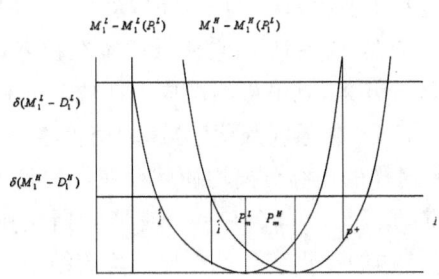

图 5.13 垄断限价模型的分离均衡与混同均衡定价区域

显然,所有 $P_1^L \in [\widetilde{\widetilde{P}}, \widetilde{P}]$ 都满足分离均衡必要条件(5.43)和(5.45)。下面证明 $P_1^L \in [\widetilde{\widetilde{P}}, \widetilde{P}]$ 还是分离均衡的充分条件。

任给 $P_1^L \in [\widetilde{\widetilde{P}}, \widetilde{P}]$, 将证在位者给定下述策略是一个最优策略(对应于某一后验概率)。

在位者策略为:高成本时选 $P_1 = P_m^H$;低成本时选 $P_1 = P_1^L$。

后验概率:均衡路径,$\tilde{\mu}(H | P_1 = P_m^H) = 1$, $\tilde{\mu}(H | P_1 = P_1^L) = 1$(即 $\tilde{\mu}(L | P_1 = P_1^L) = 1$),不难验证,它们满足贝叶斯法则。

非均衡路径:为了保证在位者策略是最优的,非均衡路径上的后验概率需要限制在某些范围,一个简单的办法是:令 $\tilde{\mu}(H | P_1 \neq P_m^H, P_1^L) = 1$, 即观察到非均衡路径上的行动后都认为是高成本,从而选进入,下面证明在位者策略在此后验概率上是最优的。

若是高成本在位者,他选 P_m^H 得总利润 $M_1^H + \delta D_1^H$, 他选 P_1^L 得总利润 $M_1^H(P_1^L) + \delta M_1^H$, 由条件(5.42)知前者大于后者,故不会选 P_1^L。他若选其他 $P_1 \neq P_m^H, P_1^L$, 则由后验概率知进入者会进入,其总利润不会大于 $M_1^H + \delta D_1^H$, 故他选 P_m^H 为最优。

若是低成本在位者,他选 P_1^L 得总利润 $M_1^L(P_1^L) + \delta M_1^L$, 他选 P_m^H 得总利润 $M_1^L(P_m^H) + \delta D_1^L \leq M_1^L + \delta D_1^L$, 由条件(5.44)知前者大于后者,故他不会选 P_m^H。他若选其他 $P_1 \neq P_m^H, P_1^L$, 则给定后验概率意味着进入者进入,他的总利润为 $M_1^L(P_1) + \delta D_1^L \leq M_1^L + \delta D_1^L$, 条件(5.44)也意味着总利润没有他选

P_1^L 时大，故 P_1^L 是低成本在位者的最优选择。

原在位者策略在给定后验概率下是最优的，故是一个精炼贝叶斯均衡。

这里只是给出一个特定的后验概率，与此在位者策略构成精炼贝叶斯均衡的后验概率还有许多。

我们得到连续的无穷多个分离均衡，即高成本在位者选 P_m^H，低成本在位者选任何的 $P_1^L \in [\tilde{\tilde{P}}, \tilde{P}]$，$\tilde{u}(H|P_1^L)=0$，$\tilde{u}(H|P_1 \neq P_1^L)=1$。到底哪一个是最合理的均衡呢？应是 $P_1^L = \tilde{P}$，因它使低成本在位者以最低的成本将自己与高成本在位者区分开来，且不影响高成本在位者的利润（高成本在位者总是选 P_m^H），故 $P_1^L = \tilde{P}$ 是"帕累托最优"分离均衡价格。

只要 $u(H)>0$，这样的连续分离均衡就存在，但当 $u(H)=0$，低成本在位者就会选短期垄断价 P_m^L（因 $u(H)=0$ 使贝叶斯法则对先验概率无影响），这意味着，信息结构的小小变化就会导致均衡结果的很大不同：只要进入者认为在位者是高成本的先验概率 $u(H)>0$，低成本在位者就不得不非连续地（即从 P_m^L 一下跳到 $\tilde{P}<P_m^L$）降低价格以显示自己是低成本。就是说，不完全信息博弈对信息结构是非常敏感的。

(2) 混同均衡

在混同均衡中，进入者从先行动者行动中得不到新的信息，高、低成本在位者又选择相同的价格，则进入者必不敢进入，因为若进入者进入，则高、低成本在位者也知进入者会进入的条件下，他们会分别在进入者给定要进入情况下，选价格 P_m^H 和 P_m^L，这就违反了混同均衡假定（高、低成本在位者选同一价格）。故进入者得不到新信息下，认为在位者是高、低成本的后验概率分别等于先验概率 u 和 $1-u$，他不敢进入说明有

$$uD_2^H + (1+u)D_2^L < 0 \tag{5.47}$$

设 P_1 是一个混同均衡价格，对于低成本在位者，他选 P_1 的总利润为 $M_1^L(P_1)+\delta M_1^L$（在混同均衡中），他选 P_m^L 的总利润为 $M_1^L+\delta x$，而 $x \geq D_1^L$，他在混同均衡中必选 P_1，故有

$$M_1^L(P_1)+\delta M_1^L \geq M_1^L+\delta D_1^L \tag{5.48}$$

或

$$M_1^L - M_1^L(P_1) \leq \delta(M_1^L - D_1^L) \tag{5.49}$$

这就是前述条件(5.48)（只不过这里 P_1 是混同均衡价，那里的 P_1^L 是分离均衡价）。

对于高成本在位者，他选混同均衡价 P_1 的利润为 $M_1^H(P_1)+\delta M_1^H$（混同均衡中），他选 P_m^H 的总利润为 $M_1^H+\delta x$，$x \geq D_1^H$，故有

$$M_1^H(P_1)+\delta M_1^H, x \geq M_1^H+\delta D_1^H$$

或

$$M_1^H-M_1^H(P_1)\leq \delta(M_1^H-D_1^H) \tag{5.50}$$

可证明:在条件(5.46)满足下,在 P_m^L 周围存在一个区间 $[\widetilde{P},P^+]$(见图5.9),使所有 $P_1\in[\widetilde{P},P^+]$ 都是式(5.49)和(5.50)的共同解。故 $[\widetilde{P},P^+]$ 是混同均衡的必要条件。下面证明 $[\widetilde{P},P^+]$ 是充分条件。

在位者策略:高、低成本在位者都选 $P_1,P_1\in[\widetilde{P},P^+]$,后验概率:均衡路径:$\bar{u}(H|P_1)=u(H)$,在位者不进入;非均衡路径:$\bar{u}(H|P\neq P_1)=1$,$\bar{u}(L|P\neq P_1)=0$,在位者进入。

对于高成本在位者,选 P_1 时总利润为 $M_1^H(P_1)+\delta M_1^H$,选其他价 P_1' 时总利润为 $M_1^H(P_1')+\delta D_1^H\leq M_1^H+\delta D_1^H$,由条件(5.50)知前者大于后者,故选 P_1 最优。

对于低成本在位者,选 P_1 时总利润为 $M_1^L(P_1)+\delta M_1^L$,选其他价 P_1' 时总利润为 $M_1^L(P_1')+\delta D_1^L\leq M_1^L+\delta D_1^L$,由条件(5.48)知前者大于后者,故选 P_1 最优。

注意,还有其他一些后验概率与给定 $P_1\in[\widetilde{P},P^+]$ 构成精炼贝叶斯均衡。

我们得到连续的无穷多个混同均衡。现代博弈论研究中正在寻找额外的理由来去掉其中大多数均衡,从而使合理的均衡保持少数(最好只有一个),如在分离均衡中,帕累托最优价为 $P_1^L=\widetilde{P}$,在混同均衡中,$P_1=P_m^L$ 是帕累托优于 (P_1,P_m^L) 的,P_m^H 帕累托优于 (P_m^H,P^+),既然"混同"的真正意义是高成本在位者把自己混同于低成本在位者从而阻止进入,他们都选大于 P_m^L 的价格是很不合理的。

5.2.6 用负债比例显示企业质量:Ross 模型

自 1950 年代以来,经济学家一直在探讨一个重要问题,即企业的资本结构对于企业价值有何影响。企业价值指企业的市场价值。米勒和莫迪蒂安尼曾证明了一个著名的"MM 定理",指出企业价值与企业资本结构无关。企业资本结构指企业资本中债务与股权的比例。但是,现实中企业总是不会随意地设计其资本结构,而是力图使其资本结构达到某一特定比例。这说明企业价值与其资本结构是有关的,同时也因为企业经理的福利与企业价值有关。

直到目前为止,许多人一直在研究"反 MM 定理",即企业价值与资本结构有关的具体机制,该领域现在也是金融经济学中的热点之一。

但是，这类研究的许多定理都只是通过改变"MM 定理"中原有的假定来获得企业价值与资本结构有关的结论，而下面将给出的一个结果却与此相异，是从信号博弈出发，认为资本结构之所以与企业价值有关，是由于资本结构作为一个信号，企业向公众传达了有关企业质量的信息，从而影响公众（市场）对企业价值的评价。

这一结果（即资本结构的信号博弈理论）是该领域内最有影响的理论之一。该理论由 Ross(1977) 提出，其中心思想是：企业内部经理与市场上的外部投资者之间存在信息不对称，资本结构通过传递内部信息对企业的市场价值发生影响。下面我们介绍 Ross 模型如下：

首先假定：企业经理知企业在第二阶段中的市场价值的真实分布函数，而投资者不知道。在第二阶段，企业市场价值由企业的由公众预期的利润分布决定，企业经理比外部投资者拥有更多的关于企业赢利能力的信息。在第一阶段，企业经理力图通过发出信号使公众对其企业价值给予正确的评价，达到分离均衡，但第二阶段的企业市场价值将会受到第一阶段行为的影响，如债务对后一阶段有影响，企业经理必须兼顾第一阶段的现实企业质量与其作为代价对后一阶段经营的影响，后面将用加权平均两个阶段企业市场价值（后一阶段是期望值）作为企业经理的效用函数来表达这一兼顾性。

同时还假定：在第二阶段，企业市场价值（由其获取利润的能力决定）的分布函数是根据一阶随机占优排序的，即企业愈好（质量愈高），其市场价值分布区域的上限愈高（获高利润的概率愈高或市场价值愈可能在高水平处出现）。

该博弈的行动顺序为：

在第一阶段，企业经理通过发出信号，让金融市场投资人知其是高质量企业，从而踊跃购买其股票和债券，因而给予其股票和债券以较高价格，赋予企业较高价值。

而在第二阶段，企业用从金融市场上融来的资金进行经营，此时，企业的市场价值由其预期利润的资本化决定（与土地价值决定类似），而由于利润率是随机的，故为一随机变量，但高质量企业获高利润的概率较大。

对于企业经理来说，企业市场价值（股票和债券价值）愈高，其个人福利就愈大，相反，当企业破产时，经理受到惩罚（失去工作，名誉损失等）。

经理通过企业的负债比例（负债占总资产的比例）向投资者传递企业获利能力的信息，而投资者将较高负债率看作是企业高质量的表现，因为企业的破产概率与企业的质量负相关，而与负债率正相关。

第 5 章 | 不完全信息动态博弈

倘若企业是低质量的,其破产概率(在给定负债率下)较大,如果进一步提高负债率,则破产概率更大。反之,高质量企业的破产概率小,提高负债率(给定企业质量下)会提高破产概率,但破产概率不会变得很大的,故这是低质量企业不敢模仿的。因此高质量企业可以通过提高负债率的办法来显示自己的高质量。

其结果必然表现为:越是好的企业,负债率就越高。

接下来我们对 Ross 模型进行具体分析。

假定:有两个时期,两个局中人,即企业经理和投资者。

令 v 为企业在第二阶段的市场价值(预期利润流的资本化),v 在区间 $[0,\theta]$ 上均匀分布,经理知 θ,投资者只知 θ 的概率分布(先验概率)$\mu(\theta)$(θ 是企业的类型),θ 愈大,企业质量愈高。在第一阶段,经理先选择负债水平 D,投资者观察到 D,从而通过金融市场上的行动决定企业市场价值 v_0;在第二阶段,企业用金融市场融来的资金实现利润(受到第一阶段负债 D 的不利影响,D 愈大,第二阶段破产概率愈大)。

下面给出经理的效用函数。

假定:经理效用函数是第一和二阶段企业市场价值的加权平均(由前讨论,他要兼顾两个阶段的企业表现)。

在第一阶段,企业市场价值 $V_0(D)$;在第二阶段,对经理来说,记企业的"价值" v' 是一个随机变量(所获利润受多种因素影响),一方面,即使企业不破产,其价值也受到影响利润的多种因素的影响;另一方面,当破产时,企业"价值"为 $v-L$(L 为破产惩罚),即将企业以 v 卖了以还债,但受到惩罚 L,实得为 $v-L$(可能为负数)。

因当 $v<D$ 时,企业就会出现破产,则在第二阶段企业的"价值" v' 有:

$$v' = \begin{cases} v, & v \geq D, \\ v-L, & v < D \end{cases}$$

经理将第二阶段"价值" v' 的期望水平作为指标,从而进入效用函数进行加权。

"价值" v' 的期望水平 $= \int_0^\theta$ "价值" $f($价值$)$d$($价值$) = \int_0^\theta v' f(v') dv'$,其中,$f($价值$) = f(v')$ 为"价值" v' 的分布密度。因此有:

$$\int_0^\theta v' f(v') dv' = = \int_0^D (v-L) f(v) dv + \int_D^\theta v f(v) dv$$

因 $f(v)$ 为 $[0,\theta]$ 上均匀分布,故 $\int_0^\theta f(v) dv = f($常数$)\theta = 1$,所以有

$f=\frac{1}{\theta}$，则上式可计算得。

$$\int_0^\theta v'f(v')\mathrm{d}v' = \frac{\int_0^D v\mathrm{d}v}{\theta} - L\frac{\int_0^D \mathrm{d}v}{\theta} + \frac{\int_D^\theta v\mathrm{d}v}{\theta}$$

$$= \frac{\int_0^D v\mathrm{d}v}{\theta} - \frac{LD}{\theta} = \frac{\frac{1}{2}\theta^2}{\theta} - \frac{LD}{\theta} = \frac{1}{2}\theta - \frac{LD}{\theta}$$

若记 γ 为加权权数，其中 $\gamma \in [0,1]$，故经理的效用（支付）函数为：

$$u(D, V_0(D), \theta) = (1-\gamma)V_0(D) + \gamma\left(\frac{1}{2}\theta - \frac{LD}{\theta}\right)$$

因第二阶段企业市场价值期望水平为 $\int_D^\theta vf\mathrm{d}v = \frac{\int_D^\theta v\mathrm{d}v}{\theta} - \frac{\theta}{2}$，故 $\frac{\theta}{2}$ 为第二阶段企业的期望价值。$\frac{D}{\theta}$ 是企业破产概率，即

$$\text{企业破产概率} = P(v<D) = \int_0^D f\mathrm{d}v = \frac{D}{\theta}$$

假定 $D \leq \theta$，若有 $D > \theta$，则令破产概率 $\frac{D}{\theta}=1$（概率不能大于1，这里潜在假定企业没有其他资产可以用来抵债）。

设经理选 D 时，投资者观察到 D 后，认为企业属于类型 θ 的概率（后验概率）为 $\tilde{u}(\theta|D)$，则他认为企业类型的期望值为 $\tilde{\theta}(D) = \int_0^\infty \theta \tilde{u}(\theta|D)\mathrm{d}\theta$，$\tilde{u}(\theta|D)$ 由贝叶斯公式给出：

$$\tilde{u}(\theta|D) = \frac{P(D|\theta)u(\theta)}{\int_0^\infty P(D|\theta)u(\theta)\mathrm{d}\theta}$$

在第一阶段企业市场价值（期望水平）$V_0(D)$ 为：

$$V_0(D) = \int_0^{\tilde{\theta}} vf\mathrm{d}v = \frac{\frac{1}{2}\tilde{\theta}^2(D)}{\tilde{\theta}(D)} = \frac{\tilde{\theta}(D)}{2}$$

下面只考虑分离均衡。

因有 $\frac{\partial^2 u(D, V_0(D), \theta)}{\partial D \partial \theta} = \frac{\gamma L}{\theta^2} > 0$，Spence-Mirrlees 条件成立（质量 θ 愈高的企业，愈不害怕负债）。存在分离均衡的单一信号区间。

下面计算经理的最佳信号：

$$\frac{\partial u}{\partial D} = \frac{1}{2}(1-\gamma)\frac{\partial \tilde{\theta}(D)}{\partial D} - \gamma L \frac{1}{\theta} = 0$$

因在分离均衡下,投资人从 D 正确地推断出 θ,即当 $D(\theta)$ 是类型 θ 的企业经理的最优选择,则有 $\tilde{\theta}(D(\theta))=\theta$.

$$\frac{\mathrm{d}\tilde{\theta}(D(\theta))}{\mathrm{d}\theta}=1$$

事实上,分离均衡下有 $P(\theta|D(\theta))=1, P(\theta'|D(\theta))=0, \theta'\neq\theta$,故

$$\tilde{\theta}(D) = \int_0^\infty \theta'\tilde{u}(\theta\mid D)\mathrm{d}\theta' = \int_0^\infty P(\theta'\mid \mathrm{d}(\theta))\mathrm{d}\theta' = \int_0^\infty \theta'\delta(\theta'-\theta)\mathrm{d}\theta = \theta$$

其中 δ 为克朗内克函数.

$$\frac{\mathrm{d}\tilde{\theta}}{\mathrm{d}D}\cdot\frac{\mathrm{d}D(\theta)}{\mathrm{d}\theta}=1$$

$$\frac{\mathrm{d}\tilde{\theta}}{\mathrm{d}D}=\left(\frac{\mathrm{d}D}{\mathrm{d}\theta}\right)'$$

代入上述一阶条件有:

$$\frac{1}{2}(1-\gamma)\left(\frac{\mathrm{d}D}{\mathrm{d}\theta}\right)^{-1}-\frac{\gamma L}{\theta}=0$$

$$2\gamma L\frac{\mathrm{d}D}{\mathrm{d}\theta}-(1-\gamma)\theta=0$$

解此微分方程,得

$$D(\theta)=\left(\frac{1-\gamma}{4\gamma L}\right)\theta^2+C, C\text{ 为积分常数}$$

于是得到经理的均衡策略,即类型 θ 的企业经理选择负债水平 $D(\theta)$.

$$\theta=\left[(D(\theta)-C)\frac{4\gamma L}{(1-\gamma)}\right]^{\frac{1}{2}}$$

因"理性预期"性的观察(分离均衡下能准确识别身份), $\tilde{\theta}=\theta$.

$$\tilde{\theta}=\left[(D-C)\frac{4\gamma L}{(1-\gamma)}\right]^{\frac{1}{2}}$$

代入 $V_0=\dfrac{\tilde{\theta}}{2}$ 得

$$V_0=\left[(D-C)\frac{\gamma L}{(1-\gamma)}\right]^{\frac{1}{2}}$$

在此博弈中(给定 C,对应一个博弈), D 的取值范围为 $(C,+\infty)$,而对于 $(C,+\infty)$ 中任一个 D,都有某类型 θ 的企业经理选 D.

任何 D 都是均衡路径,故无非均衡路径.

对每一观察到的 D,由贝叶斯法则给出一个后验概率 $\tilde{u}(\theta^{-1}(D)|D)=1$ 和 $\tilde{u}(\theta^{-1}\neq\theta^{-1}(D)|D)=1$.

此精炼均衡意味着,愈是高质量的企业,负债水平(及负债率)就愈高,

尽管投资者不能直接观察到企业的质量,但他们通过观察企业的负债率来判断企业的质量,从而正确地给企业定价。

非对称信息逼使愈是好的企业承担愈高的负债率,因在完全信息下,企业的负债水平与企业价值无关(由 MM 定理)。因为增加负债提高了企业破产的概率,经理为信息的非对称性付出了成本,这种成本在完全信息下是不存在的。

为了节省这笔成本,企业经理可以向投资者披露内部信息。

这就是现实中看到的上市公司经理有兴趣向金融市场投资者披露内部信息的原因,因为这样使经理用更廉价的方法让投资者知道了企业的真实价值。

从此均衡策略还可看出,若经理愈不重视企业的市场价值,企业的负债率就愈低。因负债的唯一目的是向外部投资者传递信息,若经理不重视企业市场价值,他就没有必要向市场传递信息,从而没有必要举债和承担破产惩罚。

5.3　精炼贝叶斯均衡的演变和发展

纳什均衡、子博弈精炼纳什均衡、静态贝叶斯均衡和精炼贝叶斯均衡是与完全信息静态博弈、完全信息动态博弈、不完全信息静态博弈和不完全信息动态博弈相联系的基本概念。子博弈精炼纳什均衡的策略不仅要求在均衡路径的决策结上是最优的,而且在非均衡路径的决策结上也是最优的,这是它与纳什均衡的本质区别。此外,它还要求剔除掉那些只在特定情况下是合理的而在其他情况下并不合理的均衡,所以子博弈精炼纳什均衡是一般纳什均衡概念的精炼或改进。

静态贝叶斯均衡研究了不完全信息静态博弈的情况,是纳什均衡概念在不完全信息下的描述。精炼贝叶斯均衡是贝叶斯均衡、子博弈精炼纳什均衡和贝叶斯推断的结合,它要求参与人的策略不仅是整个博弈的贝叶斯均衡,而且还必须构成每一个后续博弈的贝叶斯均衡。看起来似乎我们对所研究的每一类博弈都发明了一种新的均衡概念,但事实并非如此,只是这些概念是密切联系的。随着博弈的逐步复杂,这些均衡概念在逐步强化,排除了复杂博弈中不合理或没有意义的均衡罢了。事实上只是较强的均衡概念在应用于复杂的博弈时才不同于较弱的概念,而对简单的博弈二者并没有区别。

精炼贝叶斯均衡是子博弈精炼纳什均衡概念的一般化,然而,由于它在博弈期间没有达到的信息集上指定了任意的信念,因此它的条件比后者要强,而且要求均衡策略在所有信息集上和给定的信念下都是最优的。在某些情况下,精炼贝叶斯均衡能够减少不完美信息博弈中的均衡集,但并非总能减少纳什均衡。不完全信息(或不完美信息)动态博弈经常遇到多重均衡的情况,尤其是当参与人观察到零概率行动时(即信息集从其前向结点到达的概率为零),就无法用贝叶斯法则进行判断,这时信念(后验概率)可以被任意指定,这样,精炼贝叶斯均衡条件剔除了不可信的策略,但没有剔除不可信的信念,在规定该事件出现时的后验概率时,有相当的随意性,非均衡策略上后验概率的任意性导致了均衡策略的任意性,由此产生多重均衡。因此还需要对精炼贝叶斯均衡进行进一步的改进或精炼。

在有多个精炼贝叶斯均衡时,哪一个更为合理、更有可能出现,这引起了博弈论专家们的研究兴趣。20世纪80年代以来,不完全信息博弈(尤其是动态博弈)取得了重大进展,许多工作都集中在精炼贝叶斯均衡的精炼方面,即探讨如何通过对非均衡路径上的后验概率增加某些更加直观、合理的限制来改进精炼贝叶斯均衡概念。

克瑞普斯(Kreps,1984年)和克瑞普斯-曹(Kreps-Cho,1987年)提出的"直观标准"表明,没有参与人会相信另一参与人会选择不能产生比均衡策略更高支付的策略,从而通过剔除更多劣策略的办法减少均衡数量。克瑞普斯和威尔逊(Kreps and Wilson,1982年)提出了"序贯均衡"的概念。其基本思想是在子博弈精炼纳什均衡或贝叶斯均衡概念上增加一个新的要求。这个要求为:在博弈到达的每个信息集上(不论该信息集在均衡路径上还是在非均衡路径上),参与人选择严格的混合行为策略,从而博弈到达每一信息集的概率严格为正,贝叶斯法则在每一信息集上有定义。然后将均衡作为严格混合策略组合序列和与此相联系的后验概率的序列的极限。弗登博格和泰勒尔(Fudenberg D and Jean Triole,1991年)证明,在多阶段不完全信息博弈中,如果每个参与人至多只有两个类型,或博弈只有两个阶段,则精炼贝叶斯均衡和序贯均衡是等价的。克瑞普斯和威尔逊还证明,在几乎所有的博弈中,序贯均衡与精炼贝叶斯均衡是相同的。

泽尔腾(1975年)在改进不完美博弈的子博弈精炼纳什均衡概念时,引入了"颤抖手精炼均衡"(Trembling-hand perfect equilibrium)的概念。其基本思想是:在任何一个博弈中,每个参与人都可能犯错误,一个策略组合只有当它在允许所有参与者都可能犯错误时仍是每个参与人的最优策略组合时,才能是一个均衡。泽尔腾把非均衡事件的发生解释为"颤抖":当一个参与人发现一个不该发生的事件突然发生时（非均衡路径），他把这个不该发生的事件的发生归结为其他参与人的非蓄意错误。通过引入"颤抖"，博弈树上的每个决策点出现的概率都为正，从而每个决策点上最优的反应都有定义，原博弈的均衡可以理解为被颤抖扰动后的博弈均衡的极限。"颤抖手精炼均衡"概念有两个条件：一是指尽管每个参与人都可能犯错误，但错误收敛于 0；二是指每个参与人打算选择的策略 S 不仅在其他参与人不犯错误时是最优的，而且在其他参与人错误地选择了 S−ε 时也是最优的。泽尔腾证明，在所有有限博弈中，至少存在一个"颤抖手精炼均衡"。由于"颤抖手精炼均衡"一定是序贯均衡，序贯均衡一定是精炼贝叶斯均衡，所以一个有限博弈既然存在"颤抖手精炼均衡"，那也就存在序贯均衡和精炼贝叶斯均衡。

在精炼贝叶斯均衡概念体系中，除了序贯均衡和"颤抖手精炼均衡"，还有梅耶森（Myerson，1978 年）提出的"适度均衡"（proper equilibrium）及考尔伯格和默顿（Kohlberg and Merten，1986 年）的"稳定均衡"（stable equilibria）等概念。所有这些均衡概念均有严格的定义及条件，也有许多应用的意义，构成了不完全信息动态博弈的重要内容。

5.3.1 剔除劣策略

根据完美贝叶斯均衡的要求，任何一个参与人 i 在任何信息集的开头不可以采取严格劣策略，因此对于参与人 j($\neq i$)来说，如果去相信参与人 i 将采取严格劣策略显然是不合理的。我们用一个简单的例子来使这种想法具体化。考虑如图 5.14 所示的博弈。

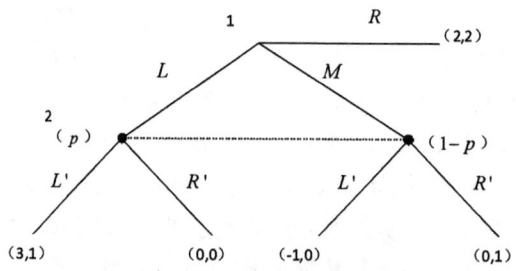

图 5.14　一个例子的博弈树

在不考虑参与人 2 在自己行动的信息集上的信念时，图 5.14 可以写成如表 5.1 所示的策略式表述。

表 5.1 该博弈的策略式表述

		参与人 2	
		L'	R'
参与人 1	L	3,1	0,0
	M	1,0	0,1
	R	2,2	2,2

该策略式博弈有两个纯策略纳什均衡:(L,L')与(R,R')。图 5.9 扩展式博弈除了本身没有其他的子博弈。于是(L,L')与(R,R')当然是子博弈完美均衡。可以注意到,在均衡(L,L')中,参与人 2 的信息集位于均衡路径上,因此,根据完美贝叶斯均衡要求,参与人在均衡路径上信息集的信念,是通过贝叶斯法则与参与人的均衡策略来确定的,因此,$p=1$。于是$(L, L', p=1)$构成了博弈的纯策略完美贝叶斯均衡。

除此之外,事实上还存在另一个纯策略完美贝叶斯均衡:$\left(R, R', p \leqslant \frac{1}{2}\right)$。因为在均衡$(R, R')$中,参与人 2 的信息集不在均衡路径上。于是我们对于参与人 2 的信念 p 的要求,仅仅是使得 R' 成为最优行动,也就是说,$p \leqslant \frac{1}{2}$(即 $1-p \geqslant \frac{1}{2}$)。这个例子的一个关键特点是:$M$ 其实是参与人 1 的严格劣策略。表 5.1 明确地告诉我们,M 严格劣于 R。因此,参与人 2 相信参与人 1 可能采取行动 M 显然是不合理的,也就是说,$1-p>0$ 是不合理的。

于是,从纯策略完美贝叶斯均衡中剔除不合理的$\left(R, R', p \leqslant \frac{1}{2}\right)$。$(L, L', p=1)$是唯一满足精炼要求的完美贝叶斯均衡。再一次叙述这个要求:参与人 j 不会认为参与人 i 会采取严格劣策略。

现在考虑,将参与人 1 在(L, L')之后结局的支付由 3 改为 3/2,由表 5.1 知,此时,不但 M,而且 L 都是参与人 1 的严格劣策略。与前面一样地进行讨论,参与人 2 不会相信参与人 1 会采取严格劣策略 L。或者说,$p>0$ 是不合理的,p 必须为 0。这样就与前面我们所得到的 $p=1$ 的结果矛盾。在这种情况下,本节所提出的要求对参与人 2 在非均衡路径上的信念将没有什么限制。因为参与人 2 相信,参与人 1 既不会取 L,也不会取 M。

再考虑如图 5.15 所示的博弈。

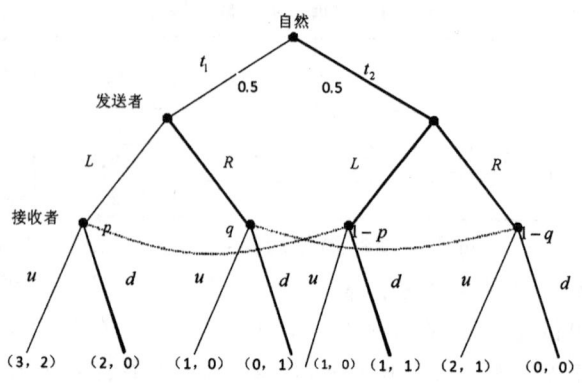

图 5.15

这是一个信号博弈,发送者的策略 (m', m'') 指类型 t_1 选取信号 m',类型 t_2 选取信号 m'';接收者的策略 (a', a'') 指接收者在收到信号 L 之后选取行动 a',收到信号 R 之后选取行动 a''。

首先验证 $[(L,L),(u,d),p=\frac{1}{2}]$ 对于任何 $q \geq \frac{1}{2}$ 均构成一个共有完美贝叶斯均衡。假如存在一个均衡,其中发送者的策略是 (L,L),那么接收者对应于 L 的信息集当然在均衡路径上,注意到确定发送者类型的先验分布为:类型 t_1 具有概率 $1/2$,类型 t_2 具有概率 $1/2$。因此由贝叶斯法则,$p=\frac{1}{2}$。于是在获得信号 L 之后,参与人 2 取 u 的期望支付为 $\frac{1}{2} \times 2 + \frac{1}{2} \times 0 = 1$,而取 d 的期望支付为 $\frac{1}{2} \times 2 + \frac{1}{2} \times 0 = 1$,是信号 L 之后的最优选择行动。此时,类型 t_1 将获得支付 3,类型 t_2 将获得支付 1。

现在我们需要确定发送者的两个类型 t_1 与 t_2 是否都愿意选用"共有"信号 L。对于类型 t_1 来说,无论接收者的反应是 u 还是 d,他取 L 分别获得支付 3 或 2,总是大于他取 R 时的分别支付 1 或 0。因此,类型 t_1 必定愿意取 L。再来看类型 t_2,如果他取 L,已知接收者的最优反应是 u,t_2 得 1。如果 t_2 取 R,接收者的反应若为 u 的话,t_2 得 2,若接收者反应为 d 的话,t_2 获得的支付为 0。为使 t_2 也不偏离策略 L,那么接收者对于 R 的反应应当是 d。因此 (L,L) 若为均衡中发送者的策略,那么接收者的策略一定是 (u,d)。

现在我们考虑接收者在对应于 R 信息集上的信念,以及在给定这个信念 $(q, 1-q)$ 下取 d 的最优性。显然,当 $q \geq \frac{1}{2}$ 时接收者对 R 的最优反应为

d，因此当 $q \geq \frac{1}{2}$ 时，$[(L,L),(u,d),p=\frac{1}{2}]$ 构成了该信号博弈的共有完美贝叶斯均衡。但是，我们已经分析到，在这个博弈中，t_1 取 R 是毫无意义的。发送者的策略 (R,L) 和 (R,R)，这表明，t_1 总取 R。在对应于 t_1 类型发送者的信息集起始时为严格劣的。例如，策略 (L,R) 使得 t_1 获得的支付至少为 2，但是 (R,L) 或 (R,R) 使 t_1 获得支付至多为 1。所以，接收者在看到信号 R 之后的信息集可以在相应于 t_2 的那个结上通过发送者的策略 (L,R)（它至少优于 (R,L) 和 (R,R) 而达到）。但是在相应于 t_1 的那个结上却不能达到。

我们知道，精炼的完美贝叶斯均衡要求，如果可能，每一个参与人的非均衡路径信念在那些仅当另一个参与人取前面一个信息集起始时为严格劣的策略而达到的结上置零概率。因此，$q=0$。尽管 $[(L,L),(u,d),p=\frac{1}{2}]$，当 $q \geq \frac{1}{2}$ 时为完美贝叶斯均衡，但是，它却不能满足上述要求。

换句话说，完美贝叶斯均衡 $[(L,L),(u,d),p=\frac{1}{2},q \geq \frac{1}{2}]$ 由于不符合上述精炼要求而从均衡解中被精炼掉。

那么该信号博弈是否存在满足精炼要求的完美贝叶斯均衡呢？分离完美贝叶斯均衡 $[(L,R),(u,u),p=1,q=0]$ 就由于不存在非均衡路径的信息集而"平凡地"满足了精炼要求，从而免去了被精炼掉的下场。

我们顺便证明这个策略是分离完美贝叶斯均衡：如果发送者取分离策略 (L,R)，那么接收者在均衡路径上的信念必然分别为 $p=1$ 和 $q=0$，由图 5.15 可知，接收者的最优反应均是 u，并分别获得支付 2 与 1。如前面分析的那样，类型 t_1 不会偏离 L。而类型 t_2 也不应当偏离 R，因为 t_2 若取 L，由于接收者的策略为 (u,u)，此时 t_2 只获得支付 1，比他取 R 时的支付 2 少了 1。

但是，从上述信号博弈的结果不要产生这样的误解：在信号博弈中，共有完美贝叶斯均衡由于在非均衡路径上的信念受到精炼要求的限制而必定成为被精炼的对象。事实并非如此。如果将图 5.15 信号博弈中当类型 t_2 发送者发送 R 之后，接收者关于行动 u 与 d 的相应支付颠倒一下，即，接收者此时取 u 获得支付 0 而取 d 获得支付 1。利用前面同样的讨论，易知 $[(L,L),(u,d),p=\frac{1}{2},q \in [0,1]]$，构成了信号博弈的共有完美贝叶斯均衡。因为无论 q 取任何数，只要 $q \in [0,1]$，在接收到信号 R 之后，接收者的最优反应一定是 d。特别地，我们取 $q=0$，完美贝叶斯均衡 $[(L,L),(u,d),p=\frac{1}{2},q=0]$ 满足精炼要求，这是一个非平凡地满足精炼要求的共有完美贝叶斯均衡的例子。

本节中提出精炼要求以对均衡进行进一步精炼,我们所举的例子是信号博弈。鉴于信号博弈本身的重要性和广泛的应用性,我们不妨叙述将精炼要求用于信号博弈中的完美贝叶斯均衡的等价形式。

首先叙述严格劣信号概念:

定义 5.8 在信号博弈中,类型 t_i 的来自信号空间 M 的信号 m_j 称为劣的,如果存在 M 中的另一个信号 $m_{j'}$,使得 t_i 由取 $m_{j'}$ 所得的最低可能支付大于 t_i 取 m_j 所得的最高可能支付:

$$\max_{a_k \in A} U_s(t_i, m_{j'}, a_k) > \max_{a_k \in A} U_s(t_i, m_j, a_k)$$

在图 5.15 中,类型 t_1 的 R 是劣的,因为他取 R 将最高获得支付 1,而他取 L 的最低可能支付为 2。不难验证,对于类型 t_2 来说,L 和 R 都不是劣的。

定理 5.1 在信号博弈中,如果 m_j 之后的信息集位于非均衡路径上,且 m_j 是类型 t_i 的劣策略,那么如果可能的话。接收者的信念 $\mu(t_i|m_j)$ 应当对类型 t_i 置零概率(假如 m_j 对类型空间 T 中的所有其他类型并不是劣的话,这种情况是可能的)。

而 $[(L,L),(u,d),p=\frac{1}{2},q]$ 对一切 $q \in [0,1]$ 都是略修改之后的图 5.16(t_2 发送 R 后,接收者相应于 u 与 d 的支付互换位置)信号博弈的共有完美贝叶斯均衡,对 t_1 来说,R 是劣的,但 R 对 t_2 并非劣的,因此在 R 之后的信息集上,根据定理 5.1,接收者的信念有 $\mu(t_1|R)=0=q$。

5.3.2 直观标准

本节我们介绍克雷普斯(1984 年)和克雷普斯-曹(1987 年)的直观标准。

定义 5.9 给定信号博弈的精炼贝叶斯均衡,称信号 $m_j \in M$ 为关于类型 $\theta_i \in \Theta$ 的均衡劣信号,如果 θ_i 下的信号发送者的均衡收益 $u_1^*(\theta_i)$ 大于在 θ_i, m_j 下,信号发送者选择任何行动 $a \in A$ 的收益,即

$$u_1^*(\theta_i) > \max_{a \in A} \mu_1(\theta_i, m_j, a)$$

该定义表明,如果对于给定的贝叶斯均衡,m_j 关于 θ_i 是均衡劣的信号,那么,当参与人的类型为 θ_i 时,他就不会发送信号 m_j。信号接收者猜测到这点,他在接收到信号 m_j 时,也不会推断 $\theta=\theta_i$。

考虑如图 5.16 所示的信号博弈。

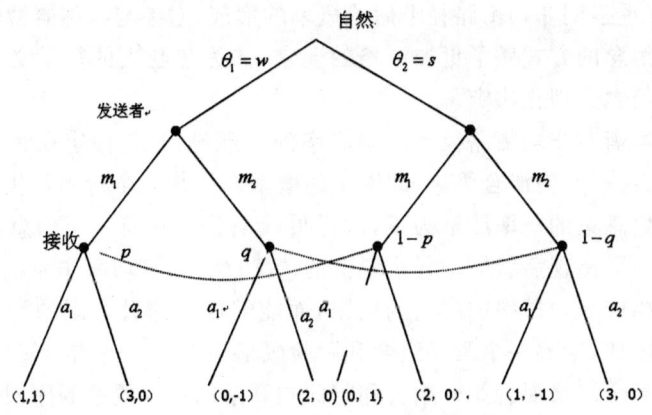

图 5.16 信号传递博弈

可以验证 $\{(m_1,m_1),(a_2,a_1),p=0.1,q\geq 1/2\}$ 是该信号博弈的一个混同均衡，m_2 是 $\theta_1=w$ 的均衡劣信号。因为

$$u_1^*(\theta_1)=3>\max_a \mu_1(\theta_1,m_2,a)=\mu_1(\theta_1,m_2,a_2)=2$$

m_2 不是 $\theta_2=s$ 的均衡劣信号，因为

$$u_1^*(\theta_2)=2<\max_a \mu_1(\theta_2,m_2,a)=\mu_1(\theta_2,m_1,a_2)=3$$

当信号博弈中存在均衡劣信号时，应检验已知的均衡是否满足下述的直观标准。如不满足，它不是一个合理的均衡。

直观标准：如果信号 m_j 之后的信息集处于均衡路径之外，且 m_j 为类型 $\theta=\theta_i$ 的均衡劣信号，则接收者的推断应满足 $p(\theta=\theta_i|m=m_j)=0$。除非 m_j 对于 Θ 中所有类型 θ 都是均衡劣信号。

易见，上例中所给出的精炼贝叶斯均衡不满足直观标准。如果把 $q=p(\theta=\theta_1|m=m_2)$ 定义为 0，是 $\{(m_1,m_1),(a_2,a_1),p=0.1,q=0\}$ 一个满足直观标准的精炼贝叶斯均衡。至此我们已经看到，之所以提出直观标准的概念，其目的是进一步删除一些不合理的精炼贝叶斯均衡。

5.3.3 序贯均衡

完美贝叶斯纳什均衡是动态贝叶斯博弈中对贝叶斯纳什均衡概念的精炼，在其基础上仍然可以进一步精炼。主要原因是：在完美贝叶斯纳什均衡的概念中对非均衡路径上的后验概率没有定义，可以任意取值，而如果对非均衡路径上的后验概率做出合理的限制，就可以对均衡概念进行改进。

序贯均衡的概念是由克瑞普斯（Kreps）和威尔逊（Wilson）（1982 年）首先提出的。它的原理与完美贝叶斯纳什均衡相似，也应用于动态贝叶斯博弈,但更着重强调非均衡路径上后验概率的形成,对参与人随着博弈的进行修正自己信念的方式做了更加严格的要求,认为参与人的行动必须由对行动历史的信念合理化决定。

序贯均衡对非均衡路径上后验概率的处理是:首先假定在每个信息集上,参与人选择严格混合策略(即以正的概率选择每一个行动),从而博弈到达每一个信息集的概率严格为正,这样贝叶斯公式在每一个信息集上都可以适用而不会出现后验概率任意取值的情况;然后,将均衡作为这种严格混合策略和相应后验概率的序列的极限,而能够成为这种极限的均衡就是序贯均衡。因此,考察一个策略组合和后验概率是否是一个均衡就是要考察,它是否是某个严格混合策略组合和与此相联系的后验概率的序列的极限。

我们考虑克瑞普斯和威尔逊描述序贯均衡所使用的扩展式表述。在 n 人有限博弈中,X 表示决策结的集合,$x \in X$ 表示一个特定的决策结,$h(x)$ 表示包含决策结 x 的信息集,$i(x)$ 或 $i(h)$ 表示在决策结 x 或信息集 h 上行动的参与人 i,$\sigma_i(\cdot | x)$ 或 $\sigma_i(\cdot | h(x))$ 表示参与人 i 在 x 上的混合策略(即行为策略),Σ 表示所有策略组合 $\sigma = (\sigma_1, \cdots, \sigma_n)$ 的集合。给定 σ,$p^\sigma(x)$ 和 $p^\sigma(h)$ 分别表示博弈进入决策结 x 和信息集 h 的概率,$\mu(x)$ 或 $\mu(h(x))$ 表示给定博弈到信息集 $h(x)$ 的情况下参与人 $i(h)$ 在 $h(x)$ 上的概率分布,μ 表示所有 $\mu(h(x))$ 的集合,$\mu_{i(h)}(\sigma | h, \mu(h))$ 表示参与人 $i(h)$ 在 $h(x)$ 上的期望效用。令 $\sum^0$ 表示所有严格混合策略组合的集合(σ 是一个严格混合策略,如果对于所有的 h 和 $a_i \in A(h)$,$\sigma_i(a_i | h) > 0$,即参与人 $i(h)$ 选择每一个行动的概率严格为正),如果 $\sigma \in \sum^0$,那么,对于所有的决策结 x,$p^\sigma(x) > 0$(即博弈到达每一个决策结 x 的概率严格为正),因此,贝叶斯法则在每一个信息集上都有定义:$\mu(x) = \dfrac{p^\sigma(x)}{p^\sigma(h(x))}$。

下面给出序贯均衡的定义:

定义 5.10 (σ, μ) 是一个序贯均衡,如果它满足下列两个条件:

(1) (σ, μ) 是序贯理性的(sequentially rational):在所有的信息集 h 上,给定后验概率 $\mu(h)$,没有任何参与人 i 想偏离 $\sigma_{i(h)}$;即:对于所有的可行策略 $\sigma_{i(h)}$,有

$$\mu_{i(h)}(\sigma | h, \mu(h)) \geq \mu_{i(h)}(\sigma_{i(h)}, \sigma_{-i(h)} | h, \mu(h))$$

(2) (σ, μ) 是一致的(consistent):存在一个严格混合策略组合序列 $\{\sigma^m\}$ 和贝叶斯法则决定的概率序列,使得 (σ, μ) 是 (σ^m, μ^m) 的极限,即

$$(\sigma, \mu) = \lim_{m \to \infty} (\sigma^m, \mu^m)$$

这里,均衡策略组合 σ 不一定是严格混合策略,甚至可能是纯策略,但 σ 和 μ 可能是严格混合策略组合和相联系的概率的极限。将上述定义与本章 5.1 中精炼贝叶斯均衡定义相比较,这里的条件(1)是 5.1 中条件(1)的扩展,这里的条件(2)是 5.1 中条件(2)的扩展。事实上,对多阶段博弈而言,这里的两个条件和 5.1 中的两个条件分别是等价的。

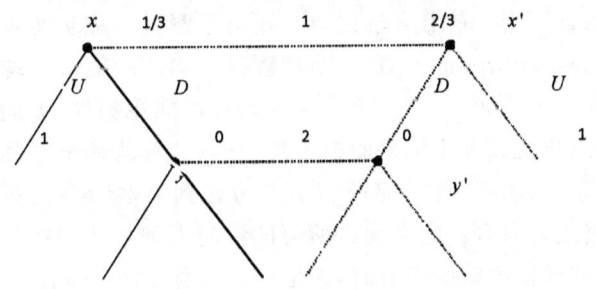

图 5.17 序贯博弈案例

为了更好地说明上述定义中的一致性,我们考虑如图 5.17 所示的例子。假设当这个博弈到达参与人 1 的信息集时,参与人 1 认为 $\mu(x)=\frac{1}{3}$,$\mu(x')=\frac{2}{3}$;无论处于哪个决策结,参与人 1 的最优策略都是 U,因此,参与人 2 的信息集在非均衡路径上。现在如果参与人 1 偏离均衡选择了 D,参与人 2 应该认为 $\mu(y)=\frac{1}{3}$,$\mu(y')=\frac{2}{3}$。这是因为参与人 1 不能区别 x 和 x',也就是说,参与人 1 在两个决策结上偏离的可能性应该是一样的。但是,任何的 $\mu(y)$ 都与贝叶斯法则相容,因为 D 是零概率事件。假定 ε^m 是参与人 1 偏离均衡选择 D 即颤抖的概率,且它是收敛于 0 的序列,那么,给定 ε^m,有

$$\mu^m(y)=\frac{\mu^m(x)\varepsilon^m}{\mu^m(x)\varepsilon^m+\mu^m(x')\varepsilon^m}=\frac{1}{3}$$

这样,颤抖保证了参与人 2 的后验概率尊重了原来的信息结构,条件(2)的一致性得到了满足。

序贯均衡和精炼贝叶斯均衡的主要区别在于,每一个序贯均衡都是精炼贝叶斯均衡,但每一个精炼贝叶斯均衡并不一定都是序贯均衡,也就是说,本节定义中(2)的一致性条件比 5.1 中条件(2)的贝叶斯法则更强,满足前者的均衡一定满足后者,但反过来不成立。但是,弗得伯格和泰勒尔(1991 年)证明,在多阶段不完全信息博弈中,如果每个参与人最多只有两个类型,或者博弈只有两个阶段,那么,这两个条件是等价的,此时,序贯均

衡和精炼贝叶斯均衡是重合的。因此，在几乎所有的博弈中，序贯均衡和精炼贝叶斯均衡是相同的，这也正是我们为什么多数使用精炼贝叶斯均衡概念而不是序贯均衡概念的原因。

5.3.4 颤抖手均衡

泽尔腾(1975年)应用策略式博弈提出了颤抖手完美均衡(trembling-hand perfect equilibrium)的概念，简称颤抖手均衡。颤抖手均衡的基本思想是：在任何一个博弈中，每一个参与人均有可能犯错误，如同一个人抓东西时因手的颤抖使其发生偏差而抓不住一样(这种均衡概念的名称即来源于此)，这样参与人在选择策略时就需要考虑到其他参与人犯错误的可能性，一个策略组合只有当它在允许所有的参与人都可能犯错误时仍然是每一个参与人的最优策略的组合时，才是一个均衡，这样的均衡概念比纳什均衡概念更为合理。

泽尔腾将非均衡事件的发生解释为参与人策略选择时的"颤抖"，当参与人发现博弈偏离均衡时，他将这一事件归结为某一个其他参与人的非蓄意错误。在发生颤抖的博弈中，参与人要针对这些颤抖做出最佳反应，从而构成了纳什均衡。当颤抖的幅度缩小时，被颤抖扰动的博弈中均衡的极限就是颤抖手均衡。颤抖手均衡要求均衡策略不仅是对对手策略的最佳反应，而且是当对手策略发生微小(或无限小)颤抖时的最佳反应，因此，原博弈的均衡可以理解为被颤抖扰动后的博弈的均衡的极限。

我们首先给出颤抖手均衡的正式定义。

定义 5.11 在 n 人策略式表述博弈中，纳什均衡 $\sigma=(\sigma_1,\cdots,\sigma_n)$ 是一个颤抖手均衡，如果对于每一个参与人 i，存在一个严格混合策略序列 $\{\sigma_i^m\}$，使得下列条件满足：

(1) 对于每一个，$\lim\limits_{m\to\infty}\{\sigma_i^m\}=\sigma_i$；

(2) 对于每一个 i 和 $m=1,2,\cdots,\infty$，σ_i 是对策略组合 σ_{-i}^m 的最优反应，这里 $\sigma_{-i}^m=(\sigma_1^m,\cdots,\sigma_{i-1}^m,\sigma_{i+1}^m,\cdots,\sigma_n^m)$，即对任何可选择的混合策略 $\sigma_i\in\sum_i$，有

$$\mu_i(\sigma_i,\sigma_{-i}^m)\geq\mu_{i(h)}(\sigma_i,\sigma_{-i}^m)$$

上述定义中的 σ_i^m 必须是严格混合策略(即选择每一个纯策略的概率严格为正)。每一个参与人 i 打算选择 σ_i，并且假定其他参与人打算选择 σ_{-i}；但每一个参与人 i 怀疑其他参与人可能错误地选择 $\sigma_{-i}^m(\neq\sigma_{-i})$。条件(1)是说，尽管每一个参与人 i 都可能犯错误，但错误收敛于0，即只要博弈的次数

足够多,参与人总会选择准确的策略;条件(2)是说,每一个参与人 i 打算选择的策略 σ_i 不仅在其他参与人不犯错误时是最优的(纳什均衡),而且在其他参与人犯错误时,选择了 $\sigma^m_{-i}(\neq \sigma_{-i})$ 也是最优的。

下面我们用表 5.2 所示的例子来说明"颤抖"是怎样精炼(改进)均衡集的。在这个策略式博弈中,(D,L) 是一个纳什均衡(弱劣策略均衡);只要参与人 2 不选择 R,D 就是参与人 1 的最优选择;同样,只要参与人 1 不选择 U,L 就是参与人 2 的最优选择。但是,如果参与人 2 有可能错误地选择 R,那么,不论这个错误发生的概率多小,参与人 1 的最优选择就是 U 而不是 D;预测到这一点,参与人 2 将选择 R。也就是说,(D,L) 不是一个颤抖手均衡。事实上,(U,R) 是一个颤抖手均衡,这是因为,不论参与人 2 犯错误的概率多大,参与人 1 都没有兴趣选择 D;另一方面,只要参与人 1 犯错误的概率小于 $2/3$(参与人 1 选择 D 的概率为 $2/3$ 时,参与人 2 选择和 R 的期望效用相等),参与人 2 就没有兴趣选择 L(如果犯错误的概率大于 $2/3$,这个错误将很难说是"颤抖"了)。

表 5.2 颤抖手均衡案例 1

		参与人 2	
		L	R
参与人 1	U	10,0	5,2
	D	10,1	2,0

然而,这样定义的颤抖手均衡仍然有缺陷,将它应用到动态博弈对应的策略式描述时,就会出现颤抖手均衡不是子博弈完美均衡的情况。这是由于动态博弈的策略式描述中,同一参与人在动态博弈不同阶段的错误(颤抖)具有相关性,从而不能剔除子博弈完美均衡概念所揭示的不合理的均衡。于是,为了排除参与人犯错误的动态相关性,泽尔腾引入了"代理人——策略式表述",也就是将原来的参与人作为委托人,他在不同信息集上雇佣了不同的代理人,授权后者进行决策。代理人的支付函数与委托人相同,按委托人的利益行动,但是各代理人间彼此独立行动,这样犯错误的可能性就是独立的,从而消除了颤抖的动态相关性。通过这种方法就改进了颤抖手均衡的概念,与子博弈完美均衡不再矛盾。

颤抖手均衡与序贯均衡的关系是:颤抖手均衡一定是序贯均衡,而序贯均衡却不一定是颤抖手均衡。根据构造,策略组合 σ 是严格混合策略组合 σ^m 的极限;为了获得序贯均衡,我们再构造一个后验概率系统 μ 使得 (σ,μ) 是一致的,并且对于给定的 μ,σ 是序贯理性的。因为 σ^m 是严格混合策略组合,对应的后验概率 μ^m 在每一个信息集上都是由贝叶斯法则唯一决定的。

设 μ 是 μ^m 的极限,根据构造,(σ,μ) 满足一致性条件;因为对于每一个参与人 i,σ_i 是对 σ^m_{-i} 的最优反应,并且支付函数是连续的,因此,(σ,μ) 满足序贯理性条件,即颤抖手均衡一定是序贯均衡。但是一个序贯均衡不一定是一个颤抖手均衡。如表 5.3 所示,纳什均衡 (D,R) 是一个序贯均衡,但不是一个颤抖手均衡。然而,这个博弈是非常特殊的,因为它依赖于参与人在均衡策略与非均衡策略之间是无差异的。如果这个无差异不存在,序贯均衡集合与颤抖手均衡集合就是相同的。

表 5.3　颤抖手均衡案例 2

		参与人 2	
		L	R
参与人 1	U	1,1	0,0
	D	0,0	0,0

泽尔腾(1975 年)证明,在所有的有限博弈中,至少存在一个颤抖手均衡。克瑞普斯和威尔逊(1982 年)进一步指出,在几乎所有的博弈中,序贯均衡概念和颤抖手均衡概念是相同的。因此,两种概念在实用中差别不大,实际上在几乎所有的博弈局势中,这两种精炼均衡是完全相同的。

5.4　完全非完美信息两阶段博弈

5.4.1　完全非完美信息两阶段博弈的定义

我们在本章中通过 Harsanyi 转换将不完全信息动态博弈转化为完全但不完美信息动态博弈,这里所说的完全但非完美信息两阶段博弈就是其中的一种重要类型。

有许多模型都可用以下相同的结构加以处理,即两阶段博弈,下一阶段开始前局中人可观察到前面所有阶段的行动,且每一阶段中存在着同时行动(这种同时行动意味着博弈包含了不完美信息)。

定义 5.12　满足以下条件特征的博弈称为完全非完美信息两阶段博弈:

(1) 局中人 1 和 2 同时从各自的行动空间 A_1 和 A_2 中选择行动 a_1 和 a_2;

(2) 局中人 3 和 4 观察到第一阶段的结果 (a_1,a_2) 然后同时从各自的行动空间 A_3 和 A_4 中选择行动 a_3 和 a_4;

(3) 局中人获得支付 $u_i(a_1,a_2,a_3,a_4)=1,2,3,4$。

许多经济学问题都符合以上条件,还有很多经济问题可通过把以上条件稍加改动而建立模型,比如增加局中人人数或者允许同一局中人(在一个以上的阶段)多次选择行动。也可以允许少于四个的局中人:在一些应用中,局中人3和4就是1和2;还有的则不存在局中人2或4。

5.4.2 完全非完美信息两阶段博弈的子博弈精炼纳什均衡

求解完全非完美信息两阶段博弈的精炼均衡可以沿用逆向归纳法的思路,但这里从博弈的最后阶段逆向推导的第一步就包含了求解一个真正的博弈(给定第一阶段结果时,局中人3和4在第二阶段同时行动的博弈)。

为使问题简化,以下假设对第一阶段博弈每一个可能结果 (a_1,a_2),其后(局中人3和4之间的)第二阶段博弈有唯一的纳什均衡 $(a_3^*(a_1,a_2),a_4^*(a_1,a_2))$。

如果局中人1和2预测到局中人3和4在第二阶段的行动将由 $(a_3^*(a_1,a_2)),(a_4^*(a_1,a_2))$ 给出,则局中人1和2在第一阶段的问题就可用以下的同时行动博弈表示:

(1) 局中人1和2同时从各自的行动空间 A_1 和 A_2 中选择行动 a_1 和 a_2;

(2) 局中人的支付为 $u_i(a_1,a_2,a_3^*(a_1,a_2),a_4^*(a_1,a_2)),i=1,2$。

假定 (a_1^*,a_2^*) 为以上同时行动博弈唯一的纳什均衡,我们称 $(a_1^*,a_2^*,a_3^*(a_1,a_2),a_4^*(a_1,a_2))$ 为这一两阶段博弈的子博弈精炼解。

此解与完全且完美博弈中的逆向归纳解在性质是一致的,并且与后者有着类似的优点和不足。如果局中人3和4威胁后面的第二阶段博弈,他们将不选择纳什均衡下的行动,局中人1和2是不会相信的,因为当博弈确实进行到第二阶段时局中人3和4中至少有一个人不愿把威胁变为现实(恰好是因为它不是第二阶段博弈的纳什均衡)。

另一方面,假设局中人1就是局中人3,并且局中人1在第一阶段并不选择 a_1^*,局中人4就会重新考虑局中人3(即局中人1)在第二阶段将会选择 $a_3^*(a_1,a_2)$ 的假定。

例1:银行挤兑模型

局中人1,2分别在银行存入一笔存款 D,银行已将这些存款投入一个长期项目。如果在该项目到期前银行被迫对投资者变现,则共可收回 $2r$(假定 $D>r>D/2$)。不过,如果银行允许投资项目到期,则项目共可取得 $2R$(假定 $R>D$)。

投资者可选择在两个日期中从银行提款:日期1指银行的投资项目到期之前,日期2则在到期之后。假设贴现因子为1。

如果两个投资者都在日期1提款,则每人可得r,博弈结束。

如果只有一个投资者在日期1提款,他可得到D(因未到期,银行至多归还给其原有投资D),另一人得到$2r-D$,博弈结束。

如果两人都不在日期1提款,则项目结束后投资者在日期2进行提款决策。如果两个投资者在日期2提款,则每人得到R,博弈结束。如果只有一个投资者在日期2提款,则他得到$2R-D$(投资者尽量多地索取,留给其他人可接受的D数量的回报),另一人得到D,博弈结束。

如果在日期2两个投资者都不提款,则银行向每个投资者返还R,博弈结束。

表5.4给出了分别在日期1,2提款的博弈支付矩阵。

表5.4 银行挤兑的支付矩阵

A. 日期1

	局中人2提款	局中人2不提
局中人1提款	r,r	$D,2r-D$
局中人1不提	$2r-D,D$	下一阶段

B. 日期2

	局中人2提款	局中人2不提
局中人1提款	R,R	$2R-D,D$
局中人1不提	$D,2R-D$	R,R

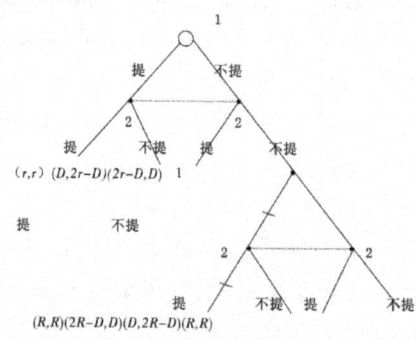

图5.18 给出该博弈对应的博弈树

沿用逆向归纳法的思路,有如下推理:

在第二阶段,因$R>D$,故$2R-D>R$。对于2来说,无论在倒数第一个信息集上的哪一个决策结上,"提"总是严格优于"不提"。因$R>D$,故此时1的最优选择是"提"。因此第二阶段唯一的纳什均衡为:(提款、提款),支付为(R,R)。

因贴现因子为1,故可直接用这一支付代入日期1的博弈矩阵在双方都不提款时的情况,如表5.5所示。

表5.5 将第二阶段博弈结果代入第一阶段时的支付矩阵

	提款	不提
提款	r,r	$D,2r-D$
不提	$2r-D,D$	R,R

因$r<D$,故$2r-D<r$,所以在第一阶段中有两个纯策略纳什均衡:

(1)(提款,提款),支付为(r,r);
(2)(不提,不提),支付为(R,R)。

第一个均衡结果就是对银行的一次挤兑。由奇数定理知还有一个混合策略博弈均衡存在。

令γ为2"提"的概率,θ为1"提"的概率,v_1(提)和v_1(不提)分别是局中人选择"提"和"不提"的期望支付。则有

$$v_1(提)=r\gamma+D(1-\gamma)$$
$$v_1(不提)=(2r-D)\gamma+D(1-\gamma)$$

因均衡时有$v_1(提)=v_1(不提)$(据推论3.2.1),故有:

$$r\gamma+D(1-\gamma)=(2r-D)\gamma+D(1-\gamma)$$
$$\gamma=\frac{R-D}{R-r}$$

由对称性知:

$$\theta=\gamma=\frac{R-D}{R-r}$$

此时的混合策略均衡为:$\left\{\left(\frac{R-D}{R-r},\frac{D-R}{R-r}\right),\left(\frac{R-D}{R-r},\frac{D-r}{R-r}\right)\right\}$。

在三个均衡中,何者实际会出现呢?

倘若存在一个信号,使局中人之一认为某均衡会出现,他就会选相应的均衡策略。其他人发现他选该均衡中的策略,也就会选相应的均衡策略。于是,该均衡就真的会出现。当然,即使局中人并非根据什么信号而自行选择某个均衡策略,也会因此而导致这个均衡的真正出现,这被称为"自我实现"(Self fulfilling)。

例2:关税和国际市场的不完全竞争。

WTO即世界贸易组织是一个众所周知的国际性自由贸易组织,其宗旨是促进不同国家之间的自由贸易。自由贸易会给所有国家带来帕累托改进,这是古典经济学家就已讲清楚的道理。但为什么还需要一个组织来促

进不同国家之间的自由贸易呢？该例给出的模型说明了所有国家之间实行自由贸易是一种帕累托最优但它并不是一种子博弈精炼纳什均衡，因而不会自动出现。WTO起的作用至少从理论上来说是通过设计特定的规则使最优的状况作为精炼均衡。

局中人1,2是两个完全相同的国家，分别用$i=1,2$表示。

每个国家有一个政府负责确定关税税率，有一个企业制造产品供给本国的消费者及出口，以及一群消费者在国内市场购买本国企业或外国企业的产品。

设局中人i的市场上总供给量为Q_i，市场需求曲线为：

$$P_i(Q_i)=a-Q_i$$

局中人i的企业（后称企业i）为国内市场生产产量h_i，出口量e_i，则：

$$Q_i=h_i+e_i$$

设企业的边际成本为常数c，且假定固定成本为零。故企业i生产的总成本为：

$$c_j(h_i,e_i)=c(h_i+e_i)$$

产品出口时企业要支付关税：若政府j制定的关税税率为t_j，则企业i向j国家出口e_i必须支付关税$t_j e_i$给政府j。于是，第i个局中人的纯策略为关税税率t_j。

该博弈的行动顺序为：

(1) 两国政府同时选择关税税率t_1和t_2；

(2) 企业观察到关税税率，并同时选择其提供国内消费和出口的产量(h_1,e_1)和(h_2,e_2)；

(3) 企业i的支付为其利润，政府i的支付为本国的总福利，其中国家i的支付是总福利，总福利是国家i的消费者享受的消费者剩余，企业i赚取的利润及政府i从企业j收取的关税收入之和。

局中人i的企业利润为：

$$\pi_i(t_i,t_j,h_i,e_i,h_j,e_j)=[a-(h_i+e_j)]h_i+[a-(e_i+h_j)]e_i-c(h_i+e_i)-t_j e_i$$

在市场需求曲线为$P_i(Q_i)=a-Q_i$下，当市场i的销售量为Q_i时，消费者剩余为$\frac{1}{2}Q_i^2$（见图5.19）。

P 阴影面积$\frac{1}{2}Q_i[a-(a-Q_i)]=\frac{1}{2}Q_i^2$

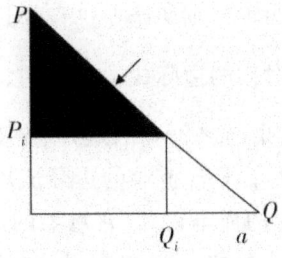

图 5.19 消费者剩余

故总福利函数为:

$$w_i(t_i,t_j,h_i,e_i,h_j,e_j) = \frac{1}{2}Q_i^2 + \pi(t_i,t_j,h_i,e_i,h_j,e_j) + t_i e_j$$

假设政府 i 选定的税率分别为 t_1 和 t_2,若 $(h_1^*,e_1^*,h_2^*,e_2^*)$ 为企业 1 和企业 2 的(两市场)博弈的纳什均衡,则对每一个企业 i,(h_i^*,e_i^*) 必须满足:

$$\max_{h_i \geq e_i} \pi(t_i,t_j,h_i,e_i,h_j^*,e_j^*)$$

因为 $\pi(t_i,t_j,h_i,e_i,h_j^*,e_j^*)$ 可以表示为在市场 i 的利润与在市场 j 的利润之和,而企业 i 在市场 i 的利润只是 h_i 和 e_j^* 的函数,在市场 j 的利润又只是 e_i,h_j^* 和 t_j 的函数,企业 i 在两市场的最优化问题就可简单地拆分为一对问题,在每个市场上分别求解:

h_i^* 必满足 $\max\limits_{h_i \geq 0} h_i[a-(h_i+e_j)-c]$,即在国内市场出售产量的利润极大化;且 e_i^* 必满足 $\max\limits_{e_i \geq 0} e_i[a-(e_i,h_j^*)-c]-t_j e_i$,即出口利润极大化。

一阶条件:

$$\frac{\mathrm{d}\{h_i[a-(h_i+e_j)-c]\}}{\mathrm{d}h_i}=0$$

$$a-(h_i+e_j)-c-h_i=0$$

$$h_i^* = \frac{a-c-e_j^*}{2} \text{(假设 } e_j^* \leq a-c\text{)} \tag{5.51}$$

$$\frac{\mathrm{d}\{e_i[a-(e_i,h_j^*)-c]-t_j e_i\}}{\mathrm{d}e_i}$$

$$a-(e_i,h_j^*)-c-e_i-t_j=0$$

$$e_i^* = \frac{a-c-t_j-h_j^*}{2} \text{(假设 } h_j^* \leq a-c-t_j\text{)} \tag{5.52}$$

以下的结果表明,式(5.51)、(5.52)中的假设都是满足的,式(5.51)和(5.52)是企业 $i=1,2$ 的反应函数,共有四个方程,求解得:

$$h_i^* = \frac{a-c+t_i}{3} \text{ 且 } e_i^* = \frac{a-c-2t_j}{3} \tag{5.53}$$

如果没有政府(关税为零),则两企业进行的是古诺博弈,均衡产出都为 $\frac{a-c}{3}$,但这一结果是基于对称的边际成本推出的。

而式(5.53)的均衡结果与之不同的是,政府对关税的选择使企业的边际成本不再对称。譬如在市场 i,企业的边际成本为 c,但企业 j 的边际成本则为 $c+t_i$。由于企业 j 的成本较高,它意愿的产出也相对较低。但若企业 j 要降低产出,市场出清价格又会相应提高,于是企业 i 又倾向于提高产出。

在这种情况下,企业 j 的产量就又会降低。

结果就是:在均衡下,h_i^* 随 t_i 的提高而上升,e_j^* 随 t_i 的提高而(以更快的速度)下降(见式(5.53))。

在解出了政府选定关税时,其后第二阶段两企业博弈的结果之后,我们可把第一阶段政府间的互动决策表示为以下的同时行动博弈。

第一,政府同时选择关税税率 t_1 和 t_2。

第二,政府 i 的支付为 $w_i(t_i,t_j,h_1^*,e_1^*,h_2^*,e_2^*)$,$i=1,2$,这里 h_i^* 和 e_i^* 是式(5.53)所表示的 t_i 和 t_j 的函数。下面来求解这一政府间博弈的纳什均衡。

因为 $h_i^*=h_i^*(t_i)$,$e_i^*=e_i^*(t_j)$,,故令
$$w_i(t_i,t_j)=w_i(t_i,t_j,h_1^*,e_1^*,h_2^*,e_2^*)$$

它是政府 i 选择关税 t_i,政府 j 选择关税 t_j,企业 i 和 j 按式(5.53)中的纳什均衡选择行动时政府 i 的支付。

设 (t_1^*,t_2^*) 是这一政府间博弈的纳什均衡,则对每一个 i,t_i^* 必满足
$$\max_{t_i \geq 0} w_i^*(t_i,t_j^*) \tag{5.54}$$

由 $w_i=\frac{1}{2}Q_i^2+\pi_i+t_ie_j$ 和式(5.53)可求得 $Q_i=h_i+e_j$。并解出式(5.54)的解为:
$$t_i^*=\frac{a-c}{3},i=1,2$$

代入式(5.53)得
$$h_i^*=\frac{4(a-c)}{9} \text{ 且 } e_i^*=\frac{a-c}{9}$$

关税博弈的子博弈精炼解为:
$$\left\{t_1^*=t_2^*=\frac{a-c}{3},h_1^*=h_2^*=\frac{4(a-c)}{9},e_1^*=e_2^*=\frac{a-c}{9}\right\}$$

该均衡是低效率的。此时,每一市场上的总销量为 $Q_i=\dfrac{5(a-c)}{9}$,但当 $t_i=t_j=0$ 时,有 $Q_i=h_i+e_j$。

由式(5.53),得
$$Q_i=\frac{a-c}{3}+\frac{a-c}{3}=\frac{2(a-c)}{3}$$
它正好是古诺博弈结果。

此时,市场 $S^*(\theta_1,\cdots,\theta_n)=(S_1^*(\theta_1),\cdots,S_n^*(\theta_n))$ 的消费者剩余为:
$$\frac{1}{2}\times\frac{4(a-c)^2}{9}=\frac{2(a-c)^2}{9}$$
而在博弈均衡时,市场 $S^*=(s_1^*(\theta_1)\cdots,s_n^*(\theta_n))$ 的消费者剩余为:
$$\frac{1}{2}\times\frac{25(a-c)^2}{81}=\frac{25(a-c)^2}{2\times 81}<\frac{2(a-c)^2}{9}$$
事实上,零关税是社会最优选择,不难证明 $t_1=t_2=0$ 是下式的解,
$$\max_{t_1,t_2\geq 0} w_1^*(t_1,t_2)+w_2^*(t_2,t_1)$$
于是,政府就有动力签订一个相互承诺零关税税率的协定,这就是促进自由贸易的 WTO 形成的原理。但这种承诺若没有对违反协议适当的惩罚,则是不可置信的,任一国都有动机私下违反协议。

因在第二阶段,企业 i 和 j 将按式(5.53)给出的纳什均衡行动,故政府在第一阶段的互动决策就是令 $t_i=\dfrac{a-c}{3}>0$。

例 3:工作竞赛(Lazear 和 Rosen(1981)模型)

设有为同一老板工作的两个工人,$i=1,2$ 生产的产出 $y_i=e_i+\varepsilon_i$,其中 e_i 为努力程度,ε_i 是随机扰动项。

该博弈的行动顺序为:

(1)两个工人同时选择非负的努力程度 $e_i\geq 0$;

(2)随机扰动项 ε_1 和 ε_2 相互独立,并服从期望值为 0,密度函数为 $f(\varepsilon)$ 的概率分布;

(3)工人的产出可以预测,但各自选择的努力水平无法预测,从而工人的工资取决于各人的产出,却无法(直接)取决于其努力水平。

假设老板为激励工人努力工作,而在他们中间开展工作竞赛。工作竞赛的优胜者(即产出水平较高的工人)获得的工资为 w_H;失败者的工资为 w_L。工人获得工资水平 w 并付出努力程度 e 时的支付为 $u(w,e)=w-g(e)$,其中,$g(e)$ 表示努力工作带来的负效用,是递增的凸函数($g'(e)>0$ 且 $g''(e)>0$)。老板的支付为 $y_1+y_2-w_H-w_L$。下面用前述二阶段重复

博弈来说明该博弈过程。局中人 1 为老板,其行动 a_1 是选工作竞赛中的工资水平 w_H 和 w_L,这里不存在局中人 2。

两个工人是局中人 3 和 4,他们观测第一阶段选定的工资水平,然后同时选行动 a_3 和 a_4,具体地说就是选定的努力程度 e_1 和 e_2(后面还将考虑另一种可能性,即对老板选定的工资水平,工人们不愿意参与工作竞赛,即转而寻找另外的工作机会)。

最后,局中人各自的支付如前所给出。由于产出(并因此而使工资)不只是局中人行动的函数,而且同时还受随机扰动因素 ε_1 和 ε_2 的影响,下面用局中人的期望支付进行分析。

假定老板已选了工资水平 w_H 和 w_L,若一对努力水平(e_1^*,e_2^*)是第二阶段两个工人博弈的纳什均衡,则对每个 i,e_i^* 必使工人的期望工资减去努力带来的负效用后的净支付最大。

即 e_i^* 必满足:

$$\max_{e_i \geq 0} w_H \text{prob}\{y_i(e_i) > y_j(e_j^*)\} + w_L \text{prob}\{y_i(e_i) \leq y_j(e_j^*)\} - g(e_i)$$
$$= (w_H - w_L) \text{prob}\{y_i(e_i) > y_j(e_j^*)\} + w_L - g(e_i) \tag{5.55}$$

其中 $y_i(e_i) = e_i + \varepsilon_i$。

一阶条件为:

$$(w_H - w_L) \frac{\partial \text{prob}[y_i(e_i) > y_j(e_j^*)]}{\partial e_i} = g'(e_i) \tag{5.56}$$

即:工人 i 选努力程度 e_i,从而使得额外努力的边际负效用 $g'(e_i)$ 等于增加努力的边际效益,后者又等于对优胜者的奖励工资$(w_H - w_L)$乘以因努力程度提高而使获胜概率的增加。

由贝叶斯法则 $P(A) = \sum_j P(A \mid B_j) P(B_j)$ 得:

$$\text{prob}\{y_i(e_i) > y_j(e_j^*)\} = \text{prob}\{\varepsilon > e_i^* + \varepsilon_j - e_i\}$$
$$= \int_{\varepsilon_j} \text{prob}\{e_i > (e_j^* + \varepsilon_j - e_i) \mid \varepsilon_j\} f(\varepsilon_j) d\varepsilon_j$$
$$= \int_{\varepsilon_j} [1 - F(e_j^* - e_i + \varepsilon_i)] f(\varepsilon_j) d\varepsilon_j$$

其中 f 是概率密度函数,F 是分布函数。

一阶条件(5.56)可化为

$$(w_H - w_L) \int_{\varepsilon_j} f(e_j^* - e_i + \varepsilon_j)] f(\varepsilon_j) d\varepsilon_j = g'(e_i)$$

因对称性,故有 $e_1^* = e_2^* = e^*$,故

$$(w_H - w_L) \int_{\varepsilon_j} f(\varepsilon_j)^2 d\varepsilon_j = g'(e_i) \tag{5.57}$$

因 $g(e)$ 是凸函数,故 $g'(e^*)>0$。

优胜者获得的奖励越高(即 w_H-w_L 愈大),就会激发更大的努力(即 $g'(e^*)$ 愈大时,e^* 愈大),这与直觉是一致的。

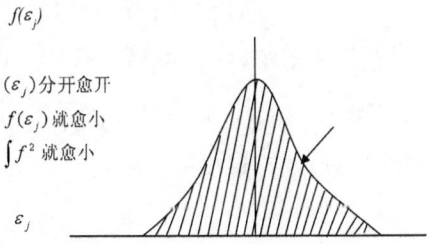

图 5.20 扰动项分布

另一方面,在同样的奖励水平下,对产出的随机扰动因素愈大,则 $\int_{\varepsilon_j} f(\varepsilon_j)^2 d\varepsilon_j$ 就愈小,就愈不值得努力工作,因为这时工作竞赛的最终结果在很大程度上是决定于运气,而非努力程度。

假如,当 ε 服从方差为 σ^2 的正态分布时,则有

$$\int_{\varepsilon_j} f(\varepsilon_j)^2 d\varepsilon_j = \frac{1}{2\sigma\sqrt{\pi}}$$

它随标准差 σ 的增加而下降,即 e^* 的确定会随 σ 的增加而降低。

再从后往前分析博弈的第一阶段。

假定工人们同意参加工作竞赛(而不是去另谋高就),他们对给定的 w_H 和 w_L 的反应,将会是式(5.57)给出的对称纳什均衡策略,同时假定工人可寻求其他就业机会,得到的效用为 U_a。

因在对称纳什均衡中每个工人在竞赛中获得优胜的概率为 $\frac{1}{2}$(即 $\text{prob}[y_i(e^*)>y_j(e^*)]=\frac{1}{2}$),若老板要使工人有动力参加工作竞赛,则他必须选择满足下式的工资水平:

$$\frac{1}{2}w_H + \frac{1}{2}w_L - g(e^*) \geq U_a \text{(这是参与约束)} \quad (5.58)$$

假设 U_a 足够低,以致老板愿意激励工人参加竞赛,则老板会在式(5.58)的参与约束条件下,选择使自己期望支付 $2e^*-w_H-w_L$ 最大化的工资水平。

由于在最优条件下,式(5.58)中的等号成立(老板压低工资使其支付最大)。式(5.57)中只包含 (w_H-w_L),与 w_L 的绝对量无关。

$$w_L = 2U_a + 2g(e^*) - w_H \quad (5.59)$$

故期望利润成为 $2e^* - 2U_a - 2g(e^*)$，因此老板要考虑的问题就是使 $e^* - g(e^*)$ 最大化。他此时选择的工资水平应使得与之相应的 e^* 满足这一条件，从而最优选择下的努力程度满足一阶条件：

$$g'(e^*) = 1 \tag{5.60}$$

代入式(5.57)，则意味着最优激励 $w_H - w_L$ 满足：

$$(w_H - w_L)\int_{\varepsilon_j} f(\varepsilon_j)^2 \mathrm{d}\varepsilon_j = 1 \tag{5.61}$$

由式(5.59)、(5.60)和(5.61)就可解出 w_H 和 w_L。

第 6 章 重复博弈

6.1 连锁店悖论

6.1.1 连锁店悖论简介

塞尔顿 1978 年提出"连锁店悖论",其指出在 N 个市场都开有连锁店的企业,对各个市场的竞争者是否应该采取打击排斥的策略选择,由于 N 个市场的竞争者一般不会同时进入竞争,忽略各个市场环境、竞争者不同方面的微小差异,这个问题相对连锁企业是一个 N 次的重复博弈。

如果连锁企业对开始几个市场的竞争者不计代价的打击,那么这种打击的示范效应将吓退其余市场的潜在竞争者,从而使得连锁企业能够独享其余 $N-1$ 甚至更多的市场利益,这样总体上是合算的。这就称为"连锁店悖论"。

各个连锁企业会对潜在竞争者无情打击,针对现实问题,这个悖论与现实情况不符。笔者所在的城市就有一家独占的超市,当另一家超市进入时,并没有采取不计代价的打击策略。此外我国著名家电连锁超市国美针对苏宁的竞争策略采取跟随策略,两家超市并没有采取打击策略。可以说,连锁店悖论并没有出现在企业竞争的每个角落。为什么会出现这个情况,这里首先需要说明的是连锁店悖论满足是需要一定的市场竞争条件的,但市场竞争环境是千变万化的,不同竞争环境下,企业必然会采用不同的竞争策略。

(1) N 个市场拥有者比潜在竞争者的实力有绝对优势的假设

N 个市场如果比潜在竞争者有绝对的优势,那么连锁店企业必然会对潜在竞争者采取打击的策略,因为 N 个市场拥有者的企业抵御风险的能力强,能够承受打击对自己本身所带来的损失。但 N 个市场拥有者对竞争者打击能否奏效取决于是否有统一的决策机制,企业对各个市场采取分散决策还是统一决策打击效果是不一样的。

① 企业对 N 个市场决策是统一决策:如果是统一决策,那么连锁店悖论将成立,企业对开始的潜在进入者打击必然吓退后来的潜在进入者,那么企业仍然能够独占市场。由于 A 的市场势力远远大于潜在进入者,A 采用损失一个市场的做法换取整个市场的盈利保证,总体上是合算的。

② 企业对 N 个市场决策是分散决策:如果对各个市场分散决策,那个市场决策者只是接受总公司对潜在进入者的打击命令,那么各个市场是否会执行打击命令呢(以现在公司运行模式来看,目前各个总部对各个分公司采取的管理措施一般以利润作为管理业绩的主要的评价标准事实上)?各个分公司都有不执行此决定的策略。假设两个市场 A_1 和 A_2,分别采用打击与不打击两种策略,最终两个市场决策者都会选择不打击,这实际上也是一个典型的囚徒困境。虽然这个纳什均衡对 A_1 和 A_2 两个市场来说是个体最优选择,但对整个连锁企业来说却不是最好的局面。

(2) 假设 N 个市场拥有者与竞争者势力相当

这个企业竞争模式在现实中也可以找到例证,比如沃尔玛在北美拥有 N 个市场,但家乐福在欧洲拥有实力,当家乐福进入北美市场时,沃尔玛会不惜代价的采取打击策略吗?这个在事实上是有问题的。两者在 N 个市场打击,最终只会造成两方的损失,同时也会给其他潜在进入者以可趁之机,如果两者都是理性的,必然会考虑给对方机会,使两者实现双赢的局面。此外如果 N 个市场拥有者连锁店实力弱于进入者实力,N 个市场拥有者更难采取打击的策略。正如许多实力强的公司纷纷进入自己并不熟悉的领域,有一个重要原因就是其能抗击对手打击的风险损失。现在国外跨国超市大举进入我国市场就是很好的例证。

6.1.2 连锁店悖论相关分析和启示

在连锁店悖论中,我们注意到几个问题。(1)信息充分性问题:连锁店悖论是在假设博弈方信息是充分的、完全的基础上,但事实上,信息是不完全的,潜在竞争者对现实竞争状况是无法获得充分信息的。(2)连锁店悖论讨论问题隐含的一个假设条件是价格是市场竞争的唯一条件,但事实上,现实并非如此,现实市场是不完全竞争的市场,不同连锁店提供的产品和服务是有差异的,而且产品差异越来越成为市场竞争的主导因素,仅仅利用价格竞争并不足以击败对方,比如前几年彩电价格上,虽然在低端上击退国外企业对我国彩电市场的占领,但外企利用其资本优势、技术优势仍然在高端彩电市场上占据绝对优势。同样,我国手机行业虽然在前几年利用成本优势占据了手机半壁江山,但因为缺乏创新,优势目前已经荡然无存。(3)随着入世承诺的履行,我国大部分行业已经对国外开放,国外跨国巨头企业也开始大举进入我国,并且对我国企业开展大规模的收购行动,其已经不满足仅仅与我国企业进行合资,独资企业也越来越多,未来必将对我国企业造成冲击。

连锁推理悖论(Sorites paradox)的提出最早可以追溯到古希腊哲学家欧布里德(Eublides)所提出的"麦粒堆悖论"(Paradox of the Heap)和"秃头悖论"(Paradox of the bald Man)。虽然这两个问题所涉及的内容不同,但是具有相同的性质,都属于"连锁推理悖论"(Sorites paradox)的范畴。

悖论(Paradox)是逻辑学的一个分支,同时也是数学哲学中极难而又极重要的问题。悖论的意思是说如果一个命题是真的,我们就能根据命题中的条件推得这个命题的否命题也为真;反之,如果以这个命题的否命题为前提,我们也能推得这个命题为真。如果一切数学定理都符合逻辑,这就需要数学具有可靠性,而悖论的发现则使得数学的可靠性得到了质疑。悖论也分为许多类型,按照不同的方法和角度,可以有不同的分类方式,一般将其分为集合论悖论和语义悖论。当然也有哲学家不同意将悖论进行区分,比如罗素就认为,所有的悖论都是出于同一谬误,即违背"恶性循环原则"。而连锁推理悖论更是一个时间跨度很大的问题,从古希腊一直到当代,以致产生了后来的模糊性问题,以下就对这一问题展开叙述。

古希腊麦加拉学派的欧布里德(Eublides)最早提出了"连锁推理悖论"(Sorites paradox)。此说以多种形式流传下来,其中最常见的两种是"麦粒堆悖论"(Paradox of the Heap)和"秃头悖论"(Paradox of the bald Man)。所谓"麦粒堆悖论"是指,究竟多少粒麦粒才能称为堆?一粒麦子当然不能成堆,加一粒也不行,再加一粒也还是不行,依次类推,加上无穷多粒的麦子也还是不能成堆。而"秃头悖论"是说,一个人有十万根头发不能算是秃头,他掉了一根头发也不算是秃头,再掉一根头发也不算是秃头,依次类推,他掉了十万根头发后也还是不能算秃头。这两个问题涉及的内容不同,但具有同一性质,都是前提正确,累积增加或减少的推理过程也貌似正确,但是结论不符合常识。这两者都属于"连锁推理悖论"的范畴。即都依赖于一种逐渐增加或减少事物的性态而最终改变命题真伪的推理方法,将原本为真的命题,通过渐进式递推,得出一个从逻辑上说应当为真,然而却十分荒谬的结论,由此向二值逻辑提出挑战。二值逻辑无法对此种悖论做出解释,因为它的排中律使它无法应对"一堆麦子"与"一粒麦子"、"秃头"与"非秃头"

之间的过渡状态。"连锁推理悖论"的提出使人们看到了传统二值逻辑和人类认识能力的局限性,看到了语言的模糊性,在一定意义上推动并导致了模糊数学和模糊逻辑的诞生。但是确切地说,欧布里德只是提出了这样的问题,而并没有把它上升到悖论的高度。一个悖论必须是一个有效地论证,它有着明显真的前提和明显假的结论,而对这些问题进行论证化的是后来的斯多葛学派。

假定在位者在不同的市场上有 20 家连锁店,进入者试图进入这些市场。如果进入者每进入一个市场,此时博弈就变成了 20 次重复博弈。当进入者进入第 1 个市场时,在位者应该如何反应呢?

设有如图 6.1 所示的市场进入博弈:

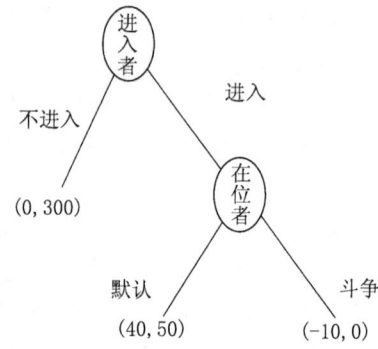

图 6.1 市场进入博弈

表 6.1 市场进入博弈矩阵表述

		在位者	
		默许	斗争
进入者	进入	40,50	−10,0
	不进入	0,300	0,300

如表 6.1 所示,Nash 均衡为(进入,默许)和(不进入,斗争),但后者不是子博弈完美的。假定同样的市场有 20 个(可以理解为在位者有 20 个连锁店),进入者每进入一个市场,博弈就成了 20 次的重复博弈。两个理性的博弈方之间的子博弈完美均衡的结果为进入者在每一市场选择进入,而在位者总是选择默许。但现实中的类似问题和理论结论不符。从一个市场看,在位者的最优选择是默许,但因为有 20 个市场要保护,为了防止进入者进入其他 19 个市场,应该选择斗争,通过示范效应从而独享 19 个市场的利益。这在总体上是合算的。有限次的囚徒困境博弈和连锁店悖论问题与之前的蜈蚣博弈类似,问题的症结在于较多阶段的动态博弈中逆向归纳法的

适用性。

6.2 重复博弈的定义和一般特征

在现实生活中,人们之间大多数行为是重复发生的。如消费者在同一商店购买物品,投资人多次购买某一上市公司的股票等。我们把博弈中参与人重复遇到策略空间和博弈结构相同的博弈称为"重复博弈"。在博弈论体系中,重复博弈占有重要地位,由拉夫特(Laffont,1992年)主编的《经历理论的进展》一书,收录了六位博弈论专家的论文,其中三篇是关于重复博弈方面的。重复博弈模型及其得出的结论是理解人们长期相互作用效应的有力工具。

既然重复博弈是指同样结构的博弈重复很多次,那么我们就把其中的每次博弈称为阶段博弈(stage game)。给定一个基本博弈 G(可以是静态或动态博弈),重复进行 T 次 G,并且在每次重复 G 之前各参与人都能观察到以前博弈的结果,这样的博弈过程称为"G 的 T 次重复博弈",记为 $G(T)$。而 G 被称为 $G(T)$ 基本博弈,$G(T)$ 中的每次重复称为 $G(T)$ 的一个"阶段"。阶段博弈可以是静态的,也可以是动态的;可以是完全信息博弈,也可以是不完全信息博弈。博弈的次数(或称周期)可能是有限的,也可能是无限的。我们以囚徒困境为例,如果每次判刑不是太重,那么,两个囚徒在刑满释放之后再作案,作案之后再判刑,释放之后再作案,如此等等。

重复博弈一般具有如下特征:

(1) 阶段博弈之间没有"物质"上的必然联系,即重复进行的各阶段博弈结构保持不变;

(2) 所有参与人都能观测到过去的博弈历史,即在每个新的博弈阶段,每个参与人都知道过去每次博弈中,每个参与人的行动;

(3) 参与人的总支付是所有各阶段博弈支付的贴现值之和或加权平均值。

参与人是从总支付最大化的角度进行决策的。在长期内,参与人之间的行为可能相互影响,合作或者报复不合作者(便利店老板就比较害怕报复),这样,在博弈的一个阶段支付大并不意味着在长期内的支付也大,所以,在重复博弈中参与人必须考虑到长期利益。

由于参与人过去行动的历史是可以观测的,参与人可以使自己在某阶段博弈的策略依赖于其他参与人过去的行动策略,因此,参与人在重复博中的策略空间远远大于阶段博弈的策略空间。比如说,即使囚徒困境博弈重复5次,每个囚徒的纯策略数量大于20亿个。这一点意味着重复博弈可能带来一些意外的均衡结果,这些均衡结果在一次性博弈中是从来不出现的。如果通过重复博弈能带来帕累托最优的纳什均衡,无疑对重复博弈的分析及如何构建重复博弈有重大意义。

影响重复博弈均衡结果的主要因素是重复博弈的次数 T 和信息的完备性(completeness)。这两个因素均涉及参与人对待短期利益和长期利益的关系。当博弈只进行一次,每个参与人只关心一次性的支付,而当博弈重复进行多次时,参与人可能会为了长远利益牺牲眼前利益而采取合作的均衡策略。这是重复博弈分析给出的一个强有力的结果。这种合作均衡为解释社会、经济、政治生活中许多合作行为和信任现象提供了依据。从参与人在每一阶段的行动可以揭示该参与人的有关信息,这种信息对以后阶段博弈的其他参与人是有用的。当一个参与人的支付函数(偏好、特征)不为他人所知道时,该参与人可能会积极建立一个"好"的声誉(reputation)以换取长远利益。这一点也解释了某些不愿分配利润的上市公司,为什么会不时地进行一些利润分配,其目的是求得公司再融资的方便和股价的均衡。

6.3 完全信息下的重复博弈

6.3.1 有限次重复博弈及连锁店悖论

有限重复博弈就是阶段博弈重复实施有限(T)次。先不妨令 $T=2$。如表 6.2 所示的是完全信息静态博弈,它是我们已讨论过的囚徒困境博弈。

表 6.2 一次性囚徒困境博弈

		囚徒 2	
		坦白	抵赖
囚徒 1	坦白	$-8,-8$	$0,-10$
	抵赖	$-10,0$	$-1,-1$

它只有一个纳什均衡解(坦白,坦白),较优结局(抵赖,抵赖)不是均衡解,也不能实现。假设博弈实施两次,两阶段重复博弈中每个参与人的利益相当于各阶段支付之和,考虑到第二阶段存在的贴现因子 $\delta \in (0,1)$,应当等于第一阶段支付加上第二阶段支付的 δ 倍。为求两次重复博弈的子博弈精炼纳什均衡,仍采用逆向归纳法,显然第二阶段的纳什均衡为(坦白,坦

白),支付向量为$(-8,-8)$。因此,如果整个博弈的子博弈精炼纳什均衡存在的话,其第二阶段的结局定为$(-8\delta,-8\delta)$。不管第一阶段取何种结果,该结果的支付向量加上$(-8\delta,-8\delta)$就是参与人的子博弈精炼纳什均衡的支付。这样我们可求表 6.3 的均衡。

表 6.3 两阶段重复囚徒困境的等价博弈

		囚徒 2	
		坦白	抵赖
囚徒 1	坦白	$-8-8\delta,-8-8\delta$	$-8\delta,-10-8\delta$
	抵赖	$-10-8\delta,-8\delta$	$-1-8\delta,-1-8\delta$

表 6.3 中有四种结局,而每个结局(x,y)对应了两阶段重复博弈策略空间的一个行动$\{(x,y),(坦白,坦白)\}$,相应于表 6.3 中(x,y)的支付向量就是参与人在该行动中所得的支付。显然表 6.3 的唯一纳什均衡行为(坦白,坦白),这样我们得到的两阶段囚徒博弈的子博弈精炼纳什均衡:$\{(坦白,坦白),(坦白,坦白)\}$,结果为$(-8-8\delta,-8-8\delta)$。

两阶段重复博弈的上述结论很容易推广到任意有限(T)次重复博弈,每一阶段的纳什均衡行为(坦白,坦白),这蕴含着T次重复博弈有唯一子博弈精炼纳什均衡:$\{(坦白,坦白),(坦白,坦白),\cdots,(坦白,坦白)\}$,这就是"连锁店悖论"。与单阶段博弈不同的是,在重复博弈中,"总是坦白"并不是参与人的占优策略,因为它并不是对于任何给定的对手策略的最优反应;另外,最优选择的唯一性只在均衡路径上是如此,在非均衡路径上,参与人可以选择"抵赖",因为"抵赖"实际上从来不会出现(比如说,如果其中一个囚徒选择"总是坦白",那么,"选择坦白直到对方选择抵赖,然后总是选择抵赖"也是另外一个囚徒的最优选择之一)。

对一般的n人情况,我们正式定义如下:

定义 6.1 令$G=\{Z;A_1,\cdots,A_n;u_1,\cdots,u_n\}$表示$n$个参与人的完全信息博弈,对$G$重复$T$次,$G$称为阶段博弈。令$G(T)(T>1)$表示$G$重复$T$次的重复博弈。在某阶段博弈开始之前,所有前面已采取过的行动都可以观察到。参与人在$G(T)$的支付为来自T个阶段博弈支付贴现之和。

一般有限次重复博弈均衡问题有如下定理:

定理 6.1 令G是阶段博弈,$G(T)$是G重复T次的重复博弈$(T<\infty)$,那么如果G有唯一的纳什均衡,重复博弈$G(T)$的唯一子博弈精炼纳什均衡结果是G的纳什均衡重复T次。

该定理表明,只要博弈的重复次数有限,重复本身并不改变囚徒困境的均衡结果。但是上述定理的运用应注意三点:

(1) 要求单阶段博弈的纳什均衡是唯一的。如果不是唯一的,上述结论不一定成立;

(2) 单阶段博弈的纳什均衡不一定是纯策略纳什均衡,也可以是混合策略纳什均衡;

(3) 要求单阶段博弈是完全信息的,如果是不完全信息,可得出不同结论。

6.3.2 无限次重复博弈

在许多重复博弈中,要确切地或以较大概率确定博弈结束的最终时间是不可能的。这就涉及无限次重复博弈的问题。这里所要关心的问题是,当博弈无限多次重复进行时,博弈的均衡结果与有限次重复博弈有什么不同。

在无限次重复博弈中,参与人是选择"合作"(如遵守协议),还是选择"不合作"(如不守信用),关键是看"对不合作进行惩罚"这一威胁是否可信,要使威胁可信,就必须使合作所获得的支付严格大于不合作所获得的支付。冷酷策略使这种惩罚与威胁变得可信。冷酷策略(又称触发策略)是指:开始时遵守协议(合作),如果你违背协议(不合作),我就将永远对你实施我的惩罚策略。注意,根据这个策略,一旦某囚徒在某阶段选择了坦白,之后他最好是永远坦白。

先证明触发策略是一个纳什均衡。令 $\delta \in (0,1)$ 是两个囚徒相同的贴现因子,如果囚徒 1 在某阶段首先选择坦白,则该阶段之后的支付和为:

$$0+\delta(-8)+\delta^2(-8)+\cdots=-\frac{8\delta}{1-\delta} \qquad (6.1)$$

如果囚徒 1 一直选择抵赖,则该阶段之后的支付和为:

$$(-1)+\delta(-1)+\delta^2(-1)+\cdots=-\frac{1}{1-\delta} \qquad (6.2)$$

如果 $\delta \geqslant \frac{1}{8}$,则有式(6.2)不小于式(6.1)。这样给定囚徒 2 坚持触发策略并且囚徒 2 没有首先选择坦白,囚徒 1 的最优策略是一直选择抵赖;同理,由对称性可知囚徒 2 的最优策略是一直选择抵赖。这样,触发策略是重复博弈的纳什均衡。因为博弈重复无限次,从任何一个阶段开始的子博弈与原博弈结构相同,故触发策略对每一个子博弈构成纳什均衡。由此,我们证明,在 $\delta \geqslant \frac{1}{8}$ 时,触发策略是无限次囚徒博弈的一个子博弈精炼纳什均衡。帕累托最优(抵赖,抵赖)是每一个阶段的均衡结果,囚徒走出了一次性博弈的困境。

这个结论告诉我们,如果博弈进行无穷多次且每个参与人都有足够的耐心,则任何机会主义的短期行为所得都是微不足道的,参与人有积极性为自己建立一个乐于合作的信誉,同时也有积极性惩罚对方的不合作行为。寡头市场中的无限次重复博弈也有相同结论。如在古诺双寡头博弈中,只要厂商有足够的耐心,就没有人愿意偏离合作均衡,当博弈进行无限多次时,每个厂商都选择垄断利润下的合作产量,从而实现利润的帕累托最优。

当然这个博弈还有许多其他子博弈精炼纳什均衡,特别地,如同在一次性博弈中一样,在每个阶段博弈两人都选择坦白也是一个子博弈精炼纳什均衡,并且,是唯一一个当期行动独立于过去行动历史的均衡。

6.3.3　无限次重复博弈和无名氏定理

著名的无名氏定理把上一节中的结果扩展到一般的重复博弈,给出了一般性的情况。

定理 6.2(无名氏定理,Folk Theorem):令 G 为一个 n 人阶段博弈,$G(\infty,\delta)$ 为以 G 为阶段博弈的无限次重复博弈,s^* 是 G 的一个纳什均衡,$e=(e_1,\cdots,e_n)$ 是 s^* 决定的支付向量,$V=(V_1,\cdots,V_n)$ 是一个任意可行的支付向量,$\bar{V}$ 是可行支付向量的集合。那么对任何满足 $V_i>e_i$ 的 $V\in\bar{V}$ ($\forall i$),存在一个贴现因子 $\delta^*<1$,使得对于所有 $\delta>\delta^*$($\delta\geqslant\delta^*$),$V=(V_1,\cdots,V_n)$ 是 $G(\infty,\delta)$ 的一个特定子博弈精炼纳什均衡结果。

该定理说明,在无限次重复博弈中,如果当事人有足够的耐心,即贴现因子 δ 超过某个临界值 δ^*,则任何提供给每个参与人的超过其(较糟的)惩罚支付的支付向量都可以作为无限重复博弈的纳什均衡结果而出现,或者说任何满足个人理性的可行支付向量都可以通过一个特定的子博弈精炼纳什均衡得到。定理的证明过程不再给出。

在上述定理中,阶段博弈的纳什均衡 s^* 可能是纯策略也可能是混合策略,由 s^* 决定的支付向量 $e=(e_1,\cdots,e_n)$ 是达到任何精炼均衡结果 V 的惩罚点(或称纳什威胁点,Nash threat point)。在囚徒困境博弈中 $s^*=$(坦白,坦白),$e=(-8,-8)$;在古诺博弈中,s^* 选择 $q_1=q_2=q_c$,$e=(\pi_1^c,\pi_2^c)$。可以看出,正是由于害怕触发阶段博弈纳什均衡,参与人才有积极性保持合作。

重复博弈中,参与人之间的合作是通过威胁要惩罚任何背信行为来维持的。这种策略要求不仅要惩罚应该合作而不合作的参与人,而且要惩罚应该实施惩罚策略而不实施的参与人。如果实施惩罚,博弈双方都因此遭受损失,而实际上,在均衡路径上,没有人偏离合作,惩罚实际上不能发生,严厉惩罚的目的在于阻止不合作行为的发生,而不在惩罚本身。无名氏定理中,对不合作行为的惩罚以阶段博弈的纳什均衡支付为限(纳什威胁点),但是否存在更严厉的惩罚策略,即使 δ 不够大,帕累托最优也能实现呢?阿伯罗(Abreu,1986 年)证明了这一点。阿伯罗证明,触发策略并不能保证最大合作策略。这里的最大合作策略是他所采用的最严厉的可信惩罚策略,"最严厉"是指使不合作者得到可能的最低支付;"可信惩罚"是指惩罚策略本身就是一个子博弈精炼纳什均衡,一般的,利用"胡萝卜加大棒"(即利诱加威胁)来构建一个最大合作策略序列是可能的。

6.3.4 无限次重复博弈的古诺模型

在现实经济中,寡头市场是一种相对稳定的市场类型,寡头企业年复一年地进行产量和价格决策的活动就是一种重复博弈。如果各寡头企业都认为这种市场格局会永远持续下去,那么这种博弈就是一种无限次重复博弈。各寡头企业会按照无限次重复博弈的决策思路来决定其产量和价格,导致各寡头企业之间的合作,即共谋。下面分析无限次重复的产量决策模型,即无限次重复的古诺博弈。

首先回顾前面曾经分析的静态博弈古诺模型:如果市场中的总产量为 q_1+q_2,假定 $q_1+q_2<a$,则市场出清价格为 $p(q_1+q_2)=a-(q_1+q_2)$。每一企业的边际成本为 c,且无固定成本,两企业同时选择产量。在唯一的纳什均衡条件下,每一企业的产量为 $\frac{(a-c)}{3}$,也称为古诺产量,用 q_c 表示。由于均衡条件下的总产量 $\frac{2(a-c)}{3}$ 大于垄断产量 $q_m=\frac{(a-c)}{2}$,如果两企业分别生产垄断产量的一半,即 $q_i=\frac{q_m}{2}$ 时,每一企业的福利都将比在均衡情况下有所提高。

考虑以上述古诺博弈为阶段博弈的无限重复博弈,两企业的贴现因子均为 δ。下面可以计算两个企业的下述触发策略成为无限重复博弈的纳什均衡时,贴现因子 δ 的值:

在第一阶段生产垄断产量的一半,即 $\frac{q_m}{2}$。第 t 阶段,如果前面 $t-1$ 个阶段两个企业的产量都为 $\frac{q_m}{2}$,则生产 $\frac{q_m}{2}$;否则,生产古诺产量 q_c。

由于在前面已进行过相似的证明,这里只给出论证过程的要点。

当双方都生产 $\frac{q_m}{2}$ 时,每个企业的利润为 $\frac{(a-c)^2}{8}$,用 $\frac{\pi_m}{2}$ 来表示。当双方都生产 q_c 时,每个企业的利润为 $\frac{(a-c)^2}{9}$,用 π_c 表示。最后,如果企业 1 将在本期生产 $\frac{q_m}{2}$,则企业 2 本期利润最大化的产量是下式的解:

$$\max_{q_2}(a-q_2-\frac{q_m}{2}-c)q_2$$

解得 $q_2=\frac{3(a-c)}{8}$,相应的利润水平为 $\frac{9(a-c)^2}{64}$,用 π_d 表示(d 表示偏离)。那么,要使两企业采取上述触发策略成为纳什均衡,必须满足:

$$\frac{1}{1-\delta}\cdot\frac{\pi_m}{2}\geqslant\pi_d+\frac{\delta}{1-\delta}\cdot\pi_c$$

将 π_m,π_c,π_d 的值代入上式可得 $\delta\geqslant\frac{9}{17}$。相应地,这一纳什均衡也是子博弈精炼纳什均衡。如果 $\delta\geqslant\frac{9}{17}$,寡头企业的行为将会怎样呢?可以采用两种方法来解答。

第一种方法是,首先来计算对任意一个给定的 δ 值,如果双方都采用触发策略,一旦出现背离就永远转到古诺产量,企业可以达到利润最大化的产量。但是,这种触发策略不能支持低于垄断产量一半的产量,但对任意的 δ 值,永远简单重复古诺产量都是一个子博弈精炼纳什均衡。因此,触发策略可以支持的利润最大化产量处于 $\frac{q_m}{2}$ 和 q_c 之间。

为计算这一产量,考虑如下的触发策略:第一阶段生产 q^*。在第 t 阶段,如果在此之前的 $t-1$ 个阶段两企业的产量都是 q^*,生产 q^*;否则,生产古诺产量 q_c。

如果双方都生产 q^*,每个企业的利润为 $(a-2q^*-c)q^*$,用 π^* 表示。如果企业 1 计划在当期生产 q^*,则使企业 2 本期利润最大化的产量为下式的解:

$$\max_{q_2}(a-q_2-q^*-c)q_2$$

其解为 $q_2=\frac{a-q^*-c}{2}$,相应的利润为 $\frac{(a-q^*-c)^2}{4}$,仍用 π_d 表示。当下式成立时,两个企业都采取上面给出的触发策略为纳什均衡:

$$\frac{1}{1-\delta}\cdot\pi^*\geqslant\pi_d+\frac{1}{1-\delta}\cdot\pi_c$$

解由此式形成的关于 q^* 的二次方程,可得到令上面给出的触发策略成为子博弈精炼纳什均衡的 q^*:

$$q^* = \frac{9-5\delta}{3(9-\delta)}(a-c)$$

q^* 随 δ 单调递减,并且当 δ 达到 $\frac{9}{17}$ 时,q^* 达到 $\frac{q_m}{2}$,当 δ 达到 0 时,q^* 达到 q_c。

如果采用第二种方法,其出发点是威胁使用最严厉的可信的惩罚。阿布勒(1986 年)将这一思路运用于古诺模型中,比使用一个任意的贴现因子更具有一般性。这里只简单证明,如果用阿布勒的方法,在 $\delta = \frac{1}{2}$(小于 9/17)时,也可以达到垄断产量。

考虑下面的"胡萝卜加大棒"策略(carrot-and-stick):在第一阶段生产产量的一半,即 $\frac{q_m}{2}$。在第 t 阶段,如果两个企业在第 $t-1$ 阶段都生产 $\frac{q_m}{2}$,则生产 $\frac{q_m}{2}$;如果两个企业在 $t-1$ 阶段的产量都是 x,则生产 $\frac{q_m}{2}$;其他情况下生产 x。这一策略为参与者提供了两种手段:其一是(单阶段的)惩罚,这时企业生产 x;其二是(潜在无限阶段的)合作,这时企业的产量为 $\frac{q_m}{2}$。如果任何一个企业偏离了合作,则惩罚开始;如果任何一个企业背离了惩罚,则会使博弈进入又一轮惩罚。如果两个企业都不背离惩罚,则在下一阶段回到合作。

如果两企业都生产 x,每个企业的利润为 $x(a-2x-c)$,用 $\pi(x)$ 表示。令 $V(x)$ 表示当期的利润为 $\pi(x)$,以后每阶段的利润永远是垄断利润的一半时企业总收益的现值,则有:

$$V(x) = \pi(x) + \frac{\delta}{1-\delta} \cdot \frac{\pi_m}{2}$$

如果企业 1 计划在当期生产 x,则使企业 2 利润最大化的产量为下式的解:

$$\max_{q_2}(a-q_2-x-c)q_2$$

其解为 $q_2 = \frac{a-x-c}{2}$,相应的利润为 $\frac{(a-x-c)^2}{4}$,用 $\pi_{dp}(x)$ 表示,其中 dp 的含义是对惩罚的背离。

如果两家企业都采用上面的两面策略,则无限次重复博弈中的子博弈就可归为两类：(1)合作的子博弈，其前面一个阶段的结果是$\left(\dfrac{q_m}{2},\dfrac{q_m}{2}\right)$或$(x,x)$；(2)惩罚的子博弈，其前面一个阶段的结果既不是$\left(\dfrac{q_m}{2},\dfrac{q_m}{2}\right)$，也不是$(x,x)$。两企业都采取上面的"胡萝卜加大棒"策略要成为一个子博弈精炼纳什均衡，则在其每一类子博弈中遵循该策略必须是纳什均衡。

具体地说，在合作的子博弈中，与本期得到的收益 π_d 及下期得到惩罚的收益 $V(x)$ 相比，每一企业更愿意永远得到垄断收益的一半：

$$\frac{1}{1-\delta}\cdot\frac{\pi_m}{2}\geqslant\pi_d+\delta\cdot V(x)$$

将 $V(x)$ 代入上式可以得到：

$$\delta\left(\frac{\pi_m}{2}-\pi(x)\right)\geqslant\pi_d-\frac{\pi_m}{2}$$

此结果表示，在本期背离所得的好处必须不大于下一期惩罚带来损失的现值(假设两个企业都背离惩罚，则下一阶段之后就没有损失了，因为惩罚已经结束，企业又回到垄断产出，就像根本没发生过背离一样)。

在惩罚的子博弈中，如果与本期得到 π_{dp} 的收益并且下期又开始惩罚相比，每一企业更愿意共同执行惩罚产量：

$$V(x)\geqslant\pi_{dp}(x)+\delta\cdot V(x)$$

同样，上式也可写成：

$$\delta\left(\frac{\pi_m}{2}-\pi(x)\right)\geqslant\pi_{dp}(x)-\pi(x)$$

其含义与合作的子博弈是相似的。

对 $\delta=\dfrac{1}{2}$，如果 $\dfrac{x}{a-c}$ 不在 $\dfrac{1}{8}$ 到 $\dfrac{3}{8}$ 之间，$\dfrac{1}{1-\delta}\cdot\dfrac{\pi_m}{2}\geqslant\pi_d+\delta\cdot V(x)$ 即可获得满足；如果 $\dfrac{x}{a-c}$ 处于 $\dfrac{3}{10}$ 到 $\dfrac{1}{2}$ 之间，$V(x)\geqslant\pi_{dp}(x)+\delta\cdot V(x)$ 也可满足。因此，对 $\delta=\dfrac{1}{2}$ 可达到垄断产量的"胡萝卜加大棒"策略成为子博弈精炼纳什均衡的条件是 $\dfrac{3}{8}\leqslant\dfrac{x}{a-c}\leqslant\dfrac{1}{2}$。这证明了在古诺模型的无限次重复博弈中，即使未来支付的贴现系数较小(如 $\delta=\dfrac{1}{2}<\dfrac{9}{17}$)，也可能存在合作性，能够实现比一次性博弈或有限次重复博弈更高效率的子博弈完美的纳什均衡路径。实际上，如果选择更大的惩罚性产量 x，则对 δ 的要求还能进一步放宽。

6.4 不完全信息下的重复博弈

6.4.1 KMRW(四人帮)重复博弈模型

在完全信息博弈中,无论博弈重复多少次,只要重复的次数是有限的,就不能导致参与人之间的合作行为。特别是,在有限重复囚徒困境博弈中,每次都选择坦白,即不合作是每个囚徒的最优策略。然而这一结果似乎与人们的直观感觉不太一致,实验经济学的结果(克斯罗德 Axelrod,1981年)表明,即使在有限次重复博弈中,合作行为也经常出现,直到博弈的最后合作才中断。事实上当参与人不能确定博弈的次数、其对手的支付和其对手对支付的信念时,即当存在不完全信息时,合作行为就会出现(或能达到有约束力的协议)。克瑞普斯、米尔格罗姆、罗伯茨和威尔逊(Kreps, Milgrom, Roberts and Wilson,1982年)的声誉(信誉)模型(reputation model,通称为 KMRW 四人帮模型)通过将不完全信息引入重复博弈解开了这个悖论。

该模型认为:之所以存在前述结论,原因是存在两个假定,即理性人是共同知识假定和信息完全假定。如果在有限次重复博弈中引入不完全信息和理性人非共同知识的假定,就会发现存在合作型子博弈精炼均衡解,从而解开了这个悖论。

6.4.2 KMRW 声誉模型

我们以"囚徒困境"有限次重复博弈为例说明声誉模型的基本思想:

当局中人2不知道局中人1是否理性,他以概率 P 认为局中人1是非理性的,以概率(1−P)认为局中人1是理性的,而局中人1也知道这一事实时,局中人1可以在博弈的前面的若干重复阶段中"伪装"成非理性人,让局中人2在前面的每个阶段博弈后不能获取局中人1是否理性的进一步信息,局中人2当然也知道局中人1会如此"伪装",故他不会在观察到局中人1"伪装性行动选择"后就简单地认为局中人1是非理性的,而只是不能从中获取局中人1的理性程度的进一步信息,从而对局中人1的理性程度判断仍为最初的先验信息,即以 P 的概率为非理性,(1−P)的概率为理性。

局中人1以这种策略诱使局中人2在博弈的大部分过程中总是以 P>0 的概率猜想他是非理性人,从而认为在各个阶段博弈中局中人1有可能不选"坦白"而选"抵赖",从而诱使局中人 2 在各个阶段博弈中可能选"抵赖",这有利于局中人 1 的利益。到最后一个阶段博弈,任何局中人的最优选择都是选"坦白"(没有了以后的博弈,最后一个阶段博弈实际上是一个单阶段博弈,唯一的均衡是大家都"坦白")。既然最后一个博弈的结果是确定了的,之前的选择对其无影响,那么,局中人 1 在倒数第二个阶段博弈的最佳选择是:当局中人 2 还被蒙在鼓里以为他可能是非理性的(从而认为他会选"抵赖"而自己也选"抵赖")时候,自己选"坦白"获得额外好处(这时暴露自己的真实类型不会对其后的博弈结果产生影响,故没有其他损失)。

局中人 1 在博弈的开始直到最后倒数第二个阶段博弈的过程中,一直隐藏自己的真实类型,通过牺牲短期利益而"装傻",为以后的行为创造了一个"声誉",让局中人 2 总不能获得关于其类型的除先验信息以外的额外信息,从而诱使局中人 2 也选择合作行为(这对双方都是有利的),直到最后(此时声誉已用尽)"露出庐山真面目"。

这种思想还可以扩展到局中人 1 对局中人 2 的理性程度也具有不完全信息的情形,即局中人 1 和 2 的理性人假定都不是共同知识。

以下构造有限次囚徒困境重复博弈的声誉模型。其中有二个模型:第一个模型只假定关于局中人 1 的理性人假定不是共同知识,第二个模型假定关于两个局中人的理性人假定都不是共同知识。

首先假定:对于局中人 2 来说,他认为局中人 1 有两种潜在的类型,即理性的和非理性的,先验概率分别为 $(1-P)$ 和 P。但局中人 1 认为局中人 2 只有一个类型,即是理性人。

这里,局中人 2 对局中人 1 的类型只拥有不完全信息。

对于理性人来说,在有限次重复博弈中只会选择不合作行为,即总是选"坦白"。但对于非理性人来说,其可能的选择是任意可假定的(对应于任意可选择的支付函数)。譬如,假定对非理性人来说,可假定他总是选择"抵赖",从而局中人 2 可在每个阶段博弈都选"坦白"而获利,但这种非理性的局中人 1 也实在太傻了,即不论对方如何损害他,他也总是"仇将恩报"。这种情形,只有一厢情愿的合作行为,合作均衡是不会出现的。

我们做出其他的更具合作性一些的关于非理性人行为选择的假定,即能带来合作均衡的假定。

修改后的假定:假定非理性的囚徒 1 在以下的博弈中采用这种策略,即"针锋相对"(tit-for-tat):开始选"抵赖",然后在 t 阶段选择囚徒 2 在 $t-1$ 阶段所选择的行动(即"你抵赖我抵赖,你坦白我也坦白")。

此时该博弈的行动顺序如下:

(1) 自然选择囚徒 1 的类型；囚徒 1 知道自己的类型，但囚徒 2 只知道囚徒 1 是理性人的概率为 (1－P)，是非理性的概率为 P；

(2) 囚徒 1 和 2 进行第一个阶段博弈；

(3) 他们观测到第一个阶段博弈的结果后，进行第二个阶段博弈；观测到第二阶段博弈结果后，进行第三个阶段博弈等；

(4) 理性囚徒 1 和囚徒 2 的支付分别是其各个阶段博弈的支付的贴现值之和（为简单化，这里假定贴现因子 $\delta=1$）。

当囚徒 2 和囚徒 1 是理性人时，囚徒 2 必然会在每个阶段选择"坦白"，而理性的囚徒 1 也知道这种结果，故会在各个阶段中选择"坦白"，从而唯一的子博弈精炼纳什均衡是他们在各个阶段都同时选"坦白"，这是我们在前面已经知道的事实。但是，当囚徒 2 认为囚徒 1 为非理性的概率 P 充分大时，尽管他选"抵赖"仍有可能遭遇到囚徒 1 实际上为理性人（概率为 1－P）从而选"坦白"的灾难性结果，但当 P 充分大时，这种可能性较小，从而他在各个阶段都选"抵赖"时遇到囚徒 1 为非理性的（从而选"抵赖"）可能性较大，所获得的支付增加较大，以至于可以抵消因猜错囚徒 1 的理性属性所可能带来的潜在损失，此时，囚徒 2 会在倒数第一个阶段以前的各个阶段都选"抵赖"（最后阶段必然选"坦白"）。

理性的囚徒 1（囚徒 1 实际上是理性的，这是博弈论对局中人是理性人的假定的直接结果，只不过这里假定理性人假定对局中人来说不是共同知识，即局中人 2 不知道局中人 1 到底是否是理性人）也知道囚徒 2 的上述选择（当 P 充分大时），故为了获得合作解，他也会"将计就计"，故意伪装成非理性人，即在倒数第二个阶段之前的各个阶段都选"抵赖"。

局中人 2 当然也知道理性囚徒 1 的上述选择，但当他预测到对方的合作行为时，不知道囚徒 1 到底是因为其为非理性而选择了"抵赖"呢，还是他是理性人因上述盘算后所做出的选择。

因此，理性囚徒 1 通过选"抵赖"而成功地隐藏了有关他理性程度的进一步信息，让囚徒 2 关于囚徒 1 的理性属性判断仍然停留在最初的先验概率（囚徒 1 是非理性的概率为 P）上，从而诱使囚徒 2 在下一个阶段仍然按前面各个阶段同样的计算做出"抵赖"的选择，而自己也选"抵赖"得到合作解。

直到倒数第二个阶段，理性囚徒 1 露出庐山真面目，选"坦白"而出卖囚徒 2，此时囚徒 2 在下一个阶段知道了囚徒 1 是理性的，但为时已晚，因为最后一个阶段的选择是确定的（选"坦白"），不受之前选择的影响。

这就是声誉模型的要义：即囚徒 1 与囚徒 2 可能（P 充分大时）达成一

个合作(在倒数第二个阶段之前的各个阶段博弈中)型的子博弈精炼贝叶斯均衡。

我们在这里关于非理性囚徒1选"针锋相对"策略而各个阶段都不选"坦白"的策略的假定,并非是说囚徒1可能是"非理性人",而是指囚徒2认为囚徒1的支付函数并非是支付矩阵所给出的那种,而可能是一种特殊的其他支付函数。

定理6.3 在有限T次不完全信息的"囚徒困境"重复博弈中,若$P \geq \frac{2}{9}$,则以下策略组合构成一个子博弈精炼贝叶斯均衡。

非理性囚徒1:选"针锋相对"策略;

理性囚徒1:第一阶段选"抵赖",一直选"抵赖"直到$T-2$阶段,第$T-1$和T阶段选"坦白"。

囚徒2:开始选"抵赖",若观测到囚徒1选了"坦白",贝叶斯法则给出的后验概率为$\tilde{P}=0$,选"坦白";若预测到囚徒1选"抵赖",后验概率$P=P$,选"抵赖";最后,在T阶段选"坦白"。

证明 对T用数学归纳法证明该定理。

显然,要使定理6.3有意义,必须有$T \geq 3$。

阶段博弈的支付矩阵由表6.4给出。

表6.4 囚徒困境博弈

		囚徒2	
		坦白	抵赖
囚徒1	坦白	$-8, -8$	$0, -10$
	抵赖	$-10, 0$	$-1, -1$

记C为"坦白"(confess),D为"抵赖"(Deny)。

我们选择证明定理1在$T=3$时成立。

首先,给定囚徒1(理性和非理性)的策略,我们证明囚徒2的策略是最优的。事实上,给定囚徒1(理性和非理性)的策略。囚徒2所可能选择的四种策略(因$T=3$阶段的选择总是C,是确定的)分别为:

A: D、D、C

B: D、C、C

C: C、D、C

D: C、C、C

下面将证明策略A是最优的。

分别计算囚徒2在各个策略下的预期支付水平u_a、u_b、u_c和u_d:

A 策略下：
$u_a = u(D, D, C)$
$= [P(-1) + (1-P)(-1)] + [P(-1) + (1-P)(-10)] + [P \cdot 0 + (1-P)(-8)]$
$= 17P - 19$

	$t=1$	$t=2$	$t=3$
非理性囚徒 1	D	D	D
理性囚徒 1	D	C	C
囚徒 2	D	D	C

B 策略下：
$u_b = u(D, C, C)$
$= [P(-1) + (1-P)(-1)] + [P \cdot 0 + (1-P)(-8)] + [P \cdot (-8) + (1-P)(-8)]$
$= 8P - 17$

	$t=1$	$t=2$	$t=3$
非理性囚徒 1	D	D	C
理性囚徒 1	D	C	C
囚徒 2	D	C	C

C 策略下：
$u_c = u(C, D, C)$
$= [P \cdot 0 + (1-P) \cdot 0] + [P(-10) + (1-P)(-10)] + [P \cdot 0 + (1-P)(-8)]$
$= 8P - 18$

	$t=1$	$t=2$	$t=3$
非理性囚徒 1	D	C	D
理性囚徒 1	D	C	C
囚徒 2	C	D	C

D 策略下：
$u_d = u(C, C, C)$
$= [P \cdot 0 + (1-P) \cdot 0] + [P(-8) + (1-P)(-8)] + [P \cdot (-8) + (1-P)(-8)]$
$= -16$

	$t=1$	$t=2$	$t=3$
非理性囚徒 1	D	C	C
理性囚徒 1	D	C	C
囚徒 2	C	C	C

要求 $u_a \geq u_b \leftrightarrow 17P - 19 \geq 8P - 17 \leftrightarrow P \geq \dfrac{2}{9}$；

要求 $u_a \geq u_c \leftrightarrow 17P - 19 \geq 8P - 18 \leftrightarrow P \geq \dfrac{1}{9}$；

要求 $u_a \geq u_d \leftrightarrow 17P - 19 \geq -16 \leftrightarrow P \geq \dfrac{3}{17}$；

因 $\dfrac{3}{17} < \dfrac{2}{9}$，故当 $P \geq \dfrac{2}{9}$ 时，$u_a \geq \begin{cases} u_b, \\ u_c, \\ u_d, \end{cases}$，故 A 为最优策略。

其次，再证明给定囚徒 2 的策略，理性囚徒 1 的策略为最优策略。

对于理性囚徒 1，当 $t=1$ 时，他若选"C"，则在 $t=2$ 时，囚徒 2 知道了其理性人属性，通过贝叶斯法则修正先验概率，得后验概率 $\widetilde{P}=0$。

	$t=1$	$t=2$	$t=3$
理性囚徒 1	D	C	C
囚徒 2	D	D	C

$t=2$ 时囚徒 2 将选"C"而非"D"。

理性囚徒 1 在 $t=1$ 选"C"是非均衡路径上的。

均衡要求理性囚徒 1 在 $t=1$ 选"D"。

当 $t=2$ 时，因 $t=3$ 的博弈结果是确定的，故理性囚徒 1 选"C"是占优的，故选"C"。因此理性囚徒 1 的策略也是最优的（给定囚徒 2 的策略及后验概率）。

事实上，当 $t=1$ 理性囚徒 1 选"C"时，其支付为 $0+(-8)+(-8)=-16$，而选"D"时的支付为 $(-1)+0+(-8)=-9 > -16$，故选"D"为最优。

$T=3$ 时定理 1 成立。

归纳法假设：

设当 $T=3$ 时定理 5.2 成立，下面证 $T=T+1$ 时定理 1 也成立。

首先证明这样一个结论，即从 $t=T-2$ 开始的博弈中，囚徒 2 的最优策略仍是 (D,D,C)。显然，当非理性囚徒 1 在 $t=T-2$ 的选择为 D 时（对应于囚徒 2 在 $t=T-3$ 的选择为 D），这个博弈与前面讨论的 $T=3$ 时的博弈相同，故已证 (D,D,C) 为囚徒 2 的最优策略。

故下面只需证非理性囚徒 1 在 $t=T-2$ 的选择为 C（对应于囚徒 2 在

$t=T-3$ 的选择 C)时,(D,D,C) 仍为囚徒 2 的最优策略。下面计算囚徒 2 在各种可能策略选择下的支付(只是 $t=T-3$ 后博弈的支付,不是整个博弈的支付)。

$$u(C,C,C)=[P(-8)+(1-P)\cdot 0]+[P\cdot(-8)+(1-P)(-8)]+$$
$$[P(-8)+(1-P)(-8)]$$
$$=-8P-16$$

	$t=1$	$t=2$	$t=3$
非理性囚徒 1	C	C	C
理性囚徒 1	D	C	C
囚徒 2	C	C	C

$$u(C,D,C)=[P(-8)+(1-P)\cdot 0]+[P\cdot(-10)+(1-P)(-10)]+$$
$$[P\cdot 0+(1-P)(-8)]$$
$$=-18$$

	$t=1$	$t=2$	$t=3$
非理性囚徒 1	C	C	C
理性囚徒 1	D	C	C
囚徒 2	C	D	C

$$u(D,C,C)=[P(-10)+(1-P)(-1)]+[P\cdot 0+(1-P)(-8)]+$$
$$[P\cdot(-8)+(1-P)(-8)]$$
$$=-P-17$$

	$t=1$	$t=2$	$t=3$
非理性囚徒 1	C	D	C
理性囚徒 1	D	C	C
囚徒 2	D	C	C

$$u(D,D,C)=[P(-10)+(1-P)(-1)]+[P\cdot(-1)+(1-P)(-10)]+$$
$$[P\cdot 0+(1-P)(-8)]$$
$$=8P-19$$

	$t=1$	$t=2$	$t=3$
非理性囚徒 1	C	D	D
理性囚徒 1	D	C	C
囚徒 2	D	D	C

因为有:$8P-19\geq -8P-16\leftrightarrow P\geq \frac{3}{16}$,又 $\frac{3}{16}<\frac{2}{9}$,所以由 $P\geq \frac{2}{9}>\frac{3}{16}$,故有:

$$u(D,D,C) > U(C,C,C)$$

又 $8P-19 \geq -18 \leftrightarrow P \geq -\frac{1}{8}$,同时 $\frac{1}{8} < \frac{2}{9} \leq P$,则

$$u(D,D,C) > U(C,D,C)$$

又 $8P-19 \geq -P-17 \leftrightarrow P \geq \frac{2}{9}$,故 $u(D,D,C) > U(D,C,C)$,所以 (D,D,C) 为最优策略。

这说明,给定理性囚徒的上述策略,囚徒 2 的最优策略在 $t=T-2$ 后必为 (D,D,C)。

进一步,上面还证明了这样一个结论,即当 $T=3$ 时,给定理性囚徒 1 的策略为 (D,C,C),无论 $t=T-2(=1)$ 时非理性囚徒 1 的选择是 C 或是 D,囚徒 2 的最优策略必为 (D,D,C)。

下面证明这一结论可推广到 $T \geq 3$,用数学归纳法,已证 $T=3$ 时成立,设 T 时成立,则在 $t=T+1$ 时。

	$t=1$	$t=2$	$t=3$	⋯	$t=T-2$	$t=T-1$	$t=T$
非理性囚徒 1	C	1. C 2. D	D D	⋯	D D	D D	D D
理性囚徒 1	D	D	D	⋯	D	C	C
囚徒 2	1. C 2. D	1. D 2. D	D D	⋯	D D	D D	C C

	$t=1$	$t=2$	$t=3$	⋯	$t=T-2$	$t=T-1$	$t=T$
非理性囚徒 1	D	1. C 2. D	D	⋯	D D	D D	D D
理性囚徒 1	D	D	D	⋯	D	C	C
囚徒 2	1. C 2. D	1. D 2. D	D D	⋯	D D	D D	C

若 $t=1$ 时非理性囚徒 1 的选择为 C,此时对应于囚徒 2 的两种可能选择 C、D,我们分别用 1 和 2 标明。

由归纳法假设,当 $t \geq 2$ 后,囚徒 2 的任何策略选择都没有选 $(D,D,\cdots,D,C)$ 带来的支付大。

而对应于 1 和 2,囚徒 2 和非理性囚徒 1 在 $t \geq 3$ 后的选择都是一样的。

故只须比较 $t=1,2$ 时囚徒 2 的不同选择的支付差别就可判别孰优孰劣。

当选择 1 时,囚徒 2 在 $t=1,2$ 的阶段支付和为:

$[P(-8)+(1-P) \cdot 0]+[P \cdot (-10)+(1-P)(-1)]=-17P-1$

当选择 2 时,囚徒 2 在 $t=1,2$ 的阶段支付和为:

$[P(-10)+(1-P)(-1)]+[P \cdot (-10)+(1-P)(-1)]=-9P-2$

欲使 $-9P-2 \geq -17P-1 \leftrightarrow P \geq \frac{1}{8}$,因 $P \geq \frac{2}{9} > \frac{1}{8}$,故 2 是囚徒 2 的最优选择。

同样,当非理性囚徒 1 在 $t=1$ 选 D 时,对应于囚徒 2 在 $t=1$ 的两种选择,他选 D 时在 $t=1,2$ 的阶段支付和为 -2,而选 C 时在 $t=1,2$ 的阶段支付和为 $-9P-1$。

欲使 $-2 > -9P-1 \leftrightarrow P > \frac{1}{9}$,因 $P \geq \frac{2}{9} > \frac{1}{9}$,故选 D 是最优的。

所以,无论非理性囚徒 1 在 $t=1$ 选什么,囚徒 2 选 $(D,D,\cdots,D,C)$ 都是囚徒 2 的最优策略。

由归纳法假设知对任意 $T \geq 3$,无论非理性囚徒 1 在 $t=1$ 选什么,$(D,D,\cdots,D,C)$ 总是囚徒 2 的最优策略。

下面,我们来完成前一个数学归纳法的证明。给定非理性人 1 在 $t=1$ 选 D,囚徒 2 选 $(D,D,\cdots,D,C)$ 显然是最优策略,因为已证此时非理性人 1 在 $t=1$ 选 D 和 C 时,囚徒 2 选 $(D,D,\cdots,D,C)$ 都是最优策略,当然在非理性人在 $t=1$ 选 D 时仍为最优。

最后,我们来证明给定囚徒 2 的策略,理性囚徒 1 的策略为最优策略。

显然,给定囚徒 2 的策略,理性囚徒 1 若在 $t=1$ 选 C,则支付为 $0+T(-8)=-8T$,若选 D,在 $t=1$ 阶段支付为 (-1),在 $t \geq 2$ 后,已证 $T=3$ 时 $(D,\cdots,D,C,C)$ 为最优,故建立归纳法假设 $t \geq 2$ 后的最优选择为 $(D,D,\cdots,D,C,C)$,则此时支付为 $(-1)+(T-2)(-1)+0+(-8)=-T-7$。

欲使 $-T-7 \geq -8T \leftrightarrow T \geq 1$(显然成立)

定理证毕!

由定理 6.3 可以看出,只要 $T>3$($P \geq \frac{2}{9}$ 时),非合作阶段的总数量总等于 2,与 T 无关。

另外,$P \geq \frac{2}{9}$ 既是有限次囚徒困境不完全信息重复博弈存在合作精炼贝叶斯均衡的充分条件(上已证明),也是必要条件(不难证明)。

非理性囚徒 1				$C(D)$	$C(D)$
理性囚徒 1	D	$\cdots$	$D(C)$	C	C
囚徒 2			$C(D)$	$C(D)$	C

事实上，$P<\frac{2}{9}$，在 $t=T-1$ 时，无论非理性囚徒 1 选什么（即无论囚徒 2 在 $t=T-2$ 选什么），囚徒 2 在 $t=T-1$ 的最优选择总是 C。

因为，当非理性囚徒 1 在 $t=T-1$ 选 C 时，囚徒 2 在 $t=T-1$ 选 C 时所带来的 $t=T-1$ 及之后阶段的支付和为 $(-8)+(-8)=-16$。

此时囚徒 2 在 $t=T-1$ 选 D 时所带来的 $t=T-1$ 及之后阶段的支付和为：

$$[P(-10)+(1-P)(-10)]+[P \cdot 0+(1-P)(-8)]=8P-18$$

欲使 $-16>8P-18 \leftrightarrow P<\frac{2}{8}$，因 $P<\frac{2}{9}<\frac{2}{8}$，故此时囚徒 2 在 $t=T-1$ 选 C 为最优。

当非理性囚徒 1 在 $t=T-1$ 选 D 时，囚徒 2 在 $t=T-1$ 选 C 时带来的 $t=T-1$ 及之后的阶段支付和为：

$$[P \cdot 0+(1-P)(-8)]+(-8)=8P-16$$

此时囚徒 2 在 $t=T-1$ 选 D 时带来的 $t=T-1$ 及之后的阶段支付和为：

$$[P(-1)+(1-P)(-10)]+[P \cdot 0+(1-P)(-8)]=17P-18$$

欲使 $8P-16>17P-18 \leftrightarrow P<\frac{2}{9}$，当然成立。

无论非理性囚徒 1 在 $t=T-1$ 选什么（即无论囚徒 2 在 $t=T-2$ 选什么），囚徒 2 在 $t=T-1$ 选 C 为最优。

既然囚徒 2 在 $t=T-1$ 总会选 C，理性囚徒 1 就没有必要在 $t=T-2$ 选 D 了，故他会选 C。

从 $t=T-1$ 开始的博弈等价于从 $t=T-1$ 开始的阶段博弈的两阶段重复博弈。

囚徒 2 在 $t=T-2$ 总会选 C。

类似反推直至 $t=1$，囚徒 2 总选 C。

囚徒 1（无论是否理性）在各阶段也总选 C。

唯一的子博弈精炼贝叶斯均衡是两个囚徒（除了非理性囚徒 1 在第一个阶段选 D（实际不出现，因囚徒 1 实际上是理性的））在各个阶段都选 C 的不合作均衡。

在上面，我们只是假定其中一个囚徒的类型是私人信息，此时当 P 充分大之后才存在合作解。但是，下面将看到，当假定两个囚徒的类型都是私人信息时，只要 $P>0$ 就可保证合作均衡的存在（只要重复博弈的次数足够多）。

下面对此进行一个大致的说明：

这里假定非理性囚徒 1 的策略是"冷酷策略"，即开始选 D（合作），直到对方在 t 阶段选 C（不合作），然后从 $t+1$ 开始选 C 直到 T（"针锋相对"策略代表的是"你不仁我不义"，而冷酷策略代表的是绝不原谅对方的任何背信弃义行为，这里用"冷酷策略"取代"针锋相对"策略来描绘非理性囚徒 1 的策略，只是为了简化分析，与结论无关）。

我们来看理性囚徒 1，他在开始阶段有两个可能的选择，即选 C 或 D，先看他选 C 的情形，此时因暴露了类型（因非理性囚徒 1 开始是选 D），理性囚徒 2 将在 $t=2$ 及之后各个阶段都选 C，而根据冷酷策略，非理性囚徒 2 也在 $t=2$ 及之后各个阶段都选 C。

给定这种情形，理性囚徒 1 在 $t=2$ 及之后各阶段的最优选择也是选 C。

显然，这是 $t=2$ 及之后各阶段博弈的唯一均衡，故此时理性囚徒 1 的最大期望支付为：

$$u_1(C)=0(当囚徒 2 选 D)+(-8)(T-1)=-8(T-1)$$

再看理性囚徒 1 开始选 D 的情形：在他开始选 D 的情形，可以有多种可选择的策略，我们为了证明他不会在开始选 C，只需找出一个开始选 D 的策略，其支付大于他开始选 C 所带来的最大支付即可。

我们只需看这样一个策略：

开始选 D 直到 T，除非囚徒 2 在第 t 阶段选 C，此时，在第 $t+1$ 开始选 C 直到 T（即冷酷策略）（这个策略实际上并非囚徒 1 的最优策略，但我们将证明，只要 T 充分大，即使是该非最优策略也要优于开始就选 C 的策略）。

当囚徒 2 是非理性的，囚徒 1 从该策略中获得支付 $(-1)T$；当囚徒 2 是理性的时，囚徒 1 从该策略中获得的最小支付为当囚徒 2 在 $t=1$ 选 C，随后两人都选 C 的支付，即 $(-10)+(-8)(T-1)=-8T-2$。

理性囚徒 1 从该策略得到的最小期望支付为：

$$P(-T)+(1-P)(-8T-2)$$

当 $P(-T)+(1-P)(-8T-2)>-8(T-1)\leftrightarrow T>\dfrac{(10-2P)}{7P}$ 时，该冷酷策略优于开始就选 C 的策略。

因 $T^*=\dfrac{(10-2P)}{7P}=\dfrac{10}{7P}-\dfrac{2}{7}$ 是 P 的减函数，故 P 愈大，T^* 就愈小，合作均衡就愈可能出现（因这里的博弈是对称的，两个囚徒在开始都不会选 C，同样的分析适用于 $t=2,t=3,\cdots,t=T^*-1$，即他们都不会在这些阶段

中选 C 而是选 D，即相互合作）。

显然，只要 $P>0$，无论 P 多么小，合作行为在 $T>T^*$ 的博弈中总会出现，只不过 P 很小时，合作行为出现对 T 的要求很大，当 $P \to 0$ 时，$T^* \to \infty$。

一般地，我们有下述定理：

定理 6.4（KMRW 定理） 在 T 阶段重复囚徒困境博弈中，如果每个囚徒都有 $P>0$ 的概率是非理性的（即对方认为其只选择"针锋相对"或"冷酷策略"），如果 T 足够大，那么存在一个 $T_0<T$，使得下列策略组合构成一个精炼贝叶斯均衡：所有理性囚徒在 $t \leq T_0$ 的各阶段选 D（合作），在 $T>T_0$ 各阶段选 C（不合作）；并且非合作阶段的数量（$T-T_0$）只与 P 有关而与 T 无关。

注意，$P=0$ 时只有不合作解，$P>0$ 时就在 T 充分大时有了合作解，这是信息经济学中参数在临界点处变化带来行为不连续性诸多例子中的一个。

KMRW 定理给出了对声誉的解释。声誉的作用是诱使对方今后与之合作，但当 $t \geq T_0$ 后，声誉的使用用尽，没有必要付出短期利益去维护声誉，图穷匕首见，出现不合作行为。建立和维护声誉是有成本的，并且只有充分关注长期利益者才会去建立和维护声誉。

因为名牌产品对企业来说是一种声誉，因建立和维护声誉需要付出成本，故名牌产品的价格一般要比非名牌产品的价格高一些（即使质量是一样的）。

我们以重复的囚徒困境博弈为例，所谓"针锋相对"策略，是指参与人 i 在开始时选择抵赖，在 t 阶段选择对手在 $t-1$ 阶段的选择。如果参与人 j 坚持针锋相对策略，参与人 i 就没有积极性选择首先坦白，因为如果他选择抵赖，他可以连续获得较高的支付（-1），而如果他选择首先坦白再转向选择针锋相对策略，他的支付交替为 0 或 -10。但针锋相对策略不是贝叶斯精炼均衡。

在该博弈中，KMRW 定理的直观解释是，在重复的囚徒困境博弈中，尽管每个囚徒在选择合作（抵赖）时，冒着被对手出卖的风险（对手选择坦白时他得到最低的支付 -10），但如果对方是合作型的，而他选择了不合作（坦白），就暴露了自己是非合作型的，从而失去了获得长期合作收益的可能。如果博弈重复的次数足够多，则未来收益的损失就大大超过短期被出卖的损失。因此，为了获取长远利益，在博弈的开始，每个参与人都想树立一个合作的形象或声誉（以使对方认为他是合作型的，即使他本质上并不一定是合作型的）。只有在博弈快结束时，参与人才会一次性地把自己过去建立的信誉利用完,合作才会停止。

KMRW 定理为现实中诸多合作现象提供了一个强有力的解释。如寡头市场上的合谋行为(在完全信息下是不可能出现的)、第 4 章中的"连锁店悖论"等。另外,有意思的是 KMRW 定理为我们中国人推崇的"大智若愚"行为提供了合理解释。智者,理性人也,为了诱使对方合作,智者可以表现得像个愚者(非理性)那样。

该定理还表明,只要博弈重复的次数足够多,参与人有足够的耐心(δ),则即使有关参与人的很小的不确定性(不完全信息)都可能引起均衡结果的重大改变。

所以人们为了长期利益而必须放弃一些短期利益,去建立一个乐于合作的好信誉,信誉具有独特的经济作用,建立信誉是在发出合作的信号,这是一种博弈策略的投资。特别是政府管理部门,为了国家的整体利益和长远利益,有必要进行信誉投资,接受当前的一个较低的收益,以便获得较高的未来收益。信誉是通过影响或改变对手未来行动的信念,并进而改变对手未来的行动而起作用,如果参与人的未来价值巨大,并有一个长远计划,则他更可能进行"信誉投资"。

6.4.3 阿克谢罗德竞赛

阿克谢罗德(Robert Axelrod)在他 1984 年的著作里描述了一个用计算机进行的循环赛,这个实验从另外一个角度解决了重复囚徒困境的博弈。在计算机上进行的囚徒困境博弈循环重复进行 200 次,参与人以电脑程序的形式提交自己的策略,电脑把策略匹配起来,然后自动地运行这些程序。阿克谢罗德第一次进行的循环赛中有 14 种策略,每一个策略都和其他的策略进行博弈,得胜者是所有博弈中的支付累计值最高的策略。每一个参与人选择自己所挑选的其中一种策略,但在博弈开始后不能再修正自己的策略。这些策略中既有满足子博弈完美性的策略,也有非完美的策略,如针锋相对策略或更宽容的"两次不合作就报复"(tit-for-two-tats)的策略。结果显示,第一次循环赛的得胜者是针锋相对策略。

在这个博弈里,博弈均衡并不是所有参与人的共同知识,它可以被视为一个不完全信息的博弈,由自然来选择参与人的数量、认知能力和先验信念。在所有参与人都知道第一次循环赛的结果后,阿克谢罗德又进行了第二次循环赛。为了避免连锁店悖论的问题,这次实验规定博弈在每一轮结束的概率 $\theta = 0.00346$。结果表明,这次循环赛的得胜者仍然是针锋相对策略。

阿克谢罗德进一步指出了针锋相对策略的三个优点：

(1) 适意性(niceness)：针锋相对策略从来不会引发参与人选择坦白策略；

(2) 应激性(provokability)：一旦其他参与人选择了坦白策略，针锋相对策略会立即进行报复；

(3) 宽容性(forgiving)：如果其他参与人在选择了坦白以后，又继续进行合作选择抵赖，针锋相对策略会原谅这个参与人，也进行合作。

尽管针锋相对策略具有以上这些优点，但我们仔细分析这个实验的结果，会发现针锋相对策略之所以能够成为最后的得胜者，最重要的原因是它能够适应各种不同的环境。

这是因为：

(1) 针锋相对策略在两次循环赛中都取得胜利，是因为它通过合作行为积累了较高的分数，这种策略在很多时候得分很高，得低分的时候较少。但是，如果循环赛是淘汰制的，针锋相对策略将很快被其他策略淘汰，因为它的分数从来都不是最高的。

(2) 在博弈所有的阶段里，任何一个策略都不是纳什均衡策略。因为如果参与人知道了其他参与人的策略是什么，他将修正自己的策略。在第二次循环赛中，有些策略在第一次取得了很好的成绩，但是因为环境的改变，这些策略在第二次循环赛里的表现很不好。还有一些其他的策略为了试探其他参与人的策略，在学习过程中损失了太多的两个参与人都选择(坦白，坦白)即不合作的阶段。当然，如果博弈重复进行更多次的话，这些策略的表现会更好一些。

(3) 不可避免地，参与人会因为颤抖的原因而偶然地选择了坦白，而且两个参与人都选择针锋相对策略，这样两个人的支付就会更低。针锋相对策略会立即处罚一个选择不合作的参与人，但却没有规定如何结束惩罚期。

可见，当信息是完全时，即支付是所有参与人的共同知识，那么唯一的均衡结果就是选择坦白，但是在很多情况下，信息总是会有轻微的不完全，所以出现合作行为是合理的。事实上，在任何一个环境中，针锋相对策略都是参与人的次优选择，但是它最大的优势正是在于它能够适用于各种不同的环境。

6.4.4 声誉模型的应用：货币政策

我们在第4章中完全信息动态博弈模型中看到，货币政策存在动态不一致性，即公众不会相信政府的零通胀承诺，从而使政府陷入通胀与失业的双重困境中。但 Barro(1986)和 Vickers(1986)运用 KMRW 声誉模型证明：如果公众有关政府偏好的信息是不完全的，出于声誉方面的考虑，政府可能选择不制造通胀，即使政府的任期是有限的（有限重复博弈）。

我们在第 5 章中的 5.2.4 节中已对此做了一种介绍，这里再按上一节的方式重新做一说明。首先假定：

公众与政府构成博弈中的两个局中人，而公众认为政府可能有两种类型，即强政府和弱政府。

强政府——从不制造通胀；

弱政府——在一定压力下（如利益集团的压力）可能会通过制造通胀来解决短期矛盾。

但弱政府可通过假装强政府来建立一个不制造通胀的声誉。公众不知道政府的类型，但可通过观测通胀率来推断政府的类型。一旦政府制造了通胀，公众就认为政府是弱政府，从而在公众对通胀率的理性预期（准确预知）下，政府在随后阶段的通胀不能带来任何产出或就业的增加。

以下考察在什么情况下，弱政府不选择制造通胀（真实的政府类型是弱政府，但公众以正的概率认为有可能出现强政府，合作均衡意味着弱政府也会选择不制造通胀）。

在这里我们假定政府的单阶段效用函数如下：

$$u = -\frac{1}{2}\pi^2 + b(\pi - \pi^e)$$

$$b = \begin{cases} 0, & \text{代表强政府,} \\ 1, & \text{代表弱政府} \end{cases}$$

其中 π 为实际通胀率（政策变量），π^e 是公众预期的通胀率，b 为政府的类型。公众对政府为强政府（$b=0$）的先验概率为 P_0，认为是弱政府（$b=1$）的先验概率为 $(1-P_0)$。

弱政府在单阶段博弈中的最优通胀率计算如下：

$$\frac{du}{d\pi} = -\pi + b = 0$$

得 $\pi = b = 1$，最大效用 $u = -\frac{1}{2} \times 1^2 + 1 \times (1-1) = -\frac{1}{2}$（理性预期下）。如果假定博弈重复 T 阶段，设 y_t 为 t 阶段弱政府选择零通胀的概率（即假装强政府的概率），x_t 为公众认为弱政府选择零通胀的概率；在均衡中，$x_t = y_t$（公众和政府都知道均衡，且均衡是共同知识，当然公众知道 y_t，故 $x_t = y_t$，即公众知道均衡下的 y_t，故有均衡下的 $x_t = y_t$）。

如果公众在 t 阶段未预测到通胀，则由贝叶斯法则，公众在 $t+1$ 阶段认为政府是强政府的后验概率为：

$$\widetilde{P}_{t+1}(b=0|\pi_t=0) = \frac{P(b=0,\pi_t=0)}{P(\pi_t=0)}$$

$$= \frac{P(\pi_t=0|b=0)P(b=0)}{P(\pi_t=0|b=0)P(b=0)+P(\pi_t=0|b=1)P(b=1)}$$

$$= \frac{1\times \widetilde{P}_t}{1\times \widetilde{P}_t + x_t(1-\widetilde{P}_t)}$$

因 $1\times \widetilde{P}_t + x_t(1-\widetilde{P}_t) \in [x_t,1]$，故 $1\times \widetilde{P}_t + x_t(1-\widetilde{P}_t) \leq 1$，$\widetilde{P}_{t+1}(b=0|\pi_t=0) \geq \widetilde{P}_t$，意味着：若政府未在 t 阶段制造通胀，则公众在 $t+1$ 阶段认为政府是强政府的概率向上调整。

如果政府在 t 阶段制造了通胀，则有

$$\widetilde{P}_{t+1}(b=0|\pi_t=0) = \frac{P(\pi_t=1|b=0)P(b=0)}{P(\pi_t=1|b=0)P(b=0)+P(\pi_t=1|b=1)P(b=1)} = 0$$

即一旦观测到了通胀，公众就认为政府是弱的。

下面，我们运用逆向归纳法的思路来导出均衡解。

首先看 $T-1$ 和 T 阶段的解。

因为在最后的 T 阶段，维护不制造通胀的声誉已无必要。弱政府此时的选择必为 $\pi_T = b = 1$，公众预期通胀率 $\pi_T^e = 1\times(1-\widetilde{P}_T) = 1-\widetilde{P}_T$。弱政府的阶段效用水平为：

$$u_T = -\frac{1}{2}\pi_T^2 + (\pi_T - \pi_T^e)$$

$$= -\frac{1}{2}\times 1^2 + [1-(1-\widetilde{P}_T)] = \widetilde{P}_T - \frac{1}{2}$$

u_T 是 $\widetilde{P}_T$ 的增函数，即弱政府在最后阶段的效用是其声誉的增函数，这就是为什么弱政府有积极性建立强政府声誉的原因。

再看 $T-1$ 阶段。假定弱政府在 $T-1$ 之前未制造通胀 $\widetilde{P}_{T-1}$，则公众的通胀率预期为：

$$\pi_{T-1}^e = 1\times(1-\widetilde{P}_{T-1})(1-x_{T-1})$$

其中：1 是弱政府的最优通胀率，$1-\widetilde{P}_{T-1}$ 是政府是弱政府的概率，$(1-\widetilde{P}_{T-1})$ 是公众认为弱政府选择通胀的概率。

令 δ 为政府的贴现因子。为简单计，先考虑纯策略博弈，即弱政府或选择零通胀或选择通胀的情形。

y_t 或 1 的情形。（我们知道，在混合策略博弈均衡中，对应有带来相同期望效用的多个最优纯策略，故知道了最优纯策略的条件也就知道了混合策略的条件）。

如果弱政府在 $T-1$ 选择通胀（$y_{T-1}=0$，即 $\pi_{T-1}=1$），则 $\widetilde{P}_T = 0$（T 阶

段公众知道政府是弱的)。

给定公众的通胀预期 π_{T-1}^e,弱政府此举的两阶段总效用为:

$$u_{T-1}(1)+\delta \cdot u_T(1)=\left[-\frac{1}{2}+(1-\pi_{T-1}^e)\right]-\frac{1}{2}\delta=\frac{1}{2}-\pi_{T-1}^e-\frac{1}{2}\delta$$

如果弱政府在 $T-1$ 选不制造通胀($y_{T-1}=1$,即 $\pi_{T-1}=0$),则此举的两阶段总效用为:

$$u_{T-1}(0)+\delta \cdot u_T(1)=-\pi_{T-1}^e+\delta \cdot \left(\widetilde{P}_T-\frac{1}{2}\right)$$

故当且仅当下列条件成立时,选 π_{T-1} 要优于 $\pi_{T-1}=1$:

$$-\pi_{T-1}^e+\delta\left(\widetilde{P}_T-\frac{1}{2}\right)\geq \frac{1}{2}-\pi_{T-1}^e-\frac{1}{2}\delta \leftrightarrow \frac{1}{2\delta}$$

因在均衡下,有 $x_{T-1}\geq y_{T-1}$,若 $y_{T-1}=1$ 构成弱政府的均衡策略,则 $x_{T-1}=y_{T-1}=1, P_T=P_{T-1}$(公众未能获得更多的信息)。上述条件意味着有:

$$\widetilde{P}_{T-1}\geq \frac{1}{2\delta}$$

如果公众在 $T-1$ 阶段认为政府是强政府的概率不小于 $\frac{1}{2\delta}$,则弱政府就会假装强政府。即政府的声誉越好,则政府维持声誉的积极性就愈高。

若 $\widetilde{P}_T=\frac{1}{2\delta}$,则上述分析表明了 $T-1$ 阶段弱政府假装或不假装强政府都是最优的。它以任意概率分布随机选 $y_{T-1}=0$ 或 1 都是最优的混合策略,任何 $y_{T-1}\in[0,1]$ 都是最优的。

因均衡要求 $x_{T-1}=y_{T-1}$,将 $\widetilde{P}_T=\frac{1}{2\delta}$ 代入前述贝叶斯法则公式。

$$\widetilde{P}_T=\widetilde{P}_T(b=0|\pi_{T-1}=0)=\frac{\widetilde{P}_{T-1}\times 1}{\widetilde{P}_{T-1}\times 1+(1-\widecheck{P}_{T-1})x_{T-1}}$$

$$\frac{1}{2\delta}=\frac{\widetilde{P}_{T-1}}{\widetilde{P}_{T-1}+(1-\widecheck{P}_{T-1})x_{T-1}}$$

$$y_{T-1}=x_{T-1}=\frac{(2\delta-1)\widetilde{P}_{T-1}}{1-\widetilde{P}_{T-1}}$$

因 x_{T-1} 是 $\widetilde{P}_{T-1}$ 的增函数,公众愈是认为政府是强政府,弱政府选择不制造货币膨胀的概率就愈高(假定 $\delta>\frac{1}{2}$,即 $2\delta-1>0$)。

当 $\widetilde{P}_{T-1}\to \frac{1}{2\delta}$ 时,$y_{T-1}\to 1$。

下面用数学归纳法证明:如果政府在 $T-1$ 阶段选零通胀是最优的(之

前各阶段未制造通胀），则在所有 $t<T-1$ 阶段选零通胀都是最优的（之前各阶段未制造通胀）。

已证当 $\widetilde{P}_T \geq \dfrac{1}{2\delta}$ 时，政府在 $T-1$ 阶段选零通胀最优的（之前各阶段未制造通胀）。

归纳法假设：

设 $t \leq T-1$ 时，政府在 t 阶段选零通胀是最优的（之前各阶段未制造通胀），则在 $t=T-1$ 时，若政府选通胀，则自 $t-1$ 及之后的各阶段效用贴现和为（$t-1$ 之后因类型暴露，只有不断制造通胀）：

$$S_{t-1}(1) = u_{t-1}(1) + \delta u_t(1) + \cdots + \delta^{T-t+1} u_T(1)$$

$$= -\frac{1}{2} + (1 - \pi_{t-1}^e) - \frac{1}{2}\delta - \cdots - \frac{1}{2}\delta^{T-t+1}$$

$$= \frac{1}{2} - \pi_{t-1}^e - \frac{1}{2}\delta - \cdots - \frac{1}{2}\delta^{T-t+1}$$

若此阶段政府不制造通胀，则自 $t-1$ 及之后的各阶段效用贴现和为：

$$S_{t-1}(0) = u_{t-1}(0) + \delta S_t(0)$$

该式成立的理由是，由归纳法假设在 t 阶段，当之前各阶段都未制造通胀时，政府选不制造通胀是最优的，故当政府在 $t-1$ 阶段未选通胀时，必在 t 阶段也会选零通胀。下面证明必有：

$$S_t(0) \geq S_{t-1}(0) \leftrightarrow u_{t-1}(0) + \delta S_t(0) \geq \frac{1}{2} - \pi_{t-1}^e - \frac{1}{2}\delta - \cdots - \frac{1}{2}\delta^{T-t+1}$$

由归纳法假设有：

$$S_t(0) \geq u_t(1) + \delta u_{t+1}(1) + \cdots + \delta^{T-t} u_T(0)$$

$$= -\frac{1}{2} + (1 - \pi_t^e) - \frac{1}{2}\delta - \cdots - \frac{1}{2}\delta^{T-t}$$

$$= \frac{1}{2} - \pi_t^e - \frac{1}{2}\delta - \cdots - \frac{1}{2}\delta^{T-t}$$

故

$$S_{t-1}(0) = u_{t-1}(0) + \delta S_t(0)$$

$$= -\pi_{t-1}^e + \delta S_t(0)$$

$$\geq -\pi_{t-1}^e + \delta \left(\frac{1}{2} - \pi_t^e - \frac{1}{2}\delta - \cdots - \frac{1}{2}\delta^{T-t} \right)$$

欲证 $S_{t-1}(0) \geq S_{t-1}(1)$，只需证明下式成立。

$$-\pi_{t-1}^e + \delta \left(\frac{1}{2} - \pi_t^e - \frac{1}{2}\delta - \cdots - \frac{1}{2}\delta^{T-t} \right) \geq \frac{1}{2} - \pi_{t-1}^e - \frac{1}{2}\delta - \cdots - \frac{1}{2}\delta^{T-t}$$

$$\leftrightarrow \delta \left(\frac{1}{2} - \pi_t^e \right) \geq \frac{1}{2} - \frac{1}{2}\delta$$

因 $-\pi_t^e = -(1-\tilde{P}_t)(1-x_t) \geq -(1-\tilde{P}_t) = \tilde{P}_t - 1$（因 $x_t \in [0,1]$），故有

$$\delta\left(\frac{1}{2} - \pi_t^e\right) \geq \delta\left(-\frac{1}{2} + \tilde{P}_t\right) = \delta\tilde{P}_t - \frac{1}{2}\delta$$

前式成立 $\to \delta\tilde{P}_t \geq \frac{1}{2} \leftrightarrow \tilde{P}_t \geq \frac{1}{2\delta}$。

由命题在 $t = T-1$ 成立知已有 $\tilde{P}_t \geq \frac{1}{2}\delta$。

由归纳法假设，知政府在 $t = T-1$ 后各阶段都选零通胀：$x_t = 1(t \geq T)$，由前述贝叶斯法则：

$$\tilde{P}_{t+1} = \tilde{P}_{t+1}(b=0 | \pi_t = 0) = \frac{\tilde{P}_t \times 1}{\tilde{P}_t \times 1 + (1-\tilde{P}_t)x_t} = \tilde{P}_t$$

$$\tilde{P}_t = \tilde{P}_{t+1} = \cdots = \tilde{P}_T \geq \frac{1}{2\delta}$$

由此知上述条件成立。证毕！

我们于是有下述均衡：

若 $P_0 \geq \frac{1}{2\delta}$，则存在如下精炼贝叶斯均衡（混同均衡）：

强政府选择：$\pi_0 = \pi_1 = \cdots = \pi_{T-1} = \pi_T = 0$；

弱政府选择：$\pi_0 = \pi_1 = \cdots = \pi_{T-1} = \pi_T = 1$；

公众预期的通胀为：$\pi_0^e = \pi_1^e = \cdots = \pi_{T-1}^e = 0$；$\pi_T^e = 1 - \tilde{P}_T = 1 - p_0$；

后验概率：在均衡路径上，$\tilde{P}_T = \tilde{P}_{T-1} = \tilde{P}_{T-2} = \cdots = P_0$；

在非均衡路径上，若 $\pi_t = 1$ 则 $P_{t+1} = 0$（阻止政府选择通胀）。

政府的支付为：

$$\begin{cases} 强政府：\sum_{t=1}^{T} \delta^t u_t = 0 + 0 + \cdots + 0 = 0 \\ 弱政府：\sum_{t=1}^{T} \delta^t u_t = 0 + \cdots + 0 + \delta^T\left(P_0 - \frac{1}{2}\right) = \delta^T\left(P_0 - \frac{1}{2}\right) \end{cases}$$

上述讨论的一个基本结论是：信息结构的微小变化对政府的行为有重要的影响。

6.5 效率工资理论

经典的经济学理论认为工资率水平由工人的边际产值决定，但观察到的一些事实发现很多企业给予工人的工资率远高于其边际产值。同时，经

济学家观察到日本企业在员工流动频率上远低于西方国家。效率工资理论试图对这些观察事实给予解释。

效率工资的含义是指高工资带来高产出,高工资是激励工人努力工作的手段。

首先,用高工资可以吸引高素质的人才,因为高素质人才的市场评价高,只有足够高的工资才会招聘到高素质人才。高素质人才就会带来高产出。

其次,高工资有激励作用,因为工人知道,不努力工作,不尽量做到最好,其高工资职位就会被他人取代。所以,高工资可以激励工人努力工作。在发展中国家,高工资收入还可为工人提供更好的营养,从而带来高产出;在发达国家,高工资收入可吸引更多有能力的工人到企业求职,或可激励现有工人更加努力工作。

我们下面介绍由 Shapiro 和 Stiglitz 提出的效率工资模型:Shapiro-stiglitz 模型(1984),这是一个无限次重复博弈模型。

局中人 1——企业;

局中人 2——工人;

局中人 N——自然。

博弈的大意是:企业为激励工人努力工作,一方面支付高工资,同时又威胁工人:一旦发现其偷懒,就立即开除他。

因为企业支付高工资,故企业减少了对劳动力的需求,造成部分工人的高薪就业,但其他工人成为非自愿失业。因为即使工人只要求低工资,仍然不能被雇用,因企业实行高工资低就业策略。

这样,失业工人数量愈多,一个被解雇的工人寻找新工作所需时间就愈长,故而解雇的威胁就更加有效。

在竞争均衡条件下,工资水平 w 和失业率 u 恰好可以使工人不敢偷懒,并且企业在工资水平 w 时的劳动需求恰好使失业率等于 u。

其过程是:在工资上调过程中,由于工人怕因偷懒而被解雇失去高薪,同时又因工资上升减少了对工人的需求导致失业率上升,找工作代价大而使其保留支付下降,这种双重作用激励工人更加努力工作,在均衡时,劳动需求使失业率为 u,使工人不敢偷懒。

下面,我们只分析模型的一部分,即一个企业与一个工人之间的重复博弈,而不考虑竞争均衡。

(1) 阶段博弈 G:

该博弈的行动顺序如下:

①企业开出一个工资水平 w;

②工人选接受或拒绝,若拒绝,则工人成为自我雇佣者,工资水平为 w(保留支付)。若接受,则工人选择努力工作(会带来 e 单位负效用)还是偷懒(不带来任何负效用)。

企业不能直接预测到工人的努力程度(或工人在选择了接受后的决策),但企业和工人都可预测到工人的产出水平。

这里我们假定只有两个产出水平:

$$\begin{cases} 高产出, y>0 \\ 低产出, y=0 \end{cases}$$

当工人努力工作时,必为高产出 y;当工人偷懒时,则产出为高产出 y 的概率为 p。产出为低产出 $y=0$ 的概率为 $(1-p)$(因为影响产出的因素除工人努力程度外,还有其他不可控的随机因素,如气候等,正是如此,工人努力程度才是不可观测的,否则,若产出与工人努力程度 1-1 对应,则可直接经观测产出水平来预测工人努力程度)。

显然,若预测到低产出,则直接可知工人在偷懒(低产出是偷懒无可辩驳的证据)。

倘若企业以 w 的工资雇佣了工人,则当工人努力工作时,产出为高产出,局中人支付为:

$$企业支付 = y-w; 工人支付 = w-e$$

当工人偷懒时,

$$\begin{cases} 若产出为低产出, y=0, 企业支付 = -w, 工人支付 = w, \\ 若产出为高产出, y>0, 企业支付 = y-w, 工人支付 = w。 \end{cases}$$

假定有 $y-e>w_0>py(=py+(1-p)\cdot 0$,即工人偷懒时的期望产出水平),其意为:对工人来说,在企业努力工作比自我雇佣(失业)更好(当企业付给工人足够高工资且工资不超过工人的边际产值 y 时,工人受雇于企业比失业更好),此即 $y-e>w_0$ 的意义;而 $w_0>py$ 的意义是工人自我雇佣要比在企业中工作并偷懒且被企业知道其偷懒而最多支付其 $py+(1-p)\cdot 0=py$ 的工资为好。

阶段博弈的子博弈精炼纳什均衡:

因为有假设 $w_0>py \Leftrightarrow py-w_0<0$,又因在 $w>w_0$ 时有 $py-w<py-w_0<0$,故由逆向归纳法知阶段博弈的子博弈精炼纳什均衡结果必为:

$$\begin{cases} 企业选 w \leq w_0 (可选 w=0), \\ 工人选自我雇佣 \end{cases}$$

支付 $=(0, w_0)$。

精炼均衡由图 6.2 表示。

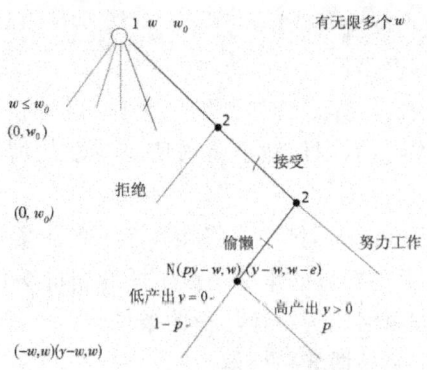

图 6.2　效率工资模型阶段博弈树

精炼均衡是:因为企业知道它给出 $w>w_0$ 时工人也会偷懒,此时工人没有动机和积极性去努力工作(事后机会主义、道德风险、短期行为),故企业在开始就会开出 $w\leq w_0(w=0)$,工人选自我雇佣。

(2) 无限重复博弈

若上述阶段博弈无限次重复,则合作结果就可能出现。此时,企业开出足够高的 w 会激励工人努力工作,因为此时工人会考虑长远利益,事后机会主义就可能消失。这是企业用合作好处诱使工人合作,否则会因短期利益损失潜在的长远利益。

定义 6.2　当某一决策结之前的产出都是高产出且之前所有的工资开价都恒为某 w^* 且都被工人接受了,称该决策结之前的博弈过程为"高工资、高产出"。

企业策略:在第一阶段开出工资率水平 $w=w^*$,在其后的每一阶段,如果博弈过程为"高工资、高产出",则继续开出工资水平 w^*;否则,开出 $w=0$(冷酷策略)!

工人策略:若 $w\geq w_0$,则接受企业给出的工资,否则,选择自我雇佣;当接受企业工资时,若博弈过程(包括本阶段工资)是高工资、高产出,则选努力工作,否则选偷懒。

显然,企业策略本质上就是前述"冷酷策略";若在前面所有阶段的博弈中都相互合作,就继续合作;但一旦有一次合作被打破,就永远转向阶段博弈的子博弈精炼解。

工人的策略虽也类似于冷酷策略,但由于工人在序贯行动的阶段博弈中的行动在后,其策略也更加灵活一些。在一个基于同时行动阶段博弈的重复博弈中,一方的背离只能在某一阶段结束时才可观测到;不过当阶段博弈是序贯行动时(这里正是如此),首先行动方的背离在同一阶段就可被观测到(并且可对其做出反应)。

故工人的策略将会是:

若前面所有阶段的博弈都合作则继续合作,但若企业一旦有背离就选择自己本阶段的最优行动,因他知道将来所有阶段的博弈都将出现阶段博弈的子博弈精炼解。

即若 $w \neq w^*$,但 $w \geq w_0$,则工人将接受企业的工资但选择偷懒。

下面,我们导出上述双方的策略构成子博弈精炼纳什均衡的有关条件。
① 首先导出双方策略成为纳什均衡的条件;
② 然后证明它们是子博弈精炼解。

在以下的证明中,充分运用了博弈树在结构上的等价性,即有:

等价性假定:在博弈树的重复的各个不同阶段博弈中,由均衡策略组合给出的从各个阶段博弈开始的子博弈的支付(未来支付贴现和)相等。

假设企业在第一阶段开出的工资 w^* 是均衡工资,如图 6.3 所示。

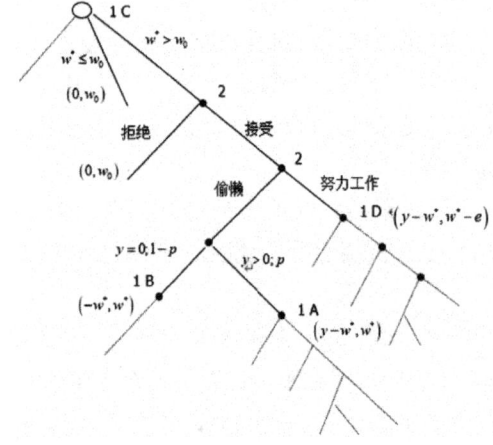

图 6.3 博弈树结构上的等价性

下面看工人在此工资水平下的均衡策略应满足的条件。给定企业的冷酷策略且企业第一阶段开出工资 $w=w^*$,要求工人接受这一工资水平且选择努力工作是最优的,应满足什么条件呢?

首先应有 $w^* > w_0$。

若工人选努力工作,则必得到高产出 $y>0$,进入下一阶段,给定的企业策略给出:企业将再次开出工资水平 w^*,在此后一个阶段博弈中,工人又开始进行与最初阶段博弈(重复的阶段博弈)相同的决策(接受还是拒绝,偷懒还是努力)。

现假定均衡是合作的,即工人总是接受 w^* 且选努力工作,设工人在任一重复阶段博弈中的"子博弈支付现值"为 v_e,则有 $v_e=(w^*-e)+\delta v_e$,其中 δ 为工人的贴现因子,$v_e=\dfrac{(w^*-e)}{(1-\delta)}$。

给定企业策略,倘若工人选偷懒是最优策略。当他选偷懒时,将以 p 的概率带来高产出,到达决策结 A,然后进入下一重复阶段博弈,同时还以 $(1-p)$ 的概率带来低产出,到达决策结 B,之后企业永远开出 $w=0$,工人也将永远选自我雇用,其后工人支付的现值和为 $\dfrac{w_0}{1-\delta}$。

设在这种情形下工人在任一重复阶段博弈中的"子博弈支付现值和"为 v_s,则有:

$$v_s=w^*+\delta\left[pv_s+(1-p)\dfrac{w_0}{1-\delta}\right]$$

$$v_s=\dfrac{[(1-\delta)w^*+\delta(1-p)w_0]}{(1-\delta p)(1-\delta)}$$

在均衡是"合作"的假定下,应有 $v_e \geq v_s$,即选择努力工作是最优的,即:

$$w^* \geq w_0+\dfrac{1-p\delta}{\delta(1-p)}e=w_0+\left[1+\dfrac{1-\delta}{\delta(1-p)}\right]e=(w_0+e)+\dfrac{1-\delta}{\delta(1-p)}e \tag{6.3}$$

因此,为激励工人努力工作,企业必须向工人支付的工资不仅足以补偿工人自我雇佣时的机会收入以及努力工作带来的负效用 w_0+e,还包含工资升水 $\dfrac{1-\delta}{\delta(1-p)}e$。

若 $p \to 1$(偷懒很难被发现),则工资升水必须非常高才可以激励工人努力工作;若 $p \to 0$,则当下式成立时工人努力工作才是最优的。

$$w^* \geq w_0+\left(1+\dfrac{1-\delta}{\delta}\right)e$$

式(6.3)只是在企业给定上述策略时,上述策略是工人的最优策略的条件。还须考虑给定工人策略时,冷酷策略是企业最优策略的条件。

给定工人的策略,企业在每一重复阶段的决策结 A、C、D 上选 w^*($\geq w_0+\left(1+\dfrac{1-\delta}{\delta(1-p)}\right)e$),在 B 上及其后的决策结上都选 $w=0$,这样规定了企业在其所有决策结上的行动选择,故给出了企业的策略,显然,因这样的 w^* 有无数个,这样的策略有无限多(但企业只会选 $w^*=w_0+\left(1+\dfrac{1-\delta}{\delta(1-p)}\right)e$)。其他可能的企业策略为:在 A、C、D 选 $w<w_0+$

$\left(1+\dfrac{1-\delta}{\delta(1-p)}\right)e$(在 B 上不作规定),但因企业选冷酷策略 w^* 时的支付为 $\dfrac{y-w^*}{1-\delta}$,选其他策略的支付为 0,因而冷酷策略为企业的最优策略的条件为 $\dfrac{y-w^*}{1-\delta}\geq 0,\delta'$ 是企业的贴现因子。故有 $y-w^*\geq 0,y\geq w^*$。

因给定企业选冷酷策略时,已证工人选合作的条件为:
$$w^*\geq w_0+e+\dfrac{1-\delta}{\delta(1-p)}e$$

故给定企业和工人的上述策略,它们构成纳什均衡的条件为:
$$y\geq w^*\geq w_0+e+\dfrac{1-\delta}{\delta(1-p)}e$$
$$y-e\geq w_0+\dfrac{1-\delta}{\delta(1-p)}e \tag{6.4}$$

当且仅当式(6.3)满足时,均衡的 w^* 才存在。

因 $\dfrac{1-\delta}{\delta}=\dfrac{1}{\delta}-1$ 是 δ 的减函数,故式(6.3)右边是 δ 的减函数,所以,当贴现因子 δ 充分大时(工人有足够耐心时),合作解才会出现。

子博弈精炼解证明:

上面只证明了在一定条件下,上述策略组合是纳什均衡。下面证明它们还是子博弈精炼纳什均衡。

有两类子博弈:

$\begin{cases}\text{始于高工资、高产出之后的子博弈(图 6.3 中 }A\text{、}C\text{、}D\text{ 开始)},\\ \text{其他子博弈(图 6.3 中 }B\text{ 之后的)}\end{cases}$

已证在第一类子博弈中,局中人的策略组合为纳什均衡,故只需看其他子博弈情形。

在其他子博弈中,给定企业选 $w=0$,工人选自我雇佣当然是最优的。反之,给定工人选自我雇佣,企业选 $w=0$ 为最优。

注意,在这一均衡中,自我雇佣是永远性的:即若工人曾有一次被捉住偷懒,则企业在其后将永远付给工资 $w=0$;若企业曾偏离 $w=w^*$,则工人将永不再努力工作,于是企业也不会再雇佣这个工人。

可以有许多理由对这种永远自我雇佣的合理性提出疑问。

譬如,在上述偏离后出现的永远性阶段博弈中,两个局中人是双败的,他们都希望重新开始无限次重复博弈并再度达成合作均衡(高工资、高产出),但这是不可能的。

因为,如果局中人事先知道惩罚将不会被执行,还有事后重新开始的可能,则惩罚就是不可置信的。

这就是为何在策略是相当"冷酷"的条件下,合作才会出现的原因。

在存在劳动市场情况下,若企业同时雇佣了许多工人,则它更倾向于不进行重新谈判,因为和一个工人的重新谈判会使处于高工资、高产出均衡的其他工人(或将要选择这一均衡的工人)十分失望而改变策略。

如果存在许多企业,问题成为企业 j 是否会雇佣以前企业 i 曾雇佣的工人。

合理的答案是"不会"。

因为它担心会使现有高工资、高产出的工人失望,正如一个企业的情况一样。

诸如此类的原因可以解释为什么日本大企业间白领男性的成年雇员缺乏流动性。

换一种情况,若被雇的工人总可找到比自我雇佣更喜欢的工作,则这时那些新工作的工资(减去努力带来的负效用)就起到了自我雇佣收入 w_0 的作用。

在一个被解雇工人根本不会受到任何损失的极端情况下,在无限重复博弈中无法提供对偷懒的有效惩罚,从而也不存在工人将努力工作的子博弈精炼纳什均衡。

事实上,Bulow 与 Rogoff(1989)曾给出一个例子:如果一个债务国能够在国际资本市场上通过预先收款的短期交易重复从债权国借入长期贷款,则在无限重复博弈中对债务国和债权国之间的违约行为就没有一个可行的惩罚方案。

存在一个问题是既然效率工资理论要求 $w^* > w_0$,而 w_0 又是工人在其他企业可获得的工资,若所有企业都实行效率工资,则又有 $w^* > w_0$,岂不矛盾! 这并不矛盾。当所有企业都实行效率工资时,给定一个工人,若他选偷懒,被发现开除后,到别的企业不能找到工作,因其他企业与所需工人间处于合作状态,所需工人够了,故事实上有 $w_0 = 0$。

6.6 博弈论分析的局限性

在前面的章节中,我们正面回答了博弈论的概念、模型的设定和不同情况下的纳什均衡解等有关问题。从中可以看出纳什均衡是贯穿博弈论的核心概念。虽然纳什均衡分析和其他博弈分析概念、方法相比,具有许多优越性,并且在分析许多标准的社会经济政治问题时卓有成效,能够准确揭示出社会经济政治现象背后的本质和内在规律,但社会经济问题的多样性和复杂性,决策者的能力、信息、偏好和支付的不同,其复杂程度远远超过几种经典博弈或经典博弈类型所能覆盖的范围。纳什均衡分析在什么范围内有效,能在多大程度上解决非合作博弈的问题,并没有全面系统的答案。

纳什均衡分析存在的问题,大致可以分为两类。一是博弈设定方面的问题。博弈设定是纳什均衡分析的基础,即参与人在怎样的环境下进行选择和决策,我们是在什么样的条件下分析和预测博弈结果。它包括纳什均衡的理性基础、共同知识假设和贝叶斯理性等。二是博弈分析方面的问题。它是指问题已经严格设定或在有既定博弈模型的前提下,参与人是否会选择纳什均衡策略,将选择什么样的纳什均衡策略,纳什均衡分析方法是否有效等。它包括纳什均衡的进化机制、纳什均衡的精炼与选择、逆推归纳法等。这两方面的问题是纳什均衡分析的局限性,不是相互独立的,它们之间有很强的内在联系。下面分别对它们进行讨论。

6.6.1 博弈模型设定存在的问题

在博弈模型设定中,要求博弈模型必须对博弈规则、现实决策的环境条件、参与方客观能力和主观思想方法的特征,如目标或偏好、推理和计算能力以及相互了解和信任的程度等,有精确的设定,否则纳什均衡分析方法就无法使用,博弈的结果也就很难预测。在一般的博弈理论中,并没有认真地考虑这些问题。那么,当我们应用纳什均衡理论进行博弈分析时,就要考虑具体博弈问题中这些设定从哪里来,如何进行具体的设定,设定情况是否与现实决策问题相符等。

由于建立一个博弈模型设定因素的复杂性,要准确地从现实经济问题的相关环境中抽象出既符合实际情况,又符合纳什均衡分析需要的精确设定的模型并不容易。例如支付(目标)函数的设定。我们知道支付函数是一个博弈中各参与方追求利益最大化的量化表述,也是参与方进行博弈的出发点和要达到的最终目的。如果我们对参与方的支付不太清楚,或者各参与方相互不清楚其他参与方的支付是什么,以及支付函数受到人为和自然因素影响有多大也难以预测,那么分析和预测博弈方的行为、策略和博弈结果就没有依据和意义。

现就表 6.5 做一简要说明。

表 6.5　二人博弈设定例图

		参与方 2	
		C	D
参与方 1	A	2,1	0,0
	B	2.001,0	1,2

显然唯一的纳什均衡策略组合为 (B,D)，博弈的结果为 $(1,2)$。但如果在策略组合 (B,C) 中，稍微改变参与人 1 的支付，把 2.001 变为 1.999，则博弈的纳什均衡策略为 (A,C) 和 (B,D)，博弈的结果也有两种情况 $(2,1)$ 和 $(1,2)$。所以，支付函数微小的变化就带来均衡结果的巨大变化，甚至得出相反的结论，而现实中这种微小的颤动是经常发生的。又如在讨价还价博弈中，两人分一块蛋糕，一般假设每个人都追求份额的最大化，但大多数情况下，博弈方追求的是公平的待遇而不是表面利益的最大化。这样，在模型设定中如不考虑这些因素，用纳什均衡分析得出的结论可能毫无意义。

　　博弈模型设定的另一困难是信息和理性的假设。纳什均衡分析法是一种能够做出很强预测的方法，但要做出准确的预测，必须首先对博弈问题涉及的信息状态做出明确的设定，并对参与方的理性层次有极高的要求。前面几节涉及的知识如共同知识、主观概率和贝叶斯理性以及逆推归纳法等对博弈方的决策选择和博弈结果起十分关键甚至决定性的作用。但假定博弈中各参与方都具有关于博弈结构和理性的共同知识，或者对不确定因素（如对手的类型）有共同的事前概率，在许多情况下明显缺乏理论依据和实证支持。博弈模型还必须设定博弈方用"哪种理性"进行博弈。它包括最优决策的理性、知识理性、理性的共同知识、贝叶斯理性、充分理性和有限理性等。这些理性概念各有不同的内涵和要求，其中还有多种不同的层次。纳什均衡分析方法只有在相应的理性层次，而且参与方相互清楚自己和对方的理性层次或者关于理性的共同知识时才能有效，才有可靠的推理基础和结果的稳定性。因此，能够进行纳什均衡分析的博弈模型必须对参与方的理性做出准确假设。可问题是在现实经济、政治生活中，博弈中参与方到底具有哪个层次的理性，参与方之间理性方面有没有差异，参与方能否准确判断其他参与方的理性层次，主观先验概率、共同的事前概率、贝叶斯法则为特征的贝叶斯理性等，是否符合现实中参与方的决策方式。对这些问题中的任何一个给出明确的答案，都是十分不易的。

　　在经济生活中，用纳什均衡方法进行博弈分析的主要困难在于决策者面临的选择问题。决策者一般承担不起建立博弈模型、设定与博弈相关方面的内容、明确博弈规则和环境条件的任务。因为现实中决策者不可能都有准确抽象模型的能力,更不可能相信其他参与方都具备这种能力。现实中决策者面临的决策问题相当模糊和复杂,而且这种模糊不能用很好的设定概率分布的办法进行推理。因此,从建立博弈模型这个基本工作方面起,纳什均衡分析基础就有问题,这使得博弈论的纳什均衡分析应用受到诸多限制。

6.6.2 博弈模型分析存在的问题

博弈论研究的现有成果中,尚没有给出什么是博弈分析的有效方法。博弈分析方法的有效性实际上与博弈模型的设定密切相关。如果只对设定好的模型讨论分析方法的有效性,或者试图完全脱离博弈的基本设定和结构去寻找普遍适用的分析方法,都没有什么意义。在本节第一部分的讨论中,我们已经指出的一些博弈模型设定方面的问题,正是造成某些分析方法失效的关键原因。

纳什均衡概念是目前博弈论乃至整个经济学分析中最有用的核心概念,纳什均衡分析是最有价值的经济分析方法。但目前纳什均衡理论尚没有给分析各种具体博弈问题提供统一的有效分析工具或系统的分析方法体系。一般的纳什均衡概念和分析方法在许多博弈案例的分析中时常"力不从心",只能给出较粗略有时甚至是不符合实际的预测和判断。要对经济行为和管理决策进行准确有效的分析和预测,还要对一般纳什均衡概念做一定的精炼和改进。博弈专家也提出了多种博弈解概念和分析方法,包括纳什均衡与非纳什均衡。纳什均衡虽有扩展和精炼,也提出了逆推归纳法和顺推归纳法等,但没有解决哪种概念或方法是最有效、最一般的分析工具,典型的就是颤抖手均衡思想和顺推归纳法思想之间的对立。因此,纳什均衡分析及它的各种精炼和选择方法有时可能会失效,无法得出符合实际的结论。一种好的理论应能够解释不符合理论假设的现象,否则,就不是一种"完全理论"。由此可以说纳什均衡理论不是一种"完全理论"。

纳什均衡分析的另一困难是,多重纳什均衡的选择和精炼问题。多重纳什均衡选择的困难在很大程度上与纳什均衡分析需要精确设定的问题有关。例如,在两人共分一块蛋糕的博弈中,所有点 $x \in [0,1]$ 都是该博弈的纳什均衡解,如果不加进一步的设定或限定不够详细,我们就无法在这个博弈的无穷多个纳什均衡中进行选择。但如果我们对博弈次序、重复的机会、有关双方的处境等有更多的限定,则均衡的选择问题就可能解决。由此看来,纳什均衡选择方面的困难常与博弈设定方面的粗糙和模糊有关。选择问题实际是对博弈规则、信息结构、理性层次等方面的限定问题。

纳什均衡的精炼主要是定义具有稳定性的均衡概念。纳什均衡精炼概念的有效性,很大程度上取决于对决策者的理性、能力以及采用的推理方法的判断和设定。如只有在参与方具有博弈结构和理性的共同知识,采用逆推归纳法分析时,子博弈精炼纳什均衡才是合理的精炼纳什均衡概念,才能够做出可靠的预测和判断,否则子博弈精炼纳什均衡就不一定是正确的预测。因此,如果博弈模型的设定问题能够得到更好的解决,那么可能多数纳什均衡分析的问题就自然解决了。困难正如第一部分所示,现实中的决策者并不是在很好设定的博弈中进行决策,即使决策者对自己的能力、所处的环境和解决问题的思路有充分的认识,但对对方相关方面的了解可能比较有限,常常不能做出合理的判断。解决纳什均衡的选择和精炼问题,不能依赖改进模型的设定,对没有很好设定的博弈模型,纳什均衡分析仍然受到一定的约束,这也是博弈论需要进一步发展和研究的问题。

第 7 章 经济博弈论相关论文

7.1 P2P 行业创新状况如何改善？——基于改进的 KMRW 声誉模型

摘要：基于平台持续经营的假设，借助贴现因子和预期损失等变量计算创新型平台在行业自律和金融监管两种情况中不同策略选择的收益增量，进而在纯策略和混合策略两种情况下分别推导平台的最优策略。博弈模型分析显示，平台过度创新的额外收益、发展目标等因素都会影响创新型平台的策略选择。在互联网金融监管与发展的动态博弈关系中，参与者都表现出"有限理性"，基于改进的 KMRW 声誉模型的博弈参与方一般都不满足现代主流博弈论的"完全理性"的前提假设。在 P2P 行业发展初期，应充分发挥互联网金融协会这一行业自律组织的作用，不断完善 P2P 行业的法律法规，加大政府相关部门的监管力度。从 P2P 长远发展来看，创新型平台必须将"合规"作为最佳策略，才能维持 P2P 行业的健康发展。因此，行业自律与金融监管是相互促进的关系，两者相互配合能够得到较佳的规制效果。

关键词：KMRW 模型；适度创新；行业自律；金融监管

一、引言

随着互联网金融这一崭新时代的到来，P2P 行业呈现爆发式增长，吸引了越来越多的投资者。它为借贷双方完成交易提供高效便捷途径的同时也提高了社会资金利用效率；一方面能够满足低收入人群以及小微企业的借款需求；另一方面拓宽了投资渠道，为投资者提供超高的投资回报率。与此对应，P2P 行业迅速扩张的同时面临着行业洗牌，快速成长的背后是诸如宏观经济风险的行业风险的集聚，这些都需相应监管政策加以应对。

二、文献回顾

庄雷和赵成国利用面板数据构造了一个受金融创新冲击的均衡模型,模型显示互联网金融创新在促进经济增长的同时也会带来宏观经济风险,需相应监管加以应对。与拍拍贷刚成立时 P2P 行业不受关注进而创新不足的境况不同,现阶段行业乱象背后更大层面是适度创新与过度创新两类行为的博弈,可以用投入与产出的比例值 γ 取 1 为临界状态将金融创新划分为这两种创新状态。P2P 平台的过度创新行为在一定程度上加剧了非系统性风险,相比之下,进行适度创新行为的创新型平台在"劣币驱逐良币"的环境下举步维艰,引导 P2P 健康发展就显得尤其重要。

1982 年 Kreps 等人将不完全信息引入重复博弈,创建了 KMRW 声誉模型,该模型表明,在特定时期,一般类型参与者可伪装成斯坦科尔伯格类型参与者,进而博得声誉。Barro 运用 KMRW 模型证明,如果公众对政府偏好不具备完全信息,出于声誉方面的考虑,政府可能通过选择不制造通货膨胀来营造一个强政府的声誉。本文在运用 KMRW 声誉模型时,对模型进行了一定的改进。与 Barro 模型只考虑 $T-1$ 期与 T 期不同,本文假设 P2P 平台在可预见的未来持续经营,那么平台现阶段行为对未来多期都有显著影响;此外,区别于 Barro 和 Vickers 计算 $T-1$ 与 T 期这两期的总效用函数,本文在模型中加入了超额收益、处罚等一系列变量,贯穿博弈模型的是对于平台持续运营若干期收益增量的计算。在 KMRW 声誉模型基础上,比较行业自律和加入监管威胁这两种不同情况下创新型平台行为的变化,进一步考虑 P2P 行业监管机制的设计问题。

三、研究假设

在进行博弈分析之前首先有如下假设:

(1) P2P 平台可分为常规型平台和创新型平台两种类型。用 n 表示平台类型,$n=0$ 表示平台是常规平台,$n=1$ 表示平台是创新型平台;用 m 表示平台行为的合规与否,$m=0$ 表示平台行为合规,$m=1$ 表示平台行为不合规。常规型平台会循规蹈矩开展原有业务,为简化分析可合理假设其行为是合规的($m=0$)。现阶段创新型平台的行为可分为两种:适度创新和过度创新,前者属于合规($m=0$)的行为,会激发行业活力,加速行业发展,为社会带来更多收益;后者属于不合规($m=1$)的行为,虽在短期内可能会为 P2P 平台带来额外收益,但会加大金融风险,给资金出借者等其他相关方带来巨大损失,危害 P2P 行业运营。由于行业内常规型平台开展常规业务,行为合规,不存在过度创新现象,故本文围绕创新型平台进行博弈分析,改善整个行业创新状况促进行业内部适度创新的问题就转化成了提高创新型平台适度创新概率即可,下文中对行业创新状况改善与创新型平台合规进行适度创新不做区分,以下讨论中不再重复。

(2) 由于存在信息不对称,市场只能通过观察平台行为合规与否来判断平台的真实类型。假设在 t 期时,市场认为平台是常规型平台的概率为 $p_t(0<p_t<1)$,认为是创新型平台的概率为 $1-p_t$。$Y_t(0<Y_t<1)$ 表示创新型平台行为合规的概率,即适度创新的概率;$X_t(0<X_t<1)$ 表示公众认为创新型平台选择合规的概率,则均衡状态下,有 $X_t=Y_t$。更进一步地,Q_{mt} $(0<Q_{mt}<1)$ 表示 t 期创新型平台不合规行为被市场发现的概率,Q_{ft} $(0<Q_{ft}<1)$ 表示 t 期创新型平台不合规行为被监管部门调查并惩罚的概率,以 $Q_{0t}(0<Q_{0t}<Q_{ft},0<Q_{0t}<Q_{mt})$ 表示 t 期创新型平台不合规行为同时被市场和监管部门发现的概率。

(3) P2P 行业监管不力和创新型平台很可能"触雷"导致公众畏惧创新型平台。P2P 行业监管的缺失,导致相当一部分平台处于过度创新状态,跑路、停业、经侦介入以及提现困难事件频发。虽然金融监管机构陆续出台法规政策约束 P2P 行业,但创新型平台很可能触雷。由于畏惧创新型平台,公众偏爱常规型平台。将 p_t 视为某 P2P 平台属于常规平台的概率,p_t 越大,意味着该平台的合规声誉也越好。L_m、L_f 均表示 P2P 平台被认为是创新型平台而蒙受的声誉损失,但前者不含金融监管,后者加入金融监管。相对于市场监督发现不合规行为,被监管部门查处对平台的声誉影响更大,故 $L_m<L_f$。R_0 表示常规型平台合规声誉收益,R_t 分别表示创新型平台的预期合规声誉收益,则 $R_t=R_0+(1-p_t)L_m$ 或者 $R_t=R_0+(1-p_t)L_f$,进一步,$R_{t+k}-R_t=(p_{t+k}-p_t)L_m$ 或者 $R_{t+k}-R_t=(p_{t+k}-p_t)L_f$。

(4) 假设平台与市场的博弈是多次重复的,在 t 期之前,所有的平台都选择了"合规"。从 t 期开始,所有的常规型平台都会选择"合规",而创新型平台的行为会根据收益最大化的原则进行不同的行为选择,进一步影响行业合规的均衡。

(5) 假设平台在可预见的未来持续经营,不会出现破产清算现象。为清楚分析 t 期平台的行动选择,姑且假定从 $t+1$ 期开始,博弈不再产生影响公众推断平台类型的新信息,那么平台的合规声誉评级会保持不变,即 $p_{t+1}=p_{t+2}=p_{t+3}=\cdots=p_{t+k}$。进一步地,有 $R_{t+k}-R_t==(p_{t+1}-p_t)L_m$ 或者 $R_{t+k}-R_t=(p_{t+1}-p_t)L_f$。

四、博弈模型分析

（一）基于行业自律的创新型平台策略分析

只有在纯战略 $Y_t=0,1$ 带来的期望效用相等时，平台才会选择混合战略，所以知道了最优纯战略的条件也就清楚了混合战略的条件。

若 $Y_t=1$，即创新型平台在 t 期选择"合规"，那么在 $t+1$ 期公众认为该平台属于常规型平台的后验概率为：

$$p_{t+1}(n=0|m=0)=\frac{p_t\times 1}{p_t\times 1+(1-p_t)\times X_t}\geqslant p_t \tag{1}$$

$p_{t+1}(n=0|m=0)\geqslant p_t$ 意味着市场发现某 P2P 平台 t 期行为合规，则 $t+1$ 期平台声誉会变好，市场合规声誉从 p_t 提升至 $p_{t+1}(n=0|m=0)$。

令 α 是平台的贴现因子，则创新型平台在 t 期选择"合规"得到的收益增量为：

$$\begin{aligned}\Delta R(m=0,n=1) &= \alpha\times(R_{t+1}-R_t)+\alpha^2\times(R_{t+2}-R_t)+\cdots \\ &= \alpha\times(p_{t+1}-p_t)L_m+\alpha^2\times(p_{t+1}-p_t)L_m+\cdots \\ &= \frac{\alpha}{1-\alpha}\times L_m\times(p_{t+1}-p_t)\end{aligned}$$

因此，创新型平台在 t 期适度创新选择行为合规获得收益增量的期望值为：

$$E(\Delta R(m=0,n=1))=\Delta R(m=0,n=1)=\frac{\alpha}{1-\alpha}\times L_m\times(p_{t+1}-p_t)$$

若 $Y_t=0$，即创新型平台在第 t 期过度创新，行为不合规，则存在以下两种结果：

1. 市场认为平台行为合规。出现这种情况的概率为 $(1-Q_{mt})$，则在 $t+1$ 期市场认为平台属于常规型平台的概率升高，则平台在得到超额收益 $A(A>0)$ 的同时，还可获得由良好的合规声誉带来的额外收益，平台增加的收益量为：

$$\begin{aligned}\Delta R(m=1,n=1) &= A+\alpha\times(R_{t+1}-R_t)+\alpha^2\times(R_{t+2}-R_t)+\cdots \\ &= A+\alpha\times(p_{t+1}-p_t)L_m+\alpha^2\times(p_{t+1}-p_t)L_m+\cdots \\ &= A+\frac{\alpha}{1-\alpha}\times L_m\times(p_{t+1}-p_t)\end{aligned}$$

2. 市场发现平台行为不合规。出现这种情况的概率为 Q_{mt}，此时公众在第 $t+1$ 期认为该平台是常规型平台的后验概率是：

$$p_{t+1}(n=0|m=1)=\frac{p_t\times 0}{p_t\times 0+(1-p_t)\times(1-X_t)}=0$$

$p_{t+1}(n=0|m=1)=0$ 意味着市场发现某 P2P 平台存在不合规行为，就会将其归为创新型平台。

此时，平台虽然在 t 期获得了额外收入 A，但未来将面临合规声誉收益的损失，所以平台收益增量为：

$$\Delta R(m=1,n=1)=A+\alpha\times(R_{t+1}-R_t)+\alpha^2\times(R_{t+2}-R_t)+\cdots$$
$$=A+\alpha\times(0-p_t)L_m+\alpha^2\times(0-p_t)L_m+\cdots$$
$$=A-\frac{\alpha}{1-\alpha}\times L_m\times p_t$$

因此，创新型平台在 t 期过度创新选择行为不合规获得收益增量的期望值为：

$$E(\Delta R(m=1,n=1))$$
$$=(1-Q_{mt})\times\left[A+\frac{\alpha}{1-\alpha}\times L_m\times(p_{t+1}-p_t)\right]+Q_{mt}\times\left(A-\frac{\alpha}{1-\alpha}\times L_m\times p_t\right)$$
$$=A-\frac{\alpha}{1-\alpha}\times L_m\times p_t+(1-Q_{mt})\times\frac{\alpha}{1-\alpha}\times L_m\times p_{t+1}$$

若 $E(\Delta R(m=1,n=1))<E(\Delta R(m=0,n=1))$，创新型平台会选择适度创新，那么创新型平台在均衡状况下的最优策略是"合规"，此时有：

$$A-\frac{\alpha}{1-\alpha}\times L_m\times p_t+(1-Q_{mt})\times\frac{\alpha}{1-\alpha}\times L_m\times p_{t+1}<\frac{\alpha}{1-\alpha}\times L_m\times(p_{t+1}-p_t)$$

即

$$\frac{A}{L_m\times Q_{mt}}\times\frac{1-\alpha}{\alpha}<p_{t+1}$$

在纯策略条件下，由于均衡条件为 $X_t=Y_t$（公众的预期与平台的选择相同），故当 $Y_t=1$ 构成创新型平台的均衡战略时，有 $X_t=Y_t=1$，从而 $p_{t+1}=p_t$，因此可得 $\frac{A}{L_m\times Q_{mt}}\times\frac{1-\alpha}{\alpha}<p_t$。即公众在 t 阶段认为平台是常规型平台的概率大于 $\frac{A}{L_m\times Q_{mt}}\times\frac{1-\alpha}{\alpha}$ 时，创新型平台会假装成常规型平台，也就是说平台的声誉越好，其维护自身声誉的意愿就越强。

进一步可得，当 $p_t=p_{t+1}>\frac{A}{L_m\times Q_{mt}}\times\frac{1-\alpha}{\alpha}$ 时，平台会选择最优纯策略，行为合规，进行适度创新；当 $p_{t+1}=\frac{A}{L_m\times Q_{mt}}\times\frac{1-\alpha}{\alpha}$ 时，任何 $Y_t\in[0,1]$ 都是最优的，平台会选择混合战略。

本部分首先介绍混合战略，再进行纯战略的分析。

当 $p_{t+1}=\frac{A}{L_m\times Q_{mt}}\times\frac{1-\alpha}{\alpha}$，$Y_t\in[0,1]$ 都是最优的，平台会选择混合战

略,将 $p_{t+1} = \dfrac{A}{L_m \times Q_{mt}} \times \dfrac{1-\alpha}{\alpha}$ 代入贝叶斯法则(1)式可得:

$$Y_t = X_t = \dfrac{P_t}{(1-P_t)} \times \left(\dfrac{L_m \times Q_{mt}}{A} \times \dfrac{\alpha}{1-\alpha} - 1 \right)$$

由 $\dfrac{\partial Y_t}{\partial p_t} = (1-p_t)^{-2} \times \left(\dfrac{L_m \times Q_{mt}}{A} \times \dfrac{\alpha}{1-\alpha} - 1 \right) = (1-p_t)^{-2} \times \left(\dfrac{1}{p_{t+1}} - 1 \right) > 0$ 知,公众越是认为平台是常规平台,创新型平台选择合规行为进行适度创新的概率就越高。

用 Y_t 对参数 α、A、L_m 以及 Q_{mt} 求偏导可得 $\dfrac{\partial Y_t}{\partial \alpha} > 0$;$\dfrac{\partial Y_t}{\partial A} < 0$,$\dfrac{\partial Y_t}{\partial L_m} > 0$,$\dfrac{\partial Y_t}{\partial Q_{mt}} > 0$,有以下分析:

(1)由 $\dfrac{\partial Y_t}{\partial \alpha} > 0$ 可知,当 α 变大时,P2P 平台更加注重未来利益将会选择在下阶段(而不是现阶段)利用自己的声誉,注重长远发展,有了维护良好声誉的积极性,进而提高 P2P 行业整体合规水平;(2)由 $\dfrac{\partial Y_t}{\partial A} < 0$ 可知,创新型平台过度创新得到的超额收益 A 越高,Y_t 就越小,说明创新型平台会更有动机选择行为不合规谋求短期利益,从而 P2P 行业中创新型平台的适度创新概率降低,合规程度降低;(3)由 $\dfrac{\partial Y_t}{\partial L_m} > 0$ 可知,当公众更加注重市场声誉,平台不合规能为平台带来的市场合规声誉损失的 L_m 值变大时,创新型平台更倾向于通过适度创新合规创新创建良好声誉,P2P 行业的合规水平会得到有效改善;(4)由 $\dfrac{\partial Y_t}{\partial Q_{mt}} > 0$ 可知,当市场对平台不合规行为辨别力增强时,不合规行为更易被市场发现,平台会谨慎进行过度创新,P2P 行业的合规水平得到提高。

当 $\dfrac{A}{L_m \times Q_{mt}} \times \dfrac{1-\alpha}{\alpha} < p_t$ 时,平台会选择最优纯策略,行为合规,适度创新,即 $X_t = Y_t = 1, p_{t+1} = p_t$。令 $N = \dfrac{A}{L_m \times Q_{mt}} \times \dfrac{1-\alpha}{\alpha}$,即公众在 t 期认为平台是常规型平台的概率大于 $\dfrac{A}{L_m \times Q_{mt}} \times \dfrac{1-\alpha}{\alpha}$ 时,创新型平台就会假装成常规型平台。也就是说平台的声誉越好,其维护声誉的积极性就越高。

令 $N = \dfrac{A}{L_m \times Q_{mt}} \times \dfrac{1-\alpha}{\alpha}$,那么 N 越小,平台进行合规创新的 p_t 区间越

大,更多的创新型平台会在 t 期选择适度创新,整个 P2P 行业的合规程度得到有效提高。对参数 A、L_m、Q_{mt} 以及 α 求偏导有 $\frac{\partial N}{\partial \alpha}<0$,$\frac{\partial N}{\partial A}>0$,$\frac{\partial N}{\partial L_m}<0$,$\frac{\partial N}{\partial Q_{mt}}<0$,与混合策略情况分析类似,此处不做过多阐述。

本部分对只存在行业自律的这种状态进行了分析。在只存在行业自律的情况下,主要考虑市场对平台的合规行为进行监督,不合规而蒙受的市场声誉损失 L_m、不合规的额外收益 A 以及贴现因子 α 都会影响平台的合规选择。当平台不合规而蒙受的声誉损失 L_m 增大或者平台更看重长期利益(即 α 较大)时,平台更希望建立良好的市场声誉,越来越多的创新型平台会进行适度创新,使得整个行业的合规状况得到改善。但若不合规得到的收益 A 较大时,作为理性个体,创新型平台会进行过度创新,"不合规"会成为平台的最佳选择。因此,行业自律会影响平台的策略选择。

现阶段 P2P 行业自律建设处于初级阶段,作为行业自律组织的互联网金融协会成立只有两年之久,在指导平台、自身权责、会员准入、违规处理等方面还有很大改进空间,由此,市场并不能有效识别平台的不合规行为;再者,过度创新这种不合规行为能够使平台在激烈的行业竞争中获取短暂的竞争优势,为平台带来额外收益;此外,虽然平台选择适度创新维护良好声誉能为平台带来一定的收益,但相较之下过度创新更符合企业短期利益最大化的诉求。以上的三点原因都直接或间接地导致现阶段 P2P 行业问题频发,既然现阶段单纯的行业自律机制不能对行业过度创新现象起到很好的约束作用,本文在行业自律的基础上加入了金融监管这个变量,进一步探讨监管策略对平台合规行为选择的影响,促进行业健康发展。

(二)加入金融监管的创新型平台策略分析

若 $Y_t=1$,创新型平台在 t 期行为合规,则平台的声誉提高为 $p_{t+1}(n=0|m=0)$。创新型平台在 t 期选择行为"合规"的收益增量的期望值为:

$$E(\Delta R(m=0,n=1))=\Delta R(m=0,n=1)=\frac{\alpha}{1-\alpha}\times L_m\times(p_{t+1}-p_t)$$

当监管部门发现平台的不合规行为后,将对其处以 B 的处罚。若 $Y_t=0$,创新型平台在 t 期行为不合规,存在四类情形。

1. 情形一:市场与监管部门都没有发现平台不合规的行为,市场会初步判定平台为合规平台。出现这种情形的概率为 $(1+Q_{0t}-Q_{mt}-Q_{ft})$,此时该平台在获得超额收益的同时,还能得到良好合规声誉评级为其带来的收益增加,收益增量为:

$$\Delta R(m=1,n=1)=A+\alpha\times(R_{t+1}-R_t)+\alpha^2\times(R_{t+1}-R_t)+\cdots$$

$$= A + \alpha \times (p_{t+1} - p_t) L_m + \alpha^2 \times (p_{t+1} - p_t) L_m + \cdots$$

$$= A + \frac{\alpha}{1-\alpha} \times L_m \times (p_{t+1} - p_t)$$

2. 情形二：市场与监管部门均发现了平台不合规的行为，并且监管部门给予了处罚，那么 $p_{t+1} = 0$。出现这种情况的概率为 Q_{0t}，此时市场将会从第 $t+1$ 期开始认定该平台为创新型，平台不仅无法获得违规收益 A，在面临合规声誉收益的丧失的同时还会受到监管部门的处罚，平台收益增量为：

$$\Delta R(m=1, n=1) = -B + \alpha \times (R_{t+1} - R_t) + \alpha^2 \times (R_{t+1} - R_t) + \cdots$$

$$= -B + \alpha \times (0 - p_t) L_f + \alpha^2 \times (0 - p_t) L_f + \cdots$$

$$= -B - \frac{\alpha}{1-\alpha} \times L_f \times p_t$$

3. 情形三：平台不合规的行为被市场观察到，但是监管部门没有发现，那么 $p_{t+1} = 0$。出现这种情况的概率为 $Q_{mt} - Q_{0t}$，市场将会从第 $t+1$ 期开始认定该平台为创新型平台。此时，平台在蒙受声誉损失的同时得到了不合规的超额收益，平台收益增量为：

$$\Delta R(m=1, n=1) = A + \alpha \times (R_{t+1} - R_t) + \alpha^2 \times (R_{t+1} - R_t) + \cdots$$

$$= A + \alpha \times (0 - p_t) L_m + \alpha^2 \times (0 - p_t) L_m + \cdots$$

$$= A - \frac{\alpha}{1-\alpha} \times L_m \times p_t$$

4. 情形四：平台不合规的行为被监管部门观察到，但是市场并没有发现，可知 $p_{t+1} = 0$。出现这种情况的概率为 $Q_{ft} - Q_{0t}$，市场会从 $t+1$ 期开始做出平台属于创新型平台的判定。此时，平台不仅不能得到额外收益 A，还会蒙受市场声誉损失，受到监管部门的惩罚，平台收益增量为：

$$\Delta R(m=1, n=1) = -B + \alpha \times (R_{t+1} - R_t) + \alpha^2 \times (R_{t+1} - R_t) + \cdots$$

$$= -B + \alpha \times (0 - p_t) L_f + \alpha^2 \times (0 - p_t) L_f + \cdots$$

$$= -B - \frac{\alpha}{1-\alpha} \times L_f \times p_t$$

因此，平台行为不合规带来收益增量的期望值为：

$$E(\Delta R(m=1, n=1))$$

$$= (1 + Q_{0t} - Q_{mt} - Q_{ft}) \times \left[A + \frac{\alpha}{1-\alpha} \times L_m \times (p_{t+1} - p_t) \right] + Q_{0t} \times$$

$$\left(-B - \frac{\alpha}{1-\alpha} \times L_f \times p_t \right) + (Q_{mt} - Q_{0t}) \times \left(A - \frac{\alpha}{1-\alpha} \times L_m \times p_t \right) +$$

$$(Q_{ft} - Q_{0t}) \times \left(-B - \frac{\alpha}{1-\alpha} \times L_f \times p_t \right)$$

$$= A + \frac{\alpha}{1-\alpha} \times L_m \times (p_{t+1} - p_t) - Q_{ft} \times$$

$$\left[A + \frac{\alpha}{1-\alpha} \times L_m \times (p_{t+1} - p_t) + B + \frac{\alpha}{1-\alpha} \times L_f \times p_t \right] - (Q_{mt} - Q_{0t})$$

$$\frac{\alpha}{1-\alpha} \times L_m \times p_{t+1}$$

$$= A - Q_{ft}(A + B) + (1 + Q_{0t} - Q_{mt} - Q_{ft}) \frac{\alpha}{1-\alpha} \times L_m \times p_{t+1} + [(L_m - L_f)$$

$$\times Q_{ft} - L_m] \times \frac{\alpha}{1-\alpha} \times p_t$$

如果 $E(\Delta R(m=1,n=1)) \leqslant E(\Delta R(m=0,n=1))$,创新型平台会进行适度创新,最优策略是"合规",只需：

$$A - Q_{ft}(A+B) + (1 + Q_{0t} - Q_{mt} - Q_{ft}) \frac{\alpha}{1-\alpha} \times L_m \times p_{t+1} + [(L_m - L_f) \times$$

$$Q_{ft} - L_m] \times \frac{\alpha}{1-\alpha} \times p_t < \frac{\alpha}{1-\alpha} \times L_m \times (p_{t+1} - p_t)$$

即 $A - Q_{ft} \times (A+B) - p_{t+1} \times \frac{\alpha}{1-\alpha} \times [L_m(Q_{mt} + Q_{ft} - Q_{0t})]$

$$< Q_{ft} \times \frac{\alpha}{1-\alpha} \times p_t \times (L_f - L_m)$$

在纯策略条件下,同上可得 $\frac{A - Q_{ft}(A+B)}{L_f \times Q_{ft} + L_m \times (Q_{mt} - Q_{0t})} \times \frac{1-\alpha}{\alpha} < p_t$。即公众在 t 阶段认为平台是常规型平台的概率大于 $\frac{A - Q_{ft}(A+B)}{L_f \times Q_{ft} + L_m \times (Q_{mt} - Q_{0t})} \times \frac{1-\alpha}{\alpha}$ 时,创新型平台会假装成常规型平台。进一步,当 $p_t = p_{t+1} > \frac{A - Q_{ft}(A+B)}{L_f \times Q_{ft} + L_m \times (Q_{mt} - Q_{0t})} \times \frac{1-\alpha}{\alpha}$,平台会选择最优纯策略,行为合规,进行适度创新。

当 $p_{t+1} = \frac{A - Q_{ft}(A+B)}{L_f \times Q_{ft} + L_m \times (Q_{mt} - Q_{0t})} \times \frac{1-\alpha}{\alpha}$ 时,任何 $Y_t \in [0,1]$ 都是最优的,平台会选择混合战略。

同上文,本文首先介绍混合战略,再进行纯战略的介绍。

在混合策略中,$p_{t+1} = \frac{A - Q_{ft}(A+B)}{L_f \times Q_{ft} + L_m \times (Q_{mt} - Q_{0t})} \times \frac{1-\alpha}{\alpha}$ 时,$Y_t \in [0,1]$ 都是最优的,均衡时有 $X_t = Y_t$,将 $p_{t+1} = \frac{A - Q_{ft}(A+B)}{L_f \times Q_{ft} + L_m \times (Q_{mt} - Q_{0t})} \times \frac{1-\alpha}{\alpha}$ 代入贝叶斯法则(1)式可得:

由

$$X_t = Y_t = \frac{p_t}{1-p_t} \times \left(\frac{L_f \times Q_{ft} + L_m \times (Q_{mt} - Q_{0t})}{A - Q_{ft}(A+B)} \times \frac{\alpha}{1-\alpha} - 1 \right)$$

$$\frac{\partial Y_t}{\partial p_t} = (1-p_t)^{-2} \times \left(\frac{L_f \times Q_{ft} + L_m \times (Q_{mt} - Q_{0t})}{A - Q_{ft}(A+B)} \times \frac{\alpha}{1-\alpha} - 1 \right)$$

$$= (1-p_t)^{-2} \times \left(\frac{1}{p_{t+1}} - 1 \right) > 0$$

在加入金融监管后可以得到与行业自律状态相同的结论：公众认为平台是常规平台的概率越高，创新型平台选择合规行为进行适度创新的概率就越高。

在平台选择"合规"行为的激励条件中，参数 α、A、L_m 以及 Q_m 与无金融监管的情况有类似结果，不进行过多分析，以下着重讨论 Q_{ft}、B、L_f 三个参数。用 Y_t 对参数 Q_{ft}、B 以及 L_f 求偏导可得 $\frac{\partial Y_t}{\partial L_f} > 0$、$\frac{\partial Y_t}{\partial B} > 0$ 以及 $\frac{\partial Y_t}{\partial Q_{ft}} > 0$，即这三个变量与 Y_t 是正相关关系，声誉损失 L_f、处罚力度 B 以及查处力度 Q_{ft} 的增大，会遏制创新型平台的"不合规"行为，进而提高整个行业的适度创新水平。

在纯策略情况下，由于均衡条件为 $X_t = Y_t$，故当 $Y_t = 1$ 构成创新型平台的均衡战略时，$X_t = 1$，从而 $p_{t+1} = p_t$，因此可得 $\frac{A - Q_{ft}(A+B)}{L_f \times Q_{ft} + L_m \times (Q_{mt} - Q_{0t})} \times \frac{1-\alpha}{\alpha} < p_t \leq 1$。令 $M = \frac{A - Q_{ft}(A+B)}{L_f \times Q_{ft} + L_m \times (Q_{mt} - Q_{0t})} \times \frac{1-\alpha}{\alpha}$，则在平台选择"合规"行为的激励条件中，有 $\frac{\partial M}{\partial L_f} < 0$，$\frac{\partial M}{\partial B} < 0$ 以及 $\frac{\partial M}{\partial Q_{ft}} < 0$。与混合策略情况分析类似，此处不做过多阐述。

加入金融监管后，监管部门的查处力度 Q_{ft}、处罚力度 B 以及监管部门查处给平台带来的声誉损失 L_f 的增大都会使创新型平台伪装常规平台的概率提高，对平台的策略选择产生了积极的影响，这充分说明：(1)存在金融监管的情况下，越来越多的创新型平台会把"合规"作为最佳策略，行业创新状况自然得到改善；(2)在P2P行业自律存在公信力缺失、自律制约体系不健全等的大背景下，一定程度的金融监管是必要的，金融监管与行业创新并非不相容的，适当的金融监管并不是遏制创新，而是合理把控风险的前提下推动创新促进行业健康发展。

五、结论与政策建议

现阶段P2P行业发生问题、纠纷时，金融监管机构和从业者都很难找到极具指导意义的准则法规,往往等到问题积累到一定程度集中爆发时才会得到严惩,鉴于此,亟需建立健全规范行业创新的引导机制。互联网金融协会的发展目前还处于初级阶段,行业自律建设不完备,仅仅依靠行业自律无法有效改善行业乱象,引入金融监管威胁的制约对促进行业发展是必要的。从监管手段来看,行业自律主要依赖非强制性的道德约束,它是一种柔性约束,但又容易陷入道德困境;而金融监管主要依赖行政执法等强制性手段,但是其效果受限于法律滞后性和刻板性。并且行业自律组织互联网金融协会存在着明显的边界限制,其治理范围局限于会员企业,而金融监管可以延伸至整个行业。总而言之,在监督P2P行业的过程中,金融监管和行业自律都有其局限性,既不能仅仅依赖政府,也不能仅仅依赖于行业自律,应该具体地分析二者在约束P2P平台中的作用,形成政府监管与行业自律的合力才是促进P2P行业合规创新的良药。

就金融监管而言,在加大相关政府部门监管力度的同时,也要注意度的把握。关于监管度的问题可以从以下两个方面把握:一是金融监管的度不是固定不变的,政府监管、从业环境等外部因素的改变都可能导致P2P平台做出一定的反应调整其创新策略,金融监管机构也会据此做出相应对策,可见金融监管适度中的度是一个动态调整的过程。二是金融监管要和行业自律协调配合,二者要找到一个平衡点,金融监管与行业自律是相互依存的,并非简单的替代关系,金融监管的最适度要根据行业自律的效果动态调整。过度的金融监管不仅会带来P2P行业金融创新的萧条、盈利机会的丧失,还可能会造成金融市场失灵,会带来巨大的资源浪费。

以上研究内容对我国P2P行业的发展有一定的启发,鉴于此,本文提出以下四点建议:

其一,在P2P行业发展初期,应充分发挥互联网金融协会这一行业自律组织的作用。P2P行业自律建设处于初级阶段,互联网金融协会尚未在行业内部形成较高公信力。提高互联网金融协会的公信力首先要求互联网金融协会增强自律文件的可操作性,明确具体操作指引,使得自律文件能够成为识别平台过度创新问题的利器;其次,行业自律协会应形成明确的处罚办法,充分利用新闻舆论的监督作用,增大平台违规行为带来的声誉损失;最后,互联网金融协会应引导行业形成一种重视声誉问题、长期利益的氛围,积极主动地选择合规行为进行适度创新,而不是等到出现问题之后才引起重视。

其二,不断完善P2P行业的法律法规,加大监管力度。对选择过度的创新平台进行严厉惩罚,增大平台短期机会主义行为的成本,构成可置信的威胁,从而促使平台脚踏实地地适度创新。此外,随着P2P行业的不断发展,创新行为的日益多样,必然会出现一些原有法律法规不触及的灰色地带,由此不断对法律法规进行补充完善,动态调整,以便将那些处于灰色地带的平台创新举措纳入到监管范围显得日益重要。

其三,行业自律与金融监管是相互促进的关系,两者相互配合能够得到更好的规制效果。以行业的整体状况和不同的市场环境为依据,若行业自律的作用得到弱化时,行业合规程度高,金融监管更具灵活性,否则,就必须强化金融监管、采取更严格的措施来维护整个行业的健康发展。现阶段我国互联网金融协会这一自律组织正处于不断完善中,仍存在诸多不足,由此,在一定程度上加大对行业的金融监管力度对促进行业健康发展大有裨益。加大金融监管的同时应注意对金融监管度的把握,过度苛刻的监管条例会给行业营造低压氛围,无法满足实体经济的需要,桎梏整个行业的发展。

其四,互联网金融协会、金融监管机构都应积极宣传P2P行业创新与金融监管之间的关系。行业创新有利于释放市场活力,但过度创新在给平台带来短期利益的同时更是集聚大量风险。因此,对P2P行业进行约束并非遏制创新,而是为了合理掌控风险,促使行业健康发展。

7.2 农户信贷中社会资本的信号传递效应研究

摘要:本文以信号传递理论为基础,通过构建农户与金融机构之间的信号传递博弈分析框架,研究农户信贷中社会资本的信号传递机制,并讨论了如何依据社会资本来区分不同农户的风险类型。研究结果表明:(1)社会资本可以作为一种抵押替代传递出农户的风险状况;(2)当社会资本处于一定区间内时,农户与金融机构间的信号传递博弈达到分离均衡,此时社会资本可以准确地传递出农户的风险类型;否则会出现混同均衡,无法传递有价值的信号;(3)金融机构可以在信贷业务中设置社会资本门槛,以规避信用风险;农户可以调整所提供的社会资本,以增加获得贷款的可能性。

关键词:博弈论;信号传递;社会资本;农户贷款

一、引言

在农村地区,尤其是发展中国家农村地区,普遍存在信贷约束现象(Stiglitz等,1981)。长期以来,我国农村金融市场发展滞后,农户缺乏有效的抵押品,因而常常被排除在有限的金融服务之外。2004年以来,中央一号文件连续11年聚焦"三农"。2014年,国务院颁发《关于全面深化农村改革加快推进农业现代化的若干意见》,首次将农地承包经营权列为农户向金融机构融资的抵押品,以缓解农户信贷抵押不足。尽管如此,现阶段我国农村地区金融抑制问题仍然突出,农户有效抵押品仍然不足。设计可行的农贷技术,发展新的抵押品替代是缓解农户信贷抵押不足的努力方向。就目前我国广大的农村地区而言,农村社会是一个典型的关系本位社会(张建杰,2008)。而且,在这样的社会圈子中,以家庭为基础构建起来的社会关系网络尤为重要。社会资本承载着农户的个人信息,将其作为向正规金融机构借贷的抵押替代品具有重要的现实意义。为此,在抵押不足的农户信贷中,能否以社会资本作为农户还款能力的信号,探讨其信号传递效应的机理,不仅具有重要的理论意义,而且对金融机构防范信用风险,农户增加贷款可得性也具有现实的指导意义。

  对于乡村人口过半的我国来说,"有机构缺服务""有制度缺执行""有存款缺贷款"的金融抑制问题不容乐观(李似鸿,2010)。为缓解农村金融市场长期存在的信贷不足问题,国内外学者进行了一系列相关研究。

  20世纪50到60年代,信贷补贴理论试图通过给予低利率补贴来缓解农户贷款难问题,结果该理论沦为了权力与财富的牺牲品。80年代,抵押品贷款理论被经济学家提出。他们试图通过抵押品贷款来缓解借贷双方的信息不对称,减少由此引起的逆向选择与道德风险。然而,在广大发展中国家的农村地区,农户缺乏有效的抵押品,加之金融机构的诸多限制,农户贷款需求仍然无法从正规金融机构得到满足。90年代开始,一些学者开始转向抵押替代以寻求解决措施。

  社会资本(包括个人信誉、交往、关系资源、信任等)作为个人调动各方资源的能力,由Montgomery(1991)引入到小额贷款领域,并相继得到国内外学者的广泛关注。张建杰(2008)研究发现,社会资本水平越高的农户,正规信贷的实际发生率越高,而且信贷规模也越大。范香梅等(2012)通过对社会资本贷款可得性的理论与实证分析认为,社会资本增加了贷款获得的可能性,而且在合约中加入社会资本,有利于解决农户贷款难问题。作为抵押替代的一种软信息,社会资本主要起着两方面的作用。

  第一,弥补农村金融市场缺乏有效抵押的缺陷。Besley(1994)认为,由于农户缺乏有效的抵押品,农户与金融机构之间的信贷合同执行效力较低,很难被强制执行。而社会资本是农户的重要资源,它的基础和载体是社会关系网络(张改清,2008)。在农户所处的独特地理区域和人文关系网中,农户高度关注自己的信誉、名声、家庭荣誉,从而严格遵守贷款合约。所以,在信贷市场中,社会资本有着"类似抵押品"的作用(Biggart 等,2001)。刘成玉等(2011)也指出在小额贷款中,社会资本中的亲情、友情等起着风险控制的作用。

第二,向金融机构传递农户还款能力的信号。王性玉等(2013)通过博弈分析认为,信息不对称是农村金融抑制的主要原因。在信贷领域,社会资本起着"社会抵押"的功能,传递出农户的还款能力,有利于缓解由信息不对称引起的逆向选择和道德风险,提高还款率(Madajewicz,2011)。张晓明等(2007)研究也指出,以社会资本参与风险控制,在外部监督以及社会压力下,可以降低监督成本,提高还款率。叶敬忠等(2004)研究也证明了,在社会资本的作用下,拥有较高社会资本的农户更容易从正规金融机构获得贷款。

综上所述,众多学者的研究都指出了社会资本对农户贷款可得性的积极影响,其中不乏一些调查实证分析,然而缺乏对于社会资本抵押替代机理的研究,及其向金融机构传递还款能力的博弈研究。本文从信号传递理论出发,以农户社会资本为信号,设计农户与金融机构之间的不完全信息动态博弈,力求产生分离均衡,以区分不同风险程度的农户,促进农户与金融机构之间的合作,增加农户贷款的可得性。

二、理论分析

在信息不对称较甚的农村金融市场,对于农户所属的风险类型,金融机构是很难准确把握的。但金融机构可以通过对农户所提供的社会资本以及违约所带来的社会惩罚进行评估,进而判断农户的风险状况,以做出是否贷款的决策。

(一)简单的两步信贷博弈模型

这里的简单两步信贷博弈,即金融机构选择是否贷款,农户获得的贷款到期后选择是否还款。为了更加清晰地表达社会资本的抵押替代效应,在此将抵押贷款、信用贷款考虑在内,构建三种不同模式下的贷款博弈。

假设1:信贷博弈参与者只有理性的农户和金融机构,且都属于风险中性者,他们都追求自身利益最大化。

假设2:为简化计算,设定贷款本金为1,贷款利率为i,农户经营的收益为R(扣除利息),抵押为S,社会资本为β,违约造成的社会惩罚为β的函数$\Phi(\beta)$。

图7.1即为所建立的简单博弈模型,其中 A 表示抵押担保贷款,B 表

示社会资本抵押替代下的贷款,C 表示信用贷款。通过比较三种不同模式下的贷款,可以发现,与抵押贷款相比较,抵押替代贷款的效力取决于社会惩罚 $\Phi(\beta)$ 与贷款抵押 S 的比较。当 $\Phi(\beta)>S$ 时,后者的效力大于前者;当 $\Phi(\beta)<S$ 时,后者效力小于前者,抵押替代贷款的效力不足。但即使如此,其效力也远胜于纯粹的信用贷款。在抵押替代贷款模式下,由于多数农户较为关注自身所处的社会关系网络,避免因为违约给自己带来的信誉、名声损失等"社会惩罚",而更多地选择还款。然而,在一次博弈中,当这种惩罚 $\Phi(\beta)<1+i$ 时,$1+R+i-\Phi(\beta)>R$,农户会选择不还,金融机构将会选择不贷,博弈陷入类似的囚徒困境。满足 $\Phi(\beta)>1+i$ 的社会资本将成为农户获得金融机构贷款的最低准入门槛。

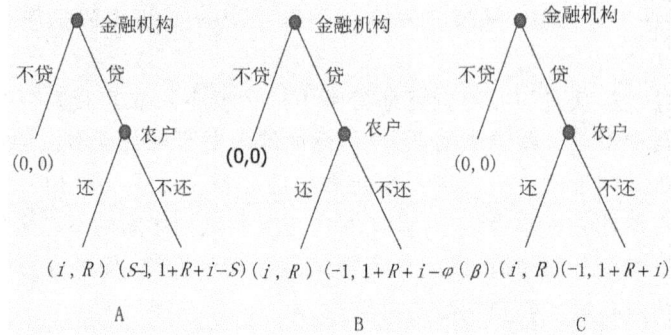

图 7.1　三种不同模式下的贷款博弈

(二)无限重复博弈模型

理性的农户将更多地着眼于与银行的长期合作。为此,深化模型为无限重复博弈模型。其中,增加如下假设。

假设 3:银行实施冷酷战略,即农户一旦选择不还款,则银行永远拒绝贷款给该农户。

若农户在无限次博弈中都选择还款,令 λ 为贴现率,则农户收益:

$$E_1 = \sum_{t=0}^{\infty} \lambda^t R = \frac{R}{1-\lambda}$$

若农户在第 T 次选择不还款,前 $T-1$ 次还款,则 T 及其以后次数农户都得不到贷款,则农户收益:

$$E' = \sum_{t=0}^{T-1} \lambda^t R + \lambda^T (1+R+i-\Phi(\beta)) + 0$$

$$= \frac{R(1-\lambda^T)}{1-\lambda} + \lambda^T (1+R+i-\Phi(\beta))$$

若 $E_1 > E'$,则

$$\frac{R}{1-\lambda} > \frac{R(1-\lambda^T)}{1-\lambda} + \lambda^T(1+R+i-\Phi(\beta))$$

解得：

$$\Phi(\beta) > 1+i+R-\frac{R}{1-\lambda}$$

综上，金融机构为增加贷款收回的概率，在贷款初期审核时，就会设置相应的社会资本准入门槛：一次博弈时，$\Phi(\beta)>1+i$；无限重复博弈时，$\Phi(\beta)>1+i+R-\frac{R}{1-\lambda}$。显然，重复博弈时对社会资本的要求低于一次博弈时的情形。同时，农户要想获得贷款，就必须提供满足相应要求的社会资本。

（三）信号传递博弈模型

1. 模型假设

（1）依据农户项目经营风险的大小将其划分为两个基本类型：高风险农户（$\theta=H$），低风险农户（$\theta=L$）。农户知道自己的真实类型，而金融机构不知道，只知道$\theta=H$与$\theta=L$的概率分别为α和$1-\alpha$。

（2）农户为获得贷款而向银行提供社会资本来证明自己的还款能力。农户的行动空间为$\beta\in(\beta_H,\beta_L)$。$\beta_H$表示提供高社会资本，$\beta_L$表示提供低社会资本。$\beta$越高，证明农户还款能力越高，金融机构也越倾向于向其发放贷款。

（3）金融机构有两种行动：发放贷款和不发放贷款。策略空间为$Y\in(Y_a,Y_b)$。Y_a表示发放贷款，Y_b表示不发放贷款。

（4）农户经营项目成功的概率p与其风险类型θ负相关：风险越高，项目经营成功率也越低，即$H\to p_L, L\to p_H$，其中p_H表示高成功率，p_L表示低成功率。

（5）假设项目收益率都为R，项目经营成功，则农户一定会还本付息；项目经营失败，则农户本利皆失，无力还款，并承受相应的"社会惩罚"Φ，且$\Phi=\Phi(\beta)$。两者呈正相关，即贷款前投入的社会资本β越多，违约所承受的"社会惩罚"越重。

2. 模型求解

Ⅰ 完全信息下动态博弈情形

对于高风险类型农户，由于此时金融机构知道农户风险类型为高风险，会拒绝向其发放贷款，以防范违约带来的风险。高风险农户也不会提供高社会资本，来伪装自己的经营风险。

对于低风险类型农户，无论提供的社会资本高低，金融机构都会给予贷款。

当提供低社会资本 β_L 时,农户收益
$$U_1 = p_H R - (1-p_H)\Phi(\beta_L)$$
当提供高社会资本 β_H 时,农户收益
$$U_2 = p_H R - (1-p_H)\Phi(\beta_H)$$

因为 $\beta_H > \beta_L$,所以 $U_1 > U_2$,故低风险农户的最优策略为提供低社会资本 β_L。

综上所述,在完全信息信贷市场,高风险与低风险农户最优策略都是提供低社会资本 β_L,低风险农户得到贷款,而高风险农户得不到贷款。

Ⅱ 不完全信息下的信号传递博弈模型

在不完全信息条件下,农户的风险类型 θ 是农户自己的私人信息,金融机构并不知晓,金融机构只能通过农户提供的社会资本 β 来推测农户的经营风险。根据"海萨尼转换",我们设置虚拟变量"自然"。首先,"自然"选择农户的风险类型,不同风险的农户分别向金融机构提供相应程度的社会资本,进行抵押替代贷款。金融机构观测到农户所提供的社会资本 β 后,对农户风险类型进行评估,当认定农户为低风险类型时,则向其发放贷款,当认定农户为高风险类型时,则拒绝发放贷款以规避风险。具体地,我们建立基于农户社会资本抵押替代的农户与金融机构之间的信号传递博弈模型(图7.2),其中,支付组合第一个数代表农户支付,第二个数代表金融机构支付。

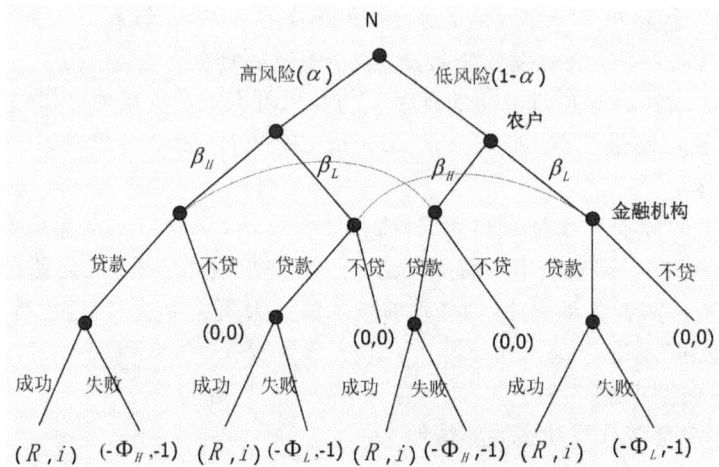

图7.2 社会资本抵押替代下的农户与金融机构之间信号与传递博弈

(1) 分离均衡

由上文分析可知,农户社会资本对其风险类型起着一定的掩饰作用,高

风险农户可以提供较高的社会资本来伪装成低风险类型,以获得贷款。然而,较高的社会资本意味着违约后严重的"社会惩罚",从长远考虑,理性的农户将不会铤而走险。所以,低风险农户为获得贷款,可以提供高社会资本,从而分离风险类型,获得分离均衡。

在分离均衡的情形下,信号可以准确地揭示风险类型。不同风险类型的农户以 1 的概率选择不同程度的社会资本,金融机构可以根据农户所提供的社会资本的高低甄别出农户的风险类型。此时有:

$$P(L|\beta_H)=1, P(H|\beta_H)=0$$
$$P(L|\beta_L)=0, P(H|\beta_L)=1$$

用 U 表示农户的效用,当满足下述条件时,得到分离均衡

$$U(\beta_L, Y^*, H) > U(\beta_H, Y^*, H)$$
$$U(\beta_H, Y^*, L) > U(\beta_L, Y^*, L)$$

对上述条件求解整理,得到分离均衡存在的必要条件,

$$\frac{p_L R}{1-p_L} < \Phi_H < \frac{p_H R}{1-p_H} \tag{1}$$

给定上式的必要条件,则农户的选择 $\beta(\theta=L)=\beta_H, \beta(\theta=H)=\beta_L$,根据贝叶斯法则,金融机构得到后验概率:

$$P(H|\beta_L) = \frac{P(\beta_L|H) \cdot P(H)}{P(\beta_L|H) \cdot P(H) + P(\beta_L|L) \cdot P(L)} = \frac{1 \times \alpha}{1 \times \alpha + 0 \times (1-\alpha)} = 1$$

$$P(L|\beta_H) = \frac{P(\beta_H|L) \cdot P(L)}{P(\beta_H|L) \cdot P(L) + P(\beta_H|H) \cdot P(H)} = \frac{1 \times (1-\alpha)}{1 \times (1-\alpha) + 0 \times \alpha} = 1$$

上述说明,当 $\frac{p_L R}{1-p_L} < \Phi_H < \frac{p_H R}{1-p_H}$ 时,农户与金融机构间的贷款博弈确实存在分离均衡,而分离均衡的条件与社会资本(关键在于高社会资本的设定),以及农户的经营风险相关。条件本身意味着:

第一,不等式(1)的右侧 $\Phi_H < \frac{p_H R}{1-p_H}$,在 R 取值一定的情况下,Φ_H 不能过大。Φ 是社会资本 β 的函数,且两者呈正相关。Φ_H 过大,即 β_H 过大,也就是说金融机构需要农户提供过高的社会资本来为自己证明。此时,低风险农户就可能放弃提供高社会资本,而选择 $\beta=\beta_L$。

第二,不等式(1)的左侧 $\frac{p_L R}{1-p_L} < \Phi_H$,在 R 取值一定的情况下,Φ_H 不能过小。Φ_H 过小,即 β_H 过小,也就是说金融机构需要农户提供的社会资本过低,从而使得高风险农户有伪装低风险农户的动机,从而选择 $\beta=\beta_H$ 的策略。

(2) 混同均衡

在上述的论述中,我们知道分离均衡的成立是有条件的。当 Φ_H 不满足条件 $\frac{p_L R}{1-p_L}<\Phi_H<\frac{p_H R}{1-p_H}$ 时,即 Φ_H 取值在开区间 $\left(\frac{p_L R}{1-p_L},\frac{p_H R}{1-p_H}\right)$ 之外,就有可能出现混同均衡。在混同均衡的情形下,不同类型的信号发送者发送的信号都相同,社会资本将起不到农户风险类型的信号传递作用。我们有如下混同于 β_L 的混同均衡:

$$P(H|\beta_L)=\alpha, P(H|\beta_H)=\alpha$$
$$U(\beta_L, Y^*, H)\geqslant U(\beta_H, Y^*, H)$$
$$U(\beta_L, Y^*, L)\geqslant U(\beta_H, Y^*, L)$$

混同均衡状态下,金融机构放贷收益与农户社会资本 β 无关,给定后验概率 $P(H|\beta_L)=P(H|\beta_H)=\alpha$,金融机构放贷收益等于其期望收益,即

$$E=E_0=\alpha[p_L i-(1-p_L)]+(1-\alpha)[p_H i-(1-p_H)]$$
$$=[p_H-\alpha(p_H-p_L)]\cdot(1+i)-1$$

当 $E>0$ 时,金融机构的最优决策是发放贷款。此时农户的效用有:

高风险农户:
$$U(\beta_L, Y^*, H)=p_L R-(1-p_L)\Phi_L$$
$$U(\beta_H, Y^*, H)=p_L R-(1-p_L)\Phi_H$$

显然,
$$U(\beta_L, Y^*, H)>U(\beta_H, Y^*, H)$$

低风险农户:
$$U(\beta_L, Y^*, L)=p_H R-(1-p_L)\Phi_L$$
$$U(\beta_H, Y^*, L)=p_H R-(1-p_H)\Phi_H$$

显然,
$$U(\beta_L, Y^*, L)>U(\beta_H, Y^*, L)$$

故此时农户的最优选择是提供低社会资本 β_L。

当 $E<0$,金融机构的最优决策是不发放贷款,此时两类农户无论提供的社会资本高低,其收益都为 0。但考虑到提供社会资本的成本,提供的越多,相应的成本也越多,此时农户的最优选择仍然是提供低社会资本 β_L。

所以,给定金融机构贷款收益与农户社会资本无关,以及后验概率 $P(H|\beta_L)=P(H|\beta_H)=\alpha$,两类农户都会选择低社会资本,即 $\beta(\theta=L)=\beta(\theta=H)=\beta_L$。

给定农户的选择 $\beta(\theta=L)=\beta(\theta=H)=\beta_L$,$\beta=\beta_H$ 是不可能事件,$P(L|\beta_H)=\alpha$ 与贝叶斯均衡并不矛盾,金融机构的贷款收益不可能有比期

望收益 E_0 更好的结果，$\beta=\beta_L$ 在均衡路径上，由贝叶斯法则验证后验概率：

$$P(H|\beta_L) = \frac{P(\beta_L|H) \cdot P(H)}{P(\beta_L|H) \cdot P(H) + P(\beta_L|L) \cdot P(L)}$$

$$= \frac{\alpha}{\alpha+(1-\alpha)} = \alpha$$

故上述混同均衡是确实存在的。

同理可以证明，不存在 $\beta(\theta=L)=\beta(\theta=H)=\beta_H$ 的混同均衡。

综上所述，社会资本在不同均衡状态下信号的传递作用是不同的。其中，在混同均衡情形下，社会资本无法传递任何关于农户风险类型的有价值的信息，分离均衡下则能传递出相关信息。混同均衡指的是所有的农户都提供相同的社会资本，但现实情况却不尽而然。根据前述的信号传递模型可以发现，高社会资本的界定是银行发放贷款的关键因素。从公式(1)可以看出，当高社会资本处于一个适当的范围之内时，博弈存在分离均衡。因此，通过对高社会资本范围的界定，可以分离农户的风险类别，实现与金融机构的合作。

三、社会资本信号传递效应的现实支持[①]

现实中，社会资本的范畴十分广泛，本文从社会资本中的诚信资本视角，以济南市润丰农村合作银行的"润丰惠万家"贷款为案例，对其贷款设计理念所涉及的信用资本进行提炼、整理，分析其中蕴含的信号传递机理，以对上述社会资本的信号传递效应进行实践检验。

（一）社会资本视角下"润丰惠万家"信贷产品的设计思路

2009年初，济南市润丰农村合作银行以本市凤凰山与黄台两个社区为调查点，选取300户居民，针对居民的信贷需求进行调查。通过对居民信贷需求的了解，并结合当地社区的人员与圈层结构等社会资本状况，对信贷产品进行创新，推出了"润丰惠万家"信贷产品。该信贷产品的创新是以社区和居民个人的诚信资本评定为基础，首先通过社区居民的圈层机构、人际关系等对居民的诚信资本进行量化、测算，并评定等级——A、AA、AAA三级信用等级。然后根据居民信用等级的不同，分别授予相应的授信额度与授信利率。最后，根据核定的授信额度与利率，向居民颁发相应的贷款证。在

[①] 本章节所用案例借鉴于"李树岭等.社会资本视角下润丰惠万家社区居民贷款案例分析[J].金融发展研究，2010(1)"。原文并未从信号传递的角度对社会资本进行分析。在此，本文对相关的案例材料与数据进行提炼，并重新整合，分析蕴含其中的信号传递机理，以对本文前述理论提供现实支持。

整个的贷款设计中,润丰农村合作银行通过信用评级,将整个社区居民划分为两大类:一类是获得信用等级的诚信居民,一类是三级信用等级之外的居民。对于获得信用等级的居民,银行将重点营销,并根据其授信额度发放相应贷款,且随着信用等级的提升,授信额度从10万元上升到80万元。而未得到信用评级的客户,将被淘汰,不予贷款。也就是说,A~AAA级信用为高信用资本范畴,能够提供相应资本的居民都会得到银行贷款。而A级以下信用为低信用资本,此类农户将被银行拒之门外。同时,对于贷款违约居民,银行实行降低等级、取消资格等惩罚措施。而居民一旦脱离高资本范畴,也将无缘银行的信用贷款。并且,受惩罚居民由于信用资本的损失,再想恢复以前的信用等级难度也将加大。面对严厉的社会惩罚,理性的居民将不会拿自己的信用资本去冒险。高风险居民无法获得贷款,低风险居民凭信用证获得贷款。综上,从社会资本的角度出发,一个动态的信用评级在一定程度上实现了信贷博弈的分离均衡。

(二)"润丰惠万家"信贷产品的实施与成效

2009年3月份,润丰农村合作银行推出"润丰惠万家"的信贷产品,并以凤凰山社区为试点进行运营。在试点取得成功后,正式将其推向所有网点。到2010年9月末,润丰农村合作银行累计完成授信居民1996户,授信额度60 976.6万元,实际贷款发放额36 949.5万元,不良贷款率为0。而且,此项信贷业务创利2 740万元,占同期银行各项业务总利润的16.2%。骄人的业绩证实了润丰农村合作银行针对社区居民信贷创新的成功,也预示着在个人信贷业务中,信用资本可以作为抵押品的一种替代,缓解信贷双方信息的不对称。同时,一方面,对于信用资本的评定,银行有着严格的审批与约束机制。例如,在牛旺社区授信申请处理过程中,有300人提出申请。首先,居委会对申请人资料的真实性进行调查,初审便排除百余户信用不佳的居民,剩余100多户上报银行。然后,银行在居委会的协助下再审,严格把关,最终只确定103户授信对象。另一方面,对于缺乏抵押品的社区居民来说,能向正规金融机构提供的贷款抵押不足,因违约而脱离所处的社会圈层所造成的成本极大。所以,严格的信用资本评定机制以及严厉的社会处罚降低了不良贷款的发生,保证了信号传递的效率。零比率的不良贷款率也佐证了信用资本的分离作用。

四、主要结论及政策建议

(一)主要结论

在农户与金融机构间的信号传递博弈分析框架下,本文探讨了社会资本在农户信贷中的信号传递机制,进而分析如何设置社会资本以使博弈得到分离均衡。通过本文的分析得到:(1)社会资本可以作为农户信贷中的抵押替代品,约束农户还款,尤其在重复博弈中更为显著。(2)当社会资本满足 $\frac{p_L R}{1-p_L}<\Phi(\beta_H)<\frac{p_H R}{1-p_H}$ 时,农户与金融机构间的信号传递博弈达到分离均衡。此时,经营风险小的低风险农户会提供高社会资本,高风险农户会提供低社会资本,即分离均衡中社会资本的高低准确地传递出了农户的经营风险类型。(3)当社会资本 β 使得 $\Phi(\beta)$ 在公式(1)所述区间之外时,高、低风险类型农户都会选择低社会资本,博弈结果为混同均衡,社会资本无法传递出关于农户风险状况的有价值的信息。

(二)政策建议

通过对社会资本在农户信贷博弈中的信号传递效应研究得知,农户社会资本可以作为传递农户风险状况,反映农户还款能力的一项指标。同时,合理设置高社会资本,可以分离农户风险类型,既利于金融机构规避信用风险,也利于低风险农户获得贷款。因此本文从博弈角度出发,面向两个博弈主体(农户与金融机构),给出如下建议:

(1)对于金融机构而言,首先,金融机构应当建立一套完善有效的社会资本评定系统。不同地区,经济金融发展状况不同,农户的社会资本质量也有所区别。金融机构要因地制宜,对当地农户社会资本的认定与评级标准也理应区别对待。对待不同级别的社会资本,分别赋予相应的权重。其次,应建立一套相对应的数据处理机制,对金融机构发放的每一笔贷款的农户借贷信息、经营状况、社会资本等相关数据进行统计。而且,充分调动各村信贷员的积极性,加强对农户信用状况的调研,不断完善农户基本信用信息库。最后,对社会资本的设定既不能过高而将低风险农户拒之门外,也不能过低而使得高风险农户伪装成低风险农户。理想的状态是,使得 $\frac{p_L R}{1-p_L}<\Phi(\beta_H)<\frac{p_H R}{1-p_H}$,从而产生分离均衡。

(2)对于农户而言,一方面,农户要维护并壮大自身关系网络。农户所提供的社会资本的质量决定着其向银行传递还款能力的信号强弱。农户为获得贷款,就需要提供高质量的社会资本。而高质量社会资本的获得就要求农户注重自己的声誉,维护好其在所处圈子的信誉,并不断扩大自己的人脉资源,提高自己的可信度。这也要求农户加强金融信贷业务知识及相关法律法规的学习,并积极参加金融机构推出的信用意识培训工作,诚实信用。同时有选择地加入联保小组、农村互助小组等小规模信贷互助团体,扩大自身信贷资源。另一方面,农户要加强科学知识学习,科技兴业,科学管理,拓宽商品流通渠道,规避高风险项目,降低经营风险。

(3) 加强农户与金融机构间的信息交流,缓解信息不对称。农村金融机构可以利用其地缘、人缘、政策等优势,创新信贷业务,推广信贷知识下乡活动,并推进农户信用意识培育工作,提高农户信贷的认知度与参与度。同时,针对业务往来频繁且信用较好的农户,提高其信用等级,发展为长期合作伙伴关系,并给予适当政策优惠,例如放宽贷款门槛、优先获得贷款等。农户也要主动加强与金融机构的业务往来。对于金融机构面向农户开展的业务普及、信用培育、资信调研等活动,农户要积极地给予关注。农户经济中的资金往来可以通过银行的中间业务等进行处理。通过与银行的频繁合作,减少两者之间的信息不对称,逐步提高信用等级,增加信用额度。

7.3 博弈视角下的河南农户信贷问题研究

摘要:本文从河南农户和金融机构两个不同主体研究了河南农户信贷所存在的问题。研究发现,当前金融机构与农户之间的信息不对称是产生农户金融抑制的主要原因,进而导致了多数农户无法获得信贷资金。本文通过博弈分析给出了解决河南农户信贷困境的政策思路,这对河南农业现代化的建设具有重要现实意义。

关键词:金融抑制;农村信贷;博弈分析

一、引言

2011年国务院以文件形式下发"国务院关于支持河南省加快建设中原经济区的指导意见",中原经济区建设已上升为国家战略。意见的指导原则是"三化协调",而农业现代化则是"三化协调"的难点。从中原经济区农村金融的现实来看,目前最突出的问题仍是农户信贷服务不足,农户金融抑制问题构成了农业现代化的瓶颈。河南省的农村人口占比高达63.97%,因而以人口第一大省为样本研究农户信贷需求及金融抑制情况对中原经济区建设有着特殊的现实意义。金融抑制是农村金融市场普遍存在的现象。近年来中国农村金融机构的供给一直在增加,除了中国农业银行、农村信用社、邮政储蓄、中国农业发展银行,2006年批准成立93家农村银行类金融机构,2007年开始设立村镇银行和农村资金互助社。这些措施在一定程度上缓解了农村金融抑制的现状。但在农民看来,农村金融机构供给增加并没有从根本上解决农村金融抑制问题,"有机构缺服务""有制度缺执行""有存款缺贷款"现象依然十分严重(李似鸿,2010)。

关于农村信贷是否能够促进农村经济增长,经济学界有两种截然不同的观点。一种观点认为,尽管农村信贷成本很高,但仍能显著提高农户福利水平。李锐和朱喜(2007)研究发现,中国农户的融资需求约有70%不能被满足,由于金融抑制的存在,中国农户纯收入至少下降了10%左右,经营性收入和消费性支出也下降约15%。

另一种观点恰恰相反。1996年泰国政府成立了泰国农业和农村合作银行(BAAC),而且规定银行机构必须发放支农信贷,但这些机构并没有解决农村金融市场信息不对称的问题(Siamwalla,2000)。Kochar(1997)使用印度数据检验了农村信贷的执行效率,实证结果显示即使农户得到信贷资金,农村信贷也不能使农村生产能力得到显著提高。

一种金融制度是否有效与合理,还要以是否有效地服务于多样化经济主体的层次性需求来评价。已有研究大多只关注信贷供给层面,而对信贷需求层面有所忽略。因此,在对信贷供给层面的研究基础上系统地了解农户信贷需求层次和融资次序,才能设计出符合农户信贷需求的金融产品。本文在保持理论传承的基础上,引入主体间利益博弈的研究思路,进而研究河南农户的金融抑制问题,最终给出解决该问题的政策建议。

二、河南农户的信贷需求状况分析

(一)河南信贷需求状况概述

首先,农村贷款利率总体水平偏高,农户贷款利息负担过重。

如表7.1所示,河南省县域法人金融机构利率水平均高于当年的基准利率6.65%,给农户带来很大的借贷负担。

因为贷款利率的总体水平偏高,导致了农村资金通过金融机构上存渠道大量外流,加剧了农村信贷资金的净流出。

表7.1 河南省县域法人金融机构利率状况

	河南省县域法人金融机构利率水平			
	农村信用社	农村商业银行	村镇银行	小额贷款公司
加权平均年利率	10.9%	14.51%	11.33%	19.44%

数据来源:笔者搜集且截至2011年9月。

如表7.2所示,河南省农村信用社存款余额与贷款余额差距进一步加大,信贷资金的净流出使农村信贷缺少资金支持基础。

表 7.2　河南省农村信用社存贷款数据统计

河南省农村信用社存贷款情况				单位:亿元
年份	存款余款	贷款余额	存贷差	存贷差占贷款余额比
2001 年	978	767	211	27.51%
2002 年	1097	875	222	25.37%
2003 年	1270	1009	261	25.87%
2004 年	1452	1168	284	24.32%
2005 年	1708	1275	433	33.96%
2006 年	2023	1521	502	33.00%
2007 年	2325	1721	604	35.10%
2008 年	2702	1952	750	38.42%
2009 年	3126	2351	775	32.96%
2010 年	4018	2997	1021	34.07%
2011 年	4704	3242	1462	45.10%

数据来源:河南省统计年鉴和笔者搜集。

(二) 河南农户信贷需求特点

由于家庭收入水平不同的农户对借贷需求的情况也存在差异,所以将河南农户分为贫困型、温饱型、富裕型三种类型分别对其需求特点进行阐述。

贫困型农户由于收入水平低或收入不稳定,家庭收入不能完全支付日常支出,在日常生活和农业生产中会面临着缺少资金的情况。其特点是需求小、不敢借,该类型农户的资金需求往往是一种没有保证的类型需求。温饱型农户中有借贷需求的农户只占该类型总数的1/3,占比33%。其需求特点是需求户数少,自给自足的小农经济特征显著。主要原因是该类型农户收入来源于农业种植收入与外出务工收入,能够基本自给自足。富裕型农户的需求特点是需求大,频率高,用途一般都是用于工商经营,其信贷需求较大。

(三) 河南农户信贷需求层次及融资次序

根据心理学家马斯洛的需求层次理论,可以把河南省农户的信贷需求具体分为以下三个层次:①生存性信贷需求,指满足农户的传统农业生产和生存性需要的信贷需求;②发展性信贷需求,指满足农户子女教育和生产经营需要的信贷需求,其中生产经营是指小规模生产经营或者以市场为导向的产业化经营,所以需求资金要求规模较大;③特殊性信贷需求,指与农户正常生产和生活无关的信贷需求,比如疾病和婚嫁等。往往具有发生时间偶然性、资金需求规模不定、融资时间弹性小等特点。

农户的融资渠道主要有资助性国家政策贷款的国家信贷,有亲朋邻里之间互助支持的亲友信贷,有商业银行的商业性贷款,以及地下交易民间贷款的高利贷等四个方面。

针对我国农村地区金融抑制现象的存在,不少学者从农户微观融资需求的视角出发,分析了农户的融资偏好。其中根据河南省的实际情况,张杰(2004)的分析得出:由于小农生活方式的存在,农户偏向于"内源性融资"。即农户一般不倾向于借款,首先用非农收入增添家庭流动资金;其次则是友情借贷和国家信贷支持解决教育和生活借贷;最后在迫不得已时诉求于高息借贷。而商业性贷款由于多数借贷门槛较高又缺少抵押物,且项目经营利润也很难支付高额利息,所以目前对河南省的大部分农户而言仍然不可触及。

三、河南农户的信贷供给状况分析

(一)河南金融机构对农户放贷情况调查

河南省的金融机构主要有国有商业银行、政策性银行、农村信用社、邮政储蓄银行,个别区域还有一些地方商业银行、村镇银行,甚至还有贷款公司。对这些金融机构在县域内的网点布局进行考察后发现,除农村信用社和邮政储蓄银行外,仅有个别乡镇有农业银行的业务网点,有些乡镇连邮政储蓄业务也没有,可以看出现有正规金融机构深入农村不够。

1. 农村金融服务供给主体缺位,支农能力弱化。截至2010年底,河南省县域法人金融机构分布情况如表7.3所示。

表7.3 县域法人金融机构分布情况

	县域法人金融机构					
	农村信用社	农村合作银行	农村商业银行	村镇银行	小额信贷公司	合计
数量(个)	99	2	8	24	86	219
结构百分比	45.21%	0.91%	3.65%	10.96%	39.27%	100.00%

数据来源:笔者搜集整理。

由于农业发展银行和农业银行逐渐淡出了对农村金融的支持领域,河南省的农村信贷服务机构以农村信用社和小额信贷公司所占比例较高,由于河南省的小额信贷公司具有发展时间较短、组织制度不完善等缺点,目前农村信贷服务仍以农村信用社为支撑。

2. 国有金融机构存贷比低,县域资金大量外流。国有商业银行在县域内吸收的存款在当地的利用率极低,像河南省确山县工商银行和建设银行的存款余额分别为2.96亿元、3.18亿元,但发放的贷款余额仅分别为15万元、6万元,存款的当地贷放率极低,较多县域资金经过国有商业银行外流。

3. 邮政储蓄银行只存不贷的状况仍未改变。中国邮政储蓄银行在2007年3月20日成立,但是,邮政储蓄银行仍未建立起向"三农"领域提供信贷服务业务,贷款余额为0。

4. 新型金融机构作用有限,农信社存贷比相对较高。村镇银行和贷款公司使县域范围内金融品种有所增加,但对农户信贷状况的改善是非常有限的。在县域范围内,农村信用社的存贷比相对较高,资金利用充分,农村信用社已经成为农户贷款、农业贷款的主要供给者。

5. 农村金融机构资产质量差、效益低,资源配置效率低下。

农村信用社由于长期负担较高的成本,加之自身经营不善、风险多等原因,导致不良贷款整体仍保持在较高水平,如表7.4所示。

表7.4 河南省农村信用社不良贷款统计

河南省农村信用社不良贷款及占比一览						单位:亿元	
年份	2005年	2006年	2007年	2008年	2009年	2010年	2011年
不良贷款余额	296	754	730	632	539	498	503
不良贷款率	23%	50%	42%	32%	21%	17%	15.5%

数据来源:笔者搜集整理。

(二)金融机构的放贷偏好

由于正规大型金融机构属于政策性导向和商业性倾向明显的金融机构,其运行特点是受严格的金融政策和产业政策限制,对其借贷资金投放条件及投向也有严格的要求。这些要求和限制严重脱离了农村现实的经济基础和经济环境,造成农户的正规金融需求抑制。表现为正规金融机构成为农村资金外流的渠道,而不是农户需求资金的输送渠道。

不同金融机构对农户的放贷偏好不同。大型金融机构相对于中小金融机构更加注重自己的边际成本。由于贷款给农户的金额较少,从中获得的利差较小,边际成本相对也较大,所以大型金融机构更倾向于向大型企业贷款。再者,相对于中小金融机构,大型金融机构更加不了解农户的风险特征、还款意愿和贷款使用情况,严重的信息不对称导致金融抑制现象加剧;中小金融机构由于自身经常与农户交易,更加了解农户的还款能力和资信状况,并且中小金融机构每次交易的边际成本相对较小,因此中小金融机构的发展更能促进农村信贷问题的解决。

四、金融机构与农户信贷困境的基本模型

金融机构在与农户合作的过程中存在着信用、信息困境。从博弈论角

度我们假设参与人是农户和银行,二者都是理性经济人和风险规避者。农户和银行之间的博弈是动态的,构建博弈模型如图7.3所示:

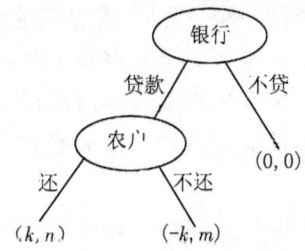

图7.3 银农合作困境的基本模型

银行可以决定是否给予农户贷款。如果银行拒绝向农户发放贷款,那么博弈结束,银行没有收益,农户也不能利用贷款进行投资获利,双方的支付为(0,0)。如果银行给农户提供贷款,那么,博弈进入第二个阶段。这时,农户有两种选择,一种是按时还本付息,那么银行获得收入,农户获得投资收益,双方支付是(k,n)。另一种是毁约,那么,银行遭受损失,农户获得更大收益,双方支付是($-k,m$),其中k,m,n均大于零,并且$n<m$。

用逆推归纳法来求解该模型的子博弈精炼纳什均衡。在博弈的第二阶段,根据理性经济人的假设,农户会选择不还款,因为不还款的收益m大于还款的收益n。倒退到博弈的第一阶段,银行在权衡利弊后,会选择"惜贷",否则,银行会遭受本金损失,那么,该模型的子博弈精炼纳什均衡是(不贷,不还),这是一个双输的结果,而较好的策略组合(放贷,还款)形不成纳什均衡。其原因主要是双方存在着信息不对称、信用违约的困境,因此存在帕累托改进的余地。

五、解决农户信贷困境的博弈分析

(一)走出信贷困境的方法之一:有效的法律保护

扩展银行与农户合作困境的基本模型。在农户违约的情况下,若存在有效的法律保护,则银行可以通过诉讼挽回损失,如银行不诉讼,双方得益为($-k,m$),银行仍受损失。这样,基本模型就变成了一个三阶段的动态博弈模型。在博弈的第三阶段,根据理性经纪人的假设,银行会选择诉讼,诉讼的得益大于不诉讼的得益。在第二阶段农户如果不还款,预计银行会起诉农户,这时农户的得益不如还款的得益,所以农户会选择还款的策略,进而,在第一阶段银行也会选择放贷。从本博弈的分析中可以得出,完善有效的法律制度不但能保障社会的公平,而且能提高社会经济活动的效率,是实现最有效率合作分工的保障。

(二) 走出信贷困境的方法之二：构建重复博弈的市场机制

用法律手段解决农村金融抑制问题要受到两方面限制：一是法律体系的完善和成熟需要相当长的一个过程；二是法律在解决该类问题时，有时出现盲点。农户守不守信用更重要的是靠声誉机制来维持。在一次性博弈的"信用困境"中，农户无法做出不欺骗的可信承诺。因此，需要引入重复博弈，也就是说，要让农户不仅关心一次筹集资金的问题，而且关心未来筹资能力。

假定农户未来需要不断地向银行筹集资金，在每一次博弈结束前，双方都预期有一定的可能性进行下一次交易，博弈将可能无限次地重复进行。为了走出困境，假定银行在重复博弈中选择这样的策略：我一开始发放贷款，只要你不欺骗我，下次我继续发放；一旦我发现农户选择欺骗行为，以后再也不给你放款了。这种策略类似于"囚徒困境"的"冷酷策略"。那么这时农户应如何选择呢？

在这个策略之下，农户会兼顾眼前利益与长远利益，会选择守信。至于银行，也乐意向农户贷款，获得利息收益，从而解决农户遭受金融抑制的问题。

(三) 走出信贷困境的方法之三：构建合适的担保机制

担保公司可以担当银行和农户的中介。为了增加农户贷前承诺的可信度，农户可以在担保公司进行足值的抵押，例如土地承包经营权、农机具抵押、农舍抵押等方式，从银行获得贷款。担保公司的出现，一方面增加了农户的信用度，另一方面减少了银行对农户违约的担忧，增加了银行放贷的积极性。一旦农户违约，担保公司会将农户的抵押物拍卖，用拍卖所得的资金对放贷银行进行赔偿。

上述博弈可以看出信用担保机制能一定程度解决农户融资难的问题，因此，政府设立农户信用担保基金，发展信用担保业是市场经济健康发展的途径之一。同时规定，县级以上人民政府和有关部门应该推进和组织建立农户信用担保体系，推动对农户的信用担保，为农户融资创造条件。

(四) 走出信贷困境的方法之四：发展中小金融机构

前面谈到国内大型金融机构由于边际成本和信息严重不对称的原因，往往会把资金投向基础设施建设和国有大型企业的项目，农户很难获得所需要的贷款。

金融机构在进行商业性运作时，其运作成本有两部分构成，一是存款利率（一般固定），二是每笔贷款的审查成本。由于农户所需金额较小，这就决定了在同等条件下，大金融机构更愿意放款给大型企业。与大金融机构经营取向不同的是,中小金融机构较愿意为中小企业提供资金服务,这主要是因为中小金融机构在为农户提供服务方面拥有信息上的优势,使得放款的边际成本相对较小。因为中小金融机构一般是地方性金融机构,与当地农户的合作较为频繁。通过重复交易,中小金融机构对当地农户的资信状况了解程度渐增,这有助解决二者之间的信息不对称。

分析表明,在解决农户金融抑制的问题上,大型金融机构是靠不住的,可行的途径是大力加强和完善中小金融机构的建设。

(五)走出信贷困境的方法之五:重构农户还贷的信号显示机制

非对称信息导致逆向选择和道德风险,从而使得帕累托最优的交易无法实现,农户陷入信贷困境,很大程度上是因为农户不能提供可信的还款信息。由于农户居住较为分散、信息闭塞,信贷市场的信息不对称等特性,金融机构很难知道农户的实际经营能力和还款能力,进而导致农村金融抑制的现象加剧。

现在假设博弈的参与人为农户和银行。农户分为还款能力强和还款能力弱两种类型。银行制定贷款甄别手段用来考察、甄别农户的还款能力。

一般情况下银行无法区别还款能力强和能力弱的农户,因此需要引入有效信号。本文将银行的中间业务引入构建信号传递机制。具体操作如下:凡申请贷款的农户,必须在一定时间内将其相应的结算业务和代理业务都交给申请银行办理,同时在一定时间由申请银行担任其理财顾问,替该农户进行诸如生产规模扩大、自有资产理财规划等工作。经过规定的时期后银行再确定是否给农户贷款。对还款能力强的农户来说虽然短期增加了支出,但是只要银行了解了它的真实信息,它就可以获得贷款。此外,还款能力强的农户通过银行提供的上述服务,可以提高自身的投资经营水平,从长期来看能增加收益。通过这种方式增加了信号传递的强度,也达到了博弈的分离均衡。使银行把贷款发放给有还款能力的农户,双双都能取得合作收益。

六、研究结论

本文分别站在河南农户和金融机构两个主体不同角度研究了河南农户信贷所存在的问题。研究表明:河南农户的信贷需求层次还比较低,融资偏好倾向于亲朋好友,从商业银行获取贷款极少。而金融机构由于边际成本和信息不对称等因素,对农户发放的积极性较低。

由此本文建议从博弈论角度出发,重点解决农户与金融机构之间的信息不对称问题,通过构建有效的信号显示机制披露农户的资信状况、完善法律法规体系、构建重复博弈市场机制、发展中小金融机构和担保机构等方面解决农户的金融抑制问题,进而推动河南省农业现代化和中原经济区的健康发展。

7.4　中小企业融资困境的博弈论研究

摘要:关于中小企业融资问题,已有不同的学术观点。本文主要从博弈论的视角,给出一个简化的融资困境模型。通过改变博弈结构、参与人的收益函数及重复博弈分析,指出了中小企业走出融资困境的政策途径,同时论证了中小企业发展中的政府理性。

关键词:中小企业;信用;融资困境;博弈

企业一般通过两种方式融通资金,即内源融资和外源融资。内源融资是企业不断地将其留存收益和折旧转化为投资的过程,对企业资本形成具有原始性、自主性、低成本性和抗风险性等特点,是企业生存和发展必不可少的基础;外源融资是通过吸收其他经济主体的闲置资金为我所用的一种手段,它包括通过资本市场直接融资和金融媒介的间接融资,对企业资本的形成具有高效性、大量性、集中性等特点,是企业发展和扩张的必然选择。

我国中小企业在其发展过程中,由于自身的种种原因,出现内源融资不足的现象。而外源融资中,由于我国资本市场的不发达、不完善,绝大部分中小企业很难通过资本市场直接融资。另一个原因是资本市场对上市企业的信息披露要求较为严格,这对于规模较小、管理落后、财务信息不甚透明的中小企业来讲,会因信息披露成本过高而无法进入资本市场的门坎。相对来讲,间接性地通过金融媒介进行债权融资,金融机构可通过合同的签订对资金使用者的行为进行事前约束,在事后又可对资金使用者的资金使用效率进行监督。由于金融机构是一种专业化的资金融通组织,它能够以较低的成本完成信息搜索、签订合同和事后监督的任务,且这种融资方式对资金使用者信息透明度要求也相对较低,中小企业除披露偿债能力等有关会计信息外,不再承担过多的信息披露成本,故间接融资应为中小企业外源融资的主要选择。

然而,大家看到的一个事实是,中小企业普遍存在资金短缺现象,融资难已成为中小企业发展的"瓶颈"。

一、信用缺失使中小企业走入"融资困境"

经济中的现实是:一方面中小企业发展对资金有着大量的需求,另一方面银行又储蓄着十几万亿元的巨额资金不能分流。二者进入"囚徒困境"状态的根本原因是市场中的信誉问题。

信用的基本要义是对借的偿还。但如果信用的偿没有坚实的经济基础和有效的法律保护,信用缺失就成为必然。我国中小企业资金借贷市场的现实就是如此。

为了理解信誉机制发生作用的条件,让我们构造一个简单的博弈模型。假定有两个参与方,一个是中小企业,一个是金融机构。博弈有两个阶段,第一阶段是金融机构在接到中小企业的贷款申请后,选择放款或不放款,当然放不放款建立在对中小企业是否信任的基础上。如果金融机构不信任该中小企业,交易不进行,博弈结束,双方收益为0。如金融机构选择放款,博弈进入第二阶段,轮到中小企业进行决策。中小企业可以选择守信(到期还本付息),也可以选择欺骗(到期赖帐)。如果中小企业选择守信,双方收益为(k,n);如果中小企业选择欺骗,双方收益为$(-h,m)$。博弈如图7.4所示。

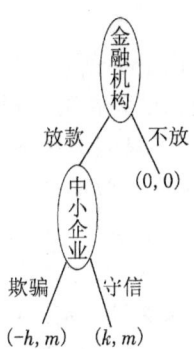

图 7.4 中小企业融资博弈困境

图7.4中,第一个数字表示金融机构的收益,第二个数字表示中小企业的收益,其中$k,m,h,n>0$,且$n<m$。

现在假定交易进行一次。从扩展式表述中可以看出,金融机构选择不放款则博弈结束,金融机构和中小企业的收益均为0;在金融机构选择放款的情况下,中小企业可选择欺骗或守信(暂时假定欺骗无代价)两种策略,这时金融机构和中小企业的收益分别为$(-h,m),(k,n)$。

现在我们可清楚地看到金融机构的处境。选择不放款,收益为0,没有上当受骗,也不能提高自己的收益;选择放款,可能出现两种不同的结果:若中小企业能信守合同诺言,金融机构可得收益为 k,若中小企业选择欺骗则会造成 $-h$ 个单位的放款损失。因此,金融机构决策的关键是判断中小企业能否守信。在理性经济人假设之下,中小企业总在做自己利益最大化的选择,在这样的原则下,当博弈进入第二阶段,中小企业的最优选择是欺骗,得到 m 个单位的收益,若选择守信只能得到 n 个单位的收益。金融机构很清楚中小企业的行为准则,因此一般不会被合同上的许诺所迷惑,知道一旦把钱放给中小企业,中小企业会选择欺骗的策略,造成金融机构 $-h$ 个单位的损失,选择不放款是自己的最优策略。实际上该博弈的唯一子博弈精炼纳什均衡是(不放款,欺骗),其结果是(0,0)。这种结果是一个令人丧气的结果,因为策略组合(放款,守信)下的收益为 (k,n),一个帕累托改进策略组合没能实现,金融机构和中小企业走入"融资困境",这是一个类似"囚徒困境"的博弈。

上述分析表明,在一次性的交易环境中,交易双方的合作均衡很难实现。

二、走出"融资困境"的博弈对策解

(一) 有效的法律保护

在上述一次性博弈中,不论中小企业选择欺骗还是守信,金融机构完全无可奈何,没有任何可以保护自己利益的手段,结果造成了金融机构面对中小企业的一个不可信的合同诺言只能选择不放款来避免被欺骗。但如果金融机构能在中小企业违约时使用有效的法律武器来保护自己,即通过诉讼对方来保护自己的利益,情况就不同了。由于法律支持正义,因此我们认为金融机构一定能打赢这场官司。打赢官司后,金融机构可挽回 h 个单位的损失,同时中小企业要被处罚和支付一定的诉讼费用,使中小企业此时的收益 r 小于 n,这样图 7.4 的博弈就成为图 7.5 的情形。

加上第三阶段的博弈,整体博弈的结果就大不相同。在金融机构选择放款的情况下,如果在第二阶段中小企业选择欺骗,到第三阶段金融机构为了捍卫自己的利益,肯定选择诉讼策略,这样对中小企业来讲,金融机构的上述思路是完全清楚的,因此金融机构选择诉讼的威胁是可信的。这样在博弈的第二阶段,中小企业的最优选择是守信,金融机构和中小企业分别获得收益 k 和 n,达到最优的社会状态。实际上用逆推归纳法得知图 7.5 的子博弈精炼纳什均衡路径为(放款,守信,诉讼),结果收益为 (k,n)。

从本博弈的分析中可以看出,在每个个体都有私心,都只注重自己自身

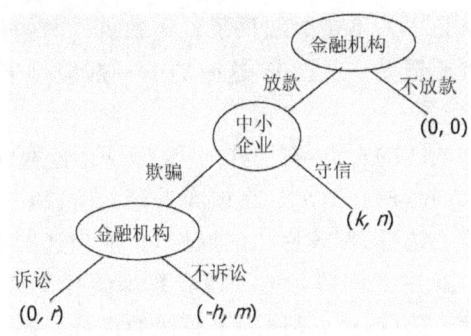

图 7.5　有效法律保护下的动态博弈

利益的社会中,完善公正的法律制度不但能保护社会的公平,而且能提高社会经济活动的效率,是实现最有效率的社会分工合作的重要保障。

(二) 有效的信用担保

在图 7.4 中,由于中小企业的失信行为被金融机构所预期,使双方走入不合作的困境。其实在有些情况下,中小企业不是出于欺骗动机而不遵守诺言,而确实是由于自身的弱点造成不能按时还贷。如果国家或社会能对中小企业本身存在的潜在风险给予有效的担保,在中小企业失信或确因资产不足及经营失败造成贷款归还困难,给金融机构造成损失时,由担保机构补偿金融机构的放款损失,则可提高金融机构给中小企业放款的积极性,可有效地解决图 7.4 博弈中的"融资困境"问题。

把这一思想模型化,则可得图 7.6,这里 $n>p$。

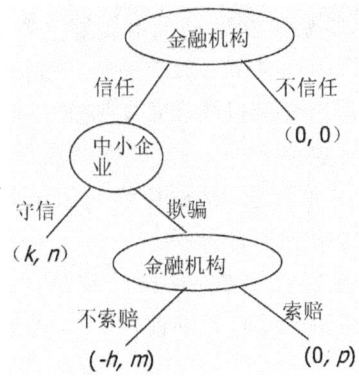

图 7.6　有信用担保时的中小企业融资

该博弈是在图 7.4 的基础上,加上金融机构可向担保机构索赔这一博弈阶段。这里之所以假设在金融机构遭遇欺骗时,向有关担保索赔后的收益为 0,是因为在一般情况下担保公司不会全部赔偿其本金和利息。金融机构能收回本金就是一个不错的结果了。金融机构向担保机构索赔后,中小企业的收益多少要遭受一些损失,这时的 p 一般应小于正常守信情况下的 n。

同样按逆推归纳法的观点,在博弈的第三阶段,金融机构为了自身利益选择索赔,这时双方收益为$(0,p)$。在博弈的第二阶段,中小企业预计到金融机构在第三阶段的选择,按理性化的原则,企业应选择守信的策略,这时双方收益为(k,n),实际上该博弈的子博弈精炼纳什均衡路径为(信任,守信,索赔)。博弈结果为(k,n),又回到了较优的经济状态,这同时说明了建立有效的中小企业信用担保体系,对解决中小企业融资问题意义重大。

(三)促成金融机构和中小企业的重复博弈

1. 无限重复博弈的子博弈精炼纳什均衡

用法律手段来解决"融资困境"受到好多限制,一是金融法律体系的完善和成熟需要相当长的一个过程,把诉讼成本降到最小也不是一件易事;二是法律在解决该类问题时,由于信息的不对称,取证和调查的困难会使法律实施出现盲点。中小企业守不守信用,更重要的是靠声誉机制来维持。在一次性博弈的"融资困境"中,中小企业没有办法做出守信的可信承诺。即使中小企业告诉金融机构它将不选择欺骗,金融机构也不会相信,因为给定金融机构放款,中小企业的最优选择仍然是欺骗。为了使中小企业有积极性建立一个守信的声誉,需要引入重复博弈,也就是说,中小企业不仅关心一次筹集资金的问题,而且关心未来的筹资能力。

假定中小企业未来需要不断地进入市场筹集资金,在每一次博弈结束前,双方都预期有 δ 的可能性有下一次交易机会,博弈将可能无限次地重复进行。为了走出困境,假定金融机构在重复博弈中选择这样的策略:我一开始选择信任放款给你,只要你守信,下次我继续放款;一旦我发现你选择欺骗行为,以后再也不放款给你了,这种策略类似于"囚徒困境"的"冷酷策略"。那么这时中小企业应如何选择呢?

让图 7.6 的博弈重复无限次,且设贴现因子(博弈结束的可能性)$\delta\in(0,1)$,在给定金融机构策略选择的前提下,中小企业策略:

选择守信的收益:$\pi_1=n+n\delta+n\delta^2+\cdots=\dfrac{n}{1-\delta}$

选择欺骗的收益:$\pi_2=m+\delta 0+\delta^2 0+\cdots=m$

如果 $\pi_1\geqslant\pi_2$,即 $\dfrac{n}{1-\delta}\geqslant m$,中小企业将选择守信,这时要求 $\delta\geqslant\dfrac{m-n}{m}$。

反过来,在给定中小企业守信的前提下,金融机构选择放款的收益大于选择不放款的收益。这样重复博弈的每个阶段的策略组合(放款,守信)构成了重复博弈的纳什均衡。

下面我们证明这个纳什均衡是子博弈精炼纳什均衡,即在每个子博弈上构成纳什均衡。因为博弈重复无限次,从任何一个阶段开始的子博弈与这个博弈的结构相同。在冷酷策略纳什均衡下,子博弈可分成两类:在类型A,没有参与人选择不合作策略(不合作指金融机构选择不放款,中小企业选择欺骗);在类型B,至少有一方不合作。我们已经证明冷酷策略在A类型子博弈上构成纳什均衡。在B类型子博弈上,根据冷酷策略,双方只是重复单阶段博弈的不合作纳什均衡,它自然也是子博弈的纳什均衡。这也就证明了每个阶段博弈的策略组合(放款,守信),构成无限重复博弈的子博弈精炼纳什均衡,均衡的结果收益为:

金融机构:$k+k\delta+k\delta^2+\cdots=\dfrac{k}{1-\delta}$;

中小企业:$n+n\delta+n\delta^2+\cdots=\dfrac{n}{1-\delta}$。

2. 无限次重复融资博弈的政策启示

在无限次重复融资博弈中,博弈的结果之所以出现每个阶段策略组合为(放款、守信)的合作状态,主要受如下因素的制约:一是博弈重复的次数;二是贴现因子的大小;三是中小企业的欺骗行为能被及时发现;四是金融机构有足够的积极性去惩罚欺骗者。下面我们分开来讨论。

重复的次数之所以重要,主要原因是参与人在短期利益和长期利益之间进行权衡。当博弈只进行一次时,每个参与人只关心一次性的收益,市场的绝大多数违规行为都与一次性博弈的环境有关;但如果博弈重复进行多次,参与人可能会为了长远利益而牺牲眼前利益,从而选择不同的均衡策略。这是重复博弈分析给出的一个强有力的结果,它为市场中观测到的合作或不合作行为提供了解释。

那么影响博弈重复次数的因素有哪些呢?从中小企业的角度讲,之所以频繁出现披露虚假会计信息、逃避债务等坑害放款者的事件,主要与我国的产权制度安排和中小企业治理结构不完善有密切关系。产权制度的基本功能是给人们提供一个追求长期利益的稳定预期和进行重复博弈的规则。我国中小企业在所有制形式上,表现为国家、集体、私人所有,且国家和集体所有是其主要存在形式,由于国有股东责任人的缺位,形成经理层内部控制的中小企业治理结构。在这样的委托代理下,缺乏对国企经理的有效监督,中小企业的长远利益就得不到保障。况且,经理人员的任免不是市场竞争的结果,而是由政府主管们决定的,且他今年干得好了,明年可能又不让他干了。那么作为中小企业的现任领导人,就没有追求企业长远发展的动机,当然就不会对企业进行更多的信誉投资。总之,产权是信誉的基础,明晰的产权是改善中小企业治理结构的保证,是人们追求长远利益的动力,只有追求长远利益的单位和个人才会讲求信誉。

贴现因子 $\delta\in(0,1)$,δ 越大,表示明天的收益对今天的效用越大,人们才有耐心,才愿意选择合作,以保证明天取得更多的收益。那么,什么因素决定中小企业经理人的耐心呢?个人的性格是一个因素,但最重要的是相应的制度环境。一个社会的环境越不确定,人们越没有耐心,产权制度决定着声誉的收益权,如果一任经理投资经营的信誉收益归别人所有,他就不会为了别人的未来收益而牺牲眼前利益。

重复博弈合作解的出现依赖于博弈策略中的惩罚机制,但如果中小企业的欺骗行为不能被发现,或发现不及时,金融机构就无法用不放款去惩罚中小企业,中小企业自然就有再次欺骗的动机,就会不讲信誉。一般地讲,信息观察越滞后,信誉的建立就越困难。这说明了一个高效的信息传递系统对信誉机制的建立具有重要的意义,故加快中小企业的征信体系建设,对其信誉体系的建立和解决其融资难问题极其重要。

最后,金融机构必须有足够的积极性对中小企业的欺骗行为进行惩罚。金融机构对不合作的中小企业采用"针锋相对"的策略或"冷酷战略",不仅可以保护自己的利益,而且有助于市场信誉机制的建立。金融机构对中小企业的惩罚,除了动用必要的法律武器,一定要采取不合作的策略,不然这种威胁就不可信,不能好了伤疤忘了疼。这里还要强调的是,金融机构在使用法律武器保护自己时,成本不能太高,否则就失了惩罚的积极性。但法律成本的高低不是由金融机构决定的,它靠的是国家法律体系的完善和法律执行的便捷程度。

三、解决中小企业融资困境的政策手段

以上讨论了中小企业在资信状况较差情况下的"融资困境"以及解决该困境的博弈对策。而实际上,该困境问题除了中小企业自身状况的特殊性所造成的信用缺失,还有金融机构本身的问题。如果政府融通有关财政政策的实施,改变金融机构的效用偏好则同样能解决中小企业的融资困难问题,本文提出两种方案。

(一) 发挥中小金融机构的放款优势

金融机构在进行商业性运作时,其运作成本由两部分构成,一是存款利

率 i(一般固定),二是每笔贷款的审查成本 c,设每笔贷款额为 d,则银行贷出款项边际成本为 $c/d+i$,它随贷款金额和审查成本的变化而变化。

由于中小企业所需金额 d 较小,这就决定了在同等条件下,大型金融机构更愿意放款给大型企业。与大金融机构经营取向不同的是,中小金融机构较愿意为中小企业提供资金服务,这主要是因为中小金融机构在为中小企业提供服务方面拥有信息上的优势,使得放款边际成本较小。

关于这种信息优势。Banerjee 等(1994)提出了两种假说。其一是"长期互动"假说。它认为中小金融机构一般是地方性金融机构,与当地中小企业有一种天然合作倾向。通过重复地交易,中小金融机构对地方中小企业的经营及资信状况了解程度渐增,这有助于解决二者之间的信息不对称。其二是"共同监督"假说。它认为,对合作性中小金融机构即使不能真正了解地方中小企业的经营状况,难以对中小企业实施有效监督,但为了合作的共同利益,合作组织中的中小企业之间会实施自我监督,况且这种监督一般来讲比金融机构的监督更有效。

在上述信息优势假设下,进一步假设贷款利率为 j,大型金融机构放款的边际成本为 $f_1=c_1/d+i$,中小金融机构放款的边际成本为 $f_2=c_2/d+i$,$f_1>f_2$,中小企业借款的申报成本为 a,取得借款后的收益为 A,则在中小企业守信情况下,与大、中小金融机构的博弈局势如图 7.7、图 7.8 所示。

		大型金融机构	
		放款	不放款
中小企业	借款	$A-a,(j-f_1)d$	$-a,0$
	不借款	0,0	0,0

图 7.7 中小企业与大型金融机构的博弈

		中小金融机构	
		放款	不放款
中小企业	借款	$A-a,(j-f_2)d$	$-a,0$
	不借款	0,0	0,0

图 7.8 中小企业与中小金融机构的博弈

一般情况下有 $(j-f_1)d<0,(j-f_2)d>0,A-a>0$。这时图 7.7 中的子博弈精炼纳什均衡为(不借,不放款),结果为(0,0);图 7.8 中的子博弈精炼纳什均衡为(借款,放款),结果为$(A-a,(j-f_2)d)$。这表明中小企业会与中小金融机构合作,而无法同大型金融机构合作。即使$(j-f_1)d>0$,由于 d 较小,大型金融机构在考虑机会成本的前提下,也便愿意把款项贷给大型企业。

分析表明，在解决中小企业融资难的问题上，大型金融机构是靠不住的，可行的途径是大力加强和完善中小金融机构的建设。

（二）贴息贷款的政策扶持

贴息贷款是一种政府财政对中小企业贷款的利息补贴，是以低于市场通行的利息率向中小企业提供贷款，这是世界各国政府向中小企业提供资金援助的一种主要手段。具体做法一般是对中小企业的自由贷款（假定利率放开）高出市场平均利率部分给予补贴，以提高中小企业在自由信贷市场的借贷能力。但是这种政策手段在世界范围内的实践表明，在一些发展中国家，享受利率补贴的受益人往往并不是那些在国民经济中最需要帮助的人，也不是那些具有最大经济效益的项目。说明该政策本身存在一定的寻租空间，在信息不对称情况较严重的情况下，容易发生中小企业的逆向选择和道德风险，同时带来相关的腐败问题。

贴息贷款可以采用另一种做法，即把给中小企业的贷款补贴支付给金融机构，在这种情况下，中小企业通过市场竞争，可以市场实际利率得到所需发展资金，使资金向质地较好的企业及项目流动，相对达到资源优化配置的目的，同时可以消除中小企业的寻租和政府腐败问题。金融机构（不论是大或小的金融机构），在给中小企业发放贷款的同时，获得了政府的利率补贴，这时金融机构（特别是大金融机构）与中小企业博弈中的收益函数将发生变化，这将改变金融机构的放款偏好。二者的博弈矩阵由图 7.7 变为图 7.9。

		大型金融机构	
		放款	不放款
中小企业	借款	$A-a,(j-f_1+k)d$	$-a,0$
	不借款	0,0	0,0

图 7.9 有利率补贴时中小企业与大型金融机构的博弈

其中 k 是政府财政的补贴利率。这时博弈的子博弈精炼纳什均衡为（借款，放款），使原来的不合作走向合作。由此说明，通过一定的政策手段，改变博弈中一方或多方的收益函数，可以使均衡逐步向帕累托最优靠近。

四、解决中小企业融资困境的政府理性

在走出中小企业融资困境的博弈对策分析中，我们提出采用有效的法律保护、给予有效的信用担保、促成中小企业与金融机构的重复博弈、完善和发展中小金融机构和给予中小企业贷款利息补贴等对策，目的是让中小企业与金融机构能够产生合作解。但上述分析可以说是一种理论性的框架

分析,在这种理论性框架分析中,均出现了政府干预中小企业发展的影子,故在具体解决中小企业融资难问题上,离不开政府的适当帮助。

在政府干预经济的理论中,存在两个学派:一是反对政府干预经济的新古典学派,它以马歇尔的剑桥理论和以瓦尔拉斯的洛桑理论为代表,其主要观点为"管得最少的政府是最好的政府;二是主张政府干预经济的凯恩斯理论,其主要观点是针对市场的失灵,政府应对经济生活进行干预和调节,其实质是一种宏观调控,是一种计划经济。实际上,我们看到的现实世界,既不是完全的市场经济也不是完全的计划经济,而是一种市场与计划相结合的混合经济。只不过在混合经济状态下,各国政府所采用的市场和计划的比重有所不同。

我们所建设的是有中国特色的社会主义市场经济。应在坚持市场经济的前提下搞好宏观调控。由于公有制经济起主导作用,我国政府的经济管理职能较别国政府有很大不同,它既有管理整个国民经济的宏观调控职能,同时又要负起管理国有经济的职能。那么在对中小企业发展的管理问题上,也应兼具这两种职能。既应有全局性的、公平的关于中小企业发展的法律、法规及有关经济政策来调控、引导中小企业的发展,又要兼顾到我国中小企业所有制性质的特殊性,履行好国有、集体所有制中小企业出资人的权利、责任和义务。故政府对中小企业的发展进行管理和调控是不容怀疑的,关键是把握好管理的尺度,政府应搞准自己在中小企业管理问题上的定位。下面就本文分析的几个方面,论述下政府部门的理性行为。

其一,是对市场参与方提供有效的法律保护问题。前边的博弈分析提出,真正有效的法律保护能够促使中小企业信守合同,与金融机构产生合作。但如果法律成本过高,金融机构在上当受骗后,不能够对失信者施以惩罚的同时,保护好金融资产的安全完整,则可以证明图 7.5 中的子博弈精炼纳什均衡为(不放款、欺骗),回到图 7.4 中的融资困境状态。因此,政府这时的主要作用就是提供完备、有效的法律、法规体系,以保护市场参与方的正当权益。如果这一点做好了,就可以弱化其他经济调控职能。

其二,是在政府参与下,建立有效的中小企业信用担保体系。关于政府参与信用担保,一般学者往往持否定态度,但我们认为,在中小企业的发展问题上,不但要发挥市场"看不见的手"的作用,同时要发挥政府"看得见的手"的作用,组建中小企业信用担保机构,地方政府责无旁贷。中小企业信用担保机构的法律形式可以采取先事业法人,后社团法人,再企业法人的步骤。第一步由地方财政拨款,组建政策性信用担保中心,按企业化运作,但不以营业为目的,担保资金的运作以安全性、公平性、社会性为原则。这种政策性担保机构主要起政策引导作用,不宜大规模(也无能力)采用,否则会带来中小企业的寻租问题。第二步可成立区域内中小企业互助性的社团法人性质的担保机构,通过行业自律,互相监督等手段,可部分解决中小企业信用缺失所带来的融资难问题。第三步组建真正商化的信用担保机构,按国际惯例正常运作,最终由他们解决中小企业的信用担保问题。

其三,是政府提供使中小企业和金融机构重复交易的市场环境。理论分析表明,在信誉机制的作用下,中小企业与金融机构通过重复博弈可产生合作解。而二者重复博弈的市场环境包括明晰的产权关系,有效的法律保护,通畅的信息传递机制和完善中小企业治理结构。这里,信息传递机制的畅通,要求政府动用行政权力资源,以较低的社会成本,组建中小企业征信评估机构,最终建立中小企业信用服务体系。

其四,在中小金融机构发展和创新问题上地方政府应有所作为。前面已经论及中小企业与中小金融机构有一种天然的盟友关系,而中小企业与大型金融机构则有一种天然的陌生感。前两者之间信息不对称程度较小,交易成本相对较低,为中小企业发展进行融资,中小金融机构有其自身的优势。故建立和完善中小金融机构体系从理论上讲是解决中小企业融资难的最佳途经。

我国目前已经拥有一批中小金融机构,但仍没有解决好中小企业的融资难问题,这并不能说明本文的分析是错误的。问题是在方向正确的情况下,中小金融机构体系本身不够完善。原因之一是中小金融机构没有很好地实现经营机制的转换。由于国家金融业的准入限制太严,中小金融机构之间还没有进入充分竞争状态,相对的垄断性造成中小金融机构失去经营的压力和动力;原因之二是缺乏健全的中小金融机制监督机制。由于政府把主要精力放在四大国有银行上,中小金融机构的发展长期没有得到重视,当然在中小金融机构的监督上没有完善的法规体系,在这种情况下会放大中小企业与中小金融机构的信息不对称程度,中小金融机构就不能很好地为中小企业进行融资。因此,政府部门应有所作为的是:一是放开对非国有中小金融机构的市场准入限制,促进中小金融机构的竞争和发展,使中小金融机构有能力去接近中小企业,最终二者建立稳定的合作关系;二是允许中小金融机构针对不同的贷款对象和贷款种类,确定相应的贷款利率,让中小企业与中小金融机构之间有一个风险和收益的比较选择空间;三是加强中小金融机构的业务创新,增加其服务品种,为中小企业提供融资的同时,取得自身的发展壮大。

其五,是关于贴息贷款的政策扶持。贴息贷款从本质上说是一种政府对中小企业贷款的利息补贴。该政策手段能以较少的国家财政资金带动大量的社会资金参与对中小企业融通资金,进而促进中小企业的发展与壮大。德国、法国等西欧国家多采用这种贴息政策。法国有多种不同种类的贴息贷款,一般利率补贴为 1.5%;德国政府专门设立了"欧洲复兴计划特殊资产基金"对中小企业贷款,利率补贴幅度在 2%～2.5% 之间,即:当市场利率为 7% 时,中小企业仅支付 4.5%～5% 的利息。但如前所述贴息贷款容易产生大量的寻租和腐败问题,我国政府已很少采用。不过根据我国中小企业的历史发展阶段和中小企业在国民经济中的重要地位,采用一段时间的贴息贷款政策,扶持中小企业的发展,还是很有必要的,只不过这种手段不是长久之计。

总之在中小企业发展问题上,政府部门应找准自己的位置,在明确中小企业在整个国民经济中地位的同时,适度出台相关政策给予扶持和引导。最终中小企业的发展,还要靠自己的内功,国家的主要作用是建立和维护一个稳定又充满竞争的市场环境。

五、结论

中小企业发展的"瓶颈"是融资问题。要解决这一问题,政府部门的适度参与是必不可少的。首先在思想意识上,要明确中小企业在整个国民经济中的地位和作用,以及政府部门要有所为有所不为的历史定位。其次,解决中小企业融资难的具体对策是:在一次性的交易环境中,通过有效的法律保护与惩罚使中小企业与金融机构产生合作均衡;在多次交易中,通过信誉机制的作用,使双方自动走向合作,这时政府的作用就是提供使双方能重复交易的市场环境;鉴于中小企业担保不足问题,建立中小企业信用担保体系;转移部分金融机构的贷款风险;在贴息贷款的实施中,要改变补贴企业的做法,把利息补贴支付给放款的金融机构,通过改变金融机构的收益函数,解决其不愿放款给中小企业的问题;长期来看,解决中小企业融资的最佳途径是大力发展中小金融机构,而中小金融机构的发展则依赖于整个金融业的改革。

7.5 新股抑价发行的博弈论分析

摘要:一级市场股票抑价发行现象,引起众多学者的关注,但给出的不同经济学解释尚不能令学界满意。笔者用不完全信息动态博弈原理,建立了股票发行与申购的博弈分析模型。通过求解,给出了股票发行公司和投资申购人之间的博弈对策、股票抑价发行的博弈论解释。

关键词:新股发行;不完全信息;混同均衡;分离均衡

一、新股抑价发行现象研究状况

证券一级市场即国外通称的 IPO 市场,是公司原始股发行的场所,它是证券市场的重要组成部分。按有效市场假说,新股上市不应该存在超额认购报酬现象,因为众多的逐利行为会使超额利润消失,但众多的对各国证券一级市场的实证研究的结论均支持"新股上市存在超额报酬率的说法"。Ibbotson 因不明其理称之为一级市场之谜。此后,众多学者尝试从不同角度来解释这一现象。Braon 从市场投资者对新发行股票需求量的不确定性以及发行人与认购者之间信息不对称而采取低价发行策略的角度,对新上市股票的超额报酬率进行了解释。Rock. K 认为由于投资者之间存在信息不对称,即存在有信息群与无信息群,证券一级市场出现了所谓的"中签者的诅咒"的现象,所以新股发行价格必须低于正常价格以确保无信息投资者去购买股票,即认为"没有低价发行,具有较少信息的投资者将不进入新股市场,并且许多新股发行就会失败",并以此推断出新股申购存在超额报酬率。我国学者王军波、邓述慧、张人骥、陈工孟、高宁等对中国证券一级市场的超额报酬和风险进行研究,发现中国证券市场也存在着"新上市股票具有超额报酬率"的现象。认为其主要原因在于中国证券一级市场本身的制度性缺陷,即上市额度的计划分配、计划价格的发行和市场规模的限制。施锡铨、周侃则用博弈论的方法对新股发行定价进行了理论研究,其结论是在信息不对称情况下,优质公司分批融资,第一次低价发行,第二次市价发行是其最优策略。

按照有效市场理论,一级市场发行价格和二级市场流通价格应该是无差异的,但实证研究证明股票发行却普遍存在抑价现象,这说明市场机制或我们的监督管理机制存在这样或那样的问题。前人的研究没有很好地解释这些问题,从马克思主义认识论的角度,世界总是可以被认识的,故股票发行的抑价现象应该得到合理的解释。本文在借鉴 Spence 模型的基础上,用上市公司与投资人博弈的观点,论证股票发行市场的信号传递博弈模型,通过模型求解给出发行市场存在分离均衡及混同均衡的条件,进而解释国内外 IPO 市场发行抑价的现象。

二、新股发行定价博弈模型

假设股票发行公司有两个基本的类型,即低质量($\theta=l$)和高质量

($\theta=h$)。公司知道自己的真实类型,而投资申购人不知道,只知道 $\theta=l$ 和 $\theta=h$ 的概率(为证明方便)均为 1/2。同时,发行人发布招股说明书,招股说明书也有两种情况:①一般水平招股说明书 $s=f$。它按股票发行的基本要求,对本公司行业状况、经营范围、项目介绍、募集资金投向、预测盈利状况等予以发布,能符合股票发行条例的最低要求。②高水平招股说明书 $s=g$。它除满足一般要求以外,还充分说明公司所在行业朝阳、主营业务明确、项目投资风险度小、盈利前景广阔等。由于高水平招股说明书会引来投资人的申购兴趣,上市预期价较高,会给公司筹资带来好处,故在信息不对称情况下,低质量公司就有模仿高质量公司的动机,发布高水平的招股说明书,不过这样做要付出一定的成本或代价,这种成本包括招股说明书编制成本、公司本身质量高低的显示以及虚假披露所带来的风险成本等。设公司发布招股说书的成本为 $C(\theta,s)=s/\theta$;投资人在观察研究招股说明书后,推测发行公司的类型,决定是否申购,如申购按 $P(s)$ 的价格申购;假定发行上市后,二级市场预期股价为 $r(\theta)=\theta+d$(注意,我们这里假定招股说明书水平不影响股价,d 是股票流通的价值增值),则申购人效用 $U(s,\theta)=r(\theta)-P(s)$,发行公司效用为 $\pi(s,\theta)=P(s)-s/\theta$。我们注意到发布招股说明书的成本为 s/θ,隐含着质量越高的公司,发布招股说明书的成本越低,满足斯宾塞-里斯条件(spence-Mirrlees condition),这是一个非常关键的假设。正是因为不同质量的公司发布招股说明书的成本不同,招股说明书水平的高低才可能传递有关公司质量的信号。

三、模型求解

在这里,我们将假定投资申购人市场是完全竞争的,从而在均衡情况下,投资人申购价 $P(s)$ 等于预期的二级市场价格 $r(\theta)$,投资申购人竞争的结果是预期申购利润为零,达到核准制下申购价等于或接近二级市场价的目的。首先注意到招股说明书本身并没有价值但却花费成本,在信息对称的情况下,不论公司质量高低,公司将选择一般水平的招股说明书($s=f$),低质量公司收益 $\pi(s=f,\theta=l)=P(f)-f/l$,由 $U(s=f,\theta=l)=r(l)-P(f)=0$ 得知 $P(f)=r(l)=l+d$,故 $\pi(s=f,\theta=l)=l+d-f/l$。低质量公司若选择 $s=g$,则由 $U(s=g,\theta=l)=r(l)-P(g)=0$ 知 $P(g)=r(l)=l+d$,$\pi(s=g,\theta=l)=P(g)-g/l=l+d-g/l$,故 $s=f$ 是低质量公司的最优选择。同理 $s=f$ 是高质量公司的最优选择,公司得到收益 $\pi(s=f,\theta=h)=h+d-f/h$。

在非对称信息条件下,投资人只能观察到招股说明书水平 s 的高低,而

不能观察到公司质量 θ 的高低,因而申购价 P 只能以 s 而定。令 $q(\theta=l|s)$ 为当观察到公司选择招股说明书为 s 时,申购人认为公司是低质量的后验概率,精炼贝叶斯均衡意味着:(1)公司选择招股说明书水平 $s(\theta)$;(2)投资人根据观察到的 s 得出后验概率 $q(\theta=t|s)$ 和支付申购价 $P(s)$,使得:①给定预期的申购价 $P(s)$,$s(\theta)$ 是质量为 θ 公司的最优选择;②给定 $s(\theta)$,$q(\theta=l|s)$ 是与贝叶斯法则一致的,$P(s)$ 是申购人的最优选择。

均衡可能是分离均衡或混同均衡。我们先考虑分离均衡。

1. 分离均衡

假设 $\dfrac{g-f}{h} < h-l < \dfrac{g-f}{l}$:

(SE)分离均衡:$\begin{cases} s(\theta=l)=f, s(\theta=h)=g, \\ P(s=f)=l+d, P(s=g)=h+d, \\ q(\theta=l|s=f)=1, q(\theta=l|s=g)=0 \end{cases}$

上式表明:低质量公司选择一般水平招股说明书 $s=f$,高质量公司选择高水平招股说明书 $s=g$。投资申购人认为一般水平招股说明书的公司一定是低质量的,因而支付申购价 $P(s=f)=l+d$,认为高水平招股说明书的公司一定是高质量的,支付申购价 $P(s=g)=h+d$。下面证明这的确是一个精炼贝叶斯均衡。

① 给定 $P(s=f)=l+d$,$P(s=g)=h+d$,高质量公司选择 $s=g$ 得到 $\pi=h+d-g/h$,选择 $s=l$ 得到 $\pi=l+d-f/h$,由假设 $h-l>(g-f)/h$ 知:$h+d-g/h>l+d-f/h$,故 $s=g$ 是高质量公司的最优选择;低质量公司选择 $s=g$ 得到 $\pi=h+d-g/l$,选择 $s=f$ 得 $\pi=l+d-f/l$。由 $h-l<(g-f)/l$ 知 $l+d-f/l>h+d-g/l$,故 $s=f$ 是低质量公司的最优选择。

② 给定公司的选择 $s(\theta=l)=f, s(\theta=h)=g$,申购人的后验概率是根据贝叶斯法则得到的:

$$q(\theta=l|s=f) = \dfrac{q(s=f|\theta=l)q(\theta=l)}{q(s=f|\theta=l)q(\theta=l)+q(s=l|\theta=h)q(\theta=h)}$$

$$= \dfrac{1\times\dfrac{1}{2}}{1\times\dfrac{1}{2}+0\times\dfrac{1}{2}} = 1$$

$$q(\theta=l|s=g) = \dfrac{q(s=g|\theta=l)q(\theta=l)}{q(s=g|\theta=l)q(\theta=l)+q(s=g|\theta=h)q(\theta=h)}$$

$$= \dfrac{0\times\dfrac{1}{2}}{0\times\dfrac{1}{2}+1\times\dfrac{1}{2}} = 0$$

(注意:在分离均衡下,不存在非均衡路径)

由 $U(f,l)=r(l)-P(f)=0$ 得 $P(f)=r(l)=l+d$;由 $U(g,h)=r(h)-P(g)=0$ 得 $P(g)=h+d$。故此时申购人的申购价是最优的。

上述说明,(SE)的确是一个分离均衡。同时,容易证明该博弈不存在其他形式的分离均衡,如高质量公司选择一般水平招股证明书,低质量公司选择高水平招股说明书。这样在分离均衡中,招股说明书水平的高低就成为传递公司质量的信号。这里的关键是高质量公司选择同样水平的招股说明书的成本 s/h,低于低质量公司选择同样水平招股说明书的成本 s/l,正因为如此,高质量的公司才能选择不同水平的招股说明书把自己与低质量的公司区别开来。如果发布招股说明书的成本与水平高低无关,招股说明书就起不到信号传递作用,低质量公司就会模仿高质量的公司选择高水平的招股说明书。

2. 混同均衡

上述分离均衡是在假设 $(g-f)/h<h-l<(g-f)/l$ 的条件下成立的。条件本身隐含着一定的经济意义。

(1) 不等式的右端 $h-l<(g-f)/l$,在 l,f 取值一定的情况下,要求两点:①h 值不能太大,否则 $h-l<(g-f)/l$ 不成立。在 h 值太大的情况下,说明市值 $h+d$ 较高,市场处于超强式状态,股价有泡沫成分。低质量公司就有模仿高质量公司的动机,进而选择 $s=g$ 的行动策略;②g 值不能太小,否则 $h-l<(g-f)/l$ 也不成立,g 值太小的情况下,说明高水平招股说明书的披露成本 g/θ 太低,低高量公司同样有模仿高质量公司的动机,$s=g$ 仍会成为低质量公司的最优选择。

(2) 不等式的左端 $(g-f)/h<h-l$,在 l,f 取值一定的情况下,也要求两点:①h 值不能太小,否则 $(g-f)/h<h-l$ 不成立。在 h 值太小的情况下,市值 $h+d$ 处于较低水平,说明整个市场状况低迷,股价有被低估的可能。高质量公司出具高水平的招股说明书就没有意义,就可能出具一般水平的招股说明书,甚至退出这个市场;②g 值不能太大,否则 $(g-f)/h<h-l$ 同样不成立,在 g 值太大的情况下,说明高水平招股说明书的披露成本 g/θ 太高,高质量公司就可能放弃高水平的信息披露,而采取 $s=f$ 的策略选择。

上述论证表明,分离均衡的成立是有条件的,如果 $(g-f)/h<h-l<(g-f)/l$ 不成立,即 $h-l$ 的取值在开区间 $((g-f)/h,(g-f)/l)$ 之外,则会出现下面的混同均衡。

$$(PE)\text{混同均衡}\begin{cases} s(\theta=l)=s(\theta=h)=f, \\ P(f)=P(g)=(h+l)/2+d, \\ q(\theta=l|s=f)=0.5, \\ q(\theta=l|s=g)=0.5 \end{cases}$$

这就是说在混同均衡时,投资人认为招股说明书不传递有关公司质量高低的信息,两类公司均选择低水平的招股说明书 $s=f$。因而申购价等于期望价 $P(f)=P(g)=0.5\times(l+d)+0.5\times(h+d)=(h+l)/2+d$,与招股说明书无关,下面证明这的确是一个均衡:

(1) 给定申购价与招股说明书无关,$P(f)=P(g)=(h+l)/2+d$ 和后验概率 $q(\theta=l|s=f)=q(\theta=l|s=g)=0.5$,两类公司均选择一般水平的招股说明书 $s(\theta=l)=s(\theta=h)=f$。

(2) 给定公司选择 $s(\theta=l)=s(\theta=h)=f$,$s=g$ 是不可能事件,$q(\theta=l|s=g)=0.5$ 与贝叶斯法则并不矛盾,申购人不可能选择比 $P(s)=(h+l)/2+d$ 更好,$s=f$ 在均衡路径上,由贝叶斯法则:

$$q(\theta=l|s=f)=\frac{q(s=f|\theta=l)q(\theta=l)}{q(s=f|\theta=l)q(\theta=l)+q(s=f|\theta=h)q(\theta=h)}$$

$$=\frac{1\times\frac{1}{2}}{1\times\frac{1}{2}+1\times\frac{1}{2}}=0.5$$

故上述(PE)的确是一个纳什均衡,同时可以证明不存在公司选择 $s=g$ 的混同均衡。

四、启示

(1) 作为投资人和证券监管部门,一般不愿看到混同均衡,希望得到分离均衡。而要得到分离均衡的市场结果,则要满足一定的条件。而这个条件要求原来的二级市场历史是高效的,即股价既不能有太多的泡沫成分,也不能过度低迷,同时招股说明书的信息披露成本既不能太低致使无法区分高低质量的上市公司,也不能太高,致使高质量公司也不愿披露高水平的招股说明书。这说明一级市场效率与二级市场效率的依赖关系,整个证券市场的效率具有一定的路径依赖性,在没有制度创新的情况下,市场往往处于"锁定"状态。所以,要改变证券市场效率低下的现状,仅仅依靠市场本身的自我调节力量是不够的,有时需要外力的推动,这也正是我们的证券监管部门有所作为的地方。

(2) 在分离均衡状态下,股票发行市场是有效的,可以起到优化资源配置的作用。实证研究的抑价发行原因在于混同均衡的出现,是在信息不对称情况下,不知情者压底对高质量公司先验概率的判断所造成的结果。在本文中,为了证明的简便,假定 $\theta=l$ 和 $\theta=h$ 的概率均为 $1/2$,实际上不知情者对高质量公司先验概率的判断要比这小得多,混同均衡价也低得多,这样就解释了为什么一级市场股票抑价发行的原因。

(3) 我国证券市场一直处于管制均衡状态。混同均衡的定价方法是我国证券市场为国企改革筹措资金的必然选择,也是管理部门代替上市公司与投资者博弈的结果。如果让质地差异较大的公司在发行价格上采取分离均衡时的价格来传递自己真实类型分布,那么国有公司是难以顺利筹集到资金的,这也是管理部门代替上市公司与投资者博弈的结果。要使分离均衡的定价结果出现,就必须放松对证券一级市场的管制,把监管的重点工作放到强制性的信息披露上来。

7.6 证券监管政策的缺口模型博弈分析

摘要:证券市场监管政策是否科学、合理,牵涉到市场的公平和效率,本文通过对监管政策造成上市公司预期收入缺口曲线的博弈分析,给出现行ST处理政策,上市公司配股政策存在的弊端,以及解决此类问题的有效途径。

关键词:监管政策;收入缺口;博弈分析;分离均衡;混同均衡

一、问题的提出

证券市场的监管政策的目的是防止市场的衰落,促进市场的发展与繁荣。因此监管政策的一个基本假设是保障公共利益,使证券市场按公开、公平、公正的原则运行,使市场优化资源配置的功能能够充分体现。根据西方学者的研究成果,证券市场实现公平、有效的关键是解决信息不对称问题,因此监管政策的一个立足点就是对上市公司信息披露进行管制。因为信息的披露相当于信号的传递,信息不充分、不真实,就可能导致投资者的决策失误,造成资源配置的浪费。我国证券市场的有效性还很低,监管政策的经济影响非常明显。如监管政策中上市发行政策,上市后的配股政策、特别处理政策及摘牌政策,对上市公司的信息披露的真实性有着直接影响,而且还有可能对上市公司的投资经营有着实质性的影响。对于监管政策与上市公司的联系,有文章对10%的配股现象、微利公司现象以及重亏现象进行了研究(蒋义宏、魏刚,1998年;孙锋、王跃堂,1999年),认为上市公司存在利润操纵,并且操纵动机和监管政策具有相关性,但他们对10%现象及公司微利现象的解释还不到位,实际上这些现象是上市公司与其信息使用者(证监会、投资人)博弈的均衡结果。针对有些监管政策所引起的严重问题,证监会对这些监管政策做了修改。如上市公司配股政策的规定也由以前的"最近三年内净资产收益率每年都在10%以上,属于能源、原材料、基础设施类的公司可以略低,但不得低于9%",修改为"最近三年内净资产收益率平均每年10%以上,但每年不得低于6%"。这些监管政策及其变更是否会产生经济后果,影响公司管理层的投资经营决策行为,影响上市公司会计信息的披露,进而影响市场投资者行为有待证实。

上市公司披露会计信息,投资人据此决定是否对其进行投资;证监会根据监管政策的标准决定是否让其配股、是否对其实行特别处理、是否让其退市等。但我国监管政策的特点是依据公司业绩进行管制,监管政策存在缺口现象,如净资产收益率≥10%可获得配股资格;当公司财务状况出现异常,如连续两年亏损或每股净资产低于面值等就会被特别处理(简称ST);当公司连续三年亏损时,就会被摘牌(即暂停交易)。由于净资产收益率(简称roe)不仅反映公司的经营业绩,而且是执行监管政策的直接依据,因此roe就成为上市公司的努力目标或操纵的首选对象。

公司业绩roe本应是连续分布的,但实际上公司却存在预期收入的缺口,它指由于市场分割或市场壁垒以及其他超市场(监管政策)力量的作用,以至于公司$roe=9.99\%$和$roe=10\%$;$roe=-0.001\%$和$roe=0.001\%$的待遇(预期收入)差距太大,从而公司预期收入关于公司业绩roe的函数在"特别处理线"或"配股资格线"点处形成明显的非连续的跳跃。本文的分析是在博弈论中信息经济学的理论背景下展开的,具体而言主要分析工具是信号传递与信息甄制理论。斯宾塞(Spence,1973)是这个理论的主要开创者,他的模型的一个关键性假设是,高能力雇员接受教育的成本要低于低能力的雇员,不同能力的雇员其最优受教育程度应是不同的,因此,虽然雇主在录用雇员之前并不知道后者的能力大小(即存在着有关雇员能力的信号不对称),但可通过雇员的受教育程度来间接获取有关其能力的信息。

在我们监管政策缺口模型的分析中,与斯宾塞模型类似,关键性的假设是,为达到同样的目标业绩(roe),高能力(朝阳行业、技术进步、管理先进等)的上市公司,其达到目标业绩(roe)的成本(投入时间、精力甚至操纵业绩的成本)要低于低能力的上市公司。可以将会计信息披露视为投资人、证监会(作为一方)与上市公司之间在信息不对称情况下的一种博弈过程。

二、主要假设与缺口模型

本模型的构建在一定程度上借鉴了斯宾塞的连续选择的信号传递模型(Spence 1974;张维迎 1996),当然与斯宾塞的模型相比,由于讨论对象的差异,本模型又有了很多新的变化。

(一)模型主要假设(次要假设在讨论中给出)

1. 相对于同样目标业绩(roe),高能力的上市公司的努力成本低于低能力的上市公司,在同样的业绩(roe)基础上,相对于同样的目标业绩增量,高能力公司的成本增量低于低能力的上市公司。(注:本模型的收入、成本概念不同于会计学中的概念)

2. 上市公司在被不被 ST 或能否获得配股资格之间有较大的预期收入差距,以至于其预期收入关于业绩(roe)的函数在"特别处理线"和"配股资格线"处形成较大非连续跳跃。我国证券市场上的实际情况是:公司一旦被ST,每天交易价的震动幅度不能超过正负 5%,且市场形象受到较大损失;公司获取配股资格,就可以在证券市场上再融资,得到生产经营和发展需要的大笔资金,否则就没有融资的机会。一般而言,上市公司预期收入存在巨大缺口,其根源在于资本流动的市场机制受限(如市场分割与壁垒、超市场力量的干预等),在我国就表现为监管政策的干预上。因为若假设公司的能力(从经济意义上就是劳动生产率)是近似连续分布的,那么在证券市场均衡的条件下,其收入水平也应该是连续分布的。

3. 预期收入相对于披露的公司业绩(roe)的函数对于所有的上市公司而言都是一样的。这里实际上是假设面对同一结果(不被 ST 或获取配股资格)的历史及证券市场的历史,不同上市公司会获得同样的信息,从而对于上述函数关系会形成大致相同的主观概率判断。

(二)预期收入函数

设公司的预期收入关于公司业绩(roe)的函数是一个分段连续的函数:

$$Y=Y(r)=\begin{cases} y_1=y_1(r), \text{当} r\in(-\infty,0), & (1) \\ y_2=y_2(r), \text{当} r\in[0,10\%), & (2) \\ y_3=y_3(r), \text{当} r\in[10\%,+\infty) & (3) \end{cases}$$

该函数在 $r=0,10\%$ 处形成两个跳跃性中断。$r=0$ 为 ST 处理线,$r=10\%$ 为配股线,且 $Y(0-0)=Y_A, Y(0+0)=Y_B, Y(10\%-0)=Y_C, Y(10\%+0)=Y_d$,显然,$Y_A<Y_B, Y_C<Y_D$。

预期收入曲线如图 7.10 所示,它由 y_1, y_2, y_3 三条曲线组成,又设该三条曲线均为递增的曲线,即设:

$$y'_1 > 0, y'_2 > 0, y'_3 > 0, \tag{4}$$

对这一假设合理性的解释是,当公司被 ST 处理后相对较好的业绩也代表经营状况的改善,预示着被摘帽的可能性在增加;当公司业绩 0 时,虽然公司不能获取配股资格,但较高的 roe,也显示公司业绩的向好,通过努力有获取配股资格的可能;对获取配股资格的上市公司,其业绩 $r \in [10\%, +\infty)$,较高的业绩不仅是能在证券市场再融资,而且有助于提高公司的形象,也可得到较高的配股价。

为了后面的图形分析直观起见,又可以假定预期收入函数在其各连续区间内都是边际递减的:$y''_1 \leq 0, y''_2 \leq 0, y''_3 \leq 0$。在这一假设之下收入曲线 y_1, y_2, y_3 均是递增的向上凸的曲线。必须指出,这一假设的目的是使图像分析更加直观,没有这一假设,并不妨碍后面的主要分析与推断。

(三) 公司效用无差异曲线

假定公司业绩 r 由其能力 θ (或类型) 及所投入的努力成本 c 所共同决定,即:

$$r = r(\theta, c), \frac{\partial r}{\partial c} > 0, \frac{\partial^2 r}{\partial c^2} < 0 \tag{5}$$

对上式的解释是,可将公司的努力成本投入看成是公司业绩"生产"的一个生产要素投入,并服从报酬递减规则,因而在能力一定的条件下,公司业绩随成本投入的增加而增加,但边际业绩则递减。

显然对于公司而言,预期收入与负成本 $-c$ 之间的偏好选择是实质性和基本性的。这里我们采用贝克尔的假设(贝克尔,1995),即人类实质和基本的偏好是没有差异的,由于公司治理的法人化,因而可假定所有公司的效用关于预期收入 y 和成本 c 的函数都是相同的(这一假设对后面的结论推导十分重要),设为:

$$u = u(y, c), 并设 \frac{\partial u}{\partial y} > 0, \frac{\partial^2 u}{\partial y^2} \leq 0, \frac{\partial^2 u}{\partial c^2} < 0 \tag{6}$$

即预期收入增加使效用增加,但边际效用递减或不变,在预期收入不变的条件下,成本增加带来负效用,且边际效用损失递增。显然,这些假设是可以接受的。由(6)式可得出相对于任一给定效用水平 $u = u(y, c) = u_0$ (其中 u_0 为常数)

对上述无差异曲线,由隐函数存在定理 $\dfrac{dy}{dc} = -\dfrac{\dfrac{\partial u}{\partial c}}{\dfrac{\partial u}{\partial y}}$,而 $\dfrac{\partial u}{\partial c} < 0, \dfrac{\partial u}{\partial y} > 0$,

从而

$$\frac{\mathrm{d}y}{\mathrm{d}c} > 0 \tag{7}$$

再设 $\frac{\partial^2 y}{\partial c^2} > 0$（即 c 所需的边际补偿率递增） (8)

设证券市场上，有 n 家上市公司 $P_i(i=1,2,\cdots,n)$，按其能力大小由低到高排列为 $P_1, P_2, \cdots, P_n$，其能力分别为 $\theta_1, \theta_2, \cdots, \theta_n(\theta_1 < \theta_2 < \cdots < \theta_n)$。由 (5)(6) 两式中的业绩函数 $r = r(\theta, c)$ 和效用函数 $u = u(y, c)$ 不难导出能力为 θ_i 的第 i 位上市公司 P_i 的另一效用函数：

$u_i = u_i(y, r)$，由于 $\frac{\partial u_i}{\partial r} = \frac{\partial u_i}{\partial c} \cdot \frac{\partial c}{\partial r}$，由 (5) 式可知 $\frac{\partial c}{\partial r} = \frac{1}{\frac{\partial r}{\partial c}} > 0$，由 (6) 式知 $\frac{\partial u_i}{\partial r} < 0$，所以

$$\frac{\partial u_i}{\partial r} < 0 \tag{9}$$

再由 $\frac{\partial u_i}{\partial r} = \frac{\partial u_i}{\partial c} \cdot \frac{\partial c}{\partial r}$ 得到

$$\frac{\partial^2 u_i}{\partial r^2} = \frac{\partial^2 u_i}{\partial c^2} \cdot \frac{\partial c}{\partial r} \cdot \frac{\partial c}{\partial r} + \frac{\partial u_i}{\partial c} \cdot \frac{\partial^2 c}{\partial r^2} = \frac{\partial^2 u_i}{\partial c^2} \cdot \left(\frac{\partial c}{\partial r}\right)^2 + \frac{\partial u_i}{\partial c} \cdot \left(\frac{-1}{\frac{\partial r^2}{\partial c^2}}\right)$$

由 (5)、(6) 得：

$$\frac{\partial^2 u_i}{\partial r^2} < 0 \tag{10}$$

由此，在图 7.10 中可做出任一公司 P_i 对于任一给定效用水平 u_0 的效用无差异曲线 $u_i(y, r) = u_0$（其中 u_0 为常数）。且由 (4)、(7)、(8) 式不难证明：

$$\frac{\mathrm{d}y}{\mathrm{d}r} > 0, \frac{dy^2}{dr^2} > 0, \tag{11}$$

即图 7.10 中无差异曲线都是递增的向上凹的曲线。另一方面，由于前面假定高能力公司的总投入成本及边际投入成本均小于低能力的公司，即：

$$C_q(r) > C_t(r), \text{且 } C'_q(r) > C'_t(r), \text{这里 } 1 \leqslant q < t \tag{12}$$

由上式假设，再结合 (6) 式假设不难证明：对于公司 P_q 和 P_t 的无差异曲线，有

$$y'_q(r) > y'_t(r) \tag{13}$$

即公司 P_q 的无差异曲线处陡于公司 P_t 的无差异曲线。

三、几个重要的均衡点

从任一上市公司 P_i 的角度,其均衡业绩或称"最优"(不同于会计上的利润最大化)业绩 r_i 取决于给定预期收入函数 $y=y(r)$,这一业绩应能使公司效用 $u_i=u_i(y,r)$ 的值最大化,根据最优业绩 r_i^*,公司做出最优投入成本 c_i^* 的决策。图像的直观表达是,公司 P_i 的信息披露均衡,是由预期收入曲线及该公司的效用无差异曲线所共同决定,即与预期无差异曲线相交(包括相切)、且代表效用最高水平的那条无差异曲线(用 u_i^* 表示)代表了公司所能达到的最大效用水平,u_i^* 与预期收入曲线的交点,即均衡点 (r_i^*,y_i^*)。图 7.10 中 u_j^*、u_k^*、u_l^* 及 u_m^* 即分别代表不同公司 P_j、P_k、P_l 及 P_m 的均衡无差异曲线(即产生均衡的无差异曲线),这里 $1<j<k<l<m<n$。

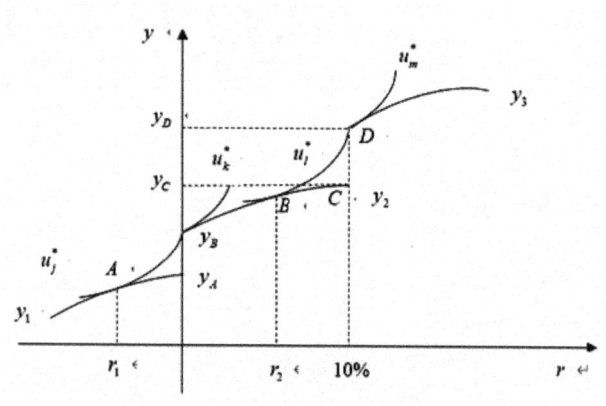

图 7.10 缺口模型图

下面讨论图 7.10 中所示的几条重要的均衡无差异曲线 u_j^*、u_k^*、u_l^* 及 u_m^*,它们在本模型分析中具有临界性的意义。如图 7.10,u_j^* 与预期收入曲线 y_1 相切于 A 点,同时又与预期收入曲线 y_2 的左端点 y_B 相交;u_k^* 相切于预期收入曲线 y_2 的左端点,与预期收入曲线 y_3 相切于 B 点,又与预期收入曲线 y_3 的左端点 D 相交;u_m^* 与预期收入曲线 y_3 的左端点相切。

根据上述的几何描述以及前述的预期收入曲线与效用无差异曲线的一般几何性质,在直观上不难有下述的基本推断。

(1) 低能力的上市公司其均衡业绩 r^*(或最优目标业绩)低于(或至多等于)高能力的上市公司,即设 $1\leqslant q<t\leqslant n$,有 $r_q^*\leqslant r_t^*$。

(2) 所有能力低于 P_j 的上市公司 P_i 其均衡点在预期收入曲线 y_1 上,且在 A 点的左端,其均衡无差异曲线均相切于曲线 y_1 上的不同点。因而这部分上市公司的目标业绩也就落在曲线 y_1 上 A 点左端曲线所对应的业绩区间内,即$r^* \in (-\infty, r_1)$,可见这部分亏损较严重的上市公司,并没有把扭亏设定为自己的努力目标。

(3) 所有能力大于P_j且小于P_k的上市公司$P_i(j \leqslant i \leqslant k)$,其均衡点在$y_B$点,其均衡无差异曲线与预期收入曲线$y_2$相交于左端点$y_B$而不是相切,因而这部分公司的均衡目标业绩$r^*$均为$y_B$点所对应的业绩$r^*=0$(理论业绩为0,实际上目标业绩是微利状态,见后面的实证分析),这部分上市公司在实务中会加大投入成本c,把公司扭亏或摘掉 ST 帽子或避免戴 ST 帽子的最优业绩$r^*=0$作为最低目标。

(4) 所有能力大于P_k,且小于P_l的上市公司$P_i(k<i<l)$,其均衡点都在曲线y_2上的$y_B B$段的不同点,其均衡无差异曲线相切于预期收入曲线y_2上$y_B B$段的不同点,因而这部分上市公司的目标业绩也就落在$y_B B$段所对应的业绩区间内,即$r^* \in (0, r_2)$。可见,这部分上市公司能够正常经营,不把取得配股资格10%的业绩作为努力的目标,如果那样做可能会得不偿失。

(5) 所有能力大于或等于P_l,且小于P_m的上市公司$P_i(l \leqslant i \leqslant m)$,其均衡点在 D 点,其均衡无差异曲线均与收入曲线y_3相交但不相切于 D 点,因而这部分上市公司的均衡目标业绩均为 D 点所对应的的业绩10%—配股线。这部分公司通过适当增加努力成本,甚至不惜违规来操纵业绩,使自己达到配股线10%业绩的要求,作为最优的努力目标。

(6) 所有能力大于P_m的上市公司$P_i(m<i \leqslant n)$,其均衡点都在预期收入曲线y_3上,其均衡无差异曲线均相切于y_3上的不同点,因而这部分上市公司的目标业绩也就落在曲线y_3所对应的业绩区间内,即$r^* \in (10\%, +\infty)$,这部分上市公司能正常地保证配股资格,能力高的上市公司之所以把10%以上,甚至更高的业绩作为自己的努力目标,是因为除了获取配股资格这种正效用,通过业绩的提高,能更好地体现自己在证券市场的形象和地位,且给股东以较高的投资回报,作为自己效用的增加值。

四、混同均衡与信息成本增大

(一) 缺口模型中的分离均衡与混同均衡

根据第三部分的几项推断,不难看出,在所有上市公司中,能形成分离均衡(Separating equilibrium)的公司,是能力介于θ_1与θ_j之间和θ_k与θ_l之间以及θ_m与θ_n之间公司的P_i,其中$i \in [1, j) \cup (k, l) \cup (m, n]$,这里的分离均衡是指,每一公司的均衡点与其他能力不同的公司均衡点不同(是分离的),即是说能力不同的上市公司披露的公司业绩是不同的。而其他能力的上市公司(其能力排序的区间为$[j,k]\cup[l,m]$)并不能形成分离均衡,它们的均衡是分别聚集于两个混同均衡(Pooling equilibrium)点y_B、D。

从信号传递和信息甄别理论的角度而言,混同均衡是要尽量避免的,因为混同均衡没有给出区别能力的信号。具体到这里上市公司会计信息披露也是这样,会计业绩披露的本来目的就是要将能力不同的上市公司区别开来,因此会计信息披露机制的设计应尽可能地使每个公司都能形成分离均衡,而混同均衡的存在则表明部分实际能力的不同的上市公司能力的差异没有别识别出来,会计信息披露的机制还有待完善。

从上述的缺口模型来看,两个混同均衡是形成的背景是不同的。混同均衡点y_B是能力介于P_j与P_k之间的所有上市公司(包括P_j与P_k两公司)的混同均衡,而且从图像上可直观看出,预期收入缺口越大,混同均衡的上市公司数越多。这一混同均衡产生的背景是,由于被 ST 处理和不被 ST 处理之间存在的较大的预期收入断层,使得这部分上市公司均选择不亏损作为自己会计信息披露的目标业绩,尽管为此可能要增加较多的投入成本,甚至不惜冒风险做假账或做出对自己近期有利的会计选择,但这些投入都能为预期收入的跳跃性提高做补偿。因此这一混同的均衡问题的解决有赖于上述收入缺口的缩小,特别地,当该收入断层完全弥合,以至于预期收入函数的曲线成为完全连续的光滑曲线时,则原先在 ST 处理生命线处的混同均衡完全消失。

同理,对于混同均衡点 D,是能力介于θ_l与θ_m之间上市公司(包括 P_l,P_m)的混同均衡,这一混同均衡产生的背景是,获取配股资格与没有获取配股资格收入差距巨大,使得这部分上市公司选择配股资格线作为自己会计信息披露的目标业绩。这一问题的处理方法同上,只有缩小收入缺口,最好是预期收入曲线光滑连续(图 7.11,y_A)。

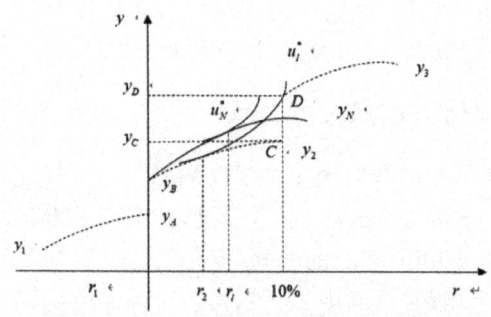

图 7.11 预期收入曲线连续时的图像

(二) 缺口模型中信息成本的增加

缺口模型从两个角度增大了会计信息披露中的信号传递即信息甄别成本：一是从会计信息使用者角度（投资人，证监会等）看，在缺口模型中，由于在 ST 处理线和配股资格线处必然存在混同均衡，因此管理层如要对处在这些混同均衡中的上市公司能力及发展前景做出判断，还需要进一步的信息甄别，则必须要设计并实施其他信息指标，如进一步分析公司主营业务利润率、重大会计几项的政策选择、市盈率状况等，从而要支付额外信息成本。二是从上市公司角度看，在缺口模型中，由于公司不被 ST 处理或获取配股资格后收入跳跃性增加（收入缺口）的吸引，相当一部分以 ST 生命线和配股线为目标业绩的上市公司其目标业绩要比没有收入缺口存在时（可称之为连续模型）的目标也要高得多，因为不被 ST 或取得配股资格的福利意义重大，而目标业绩高出的部分显然需要公司相应成本增加来实现，这种配股政策甚至诱使上市公司不惜出具虚假会计报告，这些增加的成本投入，即是这部分上市公司额外的信息成本。这里以公司 P_l（即那些以获取配股资格线为目标业绩的公司能力最低者）为例来分析，图 7.10 中，y_2 和 y_3 代表存在收入缺口的预期收入曲线（缺口模型），在这一缺口模型中该公司 P_l 的均衡目标业绩为 10%（配股线），在图 7.11 中，曲线 y_N 则代表收入缺口弥合后连续性预期收入曲线（连续模型），因而 y_N 应该贯穿收入缺口 CD 的中间，在这一连续模型中公司 P_l 的均衡目标业绩为 r_l，u_l^* 为公司 P_l 的无差异曲线。显然必定有 $r_l < 10\%$ 而 $c(10\%) - c(r_l)$ 就是存在收入缺口的情况下公司 P_l 所要额外支付的信息成本。这里 $c(r)$ 为该公司业绩函数 $r(\theta_l, c)$ 的逆函数。另外不难证明，以配股线为目标业绩的公司中，能力越低者，上述增加的信息成本越多；缺口越大，由于进入配股线的公司越多，因而信息成本增加的总规模也越大，引起整个证券市场的效率下降。

五、结论与启示

通过对上市公司业绩分布状况的理论分析，并参考王跃堂（1999）的实证分析，可以看出监管政策的经济后果集中体现在如下两个方面：

（一）由于监管政策的限制，在理论上产生了预期收入曲线的巨大缺口，使上市公司把"配股线""ST 处理线"的规定业绩，作为自己努力的均衡业绩。在正常情况下达不到这一要求，就会在某种程度上诱发上市公司操纵业绩的行为发生，致使披露的信息失真，并由此导致投资人投资决策失误，管理层也得不到真实的微观数据。而这一切的发生又都与监管政策的种种限制有关。

（二）监管政策除了会引发信息失真问题而对公司外部投资者和管理层的决策行为产生影响，还会对公司管理层的投资经营决策行为产生直接影响。在不违规的情况下，要实现混同均衡的业绩目标，公司只有选用不同的会计政策或改变自己的经营策略来达到这一目的，例如，某公司前两年已达到配股所要求的业绩指标，从公司发展后劲和占有市场的角度，本年度理应加大广告投入，由于广告费用作为期间费用直接抵减了当年利润，甚至可能造成因本年业绩达不到配股要求，而使配股的努力前功尽弃，在此状况下，公司为达到配股目的，体现上市公司的价值最大化，很可能放弃广告投入，丢失本应属于自己的产品市场份额。这时，配股政策显然对公司的经营决策行为起了决定作用，从而影响了公司未来发展的后劲。

监管政策的实施，对证券市场的影响可正可负，如何消除它的负面影响，一要从政策本身的完善程度做起；二要从政策检查上把关，确保上市公司信息披露的真实性。从以上的结论分析中可以具体给出我国监管政策一些有益的启示。

（1）不断完善现行的监管政策。主要从监管政策的负面影响上下功夫，首先从政策本身减少上市公司操作业绩的诱因。就上市发行政策而言，过去的审核制及指标额度存在明显缺陷，只有取消额度，才能消除拟发行股票企业的寻租行为，现在我们的管理层已做到了这一点；就上市公司的配股政策而言，尽管对过去的政策进行了修改，放宽了配股要求，但没有实质性变化，仍是以净资产收益率为配股政策的唯一指标，因此仍然不能解决配股"生命线"这一奇特现象，其原因就在于存在预期收入缺口，我们已从理论上证明了这一点。要解决这一问题有两个办法可供选择，一是继续以 roe 作为配股依据，再选其他一些财务指标作为附加指标，这样既部分解决混同均衡引起的信息甄别上的困难，也同时增加了上市公司操纵业绩的难度；二是放宽配股要求，直至取消这一规定。从缺口模型看出，为了实现分离均衡，只有让预期收入曲线保持连续。这一结论的经济学含义为，让市场自动检验上市公司的好坏、能力的高低，一个连年亏损、市价 3 元的股票，即使政策让它以每股 5 元配股，它也配不出去，让市场说了算，现行的配股政策实质上是一种绩优公司的优惠政策，有了优惠，就会有寻租活动，就会影响市场效率。当然，让市场说了算的政策导向，必须在一个成熟的证券市场上才能实现。

（2）严格信息披露质量和加强审计监管。一个成熟的市场才能高效，才能如证监会主席周小川先生所言，市场的事情应由市场说了算。但一个成熟、高效市场的标志是信息披露质量的高低，只有全面、及时、真实的信息，才能实现信息的对称性,而信息不对称是造成市场操纵、内幕交易的祸根。不论多么好的政策,总有人钻空子,只有通过审计,加强监管来解决这一问题。证券市场只有市场化的监管政策和完善的信息披露制度,才能真正地健康发展。

7.7 寻租理论三方博弈模型分析

摘要:寻租活动导致资源的浪费和产生腐败,现有的政治学和经济学研究都存在着一定的不足,主要是研究对象的局限性和缺乏相互关系研究。本文以博弈论作为分析工具研究委托人、代理人、寻租者三方的合作及非合作博弈,在理性经济人和风险中性假设下,建立三方博弈模型,通过求解纳什均衡,给出各参数变量的政策含义,进而给出寻租、腐败现象的治理对策。

关键词:寻租;博弈;纳什均衡

一、引言

从整个社会角度讲,人类追求自身经济利益的行为大致可分为两类:一类是生产性活动,如人们从事生产、研究与开发活动以及在正常市场条件下的公平交易活动等,这类活动一般会增进社会福利,推动社会的发展;另一类是非生产性(也叫分配性)活动,这些非生产性活动的大部分不仅不增加社会财富,反而会造成社会经济资源的白白浪费,如偷盗、行贿受贿等。

在现代社会中,更为常见且影响更广的非生产性活动是那种涉及权钱交易的活动,即个人或利益集团为谋取自身经济利益,而对政府决策或政府官员行为施加影响的活动。1974年,美国经济学家安妮·克鲁格发表在《美国经济评论》上的一篇论文第一次用"寻租"这一概念对这种现象进行概括,戈登·塔洛克的《对寻租活动的经济分析》首次从理论上系统分析了这种非生产性经济活动。由于寻租是指那种利用资源并通过政治过程获得特权从而构成对他们利益的损害大于租金获得者收益的行为,这一概念的发现使长期停滞的政府行为的研究迅速繁荣起来。现在,寻租理论已跨越经济学而进入到政治学、社会学和对文化的研究领域,拥有越来越大的现实解释力。

在布坎南看来,政府的特许、配额、许可证、特许权分配等这些密切相关的词中每一个都意味着由政府造成的任意的或人为的稀缺,这种稀缺意味着租金的潜在性,又意味着寻租活动的可能性。寻租活动的共同特征是:一是它们造成经济资源配置的扭曲,阻碍了更有效的生产方式的实施;二是它们本身白白地浪费了社会的经济资源,使本来可以用于生产性活动的资源浪费在这些无益于社会发展的活动上;三是这些活动还会导致其他层次的寻租或避租。如果政府官员在这些活动中享受了特殊利益,他们的行为就会扭曲,因为这些特殊利益的存在会引发下一轮追求行政权力的非生产性竞争。由此可见,寻租活动不仅浪费了大量的经济资源,而且是社会腐败产生的根源之一。那么如何治理腐败,减少寻租现象的发生,就成了近年来经济学研究的一个热点问题。

寻租理论虽然从经济学角度为解释腐败提供了一种理论选择,把研究的范围扩大到了寻租者,较政治学研究腐败问题进了一步,但主要以寻租者作为主体,腐败只是一种"管理资源制度"的伴生物,腐败的另一主体——资源权力作用者不作为主要研究对象,公共权力(稀缺性公共资源处置权)的最终拥有者(委托人)这一主体与公共权力使用者(代理人)和公共权力需求者(寻租者)的关系问题研究甚少,更是忽视了他们行为之间的联动性和相互影响。本文主要以博弈论作为分析工具,研究代理人和寻租者之间的非生产性活动的收益和成本,以及委托人如何针对这种非生产性活动产生的腐败问题进行检查和监督。在理性经济人和风险中性的假设下,建立三方之间的博弈模型,通过求解纳什均衡给出各参数变量的政策含义,进而给出寻租活动的治理对策。

二、模型假设与模型表述

寻租活动产生的腐败问题以及委托人对此的监管,构成了一个三方博弈。涉及的主体(参与人)有委托人——公共权力的最终拥有者;代理人——公共权力的使用者,在我国为政府官员及公务人员,他们受人民的委托拥有公共权力的使用权或处置权;寻租者——对公共权力所限制的资源以不法方式获取的需求者。代理人和寻租人之间的关系,表现为设租人与寻租人之间的合作博弈关系,到底是先设租后寻租或是先寻租后设租这些具体问题要视具体情况而定,只要双方有利可图,寻租活动就有可能发生,在合作剩余的分配中,双方通过讨价还价或达成一种默契来解决。当然设租双方的合作剩余等于委托人的净损失,委托人为了自身利益的最大化,会对寻租活动进行检查和监管,并对他们处以适当的惩罚。

设 A 是委托人与代理人之间通过契约达成的权力委托变量,A 的市场价值(例如通过拍卖的出租车牌照价格)V,在一次权力交换中代理人以 Y

的价格让渡 A 于寻租者,那么,当

1. 当 $V-Y=0$ 时,我们说代理人对委托人尽职尽责。

2. 当 $V-Y>0$ 时,我们说代理人对委托人不尽责。如果寻租以 Y 的价格得到 A,而给代理人行贿 C,且代理人同意在接受 C 后以 Y 的价格让渡权力变量 A,则称代理人腐败,C 是委托代理契约之外的代理人收益,$\Delta=V-Y>0$ 为委托人损失,一般情况下应有 $Y+C \leqslant V$ 成立。

3. $V-Y<0$ 不成立,需求者若在市场上能以 V 的价格购入 A,则不会以 $Y>V$ 的价格从代理人处购入 A。

博弈模型假设如下:

(1) 代理人和寻租者进行寻租活动,且委托人不稽查,则代理人、寻租者、委托人的支付分别为 $C, V-Y-C, -(V-Y)$。

(2) 代理人和寻租者进行寻租活动,委托人稽查但不成功,则三者的支付分别为 $C, V-Y-C, -(V-Y)-S$,其中 S 为稽查成本。

(3) 代理人和寻租者进行寻租活动,委托人稽查且查证成功,对代理人收益 C 处以 K 倍罚款。对寻租者收益 $(V-Y)$ 处以 L 倍罚款,则三者支付分别为 $-(K-1)C, -(L-1)(V-Y)-C, KC+L(V-Y)-S$。

(4) 代理人和寻租者不进行寻租活动,委托人也不稽查,则三者支付分别为 $0,0,0$。

(5) 代理人和寻租者不进行寻租活动,委托人进行稽查,则三者支付分别为 $0,0,-S$。

(6) P_V 为代理人和寻租者进行寻租活动的概率。

(7) P_C 为委托人进行稽查的概率。

(8) P_A 为委托人进行稽查且查证成功的概率。

在上述假设之下,代理人、寻租者和委托人三方博弈模型如图 7.12 所示:

寻租者 / 代理人	委托人		不稽查$(1-P_C)$
	稽查(P_C)		
	证实违规(P_A)	未查出违规$(1-P_A)$	
寻租活动(P_V)	$-(K-1)C$, $-(L-1)(V-Y)-C$, $KC+L(V-Y)-S$	C, $V-Y-C$, $-(V-Y)-S$	C, $V-Y-C$, $-(V-Y)$
正常工作$(1-P_V)$	$0,0,-S$	$0,0,-S$	$0,0,0$

图 7.12 代理人、寻租者和委托人三方博弈图

三、模型求解

1. 给定代理人参与寻租活动的概率 P_V 的情况下，委托人进行稽查和不进行稽查的预期收入分别为：

$$\pi_1 = P_V\{[KC+L(V-Y)-S]P_A + (1-P_A)(-V+Y-S)\} + (1-P_V)[-SP_A - S(1-P_A)]$$

$$\pi_2 = P_V[-(V-Y)] + (1-P_V) \times 0$$

当委托人进行稽查和不进行稽查的预期收益无差异时，就得到委托人在博弈均衡时代理人和寻租者进行寻租活动的最优概率。

令 $\pi_1 = \pi_2$，且 $B = [KC+L(V-Y)-S]P_A + (1-P_A)(-V+Y-S)$，则

$$P_V B + (1-P_V)(-S) = -P_V(V-Y)$$

$$P_V = \frac{S}{B+S+V-Y} = \frac{S}{P_A[KC+(L+1)(V-Y)]}$$

2. 在给定委托人稽查的概率 P_C 的情况下，代理人参与寻租活动和正常工作的预期收入分别为：

$$\pi_3 = P_C[-P_A(K-1)C + (1-P_A)C] + (1-P_C)C$$

$$\pi_4 = 0$$

当代理人参与寻租活动和正常工作的预期收入无差异时，可得到代理人在博弈均衡时委托人进行稽查的最优概率。

令 $\pi_3 = \pi_4 = 0$，则 $P_C[-P_A(K-1)C + (1-P_A)C] + (1-P_C)C = 0$

$$\Rightarrow P_C^* = \frac{1}{P_A K}$$

3. 在给定委托人稽查的概率 P_C 的情况下，寻租人进行寻租活动和不进行寻租活动的预期收入分别为：

$$\pi_5 = P_C\{P_A[-(L-1)(V-Y)-C] + (1-P_A)(V-Y-C)\} + (1-P_C)(V-Y-C)$$

$$\pi_6 = 0$$

当寻租者进行寻租活动和不进行寻租活动的预期收入无差异时，可得到寻租者在博弈均衡时，委托人进行稽查的最优概率。

令 $\pi_5 = \pi_6 = 0$，则 $P_C\{P_A[-(L-1)(V-Y)-] + (1-P_A)(V-Y-C)\} + (1-P_C)(V-Y-C) = 0$

$$\Rightarrow P_C^* = \frac{V-Y-C}{P_A L(V-Y)}$$

由此，我们所建立的博弈模型的混和战略纳什均衡为

$$P_V^* = \frac{S}{P_A[KC+(L+1)(V-Y)]}, P_C^* = \frac{1}{P_A K}$$

或者是

$$P_V^* = \frac{S}{P_A[KC+(L+1)(V-Y)]}, P_C^* = \frac{V-Y-C}{P_A L(V-Y)}$$

四、均衡解的理论指导意义

1. 代理人和寻租者进行寻租活动均衡概率的指导意义。模型的均衡表示代理人和寻租者将以最优概率P_V^*选择违规操作并获取相应的额外收益，如果代理人和寻租者选择以概率$P_V>P_V^*$进行违规操作，那么委托人的最优选择就是稽查，反之，就不进行稽查；如果代理人和寻租者选择以概率$P_V=P_V^*$进行违规操作，那么委托人的最优选择就随机地选择稽查或者不稽查。

博弈模型的混合战略纳什均衡条件中，代理人和寻租者采取违规操作的最优概率$P_V^* = \frac{S}{P_A[KC+(L+1)(V-Y)]}$，取决于$S,P_A,K,C,L,V,Y$几个变量，其中采取违规操作时，寻租者的行贿成本或代理人收益C和寻租者收益$V-Y$独立于我们的模型之外，这里可以将它们视为固定不变，我们所能够通过各种方式去改变的是S,P_A,K,L这四个变量，通过它们的变化去影响代理人和寻租者的违规活动概率。由于代理人和寻租者采取违规操作的最优概率同稽查成本S成正比，同P_A,K,L成反比，因此设法降低稽查成本S，提高对代理人和寻租者的惩罚系数K,L，以及改进稽查质量以提高对违规活动的查证效率P_A，将会有效地降低代理人和寻租者进行违规活动的频度。

2. 委托人进行监督稽查均衡概率的指导意义。对委托人而言，选择最优的概率进行稽查取决于代理人或寻租者的价值取向，以及寻租活动中利益最大化的倾向性。

（1）代理人利益最大化倾向的情况。如果寻租活动中，把代理人的利益放在第一位，寻租者的利益放在第二位，则委托人将以最优概率$P_C^* = \frac{1}{P_A K}$选择稽查。如果委托人选择以$P_C>P_C^*$的概率进行稽查，那么代理人的最优选择为正常工作，不接受寻租者的贿赂；如果委托人选择以$P_C<P_C^*$的概率进行稽查，那么代理人的最优选择是进行违规操作，接受寻租者贿赂或主动设租，以谋取额外收益；如果委托人选择以$P_C=P_C^*$的概率进行稽

查,那么代理人将随机地进行违规操作。从 $P_C^* = \dfrac{1}{P_A K}$ 中看出,这时委托人最优稽查的概率取决于 P_A,K 两个变量,最优稽查概率与 P_A,K 成反比。因此,设法改进稽查质量以提高查证效率 P_A 和加大对代理人违规收益的惩罚系数 K,可有效降低委托人的最优稽查概率。

(2) 寻租者利益最大化倾向的情况。如在寻租活动中,把寻租者利益放在第一位,代理人利益放在第二位,则委托人将以最优概率 $P_C^* = \dfrac{V-Y-C}{P_A L(V-Y)}$ 选择稽查。如果委托人选择以 $P_C > P_C^*$ 的概率进行稽查,那么寻租者的最优选择为不进行寻租活动;如果委托人选择以 $P_C > P_C^*$ 的概率进行稽查,那么寻租者的最优选择是进行寻租活动,行贿于代理人,以取得租金收益;若 $P_C = P_C^*$,那么寻租者将随机地进行寻租活动。由于寻租者的寻租成本 C 和寻租收益 $V-Y$ 独立于概率 P_C^* 的分析之外,将其作为固定常数看待。因此,为了降低委托人的最优监管概率 P_C^*,只有在改进稽查质量以提高查证效率 P_A 和加大对寻租人寻租活动的惩罚系数 L 上下功夫。

最后需要说明的是本模型进行的博弈分析假定是一次性的静态博弈,且没有考虑代理人的契约收入(工资)的高低,如果把工资收入这个变量考虑进去,且如果委托人对其的处罚涉及官员或公务员的职位问题,则代理人在参与寻租腐败等活动时,就要考虑它的机会成本,也可得出高薪可以养廉的结论。

(3) 实际在政治经济生活中的三方博弈是动态的,不论是委托人还是代理人以及寻租者,他们在不断地重复博弈中会愈来愈理性化,会不断优化各自的行动策略。我们对此问题的分析除了要在既定的博弈结构之下,找出最优监管的均衡概率,更要在现有博弈结构作文章,如建立举报奖励制度,进行政治、经济体制的改革和创新等,当然对此问题的讨论已不在本文之列了。

7.8 反腐养廉博弈模型分析

摘要:腐败与反腐败的斗争由来已久。在市场经济条件下,对广大政府官员除加强思想政治工作外,还应更多地采用法律和经济手段来解决这一问题。本文通过委托—代理模型,分析委托人(政府)和代理人(政府官员)的博弈活动,指出高薪养廉,加强监管,防止腐败的新途径,并给出确定最优监管水平的理论公式。

关键词：腐败；博弈；监管成本

我们的党和政府在以党中央坚强领导下,同各种滥用职权、以权谋私的腐败现象做了长期不懈的斗争。原广西壮族自治区人民政府主席成克杰一案的判决,标志着我们党反腐倡廉工作的信心、决心和能力。成克杰及许许多多腐败分子成了人民的罪人、历史的垃圾,但却带给我们更多的思考：在市场经济条件下,如何用法律和市场的手段,提高我们的监管水平,防止类似成克杰案件的发生,在提高监管水平的同时,如何减少我们的监管成本。这些问题不仅是纪检部门的事情,也是我们学术研究应该关注的大问题。本文拟用博弈分析的经济学方法,对上述问题做一探讨。

一、博弈模型的建立

我们的政府管理着我们的国家,但具体的管理工作委托给了各级政府官员(或公务员)。这样政府就成了委托人,政府官员(或公务员)就成了代理人。委托人把一定的管理国家,服务人民的权力交给了代理人,同时支付给代理人一定的工资,并对他们的行为进行监督。代理人按照委托人的利益选择行动,但委托人不能直接观测到代理人到底选择了什么行动,能观测到的只是另一些变量,这些变量由代理人的行动和其他一些外生的随机因素共同决定,因而得到的只是代理人行动的不完全信息。委托人的问题是如何根据这些观测到的信息,来奖惩代理人,以激励其选择对委托人最有利的行动。那么委托人和代理人不同的行动选择就构成了不完全信息下的博弈问题。

我们用 a 表示代理人(政府官员)是否滥用职权,它是一个取值从 0 到 1 的变量,但为表述问题简便,只取 $a=0$ 和 $a=1$,$a=0$ 代表滥用职权(收受贿赂,产生腐败)；$a=1$ 代表不滥用职权(规范工作)。假定政府官员的工资为 W,离开政府部门后的市场工资为 W_0(一般 $W_0 < W$),用职权带来额外收入为 E,滥用职权被发现的概率为 P,被发现后的罚金为 F(经济和刑事处罚均假定可以用货币计量)。

政府官员不滥用职权的期望收益为 W(是一种确定性收益),而滥用职权的期望收益 $P(W_0-F)+(1-P)(W+E)$,为达到政府官员不滥用职权的目的,应使 $W \geq P(W_0-F)+(1-P)(W+E)$,即

$$W \geq (W_0-F)+\frac{1-P}{P}E \tag{1}$$

这就是我们所提问题的基本模型。

二、关于模型的讨论及应用

(一) 模型中概率 P 值的讨论

先考虑两种特殊情况:一是假定政府监管十分严厉,官员滥用职权谋取私利被发现的概率为 1,则(1)式变为 $W \geqslant (W_0 - F)$。这时 W 取值如果低于市场工资 W_0(只要 $F > 0$),那么政府与官员的合约关系将不存在。既然在市场上可以得到 W_0 的工资,没有人会进入政府机关工作取得少于 W_0 的工资。而实际上政府对公务员的监管根本达不到 100% 的程度,这也是对腐败现象存在的一种解释。二是假定政府对官员的监管为 0,或视而不见,不去惩处,即官员利用职权产生腐败被发现的概率为 $P = 0$ 或 $P \to 0$,则(1)式变为 $W \geqslant \infty$,它的政治经济解释为,不论给官员支付的工资 W 有多高,都不能使官员不滥用职权,因为在没有监管的情况下,多高的工资收入,都不如利用职权谋取私利来得更多。

一般情况下 $0 < P < 1$,即正常情况下官员滥用职权,会被政府监管部门以一定的概率 P 所发现。政府为了廉政建设,防止腐败现象的蔓延,所支付给官员的工资 W 应大于或等于 $(W_0 - F) + \frac{1-P}{P} E$,在给定 W_0,F 和 E 的前提下,随着 P 的增大 $(W_0 - F) + \frac{1-P}{P} E$ 会逐渐减少,即随着监管力度的增大,可以支付较少的工资 W,且能达到防止官员滥用职权的目的,当然 P 值的增高,意味着监管成本的提高。

(二) 模型的应用

在 P 值给定的情况下,政府一般有两种可供选择的策略来约束官员的腐败行为。一是提高官员的工资 W。将较高的工资解释为政府为防止官员滥用职权的激励办法。直观上讲,当政府不能完全监督官员的行为时,工资构成官员滥用职权被发现,从而被解雇和惩罚的机会成本,工资越高,机会成本越高。我们的模型有一个隐含假设,即所有官员都是规避风险型的,是理性的。这样规范地工作,可取得固定收入 W,而不规范地工作(滥用职权),得到的期望收入 $(W_0 - F) + \frac{1-P}{P} E$ 小于 W,且期望收入本身又是不确定的,这样一般没有人愿冒风险而滥用职权。试想有两个方案,一个方案是你不用猜硬币,而肯定得到 1 000 元,而另一个方案是你猜中硬币的正面得 2 000 元,猜不中得 0 元,这时你会选择哪种方案?因此,较高的工资支付有利于减少官员腐败的产生。二是增加惩罚的力度 F,这样会直接减少政府的工资支付 W,并且通过严惩,也可打消官员滥用职权的念头。鉴于我国目前财力有限,大幅度地增加公务员的工资可能性不大,那么增加惩罚的力度,不失为一种好方法。

在上述模型的讨论中,假定W_0和E固定不动并不十分科学,实际上W_0作为市场工资,E作为额外收入,也与政府官员的权力X呈正相关,即X越大,$W_0(X)$,$E(X)$越大,为满足(1)式的成立,只有加大工资W的支付。这样就应对高官支付更多的工资,且加强对他们的监管力度。

三、最优概率P值的确定

我们将$f(P)=\left[(W_0-F)+\dfrac{1-P}{P}E\right]-\left[(W_0-F)+\dfrac{1-1}{1}E\right]=\dfrac{1-P}{P}E$ 解释为官员工资中政府多给的部分,目的是在政府不能完全监管的情况下,让官员不滥用职权而给他们的"奖励",$f(P)$是政府为廉政而付出代价的一部分。显然随着P的增大,$f(P)$逐渐减小。高P值虽可减少$f(P)$,但P值的增加是有成本的。实际上政府为了加强监管,要付出一定的代价或成本$C(P)$,假定$C'(P)>0$,$C''(P)>0$且$C(0)=0$,$C(1)=\infty$,就是说P越大,成本函数值$C(P)$越大,并且P的边际成本$C'(P)$递增。$C(0)=0$意味着监管没有投入,滥用职权被发现的概率为0,$C(1)=\infty$意味着要达到100%的监管,成本是无穷大。这样政府的代理成本包括"奖金"$f(P)$和监管成本$C(P)$两部分,即$AC(P)=f(P)+C(P)=\dfrac{1-P}{P}E+C(P)$,为使$AC(P)$最小,最优化一阶条件为$AC'(P)=0$即$-\dfrac{E}{P^2}+C'(P)=0$,由此得到

$$\dfrac{E}{P^2}=C'(P) \tag{2}$$

上式(2)的左边$\dfrac{E}{P^2}$是提高P值的边际收益,右边$C'(P)$是提高P值的边际成本,最优化意味着边际收益等于边际成本。

图 7.13 是最优化代理成本的几何解释:

图 7.13 中,边际收益曲线$\dfrac{E}{P^2}$向下倾斜,边际成本曲线$C'(P)$向上倾斜,当$P=P^*$时边际收益曲线与边际成本曲线相交。因此P^*是政府代理成本最小的优化P值。此图表明,在滥用职权取得额外收入E给定,监管成本函数$C(P)$给定的情况下,政府对官员滥用职

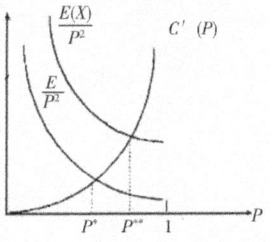

图 7.13 成本和收益曲线

权的监管最优水平 P 值的确定由公式(2)给出。P 值过大，监管成本 $C(P)$ 上升过快，而 $f(P)=\dfrac{1-P}{P}E$ 下降较慢，这样代理总成本达不到最优；反之 P 值过小，监管成本下降较慢，$f(P)$ 上升过快，代理成本仍达不到最优。只有当 $P=P^*$ 时，监管水平才达到最优状态。另外在官员滥用职权带来额外收入 E 增大时，最优化 P 值会由 P^* 上升到 P^{**}，原因是随着 $\dfrac{E}{P^2}$ 的上移，边际收益曲线与边际成本曲线的交点也往右移，这时最优点 P^* 会变大。

参考文献

[1] 奥斯本,鲁宾斯坦,魏玉根.博弈论教程[M].北京:中国社会科学出版社,2000.

[2] 常金华,陈梅.博弈论通识十八讲[M].北京:北京大学出版社,2017.

[3] 陈工孟,高宁.中国股票一级市场发行抑价的程度与原因[J].金融研究,2000(8):1-11.

[4] 陈爽英,井润田,龙小宁,邵云飞.民营企业家社会关系资本对研发投资决策影响的实证研究[J].管理世界,2010(1):88-97.

[5] 陈学彬.金融博弈论[M].上海:复旦大学出版社,2007.

[6] 邓广,杨振寅.科学共同体在科技体制变迁中的作用与重建[J].科学学研究,2000,18(2):35-41.

[7] 杜永红.大数据下的互联网金融创新发展模式[J].中国流通经济,2015(7):70-75.

[8] 范香梅,张晓云.社会资本影响农户贷款可得性的理论与实证分析[J].管理世界,2012(4):177-178.

[9] 冯素玲,黄春晓.基于多任务代理模型的P2P网贷平台治理研究[J].河南师范大学学报(哲学社会科学版),2017(5):39-45.

[10] 戈登·塔洛克.寻租:对寻租活动的经济学分析[M].成都:西南财经大学出版社,1999.

[11] 哈尔·R.范里安.微观经济学·现代观点(第九版)[M].费方域,等译.上海:格致出版社,2015.

[12] 何亚平,肖国强.国家创新系统中的创新文化研究[J].科学学与科学技术管理,2002(9):5-8.

[13] 黄涛.博弈论教程:理论·应用[M].北京:首都经济贸易大学出版社,2004.

[14] 黄有光.谈效用.福利与快乐——关于"三人对谈录"的一点感想

[J].浙江社会科学,2003(2):39-41.

[15] 库恩.必要的张力[M].福州:福建人民出版社,1981.

[16] 库恩.科学革命的结构[M].上海:上海科学技术出版社,1980.

[17] 李锐,朱喜.农户金融抑制及其福利损失的计量分析[J].经济研究,2007(2):146-155.

[18] 李似鸿.金融需求.金融供给与乡村自治——基于贫困地区农户金融行为的考察与分析[J].管理世界,2010(1):74-87.

[19] 林毅夫.金融体系.信用和中小企业融资[J].浙江社会科学,2001(6):9-11.

[20] 刘成玉,黎贤强,王焕印.社会资本与我国农村信贷风险控制[J].浙江大学学报(人文社会科学版),2011(02):108-117.

[21] 刘洪.集体行动与经济绩效——曼瑟尔·奥尔森经济思想评述[J].当代经济研究,2002(7):42-45.

[22] 卢彪.全球化背景下科学家的道德责任[J].常熟高专学报,2002(3):27-30.

[23] 卢现祥.寻租经济学导论[M].北京:中国财政经济出版社,2000.

[24] 迈克尔·马希勒,埃隆·索兰,什穆埃尔·扎米尔.博弈论[M].赵世勇,译.上海:格致出版社,2018.

[25] 曼瑟尔·奥尔森.集体行动的逻辑[M].陈郁,等译.上海:上海三联书店.上海人民出版社,1995.

[26] 默顿.十七世纪英国的科学.技术与社会[M].成都:四川人民出版社,1986.

[27] 蒲勇健.简明博弈论教程[M].北京:中国人民大学出版社,2013.

[28] 青木昌彦.比较制度分析[M].上海:上海远东出版社,2001.

[29] 沈琪.博弈论教程[M].北京:中国人民大学出版社,2010.

[30] 盛昭翰,蒋德鹏.演化经济学[M].上海:上海三联书店,2002.

[31] 施锡铨,周侃.信息不完全情况下新股发行的选择及效率[J].统计研究,2000(11):34-38.

[32] 施锡铨.博弈论[M].上海:上海财经大学出版社,2000.

[33] 涂志勇.博弈论[M].北京:北京大学出版社,2009.

[34] 王军波,邓述慧.中国证券一级市场分析[J].管理科学学报,2000(1):45-52.

[35] 王萍.论科学界的行为失范及其根源[J].南京航空航天大学学报(社会科学版),2000(2):24-26.

[36] 王性玉,陈光,王梦.博弈视角下的河南农户信贷问题研究[J].金融理论与实践,2013(01):23-27.

[37] 王性玉,田建强.农户资源禀赋与农业产出关系研究——基于信贷配给数据的分组讨论[J].管理评论,2011(9):38-42.

[38] 王性玉.反腐养廉博弈模型分析[J].河南大学学报,2001(4):118-119.

[39] 王性玉.上市公司会计信息披露的博弈分析[J].经济经纬,2001(6):76-79.

[40] 王性玉.上市公司配股政策的博弈分析[J].西南交通大学学报,2002,37(3):319-322.

[41] 王性玉.中小企业理财环境探析[J].郑州航空工业管理学院学报,2002(2):45-49.

[42] 王跃堂.对证券市场监管政策的经济后果分析[J].经济科学,1995(5):82-87.

[43] 文学峰.试论科学共同体的非社会性[J].自然辩证法通讯,2003(3):60-64.

[44] 谢刚.核准制下新股定价机制研究[J].投资与证券,2001(5):49-54.

[45] 谢识予.经济博弈论[M].上海:复旦大学出版社,1997.

[46] 谢识予.纳什均衡论[M].上海:上海财经大学出版社,1999.

[47] 姚海鑫.经济政策的博弈论分析[M].北京:经济管理出版社,2001.

[48] 叶敬忠,朱炎洁,杨洪萍.社会学视角的农户金融需求与农村金融供给[J].中国农村经济,2004(8):31-37.

[49] 张改清.中国农村民间金融的内生成长——基于社会资本视角的分析[J].经济经纬,2008(2):129-131.

[50] 张红伟,徐镱菲.基于动态博弈模型透视互联网金融监管的适度性[J].金融经济学研究,2016(5):75-84.

[51] 张建杰.农户社会资本及对其信贷行为的影响——基于河南省397户农户调查的实证分析[J].农业经济问题,2008(9):28-34.

[52] 张杰.农户.国家与中国农贷制度——一个长期视角[J].金融研究,2005(2):1-12.

[53] 张良桥.论进化稳定策略[J].经济评论,2003(2):70-74.

[54] 张人骥,王怀芳,韩星.上海股票市场新股发行价格过程分析[J].

经济科学,1999(4):64-70.

[55] 张守一.现代经济对策论[M].北京:高等教育出版社,1998.

[56] 张维迎.博弈论与信息经济学[M].上海:上海人民出版社,2004.

[57] 张维迎.产权.政府与信誉[M].北京:三联书店,2001.

[58] 张晓明,陈静.构建社会资本.破解农村信贷困境的一种新思路[J].经济问题,2007(3):99-100.

[59] 张屹山,王大明.互联网金融过度创新风险的随机监管研究[J].经济纵横,2017(7):100-105.

[60] 赵延东,罗家德.如何测量社会资本——一个经验研究综述[J].国外社会科学,2005(2):18-24.

[61] 郑利平.腐败问题的经济学分析[M].北京:中共中央党校出版社,2000.

[62] 中国人民银行农户借贷情况问卷调查分析小组.农户借贷情况问卷调查分析报告[M].北京:经济科学出版社.2009.

[63] 朱·弗登博格,让·梯若尔.博弈论[M].黄涛,译.北京:中国人民大学出版社,2010.

[64] 庄雷,赵成国.金融创新效应.互联网金融的宏观效率研究[J].国际商务(对外经济贸易大学学报),2017(6):121-131.

[65] 邹宜斌.社会资本.理论与实证研究文献综述[J].经济评论,2005(6):120-125.

[66] Abreu, D., Pearce, D. Stacchetti, E. Optimal Cartel Equilibria with Imperfect Monitoring[J]. Journal of Economic Theory,1986,39:251-269.

[67] Ammar Siamwalla. The Evolving Roles of State, Private and Local Actors in Rural Asia[M]. Oxford University Press,2001.

[68] Augustin Cournot. Recherches sur les principes mathématiques de la théorie des richesses[M]. Paris:Hachette,1838.

[69] Baron, D. P. A Model of the Demand for Investment Banking Advising and Distribution Services for New Issues[J]. The Journal of Finance,1982,37(4):955-976.

[70] Barro, R. J. Reputation in a model of monetary policy with incomplete information[J]. Journal of Monetary Economics,1986,17(1):3-20.

[71] Berger, A. N., Scott Frame, W., Ioannidou, V. Tests of ex ante

versus ex post theories of collateral using private and public information[J]. Journal of Financial Economics,2011,100(1):85-97.

[72] Berger,A. N. ,Espinosa-Vega, M. A. ,Frame,W. S. ,Miller,N. H. Why do Borrowers Pledge Collateral? New Empirical Evidence on the Role of Asymmetric Information[J]. Journal of Financial Intermediation, 2011,20(1):55-70.

[73] Besley T. How do Market Failures Justify Interventions in Rural Credit Markets[J]. The World Bank Research Observer,1994,9(1): 27-47.

[74] Biggart N W,Castanias R P. Collateralized Social Relation. The Social in Economic Calculation[J]. American Journal of Economics and Sociology,2011,60(2):471-500.

[75] Carl Shapiro and Joseph E. Stiglitz. Equilibrium Unemployment as a Worker Discipline Device[J]. The American Economic Review,1984, 74(3):433-444.

[76] David M Kreps. A course in Microeconomic theory[M]. London:Harvester Wheatsheaf,1990.

[77] David,M. Kreps. Coroporate Culture and Economic Theory in . Peter J. Bukley Jonathan Michie,Firms,Organizations and Contracts[M]. Oxford University Press Inc,New York, 1996:221-276.

[78] Eric Rasmusen. Game and Information. An introduction to Game Theory (2nd ed)[M]. Cambridge: Blackwell Publisher,1994.

[79] F Zeuthen. Problems of Monopoly and Economic Warfare[M]. London: 1930.

[80] Hall,R. E. Struggling to Understand the Stock Market[J]. American Economic Review, 2001,91(2):1-11.

[81] Harsanyi,J. C. Games with Incomplete Information Played by "Bayesian" Players,I-III Part I. The Basic Model[J]. Management Science,1967,14(3):159-182.

[82] Hotelling, H. Stability in Competition[J]. Economic Journal, 1929,39(153):41-57.

[83] Ibbotson,R. G. Price performance of common stock new issues [J]. Journal of Financial Economics,1975,2(3):235-272.

[84] J Neumann,O Morgenstern. Game theory and economic behav-

ior[M]. Princeton University Press,1944.

[85] J. v. Neumann. Die Zerlegung eines Intervalles in abzählbar viele kongruente Teilmengen. Fundamenta Mathematicae[J]. 1928,11(1): 230-238.

[86] James WFriedman. Game theory with applications to economics [M]. Cambridge: Oxford University Press,1986.

[87] JCC McKinsey . Introduction to the Theory of Games[M]. New York,1952.

[88] Jean Tirole. The theory of industrial organization[M]. Cambridge,Mass: MIT Press,1988.

[89] Jean-Jacques Laffont. Advances in Economic Theory[M]. Cambridge: Cambridge University Press,1995.

[90] Jeremy Bulow, Kenneth Rogoff. A Constant Recontracting Model of Sovereign Debt[J]. Journal of Political Economy 97,1989,1(2):155-178.

[91] John McMillan. Game theory in international economics[M]. New York: Harwood academic Publishers,1986.

[92] John Vickers. Signalling in a Model of Monetary Policy with Incomplete Information[J]. Oxford Economic Papers, New Series,1986,38(3):443-455.

[93] Khanh H L P. The Role of Social Capital to Access Rural Credit. A Case Study at Dinh Cu and Van Quat Dong Village in Coastal Area of Thua Thien Hue Province[D]. Univesrity Of Southampton,2011.

[94] Kochar,A. An empirical investigation of rationing constraints in rural credit markets in India[J]. Journal of Development Economics, 1997,53(2):339-371.

[95] Kreps,D. M. ,Wilson,R. Sequential Equilibria[J]. Econometrica,1982,50(4):863-894.

[96] Kreps,D. M. ,Milgrom,P. ,Roberts,J. ,Wilson,R. Rational cooperation in the finitely repeated prisoners' dilemma[J]. Journal of Economic Theory,1982,27(2):245-252.

[97] Madajewicz,M. Joint liability versus individual liability in credit contracts[J]. Journal of Economic Behavior & Organization,2011,77(2): 107-123.

[98] Martin Shubik. Game theory in the social sciences. A game theoretic approach to political economy [M]. Cambridge, Mass: MIT Press, 1984.

[99] Michal Spence. Job Market Signaling[J]. The Quarterly Journal of Economics, 1973, 87(3): 355-374.

[100] Neyman, A. Bounded complexity justifies cooperation in the finitely repeated prisoners' dilemma[J]. Economics Letters, 1985, 19(3): 227-229.

[101] Ordover, J. A., Rubinstein, A. A Sequential Concession Game with Asymmetric Information[J]. The Quarterly Journal of Economics, 1986, 101(4): 879-888.

[102] R Duncan Luce, H Raiffa. Games and decisions[M]. John Willey and Sons Inc, 1957.

[103] Reinhard selten. Spieltheoretische behandlung eines oligopolmodells mit nachfrageträgheit. teil i. bestimmung des dynamischen preisgleichgewichts, Zeitschrift für die gesamte Staatswissenschaft[J]. Journal of Institutional and Theoretical Economics. 1965, 4: 301-324.

[104] Robert J Aumann; Richard E Stearns; Michael B Maschler. Repeated games with incomplete information[M]. Cambridge, Mass: MIT Press, 1995.

[105] Rock, K. Why new issues are underpriced[J]. Journal of Financial Economics, 1986, 15(1-2): 187-212.

[106] Shubik M. Strategy and market structure: competition, oligopoly, and the theory of games[J]. southern economic journal, 1959, 15(16): 143-145.

[107] Spence, A. M. Market Signaling[M]. Cambridge, Mass: Harvard University Press. 1974.

[108] Spence, M. Job Market Signaling[J]. The Quarterly Journal of Economics, 1973, 87(3): 355-374.

[109] Steijvers, T., Voordeckers, W. Collateral and Credit Rationing. A Review of Recent Empirical Studies as A Guide for Future Research[J]. Journal of Economic Surveys, 2009, 23(5): 924-946.

[110] Stiglitz J E, Weiss A M. Credit rationing in markets with imperfect information[J]. American Economic Review, 1981, 71(3): 393-410.

[111] Tadelis, Steven. What's in a Name? Reputation as a Tradeable Asset[J]. American Economic Review, 1999, 89 (3): 548-563.

[112] Tatsuro Ichiishi. Game theory for economic analysis[M]. New York: Academic Press, 1983.

[113] Tucker, A. A two-person dilemma. In. Rasmusen, E. (Ed.). Readings in Games and Information[M]. Blackwell, Oxford, 1950: 7-8.